KB142151

"자신을 깊이 해부할수록, 진실한 삶을 살 수 있다."

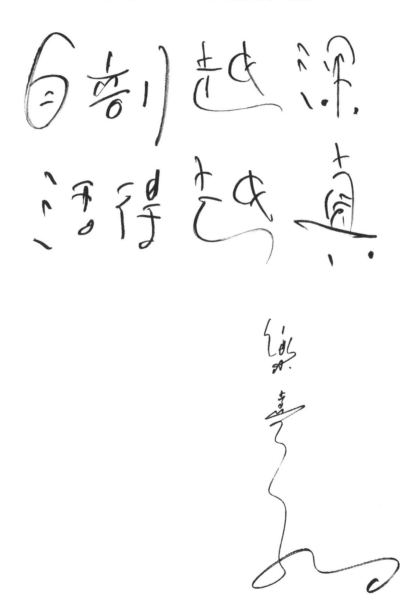

本色

본색

나를 해부할 수 있는 건 나뿐이다

러자乐嘉 지음 · 차혜정 옮김

쌤앤파커스

차
례

수년 전, 나는 중국에서 시청률이 가장 높은 청춘 남녀 매칭 프로그램 '비성물요非誠勿擾'에 3년간 출연했다. 이 프로그램에서 나는 심리 전문가로서 남녀 출연자들에게 자신과 상대를 파악할 수 있는 조언을 해주었다. 프로그램의 영향력이 컸기 때문에, 이후 많은 나라에서 특집 프로그램을 제작하게 되었다. 2012년에는 한국에서 특집 녹화를 진행했고, 그때 나는 한국의 대학에서 강연을 하고 청중들과 직접 만날 기회를 가졌다.

2015년 중국의 최대 국영 방송국 CCTV에서 한국의 국민 예능 프로그램인 '무한도전'의 판권을 사들였다. MBC 프로그램 핵심 제작 팀이 중국으로 건너와 중국판 무한도전('대단한 도전了不起的挑戰')을 제작했다. 당시 나는 운 좋게 MC 여섯 명 중 한 명으로 제작에 참여했다. 이로써 나는 한국과 두 번째 인연을 맺었다.

한국과 세 번째 인연은 작가로서 맞이하였다. 2017년 10월, 나의 첫 번째 한국어판 저서가 출판되었다. '성격색채'를 이용해 싱글 남녀의 심리상태를 전방위적으로 해석해 그들의 문제 해결을 돕는《자주 혼자인 당신에게寫給單身的你》로, 성격색채와 한국 독자를 이어준 출발점이었다.

성격색채가 무엇인지 모르는 독자들이 많을 것이다. 성격색채는 간단히 말해 성격을 분석하는 학문이다. 성격은 홍색, 남색, 황색, 녹색 네 가지 유형으로 나뉘며, 각 유형별로 장단점을 갖고 있다. 색깔은 간단한 형상의 부호에 지나지 않는다. 성격색채의 핵심은 인성의 4대 사명, 즉 통견洞見(진실한 자아를 어떻게 찾을까), 통찰洞察(타인의 내면세계를 어떻게 이해할까), 수련修煉(더욱 완벽한 자아를 어떻게 완성할까), 영향影響(타인과 어떻게 하면 조화롭게 지낼까)을 완수할 수 있게 도와주는 데 있다.

성격색채라는 도구를 깊이 있게 활용하면 자신과 타인의 차이를 발견할 수 있으며, 이를 통해 모든 대인관계 문제에서 더욱 분명한 시각으로 좋은 답을 찾을 수 있다.

당신이 펼쳐보는 책은 나의 두 번째 한국판 저서인 《본색本色》이다. 《본색》은 나의 아홉 번째 저서이자, 나의 개인적인 흔적과 감성의 색채가 가장 강한 책이다.

이 책은 나의 고백과 개인의 경험을 기록한 것처럼 보이지만, 사실은 모든 사람이 자기해부를 통해 삶의 역량을 얻을 수 있도록 스스로 시범을 보인 것이다. 이 책에서 나는 소도시 은행의 창구직원에서 웨이보 팔로워 4,400만 명만 이르는 대중스타로 성장한 이야기를 담았다. 또, 심리학을 정식으로 배운 적 없는 내가 어떻게 해서 현재 중국 최대의 실용심리학파 '성격색채학'을 창시할 수 있었는지, 정규 고등교육을 받는 적이 없는 내가 어떻게 해서 열다섯 권의 베스트셀러를 완성할 수 있었는지를 들려주며, 나를 낱낱이 해부하여 보여주고 있다.

많은 중국 독자들이 《본색》을 읽고 나서 내게 편지를 보내주었다. 그들은 자신의 인생 역정을 소개하고 이 책을 진작 접하지 않은 것을 안타까워하며, 자신의 성격을 이해하고 자신을 파악하고 있었다면 삶이 그토록 고통스럽지 않았을 거라고 소회를 전했다.

나의 관점은 이렇다. 좌절과 고통이 발생했다면 인생의 모든 경험을 재산으로 삼아 긍정적으로 자신을 격려해야 한다. 진정한 용자勇者와 필부匹夫의 용기는 다르다. 진정한 용자는 시련을 두려워하지 않되, 진정한 용자는 실패를 최소화하여 목적지에 일찌감치 도달할 방법을 생각한다. 시련을 겪더라도 그 경험에서 교훈을 얻어 같은 실수를 하지 않는다. 필부의 용기만 가진 사람은 넘어져도 머리를 쓸 줄 모른다. 그들은 같은 실수를 반복하고 눈앞에 시련의 구렁텅이가 뻔히 보이는데도 그 속으로 뛰어들며, "비 온 뒤에 땅이 굳어지는 법, 나는 두렵지 않아!"라며 자신을 위안한다.

이 책은 나의 저서 중에서 내가 가장 아끼는 책이다. 지난 날 TV 프로그램을 진행할 때, 언젠간 서울의 명동 한복판에서 많은 사람들이 내게 "오빠!"라고 외치며 몰려드는 꿈을 꾸었다. 하지만 지금은 꿈이 달라졌다. 언젠가 당신이 나를 한국에서 만난다면 나의 팬이라고 말할 필요는 없다. 그저 이 책의 어떤 부분이 당신에게 유용했다고 알려주면, 그것으로 충분하다.

다른 기대는 없다. 우리가 한국에서 만나게 되리라 믿으며, 그날이 곧 오기를 바란다. 나는 러자다. 우리가 만날 때, 나를 안아주기 바란다.

러자

나를 기록하고 당신을 말한다

이 책은 나를 해부한 기록이다. 나를 해부함으로써 당신이 인간의 성격과 세상사의 진실을 볼 수 있도록 하고 싶다. 이 책이 당신의 모든 관심사를 다루지는 않겠지만 여기에는 나의 경험을 솔직하게 소개하는 진실이 담겨 있다.

표면적으로 이 책은 나의 이야기를 소개하고 있지만, 사실은 당신의 인생을 말하고 있다. 내가 먼저 나를 해부해서 보여주지 않으면 당신은 결코 자신을 해부하지 않을 것을 알기 때문이다. 당신이 이미 잊은 일도 있고 떠올리기 싫은 일도 있을 것이다. 기억은 하지만 분석을 해보지 않은 일도 있을 것이며, 분석하고 싶지만 어떻게 손을 쓸지 모르는 일도 있을 것이다. '자기 해부'란 그야말로 큰 아픔이 따르는 일이다.

이 책은 나의 이야기를 담고 있지만 자서전과는 거리가 멀다. 자서전을 쓸 자격은 세상을 놀라게 할 정도의 성과를 거두거나 인류에 큰 영향을 미치는 인물에게 있다. 그럴 만한 이야깃거리가 없다면 쓰는 사람도 고역일 테니 말이다. 나는 내세울 만한 성과도 없고 겸손하지도 않으니 자서전을 쓸 일은 없다.

자서전이 큰 인물의 이야기라면, '회고록'은 세상사람 누구에게

나 쓸 자격이 있는 글이다. 많은 사람에게 영향을 미칠 기대만 품지 않는다면 회고록이 훌륭한 선택이다. 회고록은 직접 겪은 사람이 썼기에 억측과 오류 섞인 평가에 비해 더욱 객관적으로 한 사람의 역사를 그려낼 수 있다. 한 역사 철학자는 역사란 역사를 해석하는 학자와 대중들의 오해, 망종, 오류를 그대로 밀어붙이는 행위로 구성되었다고 주장했다. 이런 것들이 복잡하게 섞여 사람들이 생각하는 역사가 형성된다.

진실은 원치 않는 사람들의 손에 은폐되고 왜곡되며 조작되기까지 한다. 따라서 회고록을 쓸 때는 어디까지나 진실에 입각해야 한다. 그러나 여기에는 새로운 문제가 따른다. 회고록을 쓰는 본인의 객관성은 어떻게 확보할까? 과연 자신의 진실과 마주할 수 있을까? 나는 이런 면에서 진실을 확보할 자신이 없다. 따라서 이 책은 나의 회고록도 아니다.

이 책에서는 다양한 단계의 회고를 볼 수 있지만, 이는 나의 과거 중 빙산의 일각에 불과하다. 나의 경험이 당신에게 귀감이 되고, 당신의 역량으로 흡수되며, 나의 말에서 많은 것을 배웠다고 느끼지 않는 한, 당신은 나의 인생에 호기심을 가질 필요가 없다. 그것들은 잠깐 흥미를 끌지만 금방 시들해진다. 당신은 나의 진정한 가치를 '귀감', '역량', '느낌'에서 찾아야 할 것이다.

어쩌면 나와 당신이 생각하는 '가치'에 대한 정의가 다를 수 있다. 당신은 '오락과 즐거움'을 가치 있다고 느끼지만 나는 '성장'에 가치를 둔다. 정의가 다르기에 정답은 없다. 하지만 이 책의 대상은 즐거움을 찾는 사람이 아닌, 개인의 성장, 정신적 즐거움, 내면의 공감을 끊임없이 추구하는 사람이다. 이런 사람은 나를 이해하리라 믿는다.

이 책은 회고라는 이름을 빌린 '자기 해부'이며, '인성 노트'의 효과를 노렸다. 독자가 이 책을 덮고 난 후엔 기대를 훌쩍 뛰어넘은 감동을 모처럼 느끼기를 희망한다. 작가의 삶에서 교집합을 찾을 수 없다면 그것은 작가의 것일 뿐, 독자의 인생은 될 수 없다. 그런데 어떤 사람들은 남의 생활을 들여다보는 대리 만족에 그칠 뿐, 스스로 경험하려는 생각을 하지 않는다. 이런 이들의 인생은 한심하다. 이 책을 통해 자아 체험의 여정을 완성하길 바란다. 이 책은 당신만의 여정에 길동무가 되어줄 것이다.

이제 내가 자기 해부를 하는 이유가 궁금할 것이다. 2007년 내 생활이 불만이던 어느 날 새벽, 자위 후 참회의 글을 인터넷에 올렸다. 글이 올라간 지 얼마 되지 않아 제자 나이蕥에게서 메시지를 받았다.

"'수시로 욕망에 사로잡히는 걸 어떻게 뿌리치나' 부분은 삭제하는 게 좋을 것 같네요. 선생님의 이미지가 있는데 사람들에게 자신감을 주셔야지요."

나는 당장 답장을 썼다.

"고맙지만 삭제할 수 없어. 나는 신이 아닌 사람이거든."

사실 그녀가 걱정하는 바를 모르는 건 아니다. 그 글에는 이런 문구가 포함되어 있었다.

"나의 욕망은 끝이 없다. 《대당쌍용전大唐双龙传》에서 《복우번운覆雨翻雲》까지, 《신조협려神雕俠侶》에서 《천하제일天下第一》까지, 드라마든 소설이든, 한번 꽂히면 멈출 수가 없다. 나는 아침이면 잠이 들고 해가 져야 활동을 한다. 바이오리듬을 바꿔서 천지의 규칙에 저항한다."

나는 성질이 급하고 충동적이다. 다른 사람의 말에 일희일비하며, 조금만 기분이 상해도 눈을 치켜뜨고 공격적이 된다. 나는 작은 일을 크게 만들기를 좋아하며, 아드레날린을 지나치게 분비한다. 욕심은 부리지 않지만 생각이 너무 많다. 주어진 것에 만족할 줄 모르고 늘 타인과 비교하며 마음이 불편하다. 본질적으로는 어쩔 수 없는 일 중독자다. 욕망에 사로잡혀 마음이 어지러울 때는 내가 원하는 게 무엇인지 잊는다. 다른 사람에게는 살아가면서 무엇이 필요한지 알아야 한다고 가르치면서 정작 나 자신은 사소한 일에도 쉽게 현혹된다.

나는 겉으로는 늘 웃고 있고 적극적이며 낙관적이지만 뼛속 깊은 곳은 퇴폐적이고 부정적인 마음으로 가득하다. 나는 강연할 때 쾌활함으로 타인에게 즐거움을 주지만 개인적으로는 내가 때를 못 만났다고 탄식한다. 겨울 아침이면 잠자리에서 일어나기 싫다. 간밤에 늦게까지 작업했으니 오늘은 늦게 일어나도 된다고 스스로 정당성을 부여하지만, 한편으로는 "젊어서 노력하지 않으면 늙어서 고생할 것."이라는 옛사람의 가르침을 저버린 형편없는 놈이라고 자신을 저주한다.

제자 나이는 몇 년 전 나의 강연을 들은 인연으로 연락을 주고받고 있다. 나와는 성격이 달라서 좀처럼 약한 모습을 보이거나 속마음을 내비치지 않는다. 반면 나는 주변에 심정을 쉽게 토로하며 조금만 힘들어도 엄살을 부린다. 약한 모습을 보이지 않는 나이로서는 나의 거침없는 자기 표출이 존경받는 스승의 이미지에 손상을 줄까 걱정되었을 것이었다. 그녀가 그동안 접한 강사나 연사들은 대부분 성인을 자처하고 신성한 권위를 세우는 사람들이었다.

나이에게 그녀가 나의 악랄하고 음험한 실체를 모른다고 말했다. 나의 악랄함은 많은 사람이 자신의 완벽함을 보여주려는 태도에 대한 반감에서 나온 것인지도 모른다. 성격을 오랫동안 연구한 내 눈에는 아무리 위대한 '스승'도 완벽한 사람은 아님을 안다. 심지어 공자는 예순이 넘어서도 충동적이어서 '분노하는 늙은 청춘'으로 비춰질 정도였다. 그럼에도 불구하고 공자의 역사적인 영향력과 그를 향한 사람들의 존경심에는 부정적인 영향을 미치지 못한다.

나는 스스로 결점투성이 인간임을 잘 알기에, 다른 사람이 비난하기 전에 내가 먼저 가장 밑바닥까지 분석한다. 당신의 어떤 점을 이야기하는 것은 내가 먼저 나를 이야기했기 때문이며, 당신의 문제를 지적하는 것은 나의 문제를 먼저 신랄하게 지적했기에 가능하다.

나의 나쁜 습관만은 잘 알고 있다. 다행히 다른 사람보다 '나는 누구인가?' '나는 어디 있는가?' '나는 장차 어디로 갈 것인가?'를 더 잘 파악하고 있다. 삶의 혼돈과 고통에 빠져서 어디로 갈지 방향을 잃은 사람들, 아무 방향이나 시도해보는 사람들을 볼 때면 진실함을 따르는 나의 삶에 안도를 느낀다.

내가 완벽한 사람이고 훌륭한 수련을 마쳤다고는 생각하지 않는다. 아직 부족한 사람이며 열심히 수련하며 나아가고 있다. 물론 많은 시련이 있겠지만 그동안 시련을 극복한 사례도 많다. 그리고 그런 과정을 여러분에게 들려주고 싶다. 당신이 길을 가다가 걸림돌을 만나면 그 자리에서 넘어질 수도 있고, 당신을 일으켜 세울 구원자를 만날 수도 있다. 어떤 선택을 하느냐에 따라 결과는 달라진다. 오래전에 나는 가난했고 돈을 빌고 싶었다. 그때 많은 책을 읽고 발견한 게 있다. 돈을 많이 벌고 높은 지위를 누리는 사람들은 그 이전에 많은 고생을 겪었으며, 모든 성과는 고생 끝에 맛보는 단 열매라는 사실이다.

성공한 사람들의 이야기에서 그들이 나보다 한참 앞섰다는 건 알았지만, 거기서 더 나아가 정작 내가 원하는 삶에는 도달할 수 없었다. 깊은 질투심과 무력감, 자책감에 빠져 있을 뿐이었다. 그들이 어떻게 해서 고생 끝에 성공의 열매를 맛볼 수 있었는지 몰랐다. 어쩌면 그들 또한 삶의 희망이 보이지 않을 때, 나처럼 자기 연민에 빠져 방에 틀어박혀 성인비디오나 보면서 하루하루를 보낸 것은 아닐까?

나는 그들이 어떻게 시련을 극복했으며, 어떻게 그럴 수 있었는지 알려주려 한다. 모든 성공에는 대가와 노력이 따른다는 것을 안다. 다만 불필요한 시행착오를 줄이고 성공의 피안에 조금이라도 일찍 도달하고 싶은 것이다. 나는 열심히 노력하면서 한편으로는 그 방법을 찾고 있다.

나는 11년을 전도傳道에 힘썼다. '성격색채'를 공부하면서 사람의 심리와 진실한 자아를 찾는 핵심을 통찰하게 되었다. '욕망을 어떻게 뿌리치나'는 개성 수련 과정에서 큰 걸림돌을 만났지만 할 수 있는 노력을 다 했음에도 극복하지 못하여 쓴 글이다. 그러나 낙담을 하고 나니 갑자기 눈앞이 환해졌다. 이런 기쁨을 노자도 아닌 내가 가르침이라고 내세워서 무슨 소용이 있겠는가? 나는 객관적인 규율을 뛰어넘어 가장 원시적인 방식으로 사람들에게 나의 아킬레스건을 보여주기로 했다. 그리고 아킬레스건이 어떻게 해서 단단한 뼈로 변하는지 보여줄 것이다. 이 과정이 오해를 사서 내가 웃음거리로 전락하여 상처를 입을 수도 있음을 안다. 그러나 이는 내가 바라던 바이기도 하다.

이 책은 완벽한 체계를 형성하지 못했으며 문체도 세련되지 못하다. 그러나 내가 할 수 있는 최대의 진정성을 보여주고자 했다. 나 자신에게 요구한 것도 이 부분이다. 내면의 절대적 진실과 요구만이 진리를 보여주기 때문이다. '슈퍼 연설가超級演說家'에 출연할 때 나는 우리 팀의 이름을 '본색(本色, 본래의 면모-역주)'이라고 지었다.

나는 팀원들에게 이 시대는 살아가기 힘들며, 본색을 발휘하고 진실한 나로 즐겁게 살기는 더 어려워졌다고 말했다.

언젠가 우리 모두 본색의 행복을 누릴 수 있는 날이 올 것이다. 마땅히 누릴 '본색'에 도달하는 데 이 책이 도움이 되었으면 한다.

1장

가장 큰 꿈은 없다
더 큰 꿈만 있을 뿐

꿈

"당신은 어릴 때 자라서 무엇을 하고 싶었습니까?"라는 질문에 "하고 싶지 않았던 걸 묻는 게 순서 아닌가요?"라고 대답하는 사람들이 있다. 내가 바로 그렇다. 어릴 때부터 나는 남이 하는 건 다 하고 싶었다. 때로는 열망이 너무 커서 정말 하고 싶은 것이 무엇이었는지 혼란스러울 지경이었다. 그동안 내가 꿈꿔오던 것들을 돌아보고 그중 실현된 것과 아닌 것을 비교해보았다. 그 결과 꿈은 '행동'과 관련된다는 사실을 발견했다. 행동하지 않으면 환상에 머물고 말지만 행동하는 순간 꿈은 현실로 변한다. 나의 꿈과 당신의 꿈이 같을 수도 있으며, 그렇다면 지금부터 우리는 같은 꿈을 가진 동료라고 할 수 있다.

　나와 같은 꿈을 꾸는 당신은 어떤 생각을 하고 있는지 궁금하다. 우리가 성장하는 과정에서 받은 교육은 꿈을 가르치지 않았으며, 어떻게 가르쳐야 할지도 몰랐다. 가령 꿈을 어떻게 간직하고 수치화해야 할까? 어떻게 꿈을 믿어야 할까? 어떻게 꿈을 키우고 실현할까? 우리는 이런 걸 배운 적이 없다. 그저 모범 답안을 알 뿐이다. 모범 답안은 드높은 기상과 거창한 내용으로 가득하다.

세상은 오스트롭스키Ostrovsky의 《강철은 어떻게 단련되었는가》 속 주인공 파벨 콜차킨Pavel Korchagin처럼 용감하고 강하며, 시련에 굴하지 않는 사람이 되라고 강요한다. 그저 평생 숭고한 이상을 위해 싸우며 조국과 국민을 위해 기여하라고 말이다.

이미 실현된 꿈이 있다

자신감이 부족한 사람들은 나에게 어떻게 자신감을 찾았는지 비결을 묻곤 한다. 솔직히 말해 그들은 상대를 제대로 골랐다. 머리끝부터 발끝까지 자신감에 충만한 사람에게 물어봤자 그는 제대로 알려주지 못할 것이며, 나 같은 엉터리 의사를 찾아야 스스로 방법을 찾을 수 있다. 비결은 바로 안과 밖을 수양하는 것이다. 내적인 성취감은 어떤 일을 해내는 데서 길러진다. 성취의 크기는 상관없다. 밖으로 드러나는 자신감은 남들이 나에게 칭찬과 격려를 해줄 때 길러진다. 그런 과정에서 자신감은 심어진다.

이 둘 중 '내적 자신감'이 핵심이다. 아무리 작은 일이라도 그것을 해내는 순간 성취감을 느끼고 자신감도 생긴다. 이와는 반대로 하고 싶은 일을 한 번도 완성하지 못하면 아무리 옆에서 자신감을 불어 넣어주어도 헛수고다. 목표의 크기는 중요하지 않다. 작은 일이라도 해낸다면 그다음 일을 할 수 있다는 자신감이 생긴다. 작은 일이 쌓이면 큰 성과로 거듭난다. 무엇이든 실현할 수 있다고 믿을 때 진정으로 해낼 수 있는 자신감이 생긴다.

처음으로 눈보라를 맞을 때는 큰 시련이 된다. 전투를 앞두고 온몸이 긴장되면 허둥지둥하다가 적군이 눈앞에 나타나도 어떤 방향으로 공격할지를 모르고 갈팡질팡한다. 그러다 보니 전투는 시작도 못한 채 탄약만 다 써버려 헛수고가 되기 일쑤다. 이런 경험은 낭패가 아닐 수 없으며 늘 실패를 두려워하게 만든다. 다음 전투에서는 자기도 모르게 지난 일이 생각나서 '저번에 실패했는데 이번이라고 되겠어?' 하는 심리로 싸워보지도 않고 물러서 버린다. 그러고는 자존심을 다치는 일은 더는 하지 않으려 한다. 이런 일이 반복되면 마음이 움츠러들어서 싸울 용기가 완전히 사라져버린다. 결국엔 훌륭한 스승을 만나 공부를 많이 해도 아무 소용이 없다.

정작 시작해볼 기회도 얻지 못하니 제아무리 이론을 많이 알고 있어도 힘을 발휘하지 못한다. 오히려 주변의 경험 많은 사람들에게 그들이 어떻게 극복해왔는지 들어봄으로써 상처 입은 마음을 위로할 수 있다. 나 또한 마음을 알아주는 여인을 만나 그녀의 따뜻한 격려와 지칠 줄 모르고 이끌어주는 힘에 힘입어 마침내 큰 성공을 거두게 되었다. 비록 첫 전적은 화려하지 않았지만 아무 성과도 없던 지난날과 비교해보면 가히 역사적인 반전이라고 할 수 있다. 이 승리가 내 삶에 미치는 의의는 심오하다. 나는 당시 백정이 처음으로 소 한 마리를 잡았을 때의 성취감과 투지를 분명히 느꼈으며, 언젠가는 소 열 마리를 잡을 수 있을 거라는 용기를 갖게 되었다. 옛날 같으면 상상도 할 수 없던 일이다.

그 일을 계기로 나는 말로만 하는 격려보다는 직접 해내는 게 중요하다는 사실을 알게 되었으며, 꿈과 자신감은 쌓아가는 과정이라는 교훈을 얻었다. 자신감이 커지면 큰 꿈이 실현된다는 기본 원리가 여기에 있다. 천 리 길도 한 걸음부터라는 말이 바로 그것이다. 내 가장 중요한 첫걸음은 이 두 가지 교훈에서 시작되었다.

| 날마다 출장 가는 직업을 갖고 싶었다

1991년 닝보寧波 중등전문학교를 금융 전공으로 졸업한 나는 은행에 들어가 창구 업무를 보게 되었다. 그 일은 우월하지만 새장에 갇힌 생활이었다. 날마다 하는 일이라고는 영업장에 오는 재무 담당과 이야기를 나누는 거였다. 그러다 보니 익숙한 얼굴들이 생겼고, 그중 한 무역회사의 직원에게 흥미를 느꼈다. 그 직원은 거의 매주 은행에 들러 용도란에 '출장비'라고 적힌 현금수표를 건넸다. 그러고는 인출을 마친 후 가방을 들고 사라졌다. 그 직원과 마주칠 때마다 나는 꽤 노련하게 아무렇지도 않은 듯 물었다.

"이번에는 어디로 출장 가십니까?"

그는 내가 들어보지도 못한 지역 이름을 댔지만, 그럴 때마다 나는 다 알고 있다는 듯이 "네, 좋은 곳이죠."라며 맞장구를 쳐줬다. 그가 떠나간 후 나도 모르게 지도를 찾아보았다. 나는 들어본 적도 없는 많은 곳에 '그는 갈 수 있겠구나.'라고 생각하며 군침을 흘렸다. 당시 나의 지리 지식은 빠른 속도로 늘었고, 전국 방방곡곡을 손바닥 들여다보듯 훤히 꿰게 되었다.

당시의 나는 단순하고 순진했다. 날마다 사무실에 앉아 있는 생활에 싫증이 났다. 그때의 내가 아는 가장 행복한 사람은 사무실에서 일하지 않고 날마다 출장을 다니는 사람이었다. 어떤 일을 하는지는 중요하지 않았다. 바깥세상을 보고 더 많은 사람을 접촉할 수 있다는 사실만이 내겐 중요했다. 내 생각에 세상에서 가장 좋은 직업은 영업자였다. 날마다 사무실에 틀어박혀 있지 않아도 되었으니까. 단언컨대 내가 열여섯 살에 사회에 진출한 후 처음으로 가진 꿈은 바로 은행을 떠나 '늘 출장 다니는 직업 갖기'였다.

이 꿈을 현실로 만들기 위해서는 집안 어른들과 상의가 필요했다. 아버지는 매사에 신중했으며 평생 조심스럽게 행동했다. 나와 대화할 때 큰소리를 내는 법이 없어서 겉으로는 언제나 모든 것을 이해하고 지지해주셨다. 아버지는 자식이 큰 뜻을 품은 것은 좋은 일이지만 젊은 나이에 경험 없이 섣불리 뛰어들기보다는 상황을 살피며 때를 기다려야 한다고 생각했다. 3년 정도 경험을 쌓고 대학을 졸업한 후에 생각해도 늦지 않다는 것이다. 어머니는 일단 나를 아버지와의 설전에 몰아넣어 피투성이로 만든 다음, 다시는 그런 생각을 못 하게 할 심산이었다.

어머니는 평소 당신의 일생이 얼마나 많은 고생과 굴곡으로 점철되었는지를 강조했다. 수십 년 동안 이 직장 저 직장을 전전하며 용접 일을 한 어머니에게는 은행처럼 안정된 직장은 귀했다.

"일단 해고될 위험이 없으며 복지가 튼튼하다. 하다못해 은행에서 나눠주는 휴지는 얼마나 부드러우며 명절 때 선물로 주는 갈치는 얼마나 살이 실하고 두툼한가. 은행에서 몇 년간 근무하다 대출 담당으로 옮기면 사람들이 너도나도 부탁할 것이다…."

어머니로부터 이런 말을 듣는 데는 이골이 난 터였다. 말이 끝나기 무섭게 나는 그 정도 부귀영화에 넘어갈 사람이 아니라고 맞받아쳤다. 어머니는 나를 설득하기가 어렵다는 걸 알고는 얼굴빛이 달라지며 당장 모자 관계를 끊겠다고 했다. 그러나 어머니가 잊은 사실이 있다. 당신을 닮은 아들에게 그런 협박은 통하지 않는다는 것이다. 압박할수록 반항심만 커지며, 통제하려고 할수록 결과는 반대로 간다. 그렇기에 갈등이 끊이지 않았다. 안타깝게도 당시의 나는 새장 같은 답답한 생활에서 벗어나고 싶어도 그럴 수가 없었다. 학력이나 능력을 갖추지 못했고 전문 지식이나 특기도, 경험도 없었다. 부모님도 반대하고 원하는 일자리를 구할 수 없는 상황에서 부모님 신세를 지며 조용히 지내는 수밖에 없었다. 스스로 강해지지 않으면 주변의 무시를 당하는 이치는 어디에서나 똑같다.

당시 은행을 그만두고 다른 진로를 모색하겠다는 나의 꿈과 욕망은 어머니의 반대에 꺾이기는커녕 오히려 커져만 갔다. 어머니는 아들이 잠깐 한눈을 팔아 그저 해본 말에 불과하다고 생각했다. 그러나 1년쯤 지난 후에도 의지는 꺾이지 않았으며, 그동안 알고 있던 이미지와 다른 아들의 모습을 발견했다. 그동안 열심히 준비하여 집을 떠날 준비를 마치고 농촌의 정다正大 사료공장 판매원으로 들어갔다는 말을 듣자, 부모님은 완전히 항복했다. 내가 야간학교에서 계속 공부할 수 있도록 아버지는 한 부동산 중개업체를 소개해주었다. 이때부터 나는 21개월 동안 근무한 은행을 그만두고 마침내 영업 일을 하게 되었으며, 더는 사무실에 갇혀 일할 필요가 없게 되었다.

두 달 만에 나는 동분서주하며 별장 두 채를 팔았고, 사장은 나의 실적에 크게 흡족해했다. 그 일로 아버지는 체면을 세울 수 있었으며 나도 마침내 빚진 기분을 떨치고 고개를 들 수 있게 되었다. 하지만 그것도 잠시, 1993년 하반기에 국가적인 거시정책 조정이 시행되면서 내가 일하던 부동산 개발업체는 그 사업을 접었고, 나는 은행에서 나온 지 반년 만에 실업자 신세가 되고 말았다. 어머니는 당신의 예상이 맞아떨어지자 눈물을 흘리며 자식의 앞날을 걱정했다. 나는 후회하는 모습을 연출하며 어머니를 진정시켰다. 이틀 후 다른 부동산 업체로 옮겨간 나는 영업을 계속했다.

새로 옮긴 회사에서 알게 된 여자 동료가 있었다. 그녀는 광저우廣州에서 야팡雅芳 화장품 영업도 겸하고 있었다. 그녀의 소개로 나는 야팡 화장품 판매를 하게 되었는데 두 달 만에 닝보 지역 1위, 저장浙江성 전체를 통틀어 선두의 실적을 올렸다. 그러고 보니 나는 판매에 재능이 있는 게 틀림없었다. 솔직히 말해 당시 이 정도 실적을 올린 사람은 그렇게 많지 않았으며, 직접 판매에 대해 아는 사람은 없었고 야팡이라는 회사를 아는 사람은 더욱 없었다.

눈에 띄는 실적으로 야팡 본부에 발탁된 나는 닝보 현장에 뛰어들었다. 우여곡절을 거쳐 꿈에 그리던 당시 최대의 화장품 판매회사 야팡의 판매 교육부에 들어갔고, 사장의 지시에 따라 상하이 본부에서 일하게 되면서 나의 교육 커리어를 시작하고 날마다 출장을 다니고 싶었던 꿈도 실현했다. 이때부터 상해탄을 누비는 이야기의 서막이 올랐다.

1991년 7월 은행에 입사하고부터 1994년 3월까지, 직업을 세 번 바꾼 후 정식으로 야팡에 입사해 진정한 의미의 첫 번째 꿈을 실현하기까지 2년 8개월이 걸렸다.

| 하루 세끼를 KFC에서 먹고 싶다

1995년 여름, 상하이에서 생활한 지도 이미 1년이 되었다. 당시 나와 팡팡胖胖은 저녁마다 시장로西藏路에 있는 KFC에서 업무 이야기

를 나누었다. 팡팡은 상하이에서 처음으로 사귄 친구다. 가난했던 우리에게 분위기 괜찮고 돈이 많이 들지 않는 KFC 매장은 약속 장소로 안성맞춤이었다. 돈을 아끼기 위해 우리는 손님이 오면 콜라 한 잔을 주문해서 대접했다. 상대방이 왜 안 마시느냐고 물으면 "이미 많이 마셨으니 드시죠."라고 대답하곤 했다. 3.5위안을 아끼려고 한 말인 줄 생각도 못했을 것이다. 늘 팡팡과 미래를 동경하는 대화를 나눴는데 가장 많이 한 말은 "돈을 벌면 매일 세끼 다 KFC 햄버거로 먹겠다."였다.

밤이 되어 포옹하며 작별 인사를 나눌 때는 서로 주먹을 갖다 대며 격려했다. 머리가 비상했던 팡팡은 나보다 먼저 꿈을 실현했다. 나는 몇 년 동안 무수하게 직업을 바꾸고 여러 선택을 하면서 계속 한자리에 안착하지 않고 떠돌았다. 그랬던 내 꿈은 2003년 교육기업과 연계하면서 진정으로 실현되었다. 꿈이 이루어진 날, 나는 시장로의 KFC에서 팡팡을 대접했다. 늘 앉던 자리에 그와 얼굴을 마주하고 앉은 후 말했다.

"오늘은 내가 한턱낼 테니 실컷 먹어."

사실 우리 두 사람 모두 KFC 음식에 시큰둥해진 지 오래임을 알고 있었다. 그렇지만 그곳에서 꿈이 시작된 만큼 그 장소에서 마무리하는, 일종의 의식을 치른 셈이다.

그때부터 꿈을 이루기 위해 나는 큰 꿈을 시기에 따라 작은 목표로 나눴다. 이렇게 하여 한 목표를 달성했고, 그 꿈은 다음 순서로 배정해놓은 더 큰 꿈을 위한 단계적인 목표가 되었다. 가령 지금까지 나에게 가장 중요한 꿈은 성격색채의 교육과정을 새롭게 창조하고 상대적으로 완벽한 교육체계를 구축하여, 성격색채학을 대중에게 각인시키는 것이다. 당시 내가 실현한 가장 중요한 꿈은 마침내 직업을 옮겨

영업하며 날마다 KFC 음식을 먹을 수 있게 된 것이다. 따라서 사람들의 역량은 많은 면에서 당시 그가 어떤 것을 완수할 수 있느냐에 달려있다. '전도傳道' 편에서 나는 최종적인 꿈을 소개할 것이다. 언젠가 꿈이 실현되었을 때, 오늘은 그저 큰 꿈을 향해가는 길에 있는 작은 역에 불과하다.

그 일로 내가 깨달은 것이 있다. 하나의 꿈을 실현하면, 그 꿈과 같은 가치의 '역량'을 얻는다는 사실이다. 더 큰 역량을 얻고 싶다면 반드시 더 큰 꿈을 실현해야 한다. 한마디로 말해 가장 큰 꿈은 없고 더 큰 꿈이 있을 뿐이며, 가장 큰 역량은 없고 더 큰 역량이 있을 뿐이다. 하나의 꿈이 가장 높은 곳에 도달했을 때 또 하나의 전혀 새로운 꿈을 제시하라. 이는 스스로 삶에 의미를 부여할 수 있는 유일한 방식이다.

이루기 위해 노력 중인 꿈이 있다

내가 노력 중인 꿈을 한마디로 정리하면 '저마다의 다양한 개성의 가치를 알아주고, 그로 말미암아 이익을 보는 것'이다. 나의 이러한 꿈은 10년 동안 변함이 없었으며, 여러 장소에서 무수한 사람에게 밝힌 바 있다. 이 꿈을 위해 나는 오랫동안 노력하고 있다. 이 꿈을 언젠가는 이뤄야만 평생의 한으로 남지 않을 것이다.

그런데 요즘에는 생각이 달라졌다. 내가 못하면 내 후손이 할 수도 있으니 서두르지 않기로 한 것이다. 이 꿈을 위해 그토록 기를 쓰는 것은 개인적인 욕심에서 비롯된 면도 있다. 즉, 내가 죽은 후 사람들에게서 '일편단심 위대한 뜻을 품고 살다간' 인물이었다고 평가받고, 명예를 얻고자 하는 욕심이다. 나의 능력과 수준은 아직 한참 아래에 있으면서 명예나 탐내는 형국이었다. 원대한 목표는 너무 멀리 있으니 잠시 접어두기로 하고, 지금부터는 공감할 수 있는 주제를 꺼내려 한다.

┃ 세계 일주를 하고 싶었다

내 주변에는 세계 일주를 꿈꾸는 사람이 많다. 당신도 그중 한 사람일 것이다. 사람들은 평소 힘들게 일하면서 단 며칠의 휴가를 이용해서라도 해외로 여행을 가려고 한다. 세계 일주를 하려면 열정 외에 최소한 두 가지가 필요하다. '돈'과 '시간'이다. 우리는 대부분 시간이 있을 때는 돈이 없고, 돈이 있으면 시간이 없다.

은행에서 근무할 때 나는 어떻게 하면 시간을 내서 이곳저곳을 돌아다닐 수 있을까 고민했다. 그렇게 해서 생각해낸 결론이 가이드 자격증을 따는 거였다. 당시에는 순진하게도 가이드가 되면 일하면서 구경도 할 수 있으니 일거양득이라고 생각했다. 그러나 가이드라는 직업은 노는 순간에도 마음을 졸여야 하므로, 상상했던 것과는 완전히 다른 양상이었다. 그러다 야팡 화장품에 입사하면서 매주 두세 곳의 도시를 누비게 되었다. 출장 업무 외에도 이곳저곳을 돌아볼 수 있으니 가이드가 되고 싶던 생각은 자연스럽게 사라졌다.

그 후 약간의 돈을 모아 처음으로 외국 여행을 가게 되었다. 첫 해외여행의 짜릿한 경험을 잊지 못한 나는 앞으로도 자주 외국에 나가 시야를 넓히리라 다짐했다. 그러나 업무에 복귀하자마자 산더미 같은 일에 둘러싸여 생계를 위해 열심히 살아야 했다. '시간은 앞으로 얼마든지 낼 수 있으니 일단 돈부터 벌자.' 이런 말로 스스로 최면을 걸며 살다 보니 어느새 20년이 훌쩍 지나버렸다. 전에 비하면 여건이 좋아졌지만 꿈을 실현할 수 있는 희망은 여전히 보이지 않는다.

가령 나는 자동차를 몰고 이곳저곳을 다니며 스트레스를 해소한다. 그러나 당장 직면한 문제가 있다. 첫째, 아름다운 경치는 멀리 있으며, 도시에서 일하는 우리가 먼 곳으로 가려면 많은 시간이 필요하다. 그런데 일상의 시간을 일에 빼앗기고 나면 자투리 시간만 남는다. 둘째, 돈이 충분하지 않다. 부자들은 달나라 여행도 갈 수 있으며 남극으로 날아가 펭귄을 보고 북극에서는 북극곰과 눈을 맞출 수 있다. 그런데 나는 그들처럼 즐길 수 있는 충분한 돈과 여유가 없다. 요컨대 열정과 관심 외에 절대적으로 필요한 것은 시간과 돈이라는 말이다. 대다수 사람에게는 이 둘을 다 갖추는 게 거의 불가능한 일이며, 이 둘은 언제나 서로 모순적인 존재다. 나는 시간과 돈을 다 갖는 꿈을 버려야 한다고 스스로 다짐하곤 한다.

어느 대학생은 3개월 동안 아르바이트해서 마련한 5,000위안으로 2년 동안 중국 28개 성을 돌아다니며 여행을 했다. 물론 중간에 아르바이트도 가끔 병행했다. 작가 비수민畢淑敏이 60세가 다 된 나이에 저축금의 절반을 떼어 여객선 표 두 장을 사서 아들과 크루즈 여행을 떠났다는 소식을 들었을 때, 문득 세계 여행을 말로만 부르짖는 건 가짜 꿈이라는 생각이 들었다. 왜 나는 그들처럼 행동에 옮기지 못할까? 그들에 비해 나는 덜 순수하고 덜 대담하기 때문이다. 그들이야말로 진정한 여행자이며, 나는 말로만 떠드는 존재에 불과하다.

만약 세계 일주를 꿈꾼다면 어떤 세계를 가고 싶은지 자신에게 질문해보라. 그저 여유를 갖고 한가한 시간을 즐기고 싶은가? 아니면 이 세상을 체험하겠다는 강렬한 소망이 있는가? 부자는 부자대로, 가난한 자는 가난한 자대로 즐기는 방법이 있다. 그러나 대다수의 사람은 꿈만 꾸고 있으며, 이 세상의 어떤 것도 제대로 보지 못한다. 그저 자신을 위해 갖가지 평계를 대면서 출발할 용기를 내지 못한 채 부러움과 한탄으로 허송세월을 보낼 뿐이다.

얼마 전까지 나는 30개 국가를 돌아보았다. 세계 이곳저곳을 누비는 사람들에 비하면 많지 않은 숫자다. 그러나 나는 마음이 편하다. 이전 같으면 촌각을 다투었겠지만 지금은 꿈을 이루는 시간을 길게 잡는다. 앞으로 30년을 더 다니다 보면 더 여러 곳을 돌아볼 수 있을 것이다. 이런 꿈은 '지금 실현하는 중'이며 포기하지 않은 꿈이다. 설사 지금까지 국외로는 한 번도 나가보지 않았더라도 꿈을 포기하지 않으면 얼마든지 현실이 될 가능성이 있다. 그러나 스스로 포기한다면 그 꿈은 접어야 한다.

| 남은 생에 자전거로 2만 킬로미터를 달리고 싶다

2006년부터 차를 몰고 여기저기 다니는 데 재미를 붙였다. 한동안 그렇게 다니다 보니 자동차 여행도 시들해졌다. 웬만한 사람은 다 몰고 다니는 자동차는 더 이상 특별한 존재가 아니라는 생각이 들었기 때문이다. 그때부터 나는 자전거 장거리 여행을 꿈꿨다. 이다음에 늙어서 나의 손자에게 할아버지의 무용담을 전해줄 수 있으리라. 얼마 후 자동차를 몰고 나라티那拉提 초원을 두 번째로 방문하여 가이드와 이야기를 나눌 기회가 있었다. 그는 사막도로를 횡단하던 중 위춘순(餘純順, 중국 전역을 도보로 여행한 여행가-역주)을 만난 적이 있다고 말했다.

가이드는 위춘순이 자신의 트럭을 세워 물을 얻어 마셨다고 말해주었다. 그 일화를 과장 섞어가며 자세히 묘사하는 걸 듣고 있자니 나도 모르게 몰입이 되었다.

그때의 대화는 내가 자전거 여행의 꿈을 키우는 중요한 계기가 되었다. 도보 여행이나 래프팅, 암벽타기, 스쿠버다이빙 같은 운동에 약한 나로서는 위춘순 같은 여행은 엄두도 낼 수 없었다. 그러나 생명을 잃을 위험만 없다면 도전은 가능하다는 생각이 들었다. 자전거는 야외에서 흔히 접할 수 있으며, 달리기처럼 지루하지도 않고, 수영에 비하면 땀이 더 나는 운동으로 썩 괜찮은 종목이다.

자전거 여행의 꿈을 실현하기 위해 카오라考拉를 찾아갔다. 그는 못하는 게 없는 만능 인재로, 이 점을 나는 항상 부러워했다. 채소 재배, 요리, 건축, 기계 수리, 칵테일, 다도 등 탁월한 손재주가 있어 어지러운 세상 한가운데 던져놓아도 살아남을 수 있는 인물이었다. 그에 비하면 나는 강의나 책을 쓰는 일 외에는 아무것도 못하는 빛 좋은 개살구였다. 나와 카오라는 의논 끝에 자전거로 운남雲南을 일주하기로 했다. 일주일에 5일간, 하루 120킬로미터식 주행 연습을 하면 가능성이 있다고 했다. 첫 훈련에 나선 두 사람은 한낮의 태양 아래 90킬로미터를 달렸다. 이 정도는 다음 장의 '목표'에서 소개한 환상적인 바다 표류에 비교하면 아무것도 아니었다. 어느 정도 적응이 되자 첫 훈련 때의 90킬로미터에 60킬로미터를 더 추가했다. 훈련이 거듭되면서 시간을 정해서 만나기가 어렵게 되자 각자 떨어져서 훈련했다. 두 사람은 마지막 훈련 장소로 우이산武夷山을 택했다. 그런데 산길에서 내려오다가 복사뼈가 자전거 바퀴에 걸려 살이 찢어지면서 여덟 바늘이나 꿰매는 상처를 입었다.

결과적으로 자전거 여행자로서 합격은 한 셈이지만 지금까지도 모두가 공인하는 표준이 무엇인지는 잘 모르겠다. 그러나 꿈을 대하는 데 있어, 앞서 말한 세계 일주 꿈처럼 대할 수 있다면, 꿈을 실현하는 주기를 늘리더라도 무방할 것 같다. 꿈을 당장 이루겠다고 덤비기보다는 매년 열흘간, 하루 120킬로미터 정도를 자전거로 달린다고 가정할 때, 1년이면 1,200킬로미터를 갈 수 있으며, 20년이면 2만 4,000킬로미터가 되니, 절반은 전문가 수준에 도달하게 된다.

이전에는 자전거 여행에 매력을 느끼지 않았다. 차로 가면 금방 도착할 곳을 자전거로 가면 시간이 많이 걸리기 때문이다. 게다가 내가 가고 싶은 곳은 너무나 많았다. 그러나 운전하는 시간이 길어지니 건강이 예전만 못해졌다. 물론 이런 고민은 자전거 타기를 시작한 후부터 완전히 해소되었다. 앞에서 말한 돈과 시간이 결코 모순된 요소가 아니라 어디까지나 병행할 수 있는 요소임을 입증한 셈이다.

이런 의미에서 볼 때 내가 가장 존경하는 작가는 무라카미 하루키다. 그 작품의 우수함을 떠나, 글 쓰는 일이 건강을 해치는 작업이라는 측면에서 하는 말이다. 무라카미 선생은 하루 20킬로미터 달리기를 30년간 실천하고 있다. 총 20만 킬로미터나 된다. 이에 비하면 나의 목표 2만 킬로미터는 얼마나 소박한가!

이런 경험을 통해 꿈이 실현되지 않았다면 끊임없이 꿈을 강화하고 주저 없이 행동에 옮겨야 한다는 사실을 발견했다.

처음에는 없었으나 점점 커지는 꿈이 있다

두 번째 꿈은 처음부터 분명했다. 반면 세 번째 꿈은 처음에는 생각지도 못하다가, 나중에 점점 생겼다. 이는 기회와 관련이 있다. 기회가 문을 두드릴 때 당신이 얼마나 준비가 되어 있는지가 중요하다.

| 프로그램 진행자가 되고 싶다

나는 맹세코 처음부터 진행자가 되고 싶은 생각은 없었다. 그저 TV 프로그램 출연자로서 임무를 완수하면 그만이라고 생각했다. 그러나 기회가 찾아와 점차 진행자로 자리를 잡는 꿈을 꾸기 시작했다. 이는 순전히 자연스럽게 이루어진 것이다.

출연자로서 프로그램에 어느 정도 기여를 하던 내게 진행자가 되는 기회가 왔고, 어쩌면 해낼 수도 있겠다는 생각이 들었다. 예능 프로의 진행을 맡고 나니 토크쇼 진행도 할 수도 있겠다는 자신감이 생겼고, 토크쇼 진행을 하고 나서는 심사위원도 할 수 있겠다는 생각이 들었다. 심사위원이 되고 나서는 PD 일도 할 수 있을 것 같았다. 앞으로 PD가 되면 생각지도 못했던 '어쩌면'이 내 앞에 나타날 수도 있을 것이다. 흥미를 느끼는 미지의 영역이 있고, 궁극적인 목표가 완전 엉뚱한 것이 아니라면 무엇이든 최대한 시도해보라. 모든 미지의 배후에는 무한한 잠재력이 숨어 있다.

| 작가가 되고 싶다

작가란 사람들로 하여금 작품을 읽고 싶게 하는 사람들이다. 대놓고 말해 글을 써서 돈을 벌어 먹고살 수 있는 사람들이 작가다. 물론 많은 위대한 작가 중에는 반 고흐가 그랬던 것처럼 생전에 가난에 시달리다 죽고 나서 작품 값이 천정부지로 오르는 사람도 있다. 대대수의 사람은 예술의 가치를 알지 못하는 듯하다. 다행히 나는 교육이 본업이기에 글을 써서 먹고살지 않는다. 따라서 돈 몇 푼 때문에 고개를 숙이지 않아도 되고 내가 쓰고 싶은 것, 사람들에게 유용한 것, 100년이 지나도 이치에 맞는다고 느낄 만한 내용을 쓰면 된다. 과거에는 하지 못했던 생각이지만, '쓰기'를 자기 수련 방식으로 삼고자 한다. 앞으로는 성격색채 잡지를 만들어 사람들에게 도움을 주고 싶다.

이렇게 말해놓고 보니 "장담하는 사람치고 제대로 하는 것 못 봤다."는 우려의 목소리가 들리는 듯하다. 꿈을 밖으로 말할 필요가 없다고 생각할지도 모른다. 그래야 꿈을 이루지 못하더라도 아무도 비웃지 않을 것이기에. 그런 마음도 이해가 가지 않는 건 아니다. 하지만 때로는 이렇게 떠들어서 그 말을 들은 사람들이 지켜보게 하는 것도 필요하다. 당신이 꿈을 실현하지 않기를 바라는 사람이 세상에는 너무도 많기 때문이다. 당신이 실패할 때 그들은 스스로 위안을 삼는다.

꿈을 밝혀서 비웃음을 살까 봐 고민할 필요는 없다. 어느 날 꿈을 포기한다면 언제까지나 비겁한 자의 수치심으로 살아가게 될 것이다. 그런 생각을 하면 돌아설 곳이 없으므로 중도에 포기할 수 없고, 꿈을 향해 포기하지 않고 앞으로 나아가게 된다. 꿈을 마음에 품는 것과 밖으로 말해 알리는 방법 중 무엇이 옳고 무엇이 그르다고 할 수 없다. 어떤 방식을 택하든 다른 사람에게 당신의 꿈을 빼앗기지 말라. 당신만이 당신의 꿈을 위해 책임을 지며, 다른 사람은 그 소중함을 모르기 때문이다.

방송 진행자와 작가라는 2개의 꿈은 행동에 옮기는 과정에서 점차 강화된 것이다. 처음에는 그 실체가 확실하지 않고 대략적인 방향만 보였다. 그래서 구체적인 꿈은 꾸지 않았다. 데이비드 슈워츠David J. Schwartz의 《크게 생각할수록 크게 이룬다》와 나폴레온 힐Napoleon Hill의 《성공의 법칙》에서는 꿈을 크게 가지라고 말한다. 10억을 벌겠다는 꿈을 꿔야 1억이라도 벌 수 있다. 목표가 1,000만이면 실제로는 100만을 벌 수 있을 뿐이다. 책에서 강조하는 "우선 꿈을 품어야 한다."는 말에 공감한다. 꿈을 가져야 실천할 수 있다. 꿈을 품지 않으면 가능성 자체가 없어진다.

구체적인 꿈이 아니라도 상관없다. 큰 방향만 정하여 나아가면 된다. 마치 북극에 살아도 사계절이 뚜렷하고 따뜻한 날씨와 꽃피는 봄이 있는 곳을 꿈꾸는 것과 같다. 어디로 가야 할지 모르더라도 남쪽으로 방향을 잡고 그쪽을 향해 계속 가다 보면 원하는 곳에 도달할 수 있다. 큰 방향을 정확히 잡고 계속 가다 보면 원하는 게 조금씩 드러날 것이다. 출발하지 않고 한자리에만 있으면 기적은 일어나지 않는다.

꿈이 너무 멀리 있고 지속해서 그 꿈을 강화하지 않는다면 결국 흐지부지 되어버릴 수도 있다. 그러나 대부분은 생각지도 않던 꿈이 하나의 기회를 잡음으로써 문이 열리고, 자연스럽게 당신의 몸속에서 성공의 씨를 틔워 생각보다 더 빨리 이루어질 수도 있다. 그 꿈을 단단히 붙들고 키워가며 몸 안에서 자유롭게 뛰어놀게 해야 한다. 그 꿈은 마침내 당신의 피와 살에 섞여서 뿌리를 내려 확고해질 것이다.

아직 행동으로 옮기지 않은 꿈이 있다

이 꿈은 모든 꿈의 유형 중 사람들에게 가장 많은 상태이다. 즉 '늘 생각하며, 영원히 생각하고 있다.' 이런 경우는 너무 많아서 셀 수가 없다.

| 영어로 외국 사람들에게 교육과 강연을 하고 싶다

나는 기업 직원을 상대로 수년간 교육을 해오고 있다. 어느 날 외국 기업의 외국인 간부를 위한 교육 문의가 왔는데, 영어로 강의를 할 수 있는지 물었다. 최초로 이런 문의를 해온 회사는 노바티스 제약이었는데 불가능하다고 대답하고 나니 창피했다. 어쩔 수 없이 영어를 구사하는 강사의 도움을 받아야 했다. 사실 이럴 경우 시간이 두 배로 든다. 그뿐 아니라 성격색채 과정은 다른 기능 수업과 달라 인간의 동기에 대해 많이 다룬다. 모든 사람의 행위와 표정, 실제 장면의 정확한 묘사를 강조한다. 그런데 외국어로 강의를 하다 보면 그 효과가 떨어지며, 청중들도 이해하는 데 어려움을 겪는다. 결국 90퍼센트를 차지하는 중국 직원을 고려하여 외국 관리자의 참가를 제한했다.

한번은 월마트에서 내게 강연을 청했다. 당시 외국인 경영진 일곱 명이 참석했다. 비서가 그들의 옆에서 쉐도잉Shadowing 통역을 해주었다. 강연이 끝나고 질의응답 시간에 보니 뜻밖에 외국인들도 내용을 모두 알아들었다. 낭시에는 성격색채의 신기함, 현지 문화와의 밀접한 융합과 나의 수준 높은 강연 덕분으로 판단했다. 그렇다고 해서 그 사실이 내 영어 실력에 대한 합리화가 될 수는 없었다.

2012년에 호주와 캐나다에서 중국인들에게 강연을 했다. 관중석에 몇 명의 외국인이 앉아 있었다. 그들은 거리의 포스터에서 내가 손으로 나무판을 깨는 장면을 보고 소림사 고승의 무술 시범인 줄 알고 왔다고 했다. 당시 나의 영어가 유창했다면 그들의 마음을 그 자리에서 사로잡았을 것이고, 성격색채 강연의 정수를 보여주었을 것이다. 애석하게도 그것은 내 바람에 지나지 않았다.

이 꿈은 아직도 버리지 못하고 있다. 언젠가 반드시 해낼 것이다. 안타깝게도 지금까지 각종 이유를 대면서 공부를 미루고 있다. 그런 까닭에 나의 영어 수준은 늘 그 자리를 맴돌고 있다.

| 피아노를 배우고 싶다

플루트를 연주할 때는 피아노가 고급스럽다는 생각을 해보지 않았다. 피아노는 플루트의 반주로서 하모니를 이루면 그만이라고만 생각했다. 그러나 나중에 피아노는 어디에도 어울릴 뿐 아니라 연주를 하면서 노래를 부를 수도 있다는 걸 발견했다. 노래 실력과 관계없이 근사한 분위기를 낼 수도 있다.

손과 입을 모두 사용하여 연주하며 고전적이고 엄숙한 분위기의 관악기에 비해 피아노는 절대적으로 유리하다. 바흐부터 케빈 컨Kevin Kern과 린하이林海에 이르는 여러 작곡가의 음악을 감상하면서도 피아노 연주 배우기를 행동에는 옮기지 않았다.

이미 포기한 꿈이 있다

내가 아직 행동에 옮기지 않은 꿈과 이미 포기한 꿈은 그 수가 같다. 그 특징은 복잡하고 풍부하며 수준이 높다는 것이다. 다섯째 유형의 제목을 '아직 실현되지 않은 것'으로 지었으나 나중에 '이미 포기한 꿈'으로 바꿨다. 아직 실현되지 않은 꿈은 언제라도 실현될 가능성이 있지만, 이미 포기한 것은 앞으로도 가능성이 없다는 차이가 있다. 적극적 사고의 수혜자이자 제창자인 내가 이렇게 부정적인 말을 하는 이유는 무엇일까? 우선 이런 것들이 어떤 꿈인가부터 살펴보자.

| 기자가 되고 싶었다

어릴 때부터 밤마다 꿈을 꾸었다. 그 꿈에는 온갖 내용이 들어 있었다. 때로는 내가 생각한 것들이 꿈에 나올 때도 있었고, 때로는 익숙한 장면이 반복되기도 했다. 잠은 많은 시간을 낭비한다. 이 시간을 절약하여 일하는 데 쓴다면 남보다 두 배의 삶을 살아갈 수 있다.

그럼에도 잠을 좋아하는 유일한 이유를 든다면 그것은 꿈을 꾸기 때문이다. 꿈속 장면은 너무나 신비하며, 꿈속에서는 자유를 만끽할 수 있다. 나는 우물 안 개구리처럼 내 꿈이 가장 신기하다고 여겼으며, 내가 기인일지도 모른다고 생각했다. 언젠가 천둥번개가 지나간 후엔 하늘로 올라갈 수 있을 거라고 생각했다. 훗날 구소련 과학 잡지를 읽다가 꿈을 꾸는 자는 생각이 활발하며, 꿈을 기록해두면 연구 가치가 높은 자료가 된다는 내용을 발견했다.

나는 스스로 대단한 인물이 되겠다고 결심하고 매일 꿈을 충실하게 기록해두기로 했다. 아무리 음탕하고 사악하며 비정상적인 내용이라도 빠짐없이 기록하려 했다. 그러다 보면 언젠가 빛을 볼 수 있으며 《왕좌의 게임》보다 웅장한 장편 판타지 소설로 탄생할 수도 있을 거라 믿으며. 이런 생각을 한 지 15년이 지났지만 아직까지 극복 못한 두 가지 난관이 있다. 하나는 꿈을 꾸다가 중요한 순간에 잠이 깨는 문제다. 한밤중에 일어나 볼일을 본 뒤 잠자리로 돌아와 꿈을 이어서 꾸려고 시도한다. 그러나 꿈은 절대로 이어지지 않았다.

두 번째 난관은 꿈을 기록하는 어려움이다. 꿈 내용을 기록하기 위해 나는 여러 방법을 시도했다. 침대 머리맡에 언제라도 쓸 수 있게 펜과 노트를 준비해두고, 밤새 녹음기를 켜놓기도 했지만 언제부턴가 흐지부지되고 말았다. 나중에는 단편적인 부분만 기억났고, 그마저도 30분 후에는 사라지고 없었다. 내가 적어둔 글씨도 알아볼 수 없었다. 그 후로도 마땅한 묘안이 생각나지 않았다.

나이가 중년에 가까워지고, 어느 정도 수행을 한 후 중의학 전문가에게서 '꿈이 많은 것은 스트레스가 많고 기혈이 약해서'라는 말을 들었다. 일리가 있다고 생각한 나는 꿈을 기록하는 일을 그만두고 꿈을 꾸지 않으려고 노력했다. 이 큰 꿈을 계속 꾸어야 할지 아직도 알 수 없다. 내가 정말 신선이 아님을 증명하기까지 계속 환상을 품고 살아야 할까? 아니면 마침내 정신병적 환상에서 깨어난 것을 다행이라고 생각하며 현실을 충실히 살아야 할까?

| 플루트 연주가가 되고 싶었다

열두 살까지 나는 산시陝西 푸핑좡리富平莊里에서 자랐다. 설날 민속장터에서 죽적(竹笛, 대나무 피리)을 하나 사서 재미삼아 불다가 자연스레 익히게 되었다. 중전 2학년 때 학교에서 관악대를 모집했고, 나는 서양음악이든 민속음악이든 같은 피리 종류라면 상관없겠다 싶어서 플루트를 선택했다. 내게 플루트를 가르쳐준 사람은 닝보 예술학교의 왕융탕王永棠 선생님이었다. 그 학교는 훗날 닝보 중전과 합병

한 후 중전의 분교가 되었다. 당시 예술학교는 닝보 샤오바이화 월극단寧波小百花越劇團에서 활동할 인재를 육성하고 있었다. 열여섯 살에 중전을 졸업한 후에도 나는 플루트를 계속했다. 좋아했기도 하지만 예술학교에는 예쁘고 날씬한 여학생들이 많았기 때문이다. 이렇게 하여 약 2년을 계속 배웠다.

당시 유행하던 제임스 골웨이James Galway의 플루트 테이프는 모조리 사들였다. 하나하나 발견할 때마다 마치 보물이라도 찾은 듯 라벨을 붙여두고 행복감에 젖었다. 지금 생각해보면 그때처럼 순수하고 원시적인 행복감을 느낀 지가 언제인지 모르겠다. 평소 엄격했던 선생님은 차분히 배우지 않고 성급하게 익히려는 태도를 못마땅해했다. 나는 반드시 몇 곡을 동시에 학습해야 흥미를 느끼는 타입이었다. 후배 투징난屠靖南을 찾아 악보를 베꼈다. 당시 그는 죽적을 전문적으로 배우고 있었다.

당시 나는 그가 예술을 전공하는 것에 여러 차례 부러움을 표현했다. 내 모든 것을 주고라도 그의 신분과 맞바꾸고 싶었다. 투징난은 농촌의 연극배우 출신으로 무엇을 할까 고민하다가 학교에서 예술을 전공하면 극단에 들어갈 수 있다는 말에 어린 나이에 학교에 들어왔다. 그의 원시적인 동기는 바로 밥을 먹는 문제였다. 당시 그는 의혹을 가득 담은 눈으로 나를 쳐다보면서 무슨 말을 하는지 모르겠다고 했다. 그는 자기 같은 일을 직업으로 삼겠다는 나를 이해할 수 없었다. 나는 취미로 음악을 택한다고 했고 그는 먹고살기 위해 택했다. 예술을 논하는 나에 비해 그는 먹고사는 문제가 시급했다. 나는 그를 설득하기를 포기하고 선생님을 찾아가서 음악을 전공으로 삼을 만한 소질이 있는지 물었다. 선생님은 어릴 때부터 기초가 없다며 예술은 어릴 때 시작해야 한다고 말했다. 취미 삼아 하는 건 상관없지만 플루트로 직업을 삼는다면 점점 흥미를 잃을 거라고 했다. 나는 그 말을 믿지 않고 열심히 하겠다며 고집을 피웠다.

2년 동안 내가 플루트에 들인 노력은 하늘이 알고 땅이 안다. 졸업하고 은행에 들어가 받은 첫 월급이 173위안이었는데 그 돈을 모아 400위안을 주고 중국산 바이링百靈표 플루트를 구입했다. 그때 집 근처에는 빈 주택이 많았다. 퇴근 후에는 왼손에 악보대와 쾰러Kohler 연습곡 악보를, 오른손에는 플루트를 들고 빈 건물을 골라 연습을 했다. 4~5시간은 족히 연습했다. 어머니는 속도 모르고 내가 이웃에게 피해를 주지 않으려 한다고 칭찬했고, 아버지는 내 플루트 수준이 낮아 비웃음을 사지 않으려 한다며 자신을 안다고 생각했다. 하지만 두 분다 잘못 짚었다. 내가 빈 건물을 찾아다닌 것은 소리가 울려서 그럴듯한 효과가 나기 때문이었다. 연주가 형편없어도 언젠가는 대단한 플루트 연주가가 될 수 있겠다는 생각이 들었고, 이곳의 모든 것이 나의 독주회라는 환상을 가졌던 것이다.

몇 년 후 상하이로 갔다. 그곳에는 스승도 친구도 없었으며 공간도 환경도 낯설었다. 영락없이 도시에 간 촌놈으로 새로운 생활에 적응하기 위해 플루트 연주의 꿈은 접어야 했다. 사실 솔직히 말하면 직업 연주가가 되겠다는 절박한 마음이 없었다. 언젠가 플루트 독주회를 꿈꾸면서 한편으로는 색소폰, 고쟁, 퉁소, 비파, 칠현금, 태평소, 조롱박 피리, 오카리나, 팬파이프, 기타까지 연주해보았다. 깊이는 없지만 여러 악기를 섭렵했다는 폭넓은 경험으로 압도하고 싶었다. 그러나 결과는 하나도 제대로 익히지 못한 채 끝났다.

음악가가 되기 위해서 많은 시간과 무한한 열정을 쏟았다고 생각했다. 그러나 그건 혼자만의 생각이었다. 다른 사람들에 비하면 내가 쏟은 시간과 노력은 미미하기 짝이 없었다. 나의 다른 꿈에 비하여도 약소했다. 무엇보다 이 꿈을 반드시 성취하고 싶다는 열정이 타오르지 않았다.

다행히 이 꿈을 쫓는 과정에서 익힌 악기 솜씨로 지금까지 많은 혜택을 받았다. 유일한 아쉬움은 높은 수준에 도달하지 않았기에 아마추어로서는 들어줄만 하지만 전문가 앞에서면 쥐구멍에라도 숨고 싶다는 것이다.

| 마술사가 되고 싶었다

2002년 나는 각종 전시회를 다니며 배울 만한 것이 있는지 찾았다. 그러다가 마술대회를 구경하게 되었는데 대만에서 온 마술사 류청劉成을 알게 되었다. 그의 마술 기법과 겸손한 인격에 매료되어 그를 마술 스승으로 삼아 배우겠다고 나섰다.

얼마 후 나는 모든 일을 내려놓고 광저우로 달려가 그와 2주간을 함께 지냈다. 당시 나의 교육사업은 이제 막 서광이 비치기 시작했다. 돈을 벌 기회도 마다하고 시간을 내서 미래가 불투명한 마술을 배우러 가는 건 쉽지 않은 결정이었다. 마술을 배우려는 마음이 앞섰지만 현실은 녹록하지 않았다. 류청은 조용하고 온화하며 인자했다. 친구로서는 전혀 스트레스를 주지 않고 남에게 폐를 끼치는 것도 싫어했다. 스승으로서의 그는 나에게 어떠한 목표나 계획을 설정해주지 않았다. 내가 어떤 것을 배우고 싶다고 하면 그제야 가르쳐주는 식이었다.

나는 그가 회초리라도 들고 엄격하게 가르쳐주기를 바랐다. 그러면 빨리 마술을 익힐 수 있을 것 같았다. 그러나 그는 자신이 스승이 아니라 친구에 불과하다고 생각했다. 배우고 싶다면 흔쾌히 가르쳐주었지만 제 쪽에서 먼저 시키는 법이 없었다.

그와 함께 지낸 2주 동안 나도 모르게 운명을 바꾸는 보배를 얻었다. 눈에 띄지는 않지만 내 모든 것보다 백배를 쏟는다고 해도 가치 있는 것이다. 그것은 바로 네 장의 헝겊을 하나로 합치는 마술이었다. 홍색, 남색, 황색, 녹색 헝겊을 손 안에 밀어넣은 뒤 몇 번 비비면 네 가지 색이 하나로 합쳐진 큰 헝겊으로 변했다. 비교적 간단한 이 마술은 나중에 배운 동전이나 카드마술에 비하면 아주 기초적인 기술이었다. 그러나 그 의미는 컸다. 이 마술이 없었다면 지금의 '성격색채'도 없었을 것이다.

당시 성격분석 교육에서 나는 활발형, 완벽형, 역량형, 평화형으로 성격의 네 가지 유형을 구분했다. 이 마술을 배운 뒤로는 사람들의 주의를 끌고 다양한 성격별로 조화롭게 지내야 한다는 걸 설명하기 위해 마술 시범을 곁들였다. 효과는 대만족이었다.

그때부터 기존의 성격분류 명칭을 네 가지 색깔로 대체했다. 또 외국에 10여 종의 색깔코드로 된 성격분석 이론이 있다는 것도 발견했다. 이렇게 해서 나만의 '성격색채'론이 나오게 된다. 이런 의미에서 볼 때 비록 마술사가 되겠다던 당초의 꿈은 실현되지 않았지만 무심코 꽂은 버들가지가 자라 무성한 그늘을 이루듯, 마술 없이는 성격색채 이론도 세상에 나오지 못했을 것이다.

위의 몇 가지 꿈은 실현될 가능성이 전혀 없다. 나의 신념이 부족해서라기보다는 한동안 열광했다가 이미 그 열정이 사라졌기 때문이다. 처음부터 플루트, 마술사로 대가가 되려는 꿈은 없었다. 비록 중도에 포기했지만 괴롭지 않아서 다행이었다.

반드시 이루어지기를 꿈꾸고, 포기하지 않으려 하지만 아무리 해도 실현하기 어렵다는 사실을 의식할 때 비로소 고통스러운 것이다. 그런데 나의 경우는 그렇지 않았다. 어쨌든 원래의 꿈을 취미로 돌려 삶에 윤기를 불어넣겠다고 결심한 건 좋은 일이 아닌가!

꿈이 있는 사람은 생명력이 넘친다

꿈을 사랑하는 연인으로 간주하고 남녀관계에 비유해 분류해보면 더 잘 이해할 수 있다.

| 이미 실현된 꿈

모든 것을 바쳤던 연애, 지금 생각해도 씁쓸한 아픔과 무한한 달콤함으로 머릿속이 차오르는 것, 이런 것이 진정으로 자신을 성장하게 하는 역량이다. 긍정적이고 선한 연애는 귀한 자양분을 제공하고 발전을 이끌어낸다. 마치 당신이 이룬 일이 많을수록 자신감이 커지는 것과 같다.

| 이루기 위해 노력 중인 꿈

이 순간에는 한 사람을 좋아하고 있는 것과 같다. 연애 자체가 바로 행복이다. 비록 꿈을 실현힐 때는 좌설과 어려움 같은 아픔을 동반하기도 하지만, 대다수 상황에서 연애 중일 때는 동경이 있다. 왜냐하면 어디로 가야 할지 정확히 알고 있기 때문이다. 따라서 꿈이 있고, 그 꿈을 이루기 위해 노력하는 사람은 그 자체로 삶의 의의가 있다. 삶의 의의는 스스로 부여하는 것이며, 꿈은 가장 중요한 형식임을 명심하라.

⏐ 처음에는 없었으나 점점 커지는 꿈

처음에는 그 사람이 얼마나 당신을 매료시키는지, 그 사람과 큰 관계가 있는지 느끼지 못하지만, 일단 접촉해본 후에야 상대가 얼마나 유혹적인지 발견하고 상대에게 열광하게 된다. 그러다가 두 번째 유형인 노력 중인 꿈으로 전환한다. 따라서 어떠한 꿈도 맹목적으로 부정해서는 안 된다. 당신은 가능성을 예견할 수 없기 때문에 가는 방향이 정확한지 확신해야 한다. 그리고 그것을 노력하는 꿈으로 삼아 실현해야 한다.

⏐ 아직 행동으로 옮기지 않은 꿈

당신이 누군가를 좋아하지만 어떤 행동도 하지 않고 있다면 사랑을 쟁취할 수 없다. 움직이지 않는 원인은 오직 하나, 그 사람을 아직 그렇게까지 진심으로 좋아하지 않기 때문이다. 당신의 사랑은 한밤중에 잠을 이루지 못할 정도에 도달하지 않았다. 좋아하는 욕망이 충분히 강하다면 당신은 행동에 나설 것이다. 가장 사랑하는 사람은 생각만 해도 가슴이 떨리고 어떤 대가를 치르더라도 반드시 만나고 싶다. 가장 사랑하는 꿈은 생각만 해도 흥분이 되며 당신을 끊임없이 앞으로 나아가게 하는 역량이다. 누군가를 좋아하면서도 움직이지 않는다면 반드시 후회하게 될 것이다. 이루고 싶은 꿈이 있으면서 행동에 나서지 않는다면 반드시 후회하게 될 것이다. 그러니 당장 행동에 나서라.

| 이미 포기한 꿈

어떤 사람을 사랑했지만 나중에 그 사람이 나와 맞지 않음을 발견했을 때, 꽉 막힌 사람은 안목이 없어 시간을 낭비했다며 후회한다. 반면 영민한 사람은 상대가 연인으로는 부적합하나 친구로 잘 지낼 수 있다고 판단한다. 어차피 교제할 때 서로 열중했고 많은 수확도 있었으므로 상처는 남겠지만 최소한 미래를 위해서는 유익한 교훈이 될 수 있다. 사랑을 우정으로 바꾸는 건 의의가 있으며, 가장 형편없는 결말은 서로 미워하며 원수가 되는 것이다. 따라서 당신이 노력해본 적이 있는 꿈은 모두 취미나 아름다운 추억으로 전환해야 한다. 많은 시간을 들였으나 꿈이 이루어지지 않았다고 원망할 필요는 없다. 그런 태도는 삶을 비참하게 만들고 꿈에 대한 동경을 말살할 뿐이다.

나의 모든 꿈을 돌아볼 때 확신할 수 있는 한 가지가 있다. 꿈이 있는 사람은 생명력에 넘치며, 이 생명력으로 늘 새로운 꿈을 꾼다. 온라인 게임으로 유명한 쥐런그룹의 회장 스위주史玉柱는 회사의 게임 개발자들을 교육할 때 가장 강조하는 관점이 있다고 했다. 고객이 게임에서 도전할 목표가 없다는 사실을 발견하는 순간 더 이상 그 게임을 하지 않는다는 점이다. 따라서 고객을 계속 유치하기 위해서는 그들에게 쉬지 않고 도전할 목표를 부여해야 한다.

온라인 게임에 돈을 바치면서도 열중했던 시절을 생각해보라. 꿈이 있기에 인간은 희망 속에서 살 수 있다. "마음의 죽음보다 더 큰 슬픔은 없다."는 말이 있다. 마음이 죽었다는 건 꿈을 버렸음을 의미하며, 살아 있는 사람에게는 목표와 신념이 있어야 한다. 바라는 게 있으면 쉽게 포기하지 않는다. 이것이 바로 꿈이다. 당신은 많은 것을 꿈꾸고 그것들을 실현하기 위해 노력한다. 그러나 기존의 꿈이 실현되지 않았는데 새로운 꿈으로 갈아탄다면 아무것도 이루지 못하고 영영 꿈속에서 길을 잃을 것이다. 새롭고 멋진 꿈만 찾아다니느라 한 가지도 열심히 하지 않으면 아무것도 실현할 수 없다. 당신이 원하는 성공을 거두지 못하면 그 꿈을 통해 원하는 역량을 얻을 수도 없다. 평생을 바쁘게만 지내지만 아무것도 이루지 못하고 끝나버린다.

어떤 꿈은 실현되고 어떤 꿈은 실현되지 않는다. 그 원인을 따져 보면 모두 욕망 때문이다. 즉 욕망이 얼마나 강렬한지의 문제다. 욕망이 충분히 강하지 않으면 충분한 동력이 없으며, 행동에 옮기게 되지 않는다. 그렇다면 욕망은 어디에서 비롯될까? 어떻게 해야 강렬한 욕망을 가질 수 있을까? 이것은 또 열애와 관련이 있다. 충분히 뜨겁게 사랑하지 않으면 욕망이 생기지 않는다. 서로 맞물려서 상생과 상극 작용을 일으키는 게 바로 만물의 규칙이며, 꿈도 예외가 아니다.

이제 당신이 어떤 꿈을 꿔야 할지 잘 생각해볼 차례다.

2장

"생애 첫 번째 책을
반드시 써야 한다."

목표

어떤 일을 잘해내려면 우선 그 일을 사랑해야 한다. 사랑하기에 행동에 나설 수 있으며 사랑하기에 온 열정을 쏟을 수 있고, 사랑하기에 꾸준히 해낼 수 있다. 서른 번째 생일 무렵 나는 산야三亞에 있었다. 그곳에서 생일을 어떻게 잘 보낼까 생각하고 있었는데 마침 친구 융하이가 찾아왔다. 그에게는 장원이라는 사랑하는 여자가 있었다. 그 여자를 아내로 맞고 싶지만 말주변이 없는 그로서는 프러포즈를 어떻게 할지 자신이 없었다. 그래서 그 방법을 의논하러 온 것이다.

융하이는 1997년 닝보 전하이鎭海에 있을 때 알게 된 젊은 친구다. 처음 작품을 쓸 때 방해받지 않고 작업하기 위해 하이난海南에서 적당한 장소를 물색해달라고 부탁했다. 그는 하이커우海口에서 40킬로미터 떨어진 난리후南麗湖에 여관을 하나 잡아주었다. 그곳이 내 인생에서 처음으로 세상과 떨어져 지내본 기지라고 할 수 있다. 그는 매주 나에게 먹을 것을 날라다주었다.

당시 나는 세상과의 연락을 끊고 융하이와 정기적으로 만났다. 그는 "형, 사랑하는 여자에게 읽어줄 시 하나만 써주세요."라고 부탁했다. 나는 짐짓 의미심장한 얼굴로 이렇게 말했다.

"시를 바치는 시대는 지났어. 고백을 하려면 그럴듯하게 해야지."

이렇게 해서 융하이는 한여름에 바다를 헤엄쳐 건너가기로 했다. 그리고 장원에게 평생 사랑하겠다는 말을 전하기로 했다.

어릴 때부터 저난浙南 저수지 근처에 살았던 융하이에게 수영은 어려운 일이 아니었다. 그를 상어 밥으로 만들 수 없었기 때문에 내가 그를 수행하기로 했다. 하지만 내 수영 실력은 개헤엄으로 10미터 가는 게 고작이어서 배를 저어서 뒤따르기로 했다. 그렇게 해서라도 의리를 보여줄 심산이었다. 생명의 위험을 무릅쓰고 도전하는 건 생각만 해도 짜릿했다.

오전 10시에 우리는 산야완三亞灣 호텔 앞 해안에서 출발했다. 그는 헤엄을 치고 나는 배를 저어서 시다오西島로 향했다. 눈으로 짐작한 직선거리는 대략 5킬로미터였다. 융하이는 2시간이면 도착하고도 남을 것으로 예측했다. 그러나 뜨거운 태양을 온몸으로 받으며 장장 5시간을 물 위에 떠 있었다. 어느새 눈앞이 흐려졌고 과연 끝까지 버틸 수 있을지 의심이 들었다.

젊음을 만끽해보지도 못하고 이렇게 생을 끝내는구나 싶었다. 물고기 밥이 되면 시신도 건질 수 없을 것이다. 태양은 어찌나 뜨겁게 내려쪼이는지 4주가 지나서까지 그 흔적이 없어지지 않을 정도였다. 태어나서 처음으로 '절망'이라는 두 글자를 깊이 이해하는 순간이었다.

출발 때 예측을 잘못한 결과는 비참했다. 그 원인을 분석해보니 네 가지로 집약되었다. 첫째, 미풍微風이다. 처음에는 잔잔한 바람이 불기에 크게 개의치 않았다. 사람을 독살할 때 한번에 죽이는 약을 쓰지 않고 중독이 되는 아편을 사용해, 결국 없으면 견딜 수 없게 만드는 것과 같았다. 미풍은 만성 아편과도 같았으며, 우리는 시각의 편차를 전혀 느낄 수가 없었다. 정해진 노선대로 직선 방향으로 가면 된다고 생각했다. 그러나 실제로는 큰 포물선을 그리면서 전진하게 되었다. 그러다 보니 원래 예측한 방향과는 점점 멀어졌다. 건너편에서 방향을 인도하기 위해 서 있던 동료가 목이 쉬어라 외쳤지만 크게 반원을 그리며 오는 우리를 바라만 볼 뿐 대책이 없었다. 결국 해상의 실제 거리는 원래보다 두 배로 늘어난 10킬로미터로 늘어났다.

둘째, 뜨거운 태양이다. 출발 전, 우리는 온몸에 올리브유를 바른 후 그 위에 선 오일을 덧발랐다. 천연 선탠이 된 멋진 구릿빛 몸을 기대하면서. 그러나 나중에 보니 몸은 구릿빛을 지나 거의 검은 빛으로 타버렸다. 해수면에 닿아 반사하는 태양 빛은 사람을 질식하게 만들었다. 체력은 견딜 만했으나 태양 빛의 공격으로 두 눈이 멀 지경이었으며 착시 현상이 심각하여 사막 위의 신기루 같은 환각이 수시로 출현했다.

셋째, 목마름이다. 출발할 때 우리는 생수 여덟 병을 챙겨갔다. 2시간 동안 그 정도 물이면 충분하다고 판단한 것이다. 그런데 절반도 못 갔을 때 오른쪽 전방에서 갑자기 파도가 치는 바람에 배가 출렁거리더니 융하이와의 거리가 한참 멀어졌다. 그 순간 커다란 공포가 밀려왔다. 명목상으로는 내가 융하이를 유도하기로 되어 있지만 나를 이끄는 장본인은 융하이였다. 해상에서 3미터만 떨어져도 마음이 불안했다. 그와 10여 미터나 벌어지니 나는 사력을 다해 그가 있는 쪽으로 배를 저어갔다. 그 순간 왼쪽에서 큰 파도가 쳐서 배가 사정없이 흔들리더니 물 일곱 병이 배 밖으로 떨어져나갔다. 융하이와의 거리는 점점 멀어지고 있었기에 혼비백산한 나는 그 물병을 잡을 엄두도 내지 못했다. 소리쳐 그의 이름을 부르며 미친 듯이 노를 저었다. 15분이 지나서야 그와의 거리가 가까워졌고, 그제야 두 사람은 마음을 놓을 수 있었다. 융하이는 뱃전으로 기어 올라와 물을 찾았다. 그제야 내가 치명적인 과오를 범했음을 깨달았다. 물이 달랑 한 병만 남아 있던 것이다.

도중에 목이 말라 죽을 지경이어서 나는 수영복을 벗고 아무것도 걸치지 않은 채 빈 병에 젖 먹던 힘까지 다해 오줌을 누었다. 사실 젖 먹던 힘도 남아 있지 않았다. 병에 담긴 4분의 1이 체내에서 빼낼 수 있는 액체의 전부였다. 그 오줌을 보면서 비장한 기분까지 든 나는 그것을 마시지 않고 계속 노를 저었다. 마침내 목적지에 닿았을 때 두 사람은 섬의 가게를 향해 질주했다. 물 여덟 병을 사서 각자 네 병씩 단숨에 마셔버렸다. 그럼에도 갈증이 가라앉지 않아 다시 여덟 병을 사서 앉은자리에서 계속 마셨다. 아마도 태어나서 물의 소중함을 느낀 때는 그때가 처음이었을 것이다.

네 번째는 공포였다. 해수면에서 전진할 때는 사막에서 걷는 것과 같이 사람을 만날 수 없으며 수면에서 올라오는 아지랑이만 볼 수 있다. 절망을 느낄 때 누구도 와서 도와주지 않으니 그대로 죽음을 맞을 수밖에 없다. 융하이가 나를 구해준다고 하더라도 내가 그를 꼭 잡고 놓지 않으면 두 사람이 함께 익사할 위험이 있었다. 그 밖에도 수영 실력이 형편없는 나는 공포를 이겨내기 위해 노력했지만 바다에 빠져

소용돌이에 빨려 들어가는 장면이 끊임없이 떠올랐다. 나도 모르게 상어가 바다에서 튀어나와 머리를 베어 무는 상상을 했다.

공포 때문에 포기하고 싶은 마음이 몇 번이나 들었다. 정말 견디기 어려우면 융하이가 물을 가르며 앞으로 가는 모습을 보았다. 바다에서 저렇게 힘들게 수영하는 사람도 있는데 나는 배 위에서 무슨 생각을 하나 싶었다. 그래서 포기하자는 말을 못하고 로빈슨 크루소의 모습을 떠올릴 수밖에 없었다.

융하이를 견디게 하는 유일한 원동력은 장원이었다. 그는 이번에 성공하면 그 여인을 아내로 삼을 것이며, 실패하면 그의 삶은 실패로 돌아갈 것이라고 다짐했다. 내가 견디는 유일한 동력은 생애 첫 번째 책을 반드시 써야 한다는 거였다.

출발하기 전에 나는 스스로 맹세를 했다. 만약 시다오까지 배를 저어 가지 못하면 《색안식인色眼識人》은 세상에 나오지 못할 것이라고 완성할 수 없다는 생각을 할 때마다, 그 결과는 내가 감당할 수 없을 것 같았다. 어떻게든 버텨야 했다. 물론 그 과정에서 나는 뒤돌아보지 않고 앞만 보고 달렸다. 그 아가씨는 융하이의 목표였으며, 책을 내는 건 나의 목표였다. 목표가 없이는 동력도 없으며 모든 고통을 견디기 어려웠을 것이다.

그 일이 있은 얼마 후 장원과 융하이는 결혼을 했다. 1년 후 《색안식인》이 세상에 나왔다. 나는 융하이에게 전화를 걸어 어떻게 지내냐고 물었다. 그는 결혼 후 날마다 수영장에서 기껏해야 1천 미터도 수영하기 어렵다고 했다. 당시 그 힘이 어떻게 나왔는지 믿을 수 없다고 했다. "그 사람이 진정 나였단 말입니까?"

3장

지하철에서 만난
'롱 다리' 그녀

욕망

우리는 살면서 많은 생각을 한다. 그러나 대다수 사람의 생각은 그저 생각에 그치고 말아서 누군가 찬물을 끼얹기도 전에 스스로 접어버린다. 극소수 사람만이 그들의 생각을 집념으로 밀고나가 마침내 실현한다. 만약 후자가 되고 싶다면, 그 꿈에 대한 '욕망'이 강렬해야 한다. 꿈을 실현할 수 없었다면 욕망이 그만큼 절실하지 않았다는 의미다. 이 부분에서 "쓸데없는 소리. 노자의 욕망이 절실하지 않았는지 어떻게 알아? 노자도 날마다 욕망에 침을 흘렸을 수도 있어."라고 반문하는 독자도 있을 것이다. 이렇게 반문할 것을 미리 내가 안다는 건, 당신과 내가 비슷하기 때문이다.

1994년에 나는 3년간 일하던 닝보를 떠나 상하이로 갔다. 그곳에서 아직까지도 잊지 못할 일을 겪었다. 어느 날 쉬자후이徐家彙에서 신좡華莊을 가기 위해 지하철을 탔다. 완티관萬體館 역에서 다리가 유난

50

히 긴 여자가 한 명 올라탔다. 그 여자를 보는 순간 내 가슴이 덜컥 내려앉았다. 그 여자는 내가 탄 객차와 마주보는 곳에 앉아 있었다. 고개를 숙이고 아무렇지 않은 듯 그 여자 쪽을 바라보았다. 그녀가 신경을 쓰지 않는 틈을 타서 얼른 훔쳐보았다. 허리까지 내려오는 흑발에 반짝이는 검은 눈동자를 갖고 있었다. 서로 눈이 마주치자 그녀는 황급히 시선을 피했다. 내 심장은 세차게 뛰어서 목구멍까지 튀어나올 지경이었다.

그녀의 전화번호를 물어야 한다고 몇 번이나 망설였지만 주변 승객들의 눈초리가 너무 신경 쓰였다. 또 그녀로부터 거절을 당하면 어쩌나 하는 생각에 애써 올라왔던 용기가 수그러들었다. 롱 다리 여인은 진장러위안錦江樂園 역에서 하차했다. 차에서 내릴 때 고개를 돌려 원망하는 눈으로 나를 쳐다보았다. 그 눈빛에 가슴은 더 세차게 뛰었으며 한동안 잠을 이룰 수 없었다. 두 다리는 무거워서 들어지지가 없었다. 마음으로 갈망하면서도 용기를 낼 수 없었다. 20년이 지난 지금 생각해보니 그동안 린즈링林志玲 (중국의 여자모델이자 배우)에 버금가는 롱 다리 여자들을 수없이 봐왔지만 마음을 움직이는 여자는 그때 지하철에서 만난 그녀가 유일했다.

수년이 흐른 후에야, 나는 당시 지하철 롱 다리에 대한 갈망이 '욕망'의 정도까지 강렬하지는 않았음을 깨달았다. 얻지 못하면 죽을 것 같아야 진정한 욕망이다. 갈망하는 대상은 어떤 대가를 치르고서라도 손에 넣어야 욕망이나. 사막에서 길을 잃으면 모든 방법을 동원해서 물을 마시려고 할 것이다. 물은 나의 욕망이다. 목이 마를수록 욕망은 강해진다.

여자 친구와 사랑에 빠졌을 때를 생각해본다. 비록 그녀의 다리는 지하철에서 봤던 롱 다리 그녀보다 길지 않았지만 롱 다리가 밥을 먹여주는 건 아니다. 당시의 나는 밥 먹는 걸 해결하는 게 시급했다. 굶주림 해결보다 중요한 일은 없었다. 롱 다리와 허기를 채우는 일 중 후자가 단연 우선이었다. 그밖에 당시 나는 체면을 중시했기 때문에 거절당할 것이 두려웠다. 올라가지 못할 나무는 쳐다보지도 말라고 하는 말을 들을까 봐, 다른 사람들이 나를 무시할까 봐 걱정이 되었다. 그래서 충격을 이겨내지 못할까 봐 걱정되었다. 나는 그 정도로 소심하고 취약하며 자기 연민에 빠져 있었다.

당시 먹고사는 문제를 해결하기 위한 욕망이 무엇보다 컸으며 비웃음과 거절을 피해야겠다는 욕망이, 그녀와 손을 잡고 앉아 이야기를 나누고 싶은 욕망보다 컸다. 따라서 아무 행동도 취하지 않은 것이다. 몇 년이 지나 강연을 할 때 그 일을 인생에서 가장 처참했던 실패 사례로 들어 사람들에게 '행동이 생각보다 중요하다.'고 강조했다.

그러나 지금 생각해보면 그 사건의 본질은 나의 행동력이나 체면을 중시한 문제가 아니라 그녀에 대한 '욕망'이 충분히 강렬하지 않았던 데서 비롯되었다. 어릴 때부터 많은 생각을 하는 편인 나는 많은 '갖고 싶은' 것이 있었다. 그러나 그것들은 진정한 욕망이 아니었다. '반드시 가져야 한다.'는 정도는 아니었기 때문이다. 세상 대다수의 사람들은 '갖고 싶은' 것은 가짜 욕망이고, '반드시 가져야 하는' 것이 진짜 욕망이라는 사실을 모르고 있다.

이 문제와 관련해 나는 친구 팡팡에게서 좀 더 확신을 얻었다. 팡팡의 체중은 늘어만 갔다. 우리가 알고부터 나는 여러 가지 방법을 동원해서 그에게 다이어트를 권했다. 그러나 그의 체중은 변함이 없었다. 나는 욕망이 충분히 강렬하면 모든 악습을 버릴 수 있다고 믿었다.

마침 팡팡이 오랫동안 짝사랑하던 여자가 그가 뚱뚱하다는 이유로 구애를 거절했다는 말을 들었을 때, 짝사랑하는 여자와 서로 사랑에 빠지면 얼마나 근사한지를 상세히 묘사했다. 그리고 여전히 그녀에게 거절당하는 이유는 그가 너무 뚱뚱하기 때문이니 다이어트를 해야 한다고 말했다. 그의 눈빛에서 마침내 변화를 읽었을 때 나는 그가 다이어트를 할 수 있다는 서광을 보았다. 그는 장엄한 눈빛으로 다이어트를 맹세했다. 그러나 사흘 후 기름이 줄줄 흐르는 고기를 보기 좋게 한입 베어 무는 그를 보았다. 그의 맹세가 무색해지는 순간이었다. 이때부터 나는 그에게 완전히 절망했으며, 어떤 것도 그를 변화시킬 수 없다고 생각했다.

팡팡은 그 후 하이난으로 옮겨갔고, 몇 달 후 그를 만난 나는 하마터면 몰라볼 뻔했다. 이전에 비해 허리둘레가 확연히 줄어든 팡팡은 다른 사람 같았다. 그에게 무슨 일이 일어났는지 알 수 없는 나는 눈만 껌벅거리며 한동안 말을 못 했다. 이런 내 모습에 팡팡은 득의만만하여 그동안의 이야기를 들려주었다.

어느 날 밤, 팡팡은 잠을 자다가 도중에 깼는데 온몸이 땀에 젖어서 다시 잠들 수 없었다. 이런 일이 닷새나 계속되자 그는 심상치 않음을 느끼고 병원에 찾아갔다. 검사 결과 고지혈증과 뇌혈관 이상, 심폐 기능 쇠퇴가 심하여 6개월도 못 살 것이라는 진단을 받았다. 그날부터 두려움이 그의 모든 생활을 점령했다. 아무도 그에게 강요하지 않았는데도 그날부터 생활 방식을 완전히 바꿨다. 노인들처럼 밤 10시면 잠자리에 들고 다음 날 아침 5시에는 기상했다. 아침에 화장실을 가고 식사 전에는 오이 2개를 먹었으며 저녁에는 3분의 양치질을 했고, 하루에 침을 300번 삼켰다. 민간에 전해 내려오는 비방은 그에게 십계

명과 같았다. 나는 짧은 시간에 그가 그렇게 많은 것을 해내는 모습을 상상할 수 없었다. "모란꽃 아래서 죽으면, 죽어도 한이 없다(사랑하는 여인을 손에 넣으면 죽어도 좋다는 중국 속담-역주)."는 속담을 그저 '해볼까' 하는 마음으로 대하던 팡팡이, 이번에는 살아야 한이 없다는 태도로 바뀐 것이다. '해볼까'의 욕망은 강하지 않으니 포기하기 쉽지만, 욕망이 충분히 강해지면 '반드시 해야 한다.'로 변할 수 있다.

그동안 읽었던 수많은 책에서 하나같이 강조하는 게 있다. 사람이 꿈을 가진 후에는 신념이 가장 중요하다는 것이다. 지금 생각하면 나를 잘못 인도한 말이다. '신념'은 얻고 싶은 걸 얻을 수 있다고 믿는 것이고, '욕망'은 반드시 얻고 싶은 것이다. 나중에 어떤 상황이 올지 모르는데 어떻게 원하는 걸 얻을 수 있을까? 본인이 원하는 걸 먼저 알아야 자신을 믿을 수 있는 법이다.

결론은 욕망은 신념보다 더 중요하다. 더 직설적으로 말하면 '나는 저 여자를 유혹하고 싶다!'가 '나는 저 여자를 유혹할 수 있다고 믿는다!'보다 중요하다. 이른바 '욕망'은 말로만 끝나는 것이 아니다. 욕망이 없는 꿈은 아무것도 아니다. 한 대학생이 보낸 편지에 이렇게 적혀 있었다.

"안녕하세요? 저는 대학교 4학년 학생입니다. 선생님의 TV 프로그램을 보고 존경하게 되었어요. 강의를 하려면 조수가 필요하다고 들었어요. 서류 일도 돕고요. 혹시 수행 비서가 있나요? 없다면 제가 비서 일을 맡아보고 싶은데 가능할까요? 이미 있다면 할 수 없고요."

편지의 마지막 부분을 읽고 '비서가 없어도 너는 아냐.'라는 생각이 들었다. "설사 있더라도 상관없습니다. 제가 꼭 하고 싶습니다."라고 자신의 욕망을 전달해야 되지 않을까?

나의 생각이 진정한 욕망인지 아닌지 어떻게 판단할까를 자신에게 묻곤 한다. 결국 '욕망'은 타인이 내게 주는 목표가 아니고 '반드시 그래야 하는 것'도 아님을 발견했다. '욕망'이란 살면서 진정으로 자신을 흥분시키는 일이며, 그것을 현실로 변화시키고픈 강렬한 요구다. 만약 그것을 못 얻으면 죽고 싶다는 생각이 들 정도로 강렬한 것이다.

현실에서 사람들은 하나의 목표에 열정을 가지지만, 걸림돌이 나타나거나 새로운 목표가 나타나면 처음 정했던 목표에서 점점 멀어진다. 지하철에서 만났던 롱 다리 아가씨가 그립지만 이번 생에 다시 만날 인연은 없을 것이다. 갈망이 큰 것은 그것이 내가 무한히 갈구했던 아름다움이기 때문이다. 지하철 롱 다리는 나의 정신적 코드가 되었으며, 그녀를 통해 하나의 목표를 진정으로 실현하려면 먼저 '그 목표에 대한 욕망이 어느 정도인지' 물어야 한다는 사실을 배웠다.

4장

날마다 한사람과
사랑을 나누는 건 지겹지 않나

열애

아는 교수의 부탁으로 상하이 인민대학에서 '성격색채 리더십' 과정을 강의한 적이 있다. 강의가 끝난 후 그가 물었다.

"선생은 강연을 할 때마다 두 눈에서 광채가 나던데 뭘 먹고 그렇게 에너지가 넘치는 겁니까?"

보약은 먹은 적이 없지만 강단에 오르기 전 강장 음료는 마신 적이 있다고 솔직히 말했다. 새로운 것만 좋아하는 홍색 성격인 나는 사회에 들어온 지 첫 10년 동안 10여 종의 직업을 바꿨다. 이후에는 줄곧 성격 연구에만 전념하고 있다. '치약을 짜는' 이야기만 해도 천 번은 했을 것이다. 그러나 전혀 싫증이 나지 않고 오히려 기운이 나는 건 몇 병의 음료에 의존해서만은 아닐 것이다.

언젠가 코카콜라의 공장 관리자들을 대상으로 교육을 한 후, S가 온라인으로 진지하게 질문을 해왔다.

56

"선생님이 쓴 글을 방금 봤는데 갑자기 궁금한 게 생겼어요. 날마다 같은 내용을 강의하는데 지겹지 않으세요? 성격색채에 대단한 열정이 있는 건 알지만 날마다 네 가지 색을 이야기하고, 글도 같은 내용을 쓰고, 친구와 식사하는 자리에서도 그런 이야기를 하면 너무 단조롭다고 생각하지 않으세요? 저는 쇼핑을 좋아하지만 많이 하다 보면 그것도 지겨울 때가 있거든요."

나는 5초간 생각했다. 그녀는 자신이 뱉어놓은 말에 불안함을 느끼는 듯 했다. 그녀가 입을 열기 전에 내가 선수를 쳤다.

"당신은 날마다 사랑을 나누는 게 지겹지 않아요?"

그녀를 창피하게 하고 화나게 하는 질문이라는 것을 나도 잘 알고 있었다. 그런데 뜻밖에도 S가 여유 있게 되받았다.

"저는 지겹지 않아요. 선생님은 지겨우세요?"

"혹시, 쿨리지 효과Coolidge effect라고 들어봤나요?"

이 질문에 그녀는 망연한 표정의 아이콘을 보내며 설명을 구했고, 나는 다음과 같이 설명해주었다.

이 용어는 미국의 30대 대통령 캘빈 쿨리지Calvin Coolidge와 그의 아내가 농장 주인과 나눈 대화에서 유래되었다. 농장에 도착한 부부는 각각 다른 코스로 시찰을 했다. 양계장 옆을 지나던 영부인은 암탉과 교미하는 수탉을 보고 농장 안내원에게 수탉이 하루 몇 번 교미하는가를 물었다. 농장 주인은 하루에 열 번도 넘게 한다고 대답했다. 영부인은 그 말을 대통령에게 전하라고 했다. 안내원의 이야기를 들은 대통령은 "그 수컷이 매일 똑같은 암컷과 교미합니까?"라고 물었다. 안내원이 "아니요. 항상 다른 암컷입니다."라고 대답하자, 대통령 역시 그 사실을 영부인에게도 전해달라고 부탁했다.

이 이야기를 해주자 S는 한동안 반응이 없었다. 나는 그녀가 놀라서 아무 말도 못한다고 생각했다. 이윽고 그녀가 이렇게 답변을 보냈다.

"선생님은 아는 것이 많으시군요."

"내 말은 나의 강의는 내용이 비슷한 것 같지만 듣는 사람이 다르기 때문에 그들로부터 오는 피드백이 다르다는 소리입니다. 이 과정에서 나는 여러 가지 생각들과 부딪치기 때문에 강의를 계속해도 피곤하지 않아요. 늘 같은 대상에게 같은 내용을 강의한다면 어쩔 수 없이 지치겠지요."

"다양한 사람들에게 강의를 할 수 있어서 좋겠습니다. 음, 애석하게도…."

S는 이 한마디를 남기고 퇴장했다.

여자의 입장에서 성관계를 가질 때마다 절정을 경험한다면 싫증이 나지 않을 것이다. 그런데 남자는 그렇지 않다. 남자는 여자에 비해 절정에 쉽게 오르며 그 순간 황홀경에 이르는 게 어렵지 않다. 그러나 늘 같은 대상이라면 아무리 미녀라도 쉽게 싫증이 난다. 반면에 잠자리 대상이 계속 변하면 상황은 완전히 달라지며 성욕이 줄지 않는다. 문제는 우리가 수탉이 아니라 사람이기 때문에 함부로 그럴 수 없다는 데 있다.

영화감독이자 배우 페데리코 펠리니Federico Fellini는 "결말은 상관없으며 시작도 중요하지 않다. 무한한 삶의 열정만을 제외한다면."이라는 말을 했다. "영화를 찍는 건 마치 성관계와 같다."라는 말도 했다. 그의 말을 "결말은 상관없으며 시작도 중요하지 않다. 성관계를 하는 것처럼 영화를 찍는 걸 제외하고는."이라고 바꿔보았다. 페데리코 펠리니 감독은 평생 140편의 영화를 찍었다. 또 맡은 배역은 얼마나 다양한지 그에 필적할 사람이 없다고 한다. 정말 대단한 사람이다.

강의도 영화를 찍는 것과 같으며, 모든 예술 형태와 본질적으로 통한다. 강의를 할 때마다 많은 영혼의 자양분을 흡수하고 노력한 만큼 절정을 경험하기도 한다. 절정을 느끼는 대상은 매번 바뀐다. 늘 다른 사람과 교감을 하고 그들을 도울 수 있다는 사실을 발견하며, 상대도 마음에서 우러나는 감사를 느낄 때, 당신은 자신의 삶이 그만큼 의미 있다고 느낄 것이다. 이런 식의 절정은 오랫동안 나를 버티게 하는 힘이며, 절대로 위축되거나 피로하지 않게 도와준다. 내가 묘사하는 모든 것은 반드시 마음속에 뜨거운 열정이 있어야 함을 전제로 한다. 자신이 종사하는 모든 일을 그지없이 사랑한다면, 마치 내가 인간의 내면세계 탐구에 뜨거운 열정을 가진 것처럼 죽을 때까지 열정적으로 살 수 있을 것이다.

진정한 교육이 무엇인지 모르는 사람들, '열애는 인류의 가장 좋은 스승'이라는 진리를 모르는 사람들은 나의 말을 음담패설로 받아들일 것이다. "팔꿈치만 보아도 나체를 생각하며 나체를 생각하면 생식기를 떠올린다."는 루쉰魯迅의 표현이 그들에게 들어맞는다. 그들은 어떤 일에도 진심으로 뜨겁게 빠져본 적이 없을 것이며, 열애가 얼마나 많은 역량을 만들어내는지 모를 것이다.

성공의 가장 핵심적 요소는 꿈도, 욕망도, 격정도, 끈기도, 신념도 아니다. 그 진정한 원천은 열정이다. 뜨거운 사랑이 있으면 꿈과 목표는 변하거나 동요하지 않는다. 뜨거운 사랑이 있어야 강렬한 욕망을 가질 수 있으며, 뜨거운 사랑이 있으면 격정이 저절로 생긴다. 마치 한 사람을 사랑하듯 자연스럽게 생리 반응이 생긴다. 열애를 해야 마음이 즐거워진다. 자신이 좋아하는 일을 할 때는 이를 악물고 끈기를 가져야 한다고 자신을 독려할 필요가 없다. 열애를 하면 자연스럽게 온몸과 마음을 바쳐 전념하게 되며 시간이 금방 가는 것처럼 느껴진다. 따라서 열애는 모든 성공의 기초이다.

독일의 카사노바 아이덴Aiden은 72세 때 "남녀가 사랑을 나누다가 심장 발작으로 죽는 것보다 멋진 일은 없다."고 말했다. 그는 25억 유로를 마지막 잠자리를 같이한 여인에게 유산으로 주었다. 어느 날 말을 반쯤 마쳤을 때 강단에서 영원한 잠에 들어 못 일어나면,《색안식인》을 그 자리에 있는 모든 청중들에게 나눠주고 그 자리에서 화장하여 그 재를 하늘로 날려달라고 동료들에게 부탁한다. 이렇게 하면 천국이든 지옥이든 상관없이 나는 강의를 계속할 수 있을 것이다.

5장

나를 신뢰하지 않는 사람을
후회하게 만들 것이다

증명

내게 있어 가장 중요한 것은 기술이 아니라 스스로 분석하는 용기이다. 오랫동안 성격색채를 통해 자아 통견(洞見, 훤히 꿰뚫어 봄) 훈련을 해오면서 자기 해부 시 단칼에 그 핵심을 파헤쳤다. 그런데 유일하게 이번 장은 자기 해부가 가장 힘들었다. 칼의 위치에 계속 변화를 주어 전후좌우 다른 각도로 칼질을 여러 번 시도하고서야 비로소 칼이 들어가는 부분을 찾아낼 수 있었다. 나는 '꿈' 편에서 우리는 '꿈'을 위해 산다고 말했다. 그런데 이 글을 쓰면서 내가 '증명'을 위해 싸운다는 사실을 발견했다. 그동안 나는 계속 증명을 시도해 왔다.

평생 '증명'하기 위해 싸운다는 것은 다른 사람을 위해 뭔가를 증명해야 한다는 뜻이다. 그래서 다른 사람이 어떻게 생각하는지 신경을 쓰느라 피곤하게 살아간다. 이런 특징을 가진 사람들을 '증명자'라고 통칭한다. 그들은 목표성이 강하고 자신이 승리자임을 증명하기 위해 애쓴다. 그러나 지금은 그 생각이 크게 틀렸음을 깨달았다. 최소한 두 가지 원인으로 '증명자'가 황색 성격과 관련이 전혀 없으며, 홍황 성격과 관련됨을 설명할 수 있다.

첫째, 황색 성격은 목표를 달성하는 과정에서 힘들다고 생각하지 않는다. 힘든 건 그들에게 중요하지 않기 때문이다. 내가 아무리 힘들어도 어차피 다른 사람은 관심이 없다. 힘든 건 결과에 아무 의미도 미치지 않으며, 해내는 게 중요하다. 반대로, '증명자'들은 힘들다고 느끼기도 하지만 시련을 극복하도록 스스로 독려하며 끝까지 해내겠다고 맹세한다.

둘째, 가장 중요한 이유로 황색 성격은 자기보다 영향력이 있는 극소수 사람이 자신을 어떻게 보는지를 각별히 중시하며, 나머지 사람들의 눈길에는 신경을 쓰지 않는다. 그런 것들을 무익하게 생각한다. 그들에게 맞고 틀린 기준은 스스로 정해진다. "당신이 어떻게 생각하든 그건 당신의 일이며 나와는 관계없다. 나에게 어떤 영향도 미치지 못하며 나도 귀한 시간을 들여 당신에게 뭔가를 증명할 필요가 없다. 당신이 믿고 싶은 대로 믿어라!" 하는 식이다. 내가 어떻게 살든 당신과는 관계없으니 당신에게 증명할 필요가 없다. 마치 당신이 길을 가는데 누군가 나타나 "이 사기꾼아!"라고 한다고 해도 내 길을 막지만 않으면 황색 성격의 사람들은 상대가 정신이상자라고 생각하고 신경도 쓰지 않고 제 갈 길을 갈 것이다. 하지만, '증명자'들은 멈춰서 "저 사람이 왜 나를 사기꾼이라고 하지?" 하고 고민할 것이다.

'내가 무슨 사기를 쳤지? 저 사람한테 내가 뭘 잘못했나? 다른 사람들이 저 말을 듣고 어떻게 생각할까? 내가 진짜 사기꾼이라고 생각하면 곤란한데. 저 사람이 정신병자라고 사람들에게 증명해야 해. 저

사람이 자기가 잘못했다고 인정하게 하고 내가 사기꾼이 아니라고 사람들에게 증명해야 해….'

'증명자'들이 평생 신봉하는 말은 "반드시 저들에게 증명해야 해!"이다.

안타깝게도 내가 이를 깨달은 시기가 너무 늦었다. 이 오묘한 진리를 진작 알았다면 과거에 일어난 모든 것을 꿰뚫어 보고 불필요한 분노나 고통을 줄일 수 있었을 것이다. 다른 사람 눈에 비친 나의 모습에 신경 쓰느라 초연한 태도를 기르지 못했다.

이 글에서 나는 '증명자'의 원동력에 대해 말해보고자 한다. '증명자'들의 원동력이 되는 하나의 줄이 있다. 그것은 양끝이 완전히 반대인 역량과 맞닿아 있다. 이 두 역량 중 한쪽은 신뢰, 다른 한쪽은 불신과 연결되어 있어서 모든 '증명자'의 인생 단계에서 상호작용을 한다. '증명자'가 신뢰와 마주하면 즐겁고 감사하며 이에 보답하고자 한다. 이와 반대로 불신을 마주하면 원망과 고통으로 반격하려고 한다. 이러한 고통으로 인해 그들은 입버릇처럼 이렇게 말한다.

"나를 무시하는 사람들에게 언젠가는 틀렸다는 걸 보여주겠어. 나에게 치욕을 준 사람들에게 대가를 치르게 할 것이고, 나를 배반한 사람들은 평생 후회하게 할 거야."

이런 식의 다짐이 그치지 않는다.

'증명자'들은 원망과 분노, 복수심이라는 강력한 원동력을 가진다. 이러한 원동력은 강력한 동력이 되는 것만은 분명하다. 이것이 객관적으로 존재하는 현실이다. 기쁨보다 고통이 훨씬 뼛속까지 사무치는 게 인성의 규칙이기 때문이다. 요컨대 감정에서 비롯된 역량은 목표를 설정함으로써 비롯된 역량보다 더 강력하다. 여기서 '신뢰'가 왜 그토록 중요할까? 신뢰를 중시하는 것은 '증명자'의 핵심적인 특징이기 때문이다. 그들은 다른 사람을 믿는 한편으로 남도 자기를 믿어주기를 바란다. 친구의 맹세를 믿고 낯선 사람의 눈빛을 믿으며 감성의 힘을 믿는다. 그들은 이심전심의 원칙을 맹신한다. 물론 당신은 그들이 유치하고 지능이 낮으며 남들에게 쉽게 속는다고 말할지도 모른다. 그러나 당신이 어떻게 평가하든 상관없이 그들은 뼛속부터 '비록 전혀 모르는 사람이라도 느낌이 통하면 상관없다.'는 신념을 가지고 있다. 어떻게 그런 사람이 있을 수 있느냐고 묻는다면 이성과 사랑에 빠지는 경우를 상상해보면 된다. 사랑에는 해석과 이유가 필요하지 않으며, 사랑해보지 않은 사람은 그 이치를 모른다.

당신이 이런 성격이라면 이 부분에서 고개가 끄덕여질 것이다. 이런 성격이 아니면 고개를 젓겠지만 한 가지 사실은 받아들여주기 바란다. 세상에는 이런 사람이 많으며, 그들은 당신과 다르지만 확실히 존재하며, 게다가 많이 있다는 사실이다.

원동력1. 나를 믿어주는 사람에게 반드시 보답한다

신뢰는 아주 지독한 것이다. 특히 서로 모르는 사람이나 친하지 않은 사람이 당신을 믿어주기는 어렵다. 심지어 자기 자신을 믿기도 어려울 때가 있는데 남이 자기를 믿어준다니 보통 일이 아닌 것이다. 그래서 누군가 내게 신뢰를 보내면 두려운 마음이 먼저 든다. 그 믿음에 보답해야 한다는 압박이 크기 때문이다. 두 가지 사례를 들어 이야기해보겠다.

첫째는 '꿈' 편에서 언급한 일이다. 야팡 회사가 닝보에 지사를 내고 관리자를 모집했는데 파격적으로 나를 본부 교육부에 배치했다. 당시 나는 만 19세로 학교도 아직 졸업하지 않았으며 관리 경험이 전무했다. 핵심 관리직에 응모한 사람 600명 중 가장 취약한 스펙을 가진 나는 그 자리에 가장 부적격자였다. 당시 야팡 중국 중부지역의 총경리 코니Connie는 최종면접 때 나와 50분간이나 대화를 나눴다. 통상한 응시자와 면담 시간이 길어야 15분임을 감안하면 유례가 없는 일이었다. 사람들이 내 나이가 어리다고 기회를 주려 하지 않는다는 나의 말에 그녀는 자기 이야기를 들려주면서 격려했다. 열여덟 살 때 홍콩 고등학교를 졸업하고 상가에서 화장품을 팔았는데, 자기 능력으로 한걸음씩 이 자리까지 올랐다고 했다.

야팡에서 겸직한 나의 경력을 살펴보더니 상하이로 가서 일해보지 않겠느냐고 제안했다. 나는 어안이 벙벙해서 왜 나한테 그런 제안을 하느냐고 물었다. 그녀는 내게서 젊은 날 자신의 모습을 보았다고 하면서 내가 그 일에 강한 욕망이 있음을 느꼈으며, 잘 해낼 것을 믿는다고 했다.

그 순간 그녀는 내게 가장 소중한 여신이었다. 나중에 들으니 나처럼 아무 스펙도 없는 인물을 그토록 유명한 외국 기업에 들여오는 건 규정에 어긋난다고 많은 회사 관계자가 반대했다고 한다. 그럼에도 코니는 나를 채용한 것이다. 회사 내에는 보이지 않는 권력 다툼이 존재했고 이상주의 색채가 농후한 코니는 희생양이 되었다. 나는 혼자여서 힘이 약했고 직속상관인 대만인 사장의 명령에 움직여야 했기 때문에 그녀가 어려움에 빠졌을 때 도와줄 힘이 없었다. 코니는 나에게 열심히 일하라고 했다. 내가 그녀를 위해 해줄 수 있는 유일한 일은 그녀에게 해를 끼친 자들을 마음속으로 저주하는 게 고작이었다. 지금 생각하니 얼마나 유치하고 귀여운 행동이었는지 모르겠다.

당시의 내게는 충분한 지혜와 인내심, 긴 안목으로 큰 조직 내부의 문제를 들여다보는 능력이 없었다. 나는 코니를 망친 자들에게 그들보다 한수 위에서 복수를 해줘야 했다. 그러나 다시 그때로 돌아간다고 해도 내가 할 수 있는 일은 없을 것이다. "군자는 자기를 알아주는 사람을 위해 죽는다."고 하지 않았던가! 코니를 생각하면 눈가가 촉촉해진다. 그녀가 내게 기회를 주지 않았다면 상하이에 가지 않았을 것이고, 그 이후에 일어난 모든 일들이 일어나지 않았을 것이며, 그랬다면 오늘의 나도 없었을 것이다.

몇 년이 지나 코니는 화장품 회사를 차렸고, 그 회사에서 하는 행사에 나를 초대했다. 그녀가 먼저 부탁하는 일은 처음이었기 때문에 나는 오래 기다린 끝에 마침내 그녀를 위해 뭔가를 해줄 수 있게 되었다. 판촉 회의에서 나는 그녀의 협력사들에게 코니와 있었던 일과 내 삶에 그녀가 미친 영향에 대해 이야기하며 눈물을 흘렸다. 그녀도 어느새 울고 있었다.

두 번째 사건은 '비성물요非誠勿擾'라는 프로그램을 시작한 지 얼마 되지 않았을 때다. 프로그램 방향을 제대로 잡지 못하자 방송 몇 회 만에 여기저기서 비난이 쏟아졌다. 내 수준을 의심하며 당장 바꿔야 한다는 주장도 많았다. 그런 상황에서도 나를 믿어준 제작진들이 있었다.

모두가 반대하는 가운데 꿋꿋이 믿어주는 신뢰는 프로그램을 맡긴 신뢰보다 더 중요하다. 나는 아무도 믿어주지 않는 상황에서 무한한 신뢰를 보여준 그들이 고마웠다. 내가 할 수 있는 보답은 최대한 프로그램을 잘 만드는 것이었다.

　이른바 신뢰란, 미래가 보이지 않고 느낌만 있을 때조차 보여줄 수 있는 것이다. 미래를 정확히 예측할 수 있을 때 보이는 것은 신뢰라고 할 수 없다. 아무도 할 수 없다고 생각할 때 그만은 내가 할 수 있다고 믿어준다. 다른 사람이 불가능하다고 말할 때 당신만은 내가 그 일을 능히 해낼 것이라고 믿는 게 신뢰다. 많은 사람이 당신을 찾고 당신이 이미 그 일을 할 수 있다고 증명된 상황에서 찾는 건 순수한 신뢰가 아니며, 투자를 통한 수익을 바라는 것이다. 결론적으로 사람들이 아무도 믿지 않을 때 누군가 여전히 믿어준다는 사실, 이것이 가장 중요하다.

원동력2. 나를 불신하는 것이
일생일대의 잘못된 생각임을 증명하겠다

　'증명자'들의 사전에서 '불신'은 의심, 타격, 냉소, 치욕, 조소, 의혹, 상처 등을 포함한다. 불신이 만들어내는 동력은 신뢰로 비롯되는 동력보다 훨씬 크다. 그러나 이것이 모든 성격에 적용할 수 있는 건 아니다. 전형적인 홍색 성격에는 해당사항이 없다. 이 말은 '증명자'들에게 적용된다. 그들의 성격은 홍+황으로, 황색의 반항성이 더해져서 격려와 찬미는 간식이며 냉소와 조소는 식사가 된다. 고통스럽게 만들수록 당사자는 즐거워지며 죽이려고 할수록 죽지 않는다. '증명자'는 자신을 믿지 못하는 사람들에게 그 판단이 틀렸음을 증명하겠다는 욕망이 강하다. 상대는 적일 때도 있지만 자기와 가까운 가족인 경우가 더 많다. 그들의 판단이 틀렸음을 증명하는 순간 '증명자'는 쾌감을 느낀다.

유명한 마케팅 전문가 조 지라드Joe Girard는 자신이 성공한 동력은 아버지의 무시에서 비롯되었다고 밝혔다. 어릴 때부터 그의 아버지는 아들이 평생 아무것도 못할 것이라고 단정하고 그 말을 입에 달고 살았다. 그는 아버지에 대한 반감으로 그렇지 않다는 걸 보여주기 위해 열심히 일했다. 아버지의 사진을 사무실 벽에 걸어두고 위축될 때마다, 아버지의 비웃는 얼굴을 바라보며 '아버지가 틀렸다는 걸 반드시 증명할 겁니다.'라고 되뇌곤 했다.

내 친구는 성공한 후 삼촌과 이모 가족들을 불러 근사한 식당에서 식사를 대접했다. 가족 모임을 핑계로 자신이 성공했다는 걸 보여준 것이다.

'당신들이 그렇게 무시했던 아이가 이제는 누구보다 돈을 잘 벌고 있습니다. 당시 당신들의 그 행위가 얼마나 틀린 것이었는지 똑똑히 보세요!'

그는 명절에 고향에 내려갈 때는 반드시 스포츠카를 몰고 갔다. 그의 아내는 힘들게 차를 가지고 가느니 현지에서 한 대 렌트해서 쓰면 될 것이라며 만류하지만 그의 생각은 달랐다. 스포츠카를 몰고 고향에 가면 친척들에게 자신이 성공했다는 걸 각인시키고 어릴 때 자기 부모를 무시했던 친척들에게 시위할 수도 있다고 생각한 것이다.

'슈퍼 연설가'에 출연한 어느 사업가는 증명에 대해 이렇게 말했다.

"친구들은 내가 학력이 낮아 취직을 못할 거라고 했지만 나는 외국 기업에 들어갔습니다. 부모님은 내가 사업을 못할 거라고 했지만 나는 보란 듯이 창업에 성공했습니다. 어떤 이는 내가 담배를 끊지 못할 거라고 했지만 담배를 끊었습니다. 선배들은 내 카레이싱 속도가 늦어서 성적을 내지 못할 거라고 했지만 나는 해냈습니다. 같은 팀원들은 내가 팀 상표를 뺏어올 수 없다고 했지만 나는 뺏어왔습니다. 모든 불가능에 대해 그 가능성을 증명하고자 했습니다. 모든 성공 뒤에는 다음 성공에 대한 확신을 품었습니다. 이는 일종의 자신감으로 내가 의기소침할 때마다 가장 효과적인 약이었습니다. 나는 내가 강자임을 압니다. 나에 대한 그들의 예언은 틀렸습니다."

불신으로 '증명자'가 받은 상처가 클수록 "당신이 틀렸다!"는 말의 배후에는 더 깊은 의미가 있다. 바로 "나는 당신이 후회하게 해주겠어."라는 뜻이다. 내 가장 큰 동력은 굴욕을 안겨주었던 사람들로 하여금 평생 후회하게 만드는 거였다. 가장 중요한 기회가 왔을 때, 사람들이 기회를 움켜쥐고 주려 하지 않는다면 당신이 할 수 있는 유일한 일은 그 치욕을 온몸에 지고, 사실을 통해 그들에게 증명하는 것뿐이다.

2001년 교육 기업을 창립하여 2006년 첫 번째 책을 쓸 때까지 5년 동안 나는 무수한 의혹과 압박에 시달렸다. 그때마다 울트라맨으로 변해 나를 믿지 못하는 사람들에게 사실로서 증명해 그들을 후회하게 만들 것이라고 다짐했다. 사실 그때가 되서 그들이 후회했는지 아닌지 나는 알지 못한다. 그러나 그들이 후회하는 모습을 상상하기만 해도 힘이 났다. 예전에 내 친구의 사장이 나를 두고 이런 말을 한 적이 있다.

"대학도 못 다녀본 대머리 주제에 뭘 안다고 우리 회사에서 강의를 한단 말이야!"

미안해하는 친구에게 언젠가 그 사장이 10배의 금액을 가져와 나를 모셔가는 날이 있을 것이라고 위로해주었다. 책을 쓰는 일에 꾀가 날 때마다 그 사장의 말을 생각하면서 벌떡 일어나 한겨울에 찬물을 뒤집어쓰고 계속 써나갔다. 기록을 계속하기 싫어 도피하고 싶을 때마다 스스로 욕을 했다.

"러자, 이 바보 같은 놈아! 너를 모욕하던 사람들의 말을 벌써 잊었단 말이냐?"

그러고는 오른손가락 다섯 개를 펴서 왼쪽 얼굴을 소리 나게 때렸다. 이런 동작을 길을 걷던 도중에 할 때도 있었다. 사람들이 이상하게 쳐다보는 눈길을 이용해 스스로에게 큰 창피를 주었다. 집에 돌아와 컴퓨터를 켜고 일을 계속했다. 그렇게 해서 완성된 책 몇 권이 내 앞에 있다. 이제는 최소한 그 사장이 "당신은 대학을 다니지 않아 학력이 낮다."라고 말할 때 내가 나서지 않아도 주변 사람들이 그의 무지를 비웃어줄 것이다. 심리학 전문가에게 사람의 심리를 직시하는 기술을 가르치기 시작한 후, "심리학 전공도 하지 않는 사람이 어떻게 우리에게 강의를 하느냐."는 목소리도 다시는 들리지 않았다. '비성물요'에 출연한 뒤로, 그 이전에 나를 잘랐던 TV프로그램의 제작자들은 갑자기 나의 역량이 컸음을 느끼면서 진작 알아보지 못한 것을 후회했다.

진정한 증명자는 마음 깊은 곳에 보복 심리가 있다. 몬테 크리스토 백작이 그러했듯이 말이다. 당신에게 능력이 있을 때 복수를 하느냐 아니냐는 당신의 지혜 문제라고 강조하고 싶다. 그러나 '복수 심리'가 가리키는 건 '반격하고 싶다.', '대항하고 싶다.'이며, 보복 심리가 없는 사람은 진정한 '증명자'라고 할 수 없다. 지난날 많은 무협 소설을 읽었다. 그때는 꿈속에서도 높은 관청의 나리가 부모님을 잡아다가 혼내는 장면이 나왔다. 날마다 잠자리에 들어서도 화를 참느라 애꿎은 팔꿈치만 꼬집어서 무수한 자국이 남았다. 나는 자라서 반드시 복수하여 부모님의 한을 풀어주리라 다짐했다.

어머니에게 일어난 작은 사건을 지금도 잊지 못한다. 닝보 중전에 다닐 때의 일이다. 학교는 닝보 시내에 있고 집은 샤오강小港 개발구에 있어서 매주 금요일에 학교에서 셔틀버스를 타고 돌아왔다. 그리고 일요일 오후 4시 30분에 집 앞에서 셔틀버스를 타고 학교로 돌아갔다. 셔틀버스를 놓치면 30리 길을 걸어 353번 버스를 타야 했다. 그조차도 배차 간격이 들쭉날쭉해서 언제 도착할지 알 수 없었다. 어느 날 집에서 꾸물거리다 나와 보니 셔틀버스는 이미 떠난 후였다. 어머니와 나는 망연해 있었다. 갑자기 어머니가 다니는 회사 부사장의 차가 멀지 않은 곳에서 시동을 걸고 있는 걸 발견했다. 어머니는 등에 내 배낭을 지고 왼손에는 보따리를, 오른손으로는 나를 꼭 잡은 채 그 차로 뛰어갔다. 숨을 헉헉거리며 만면에 웃음을 띤 채 운전석 창문에 붙어 말했다.

"부사장님, 닝보에 가시면 제 아들을 좀 태워다 주시면 안 될까요? 황리신촌黃鸝新村에 내려주면 됩니다. 방금 셔틀버스를 놓쳐서 그럽니다."

이 부분을 쓰면서도 거만한 관리의 모습을 하고 있던 그 부사장의 얼굴이 뚜렷하게 기억난다.

"음, 저와는 방향이 다르군요. 게다가 잠시 후에 사람을 태우러 가야 해서요."

그러더니 액셀러레이터를 밟고 떠나버렸다. 초췌한 어머니의 망연한 눈빛을 보면서 먼지를 일으키고 떠나버린 검은 차를 바라보았다. 나는 말없이 어머니의 손을 잡아끌었다. 어머니는 나를 데리고 353번 버스 정류장으로 향했다. 가는 길에 어머니는 일상적인 이야기를 필사적으로 꺼냈다. 당시의 굴욕을 아들이 느끼지 못하게 하려는 어머니의 노력이었음을 나는 잘 안다. 나는 결심했다. 반드시 어머니에게 큰 자가용을 사드릴 거라고. 얼마나 바보 같은 짓을 했는지 그자에게 보여주고, 대가를 치르게 할 거라고.

지금 생각해보면 당시의 생각이 얼마나 유치하고 충동적인지 모르겠다. 그 사람은 차를 태워주고 싶지 않았을 뿐 무시할 생각 따위는 없었던 것이다. 지금까지 마음에 둘 일이 아닌 것이다. 어머니의 모습에 가슴이 아팠음을 인정한다. 나는 어머니와 다툴 수도 있지만 다른 사람이 내 어머니를 무시하는 건 용서할 수 없다. 그건 존엄에 관계되는 일이기에 다른 선택이 없다. 손해를 보더라도 끝까지 싸워야 했다. 많은 세월이 지난 지금 나는 반격할 충분한 능력을 갖추게 되었다.

하지만 반격해서 어쩔 것이며, 반격할 대상이나 있을까? 자기 해부를 마치기에 앞서, 스티브 잡스의 사례를 들어 능력이 있는 '증명자'가 신뢰를 받지 못하는 상황에서 어떻게 해야 할지를 살펴보자.

잡스는 1985년 존 스컬리John Sculley가 애플의 CEO가 된 후 이사회로부터 축출당해 애플 이사장직을 박차고 나왔다. 그러나 애플 창시자인 그의 입장에서 볼 때 이는 믿기 어려운 충격이었다. 그는 큰 상처를 받고 고통스러워했다. 이러한 불신은 그의 투지를 극도로 촉발했다. 그에게는 애플이 그의 신념을 불신한 사건이었다. 애플을 이끌며 키워온 그의 공이 부정당하는 순간이었다. 애플에서 나온 그는 의연히 NeXT를 설립하여 경영 이념을 지켜나갔다. 잡스가 가장 자신 있는 하이테크와 예술을 결합한 분야에서 탄생한 픽사 애니메이션 스튜디오는 '토이스토리'를 제작하여 세계적으로 유명해졌고, 애니메이션 분야의 승리는 잡스가 보여준 가장 큰 증명이라고 할 수 있다. 애플을 떠난 지 11년 후, 애플은 NeXT를 합병했고, 잡스는 다시 돌아와 CEO로 취임했다. 그는 1년 만에 적자 10억 달러에서 흑자 1억 달러의 성과를 냄으로써, 문 닫을 위기에 있던 애플을 정상화시켰다. 여기서 그치지 않고 아이팟, 아이튠즈, 아이폰을 출시하면서 디지털 엔터테인먼트 시대를 계속 이끌었다. 잡스가 '증명자'로서 멋진 증명을 해낸 것이다. 이밖에 그는 복귀한 후 전임 CEO 존 스컬리가 가장 열광하던 사업을 중단해버렸고, 중요한 자리에 자기 사람을 심어놓았다. 26년 동안 존 스컬리와는 갈라섰다. 어떤 의미에서 볼 때 그는 복수심의 쾌감을 느꼈던 것 같다.

'증명자'의 금기

당신이 '증명자'라면 스스로 물어야 한다. 내가 증명하려고 하는 게 진정으로 가치 있는 일인가? 나의 목적은 무엇인가? 나는 무엇을 얻으려고 하는가? 자신이 증명하려는 게 무엇인지 확실하지 않다면, 아무것도 하지 않는 편이 낫다. 아래 제시하는 바보 같은 증명은 흔한 사례다. 당신도 경험이 있는지, 스스로 비교해보기 바란다.

▎외치는 식의 증명하기

오해를 받은 것이 억울하고 이해되지 않는다면서 크게 외치는 사람들이 있다. 안타깝게도 사람들은 그 외침에 동정을 느끼지 않을 뿐 아니라 오히려 더 무시하게 된다. '당신이 그렇게 능력이 있다면 상대가 틀렸다는 걸 증명하면 그만.'이라고 생각한다. 이 또한 내가 자신을 무시했던 원인 중 하나이기도 하다. 같은 상황에 처했을 때 나도 이렇게 대한 적이 있다. 이는 전혀 지혜롭지 않을 뿐 아니라 어리석음만 보여주는 방법이다.

| 무의미한 증명하기

학창 시절에 어떤 학생이 만두 열다섯 개를 한 번에 먹을 수 있다고 큰소리쳤다. 친구들은 내기를 하자고 했고 결국 다 먹어치워서 내기에 이겼다. 이는 겉보기에는 영웅 같지만 아무런 의미가 없는 행동이다. 자기 위가 크다는 것 말고 아무것도 증명하지 못한다. 실속 없이 입으로만 외치는 용맹이다. 그런 사람이 바로 나였다. 당시 나는 열두 개를 먹고는 더 먹을 수가 없었고 병원으로 실려 가야 했다. 그 후 졸업할 때까지 다시는 만두를 먹을 수가 없었다. 때로는 당신이 증명을 위한 증명을 무리하게 했다 한들 어쩔 것인가? 서로 술을 잘 마신다고 큰소리를 치다가 위출혈로 쓰러지는 것과 같다. 고속도로에서 250마일까지 속도를 낼 수 있다고 증명하려 무모한 도전을 한 결과는 반신불수였다.

진정으로 머리를 쓸 줄 아는 사람이라면 무리에서 우위를 점하기 위해 무모한 짓을 하지 않는다. 진정한 리더는 아무 의미가 없는 증명을 하지 않는다.

만용으로 증명하기

몇 년 전 부부 대항 프로그램을 제작한 적이 있다. 한번은 평범하게 생긴 재벌 2세가 늘씬한 미인 아내를 동반하고 프로그램에 참가했다. 사람들은 이 부부에게 크게 관심을 두지 않았다. 대결이 시작되자 이 남자는 필사적으로 임했고 도전에서 몇 번이나 넘어지면서도 포기하지 않았다. 결국 힘을 너무 쓰다가 막판에는 바닥에 쓰러져서 30분이나 입에 거품을 물었다. 혼비백산한 PD가 구급차를 호출하는데 손이 떨려서 번호를 누르기 어려울 정도였다. 그 일이 있고 나서 그 남자와 이야기를 나눌 기회가 있었다. 프로그램에 참가한 취지를 묻고 왜 그렇게 상대에게 이를 악물고 대항했는지를 물었다. 알고 보니 그에게는 재벌 2세라는 딱지가 수십 년 동안 붙어다녔고, 그를 만나는 사람들은 하나같이 사장의 아들인 자신을 '금수저'라고 수근댔다고 한다. 그는 큰 압박감에 자존감이 짓눌리면서 숨을 쉴 수가 없었고, 프로그램에서의 상대가 인생에서 자기를 무시하는 사람으로 보였다고 한다. 그는 자기의 용기를 보여주고 싶었다. 아쉽게도 그는 평소 체력 단련이 전혀 되어 있지 않아서 힘이 부족했고, 도전의 어려움을 예측하는 능력도 떨어져서 마음대로 되지 않았다.

자기를 증명하려는 시도는 좋다. 그러나 투지만 앞서서 자기 능력을 돌아보지 않으면 마음먹은 대로 되지 않을 뿐 아니라 사람들 앞에서 웃음거리가 되기에 십상이다. 때를 살피며 내공을 쌓아, 꼭 나서야 할 때 나서야 한다.

오기로 증명하기

한 여학생이 있었다. 그의 어머니는 능력이 있고 강인하며 자식에 대한 소유욕이 강했다. 어릴 때부터 모든 것을 간섭하는 어머니가 버겁던 딸은 반항심이 생겼다. 대학 졸업을 앞두고 딸에게 남자 친구가 생기자 어머니는 극력 반대했다. 말만 번지르르하고 생활력이 없어서 결혼하면 딸을 고생시킬 거라는 이유에서였다. 여학생은 남자 친구와 만난 지 한 달 만에 어머니의 말이 맞았다는 걸 알았다. 그러나 3개월 후 졸업식 날 남자 친구와 혼인신고를 해버렸고, 짐을 싸서 집을 나와 남자와 동거에 들어갔다. 1년 후, 아기가 태어났다. 그동안 남자는 날마다 아무 일도 하지 않고 빈둥거렸고, 여자는 밖에서 일하고 들어와 지친 몸으로 집에 오면 아이까지 돌봐야 했다. 결국 견디지 못한 여자는 이혼을 선택했다. 내가 그녀에게 모친의 말이 옳다는 걸 알고도 왜 결혼을 고집했느냐고 묻자, 이런 대답이 돌아왔다.

"그동안 모든 면에서 엄마의 간섭을 받고 살았어요. 제 일생에서 가장 큰일인 결혼은 제가 결정해서 자식이 이미 자랐다는 걸 증명해 보이고 싶었어요. 아무리 큰 대가를 치루더라도 상관없었어요."

오기로 하는 증명은 한순간 통쾌함을 맛보기 위해 최종적인 결과를 신경 쓰지 않는다. 오기로 일을 처리하면 손해는 자기가 입으니 더욱 안쓰러운 결과만 있을 뿐이다.

비정한 증명하기

영화 '양자탄비讓子彈飛'에서 천쿤陳坤은 장원薑文을 해치기 위해 그의 날개를 잘라버리고자 장원의 양아들 샤오류小六를 음식점으로 유인한다. 그러고는 사람들로 하여금 자신은 은혜에 보답하는 도덕군자로, 샤오류는 뇌물인 음식을 받아먹는 부도덕한 사람으로 생각하게 만든다. 샤오류가 함정에 빠진 것을 깨달았지만 이미 늦어버렸다. 음식을 이미 먹었고 두 그릇을 먹은 자신은 사람들 앞에서 부도덕한 사람으로 낙인찍혀버린 것이다. 결국 샤오류는 결백함을 증명하고자 배를 갈라 위를 보여주고 칼을 옆으로 한 번 더 찔러 목숨을 끊는다. 억울한 일을 당했다며 결백을 증명하기 위해 샤오류는 진정한 대업을 망각한 것이다. 칼을 들어 자기 배를 가를 때, 그는 자신의 죽음을 통해 결백함을 증명할 수 있을 줄 알았을 것이다. 그러나 이는 불가능하다. 사람들은 그가 죽은 후, 샤오류가 개죽음을 자초함으로써 상대가 의도한 결과를 가져왔을 뿐이라고 평가했다. 의리에 죽고 사는 사나이처럼 보이지만 결과적으로는 어리석은 사람에 지나지 않은 것이다.

충동적인 증명자가 모르는 게 있다. 당신이 목표를 달성하지 못하면 지금 당하는 굴욕이 역사의 웃음거리가 될 뿐이며, 목표를 달성하면 비로소 가치 있는 게 된다. 따라서 문제를 해결하고 불공정한 일에 대처하며 마음속의 고통을 해소하는 유일한 길은 참을성과 끈기로 최종 결과를 도출하는 것이다. 하지 말아야 하는 걸 모르고 하는 건 어리석음이요, 해서는 안 되는 걸 알면서도 하는 건 멍청한 짓이다.

증명자가 성공을 증명한 후 할 일

여기까지 읽고 당신이 '증명자'임을 확신한 사람이라면 증명을 한 후 나음 몇 가지 제안을 귀담아두기 바란다. 흘려들을 수도 있지만 몇 번의 실패 후에 자신을 다잡는 용도로 삼았으면 한다.

| 더는 분노하지 말아야 한다

당신이 성공적으로 증명했는지 판단하는 기준 중 하나는, 당신을 불신했던 사람들로 인해 더는 분노하지 않는 가이다. 자신을 진정으로 증명해낸 그 순간, 불신과 의혹을 보냈던 사람들의 의혹은 이미 씻은 듯이 사라졌을 것이다. 직접 눈으로 보았기 때문에 그것으로 그만이며, 그들에게 당신의 반응 따위는 중요하지 않다. 당신이 그것 때문에 계속 분노한다면, 당신을 분노하게 만들었던 사실을 아직도 해결하지 못하고 있다는 의미다.

"당신이 친구를 아직도 미워한다면 여전히 그를 신경 쓰고 있음을 의미한다. 당신의 적을 아직 미워한다면 아직 충분히 그를 이기지 못했다는 증거다."

진정으로 증명을 해냈을 때 당신은 더 이상 분노하지 않을 것이다. 당신을 분노하게 만들었던 사람과 이미 동등한 급이 되었기 때문이다. 최초의 분노는 증명을 위한 동력이었으며, 행동을 하기 위한 견고한 이유였다. 이미 높은 자리에 올라와 아래를 내려다보는 강자가 되었다면, 과거의 불신을 생각하며 한 번 '씩' 웃어주면 그만이다.

| 당신을 믿어주는 사람에게 보답하라

당신을 신뢰한 사람들에게 보답하는 가장 좋은 방법은 그들로 하여금 판단이 옳았음을 느끼게 하는 것이다. 특히 그들이 당신에게 신뢰를 보낼 때, 위험과 압박에 놓여 있었다면 더욱 그렇게 해야 한다. 감사하는 마음은 기분을 좋게 한다. 보답을 어떻게 할지는 당신의 능력에 달려 있다. 은인이 당신을 필요로 할 때 인색하게 굴지 말아야 한다. 대다수 당신을 신뢰했던 사람들은 보답을 전혀 기대하지 않으며, 자기가 원해서 그렇게 했을 뿐이다. 자신이 신뢰한 인물이 이미 성장했음을 발견할 때, 그들 마음속에는 만족과 기쁨이 솟아날 것이다. 따라서 당신도 신뢰를 필요로 하는 사람에게 아낌없는 신뢰를 보내면 된다. 아무도 당신을 믿지 않았을 때 얼마나 막막했는지를 생각해보라.

이는 누군가를 맹목적으로 신뢰하라는 의미가 아님을 특별히 강조하고 싶다. 다른 사람을 신뢰하기로 할 때는 기본적인 분석과 판단을 해야 하며, 최종적으로는 직감에 의존해야 한다. 그렇지 않으면 큰 상처를 입게 될 것이다.

| 당신을 신뢰하지 않은 사람들에게 감사하라

당신을 믿지 않는 사람들이 주는 상처는 크다. 그래서 그들을 원망하게 된다. 그 마음을 이해 못하는 것은 아니다. 그러나 뒤집어 생각해보자. 그들이 처음에 당신에게 그러한 불신을 보이지 않았다면, 당신도 지금처럼 강한 증명의 원동력을 얻지 못했을 것이며 이 순간 아무 성과를 올리지 못했을 수도 있다. 또한 그들과 입장을 바꿔놓고 생각하면 당신 역시 그들과 같은 선택을 했을지도 모른다.

이렇게 생각해야 한다. 당신에게 타격을 가하거나 당신을 믿지 않는 사람들은 그런 방식으로 나를 단련시키고 의지를 시험하는 사람들일 수 있으며, 그 사실을 몰랐을 뿐이라고 말이다. 이 말을 허위라고 느낄 수도 있다. 혹시라도 내가 복수심을 숨기고 받아들이는 태도를 가장하는 것이라고 생각한다면, 나를 지나치게 높이 평가하는 것이다. 뼛속까지 비판성이 강하고 쉽게 복수심을 느끼며 관용심이라고는 전혀 없는 내가 이렇게 말할 수 있는 건 하나의 이치를 깨달았기 때문이다.

예전에 내게는 부유한 여자 친구가 있었다. 그녀는 나를 신뢰했고 나와 함께하고자 했다. 그녀의 부모가 나를 불신하고, 우리를 갈라놓으려고 한 것은 사실 나의 성장을 촉진하는 두 개의 동력이었다. 게다가 그녀 부모의 불신이 아니었다면 나는 여자 친구의 신뢰를 느끼지도 못했을 것이다. 모든 것은 대비된다. 따라서 여자 친구에게 감사한다면 그녀 부모에게 더 감사해야 한다.

사과받겠다는 집착을 버려라

'증명자'들은 성공한 후, 자신을 불신했던 사람들이 스스로 잘못했음을 느끼고 깊이 후회하는 모습을 보고 싶어 한다. 안타깝게도 '증명자'들은 매우 어리석어서 자기가 성공했지만 그들이 고개 숙이는 모습을 보지 못했다고 생각한다. 그래서 그들이 찾아와 당신에게 고개를 숙이고 사과해야 비로소 만족하고 그들을 용서하며, 그냥 지나치지 못한다.

상대방의 사과를 받는 데 집착했다면 결국 실망으로 끝날 것이다. 왜냐하면 당신을 불신하는 대부분의 사람들은 애초에 악의로 상처를 준 것이 아니기 때문이다. 당신과 특별히 원한이 있지 않는 한 말이다. 그들이 당신을 불신하는 이유는 많다. 그 자신의 한계 때문일 수도 있고, 그 자신도 다른 사람에게서 불신을 받기 때문일 수도 있으며, 그날따라 기분이 좋지 않아서일 수도 있다. 애초에 그에게 불신을 초래할 이유 자체가 없었을 수도 있다. 정말 상처를 주기 위해 고의로 그렇게 하는 사람은 이 세상에 극히 드물다.

이전에 당신을 신뢰하지 않던 상대가 호의를 보인다면 그가 이미 후회하고 있다는 증거다. 게다가 어떤 사람들은 설사 자기가 애초에 잘못 생각했음을 알면서도 대부분 체면 때문에 그 사실을 인정하지 않는다. 인정하면 체면이 깎이는 것도 걱정이지만, 당신이 그 점을 약점으로 삼을 걸 우려하기도 한다.

사과를 요구하는 일이 상대가 당신에게 준 상처에 비해 지나치지 않다고 생각할 수도 있다. 그러나 그렇게 생각할수록 사과는 받기 어렵다. 여기에는 두 가지 가능성이 있다. 첫째, 당신이 실제로 요구하는 사과와 상대방이 생각하는 '당신이 원하는' 사과의 정의가 완전히 다르다. 둘째, 그는 당신이 무엇을 요구하는지 알고 있지만 그렇게 해주지 않는다. 왜냐하면 그는 자신이 그렇게 해주지 않으면 당신은 완벽한 승리를 할 수 없으며, 그로 인해 당신은 화가 나서 못 견딜 것을 알기 때문이다. 그렇다면 어떤 의미에서 여전히 상대가 승리자인 셈이다.

어떤 것도 요구하지 않을 때만이 비로소 원하는 걸 얻을 수 있다. 지혜로운 자는 자기가 할 수 있음을 증명하는 그 순간에 이미 자신이 원하는 걸 얻었음을 알며, 지나간 모든 아픈 기억을 끝낼 수 있다.

| 적을 친구로 만들어라

지혜로운 해결책은 당신을 불신했던 사람들이 당신을 위해 땀 흘리게 하는 것이다. 일부러 과거를 들출 필요는 없다. 그렇지 않으면 사람들이 고의로 상대를 골탕 먹이려 한다고 생각할 수 있다. 상대를 친구로 만드는 법을 배워야 한다. 그들을 적으로 밀어붙이는 일을 삼가야 한다. 몇 년 전 한 사람이 온라인으로 내게 메시지를 보내왔다.

"최근 당신의 책 네 권을 읽고 가장 큰 고민이 해결되었습니다. 프로그램을 볼 때 당신에게 반감을 갖고 마음속으로 미워하고 있었는데, 이번 기회에 깊이 사과합니다."

젊을 때의 패기였다면 본능적으로 이렇게 답장을 보냈을 것이다.

"알지 못하는 상황에서 귀하는 함부로 속단하지 않는 편이 좋습니다. 자칫하면 남에게 불필요한 상처를 주게 되니까요."

그러나 이렇게 가시가 돋친 답변을 하면 잠깐은 통쾌해도 상대를 굴복시키지 못할 뿐 아니라 자신에게도 전혀 이익이 없다. 상대는 좋은 마음에서 이런 말을 했는데 뜻밖에 가시 돋친 답변이 온다면 괜한 짓을 했다고 후회할 수 있다.

내가 보낸 답변은 이러했다.

"별말씀을 다 하십니다. 사과할 것이 뭐가 있습니까? 저는 귀하 덕분에 얼마간의 인세를 벌었습니다. 이는 귀하가 해적판을 사지 않은 덕분이지요. 또한 저를 향한 귀하의 비호감을 호감으로 돌려놓은 성격색채의 장점을 다시 한 번 증명할 수 있었습니다. 무엇보다 이런 메시지를 통해 저를 기쁘게 해주신 것으로 귀하의 인자함을 말해주니 저는 감격해야 마땅합니다."

이렇게 하여 적을 친구로 만든 셈이다. 당신이 역량을 가졌을 때는 그것을 함부로 휘두르지 않아야 진정한 역량을 갖춘 자로 거듭날 수 있다.

증명자의 운명

《의천도룡기倚天屠龍記》에서 장무기張無忌의 모친이 자결할 때 아들에게 한 말이 있다.

"오늘 이곳의 명문정파들이 네 아버지와 어머니를 죽음으로 몰았다는 사실을 기억해라. 네가 자라면 반드시 우리 원수를 갚아야 한다."

그러나 장무기는 '증명자' 타입이 아니었기 때문에 강력한 대항을 원하지 않아 부모의 원수를 갚지 못했다.

반면에《소호강호笑傲江湖》에 나오는 임평지林平之는 전형적인 '증명자'다. 부모가 유언을 하지도 못하고 죽음을 당했으니 그는 뼈에 사무친 복수심으로 무공을 익혔다. 그러나 복수심이 지나쳐 결국엔 회한으로 끝나버렸다.

장무기는 증명하지 않는 주인공이다. 반면 임평지의 복수심은 교봉喬峰과 같아서 원수를 갚지 않으면 결코 포기하지 않는 인물이다. 교봉이라는 위대한 '증명자'는 '몸은 거란에 있지만 마음은 한나라에 있다.'는 것을 증명하기 위해 마지막에는 목숨을 희생하는 대가를 치러야 했다.

이렇게 말하고 보니 독자들이 착각을 일으킬 수도 있겠다. 임평지와 교봉, 두 '증명자'의 삶은 모두 비극으로 끝난다. 이 비극의 원인은 두 사람 다 집착이 너무 강하여 떨쳐버리지 못한 것에서 찾아야 한다.

양과楊過도 그들과 같은 '증명자' 타입이다. 어릴 때부터 무시를 낭하고 배척과 방해를 받았다. 그때 그를 전폭적으로 신뢰하는 이가 나타난다. 그의 신념은 더욱 강해진다. 양과의 일생 전반은 자신을 믿어준 이에게 그 믿음이 옳았으며 명문 정파가 사람을 알아보지 못했음을 증명하기 위해 펼쳐진다. 후반기에는 "쥐구멍에도 볕들 날이 있다."는 말이 있듯이, 아무리 나라를 팔아먹은 부모를 가진 자식이라도 조국과 민족을 위험에서 구하는 영웅이 될 수 있다는 걸 온 세상에 증명하기 위해 애쓴다.

따라서 결말이 원만한지 아닌지는 '증명자' 자신의 복수심과는 관계가 없으며, 어떻게 증명하느냐가 중요하다. 증명하고 싶은 결과와 더 관련이 있으며, 성공을 증명한 후에 어떤 사람이 되느냐가 더욱 중요하다.

6장

젊은 날의 나에게는
이렇게 말해주는 사람이 없었다

자괴감

오랫동안 연락을 끊고 지내던 친구가 TV를 보고 수소문해서 내게 연락을 해왔다.

"TV에서 그 여성 부모의 반대에 부딪친 남자에게 여자 부모를 찾아가 담판을 짓게 한 장면을 보았네. 그 부분에 특별히 신경을 쓴 것 같더군. 그 장면에서 자네 눈빛이 인상적이었네. 그때 당한 상처가 지금도 치유가 안 되었나 보군."

"다들 상처를 안고 살아간다네."

나의 대답이었다.

친구가 언급한 남자는 몇 년간 연마한 도장 새기는 기술을 무대에서 선보였다. 그는 지난 사랑에 대한 사연을 풀어놓았다. 여자는 고위 관료 집안의 딸이었는데 부모가 반대하여 결국 헤어졌다. 4년이 지난 지금까지 고통에서 헤어나지 못하여 글씨를 새기며 아픔을 잊고자 한다는 사연이었다. 나는 그 사연을 듣고 난 뒤 몇 가지 질문을 했다.

"당시 그녀와 정말 헤어지고 싶었습니까? 여자 친구의 태도는 어땠나요? 그녀가 헤어지기 싫었다면 당신은 어떤 행동을 했습니까? 여자의 부모를 직접 만나 사랑을 쟁취하지 않았나요? 그녀 부모의 판단이 잘못되었다는 걸 증명하려고 시도했습니까? 원망은 없는지요? 여자 친구가 당신의 사랑을 끝까지 지켜주지 못한 데 원망은 없나요?"

그리고 가장 중요한 말을 덧붙였다.

"실패한 사랑에서 도피하는 건 아닙니까? 자신을 더 강한 존재로 변화시킬 노력을 왜 하지 않는 겁니까? 지금 하고 있는 모든 행동이 당신을 진정으로 강하게 만들지 못한다는 사실을 알고 있습니까?"

솔직히 말해서 나는 한 사람의 솜씨나 취미를 평가할 자격이 없다. 그저 그가 내가 전하려는 의미를 알아듣기를 기대했을 뿐이다. 젊은 날의 나에게는 이렇게 말해주는 사람이 없었기 때문이다.

당시 나의 여자 친구는 부잣집 태생이었다. 그녀의 부모는 우리의 교제를 완강히 반대했다. 내가 가난했기에 무조건 강압적으로 반대한 것이라고 생각한다. 그들이 온갖 구시대적인 사고방식으로 우리의 위대한 자유연애를 억압한다고 생각했다. 부모를 설득할 수 없다면 강경하게 나가야 하며, 집을 나오라고 여자 친구를 무수히 종용했다. 그렇게 함으로써 우리의 사랑이 얼마나 굳건한지 보여줄 수 있다고. 그러나 그녀는 내 말을 따르지 않았고, 나와 부모 사이에서 어찌지도 못하고 있었다. 이런 반응에 나는 큰 상처를 받았다. 본능적으로 생각했다.

'여자 친구는 물질적인 것을 포기하고서 나와 고생하는 생활을 선택하고 싶지 않으며, 부잣집의 공주 같은 생활을 계속하고 싶은 것이다. 그녀가 말하는 사랑 제일주의는 그저 사람을 속이는 연극에 지나지 않는다. 크게 속았다는 느낌이 든다.'

자존심이 강한 사람은 상처도 쉽게 받는다. 동시에 그 상처를 끊임없이 확대하는 사람에게 있어 그보다 큰 모욕은 없을 것이다. 나는 "집은 가난하지만 투지는 강하다."라고 하루도 빠짐없이 되뇌었다. 언젠가는 보란 듯 잘살아주겠다. 그리고 그녀의 부모가 오늘의 행동을 후회하게 만들겠다고 다짐했다. 이제와 생각해보니 내 '치욕'의 근원은 사실 자괴감에서 나온 것이다. 그렇다! 나는 늘 자괴감에 시달렸는데, 자괴감은 비교하는 데서 비롯된 것이다. 이러한 비교는 어디에나 있다. 치욕스러운 마음을 안고 살기에 자신의 강함을 증명하기 위해 노력했다. 복수심은 내 노력의 뿌리였다. 이러한 복수심은 나와 오랫동안 함께했다. 시련과 좌절에 직면하여 포기하고 싶을 때마다 이러한 모욕감이 떠올랐고, 나는 계속 앞으로 나아갈 수 있었다.

지금 들어보면 마치 교훈으로 가득한 자기 계발서처럼 들린다. 그러나 만약 내가 이러한 부정적인 복수심을 긍정적인 에너지로 바꿀 수 없었다면 계속 인생을 짓눌렀을 것이다. 다행히도 부정적인 복수심을 잘 이용함으로써 거기서 벗어날 수 있었다. 이미 성과를 보여줌으로써 그녀 부모가 과거에 나에게 저질렀던 잘못을 증명할 필요가 없게 된 것이다. 사실상 그녀 부모는 처음부터 잘못한 게 없었다. 당시 여자 친구는 어릴 때 정해놓은 정혼자가 있었다. 어른들이 이미 약속을 해놓았고, 서로 사업상으로 왕래가 있었으며, 가족은 종횡으로 복잡하게 얽혀 있었다. 어릴 때 여자 친구는 상대 집안 남자애를 오빠라고 불렀고 사이도 가까웠다. 내가 나타나지 않았다면 모든 일이 순조롭게 진행되었을 것이다. 갑작스러운 나의 출현으로 그녀 부모도 곧

혹스럽기 짝이 없었다. 상대 집안에 어떻게 말해야 할지 난감했을 것이다. 그래서 나를 떼어내기 위해 그토록 애를 쓴 것이다. 나는 그녀 부모와 정면으로 대면할 용기가 없었다. 그러니 직접 나서지 않고 병사들을 채찍질하는 장수처럼 여자 친구에게 부모를 설득하라고 재촉했다. 이제는 인정해야겠다. 혼자서 그녀 부모를 대할 충분한 용기와 힘이 없었다는 것을. 가장 어려운 일을 그녀에게 전가했다. 그리고 가장 불만족스러운 결과를 그녀의 탓으로 돌렸다. 이 모든 건 나의 무능함과 도피 심리가 초래한 것이다.

내가 나서지 못한 원인은 어디에 있을까? 가만히 생각해보니 스스로 아직 강하지 않다고 생각했기 때문이 아닌가 싶다. 근본적인 원인을 짚어보면 역시 자신감이 부족했다. 한 부잣집 여자가 이런 상황에서 남자 친구를 어떻게 대해야 할지를 물어왔다.

"러자 선생님, 선생님이 TV에서 한 말을 내 남자 친구가 들었으면 좋겠어요. 비록 그의 조건이 좋지 않더라도, 우리 부모님이 반대하더라도 그는 정말 잘하고 있거든요. 그는 우리 집에 자주 와서 부모님 앞에서 얼마나 나를 행복하게 해주는지 보여준답니다. 2년이 지나자 부모님은 그를 믿게 되었습니다. 부모님은 나를 사랑하시기에 그에게도 잘해주시죠. 그런데 그가 어느 날 이런 말을 하더군요.

"네 부모님이 나를 무시하셔서. 내 자존심을 상하게 하는 말을 많이 하신다고."

저는 몹시 슬펐습니다. 우리는 그를 무시한 적이 없거든요. 그의 스트레스가 크다는 걸 알지만 제가 받는 스트레스도 크답니다. 친척들과 친구들은 우리의 교제를 반대하고 있습니다. 부모님은 자수성가한 사람들은 얼마든지 있으며, 지금 가난해도 돈은 살면서 벌면 된다고 말씀하십니다. 남자 친구가 자괴감을 버렸으면 좋겠어요. 그는 정말 좋은 사람이거든요. 그는 계속 노력하고 있고, 이렇게 많은 반대의 목소리 속에서도 저와 반드시 결혼해야겠다는 그의 흔들리지 않는 신념에 고마워하고 있습니다. 그러나 그의 무거운 마음을 늘 느끼며, 하고 싶은 말은 많지만 저에게 하지 못하는 것 같을 때가 많아요."

'자괴감'은 버리겠다고 해서 버릴 수 있는 것이 아니다. 천성적으로 대비되는 홍색과 남색의 성격색채로 볼 때 조건이 남보다 못하고 자신의 느낌을 특별히 중요시할 때 자괴감은 늘 그림자처럼 따라붙는다. 여기서 황색을 언급하지 않는 이유가 있다. 황색 성격은 언제 어디서나 비교와 경쟁을 하지 않지만 일단 비교해보고 자신이 약세라는 사실을 발견하면 자기의 상처를 돌볼 겨를도 없이 어떻게 하면 상대를 앞설 것인가만 생각한다.

그러나 감정과 정서에 쉽게 지배되는 두 가지 성격, 홍색과 남색은 충분한 시간을 들여 자기가 받은 영혼의 상처를 달래야 한다. 사람에 따라 상처를 치료하는 방법과 지속 시간이 조금씩 다를 뿐이다. 그러나 그들이 심리적으로 큰 상처를 받는 사실은 부정할 수 없다. 이 점을 알고 나면 그들의 고민과 부담감, 압박감의 이유를 이해할 수 있을 것이다. 사실 그들은 훗날 정말 성공할지에도 자신이 없다. 그들이 일찍이 약속한 것처럼 당신에게 충분한 행복을 줄 수 있다면, 또는 그들이 이런 과정에서 긴장의 끈을 더 바짝 조여서 부담을 완화할 수 없었을 가능성도 있다.

그렇다면 센 상대 앞에서 자괴감을 느끼는 남성에게 어떤 방법이 유용할까? 나는 다음 경험을 독자 여러분과 공유하고 싶다.

첫째, 그들은 끊임없이 격려받기를 원한다. 그가 사랑하는 사람들을, 두 사람의 소중한 관계를, 미래에 대한 그의 무한한 자신감을 격려해주기를 원하는 것이다. 날마다 언제라도 격려의 말이 입 밖으로 나올 수 있게 해야 한다. 그가 부담을 내려놓을 수 있게 도와야 한다. 가령 이런 식이다.

"설사 네가 목표에 도달할 수 없다고 해도 나는 개의치 않을 거야. 이곳저곳 떠돌면 되지 뭐."

이런 말은 현실감 없이 들리기는 하지만 내면이 취약한 사람을 위로하기에 더없이 좋은 처방이다. 이런 식의 감동은 그에게 가장 좋은 자신감을 심어준다.

둘째, 경제 문제에서 그들을 자극하지 말아야 한다. 집에 있을 때 늘 산해진미를 먹고 좋은 옷을 입으며, 친구의 남자 친구가 모 유명 브랜드 차를 모는 걸 봤다는 말을 한다면 그의 자존심에 자극을 주는 일이다. 이런 말을 할 때마다 그의 얼굴색은 변한다.

셋째, 적당한 때에 남자 친구가 돈을 쓰게 하라. 사랑하는 여자에게 돈을 쓰는 일은 남자의 전통적인 자랑거리다. 자존심이 강한 남자는 남자가 모든 생활을 책임져야 한다고 생각한다. 이런 관념은 쉽게 변하지 않는다. 당시 여자 친구의 수입이 나보다 높고 나는 가난뱅이일 때를 떠올려본다. 그때 여자 친구는 분식집 같은 곳에 나를 데리고 가 밥을 사달라고 했다. 돈이 별로 들지 않는 싸구려 음식으로 체면을 살려주었던 것이다. 그때의 일을 나는 줄곧 고맙게 생각하고 있다.

넷째, 당신이 돈이 있더라도 "내 돈이 네 돈이야."라는 말을 하지 말아야 한다. 그를 자극하고 상처주기 때문이다. 남자에게는 그 말이 그가 '돈을 보고 나를 좋아하는 놈'이라는 인격적 모욕으로 들린다. 가난하고 변변한 직업이 없기 때문에 당신의 화려한 배경에 비해 자신을 초라하게 느끼는 것이다. 당신의 말은 그를 더 비참하게 만든다. 그의 내면을 강하게 만드는 유일한 방법은 그가 먼저 강해지도록 돕는 것이다. 경제적으로 독립하지 못하면 인격적으로도 독립하기 어렵다. 지금의 사회에서는 남자가 경제적으로 자유롭지 못하면 내면이 강해지는 일도 쉽지 않다.

다섯째, 그의 꿈을 지지하고 격려해야 한다. 만약 그의 자존감이 센 경우라면 절대로 너무 서둘지 말아야 한다. 스스로 추진력을 부여하는 데 강한 사람은 당신이 너무 나서면 압박감을 느끼며, 현재에 불만을 느낀 것으로 오해할 수도 있다. 결국 그에게 간접적으로 이런 결론을 내리게 만든다.

"내 상황에 불만을 느끼고 이제는 싫증을 내기 시작하는군."

그저 묵묵히 지지하고 격려해주면 된다. 그가 필요한 걸 발견하면 교묘하게 그걸 해주면 된다. 충분한 지원을 해줄 능력이 없다면 한 가지만 해도 된다. 즉 조용히 그를 지켜보며, 쓸데없이 감정을 흔들어놓지 말아야 한다. 이런 것들은 그에게 방해만 되고 자기 능력이 부족하다고 느끼게 만들어 일을 그르친다.

마지막으로 부모와 사랑하는 남자 사이에서 균형을 유지해야 한다. 가장 간단한 방법은 '긍정적인 말만 하고 부정적인 일은 숨기는 것'이다. 부모의 압박을 피할 수 없어서 습관적으로 모든 일을 남자에게 의존할 경우, 이러한 스트레스가 지속되는 시간이 길어지면 언젠가 갑자기 폭발할 수 있다. 사건의 크기는 중요하지 않다. 중요한 건 그들이 좋은 방향으로 가고 있음을 느끼게 하여 조금씩 달라지도록 하는 것이다. 쌍방의 대치 국면을 악화시켜서는 안 된다. 따라서 외교적 기술이 특히 중요하다.

부잣집 딸이 할 일이 이렇게나 많고 어렵다는 걸 이제 알았을 것이다. 또 이런 남자와 사귀는 건 힘든 일이며, 이런 남자는 마음이 여리다는 사실도 깨달았을 것이다. 집안 수준이 같은 상대를 찾는 일은 쉽지 않다. 그러나 연애 소설에서 묘사하듯이 언제까지나 동화 같은 모습으로 그 아픔을 느낄 수는 없다. 가난한 집 남자가 부잣집 딸과 사랑에 빠졌을 때 해피엔딩을 맞이하기는 쉽지 않다. 가난한 남자는 자신의 능력을 꾸준히 키워야 하며, 부잣집 여자는 성격색채를 충분히 이해하고 남자가 원하는 걸 주는 방법을 알아야 한다. 그렇게 외부의 압박에 힘을 합쳐 대처할 때 서로 친밀한 관계를 유지할 수 있다. 자괴감을 느끼는 사람들의 내면에는 강한 힘이 있음을 믿어야 한다. 사랑의 늪에 빠져 힘들겠지만 해결책이 바로 곁에 있다. 자괴감이 있는 사람에게 원래 강한 능력을 있음을 알려야 한다.

여자 친구를 향한 나의 분노는 다행히도 서로 신뢰하는 우정으로 바뀌었다. 당시 내 마음의 응어리는 지금 생각하면 그렇게 가벼울 수가 없다. 시간은 당신이 삶의 진리를 느끼게 하는 유일한 해결책이다. 많은 시간과 대가를 치르고 이제야 천천히 깨닫는다. 당신이 지혜롭다면 나의 사연을 통해 시행착오를 피할 수 있을 것이다. 이 글을 쓰고 1년 후에 친구가 편지를 보내왔다.

"네 글을 볼 때마다 내가 십 대일 때 겪었던, 금지된 것을 알고도 저질렀던 감정을 느껴. 어쩌면 나는 어릴 때부터 독립적이어서 부모가 간섭을 해도 나의 자유로운 영혼을 억압하지 못했는지 몰라. 그러나 여자 친구와 오래 사귀다 보니 서로 집안 형편이 다른 연인 간에는 가정 배경과 재산 수준의 차이 외에도 교육과 가치관의 차이가 있다는 걸 발견했지. 서로의 사랑만으로는 위안이 되지 않으며, 복잡한 사회 속에서 사랑은 더 많은 상호 교감을 필요로 해. 품위가 비슷해야 하고 직장 일도 서로 도우며 지내야 해. 애정이 끝난 후에 남은 것이 혼인을 유지할 수 있는 실마리라고. 이 점을 깨닫고 나니 스무 해가 지나 있었지. 비극적으로 끝난 네 사랑은 거대한 낙인으로 남겨졌겠지만, 어떤 면에서는 지금의 성과를 가져오는 채찍으로도 작용했을 것이기에 꼭 잃은 것만은 아니지.

여자는 자기와 형편이 완전히 다른 남자를 인정하기도 해. 자신감 넘치는 사람은 도전 의식이 있지만 자신감이 없는 사람은 시도해 보지도 않고 후퇴해버리니까."

이 글을 너무 늦지 않았다면, 당신은 행운아라고 생각한다. 당시의 나처럼 스스로 갈등과 고통에 빠질 필요가 없기 때문이다. 나는 딸에게 뜻이 같고 집안 형편이 비슷한 사람과 평생을 보내라고 할 것이다. 딸이 내 말을 거역하면 이 편지를 보여주고 교훈으로 삼게 할 것이다. 내 친구에게는 이 편지를 잘 보관하라고 할 것이다. 나중에 딸이 내 말을 듣지 않을 때 도움을 받을 수 있도록.

7장

당신은 자신에게
어떤 상처를 주었나

자존심

이 글에는 두 가지 용도가 있다. 첫째, 스스로 경고하는 의미가 있다. 나의 일거수일투족이 타인에게 상처를 줄 수도 있으므로 말과 행동에 신중을 기해야 한다. 이는 도덕적으로 원숙해지기 위해서가 아니라 실수로 타인에게 상처를 주는 일을 피하자는 거다.

둘째, 때로 자신이 상처를 입었다는 느낌을 불필요하게 확대하여 받아들이는 경우가 있다. 나는 상처를 쉽게 입는 사람으로서 늘 다른 사람이 내게 상처를 준다고 생각했다. 그러나 쉽게 상처를 입는 사람들과 접촉해보니 그들은 내가 자기들에게 상처를 주었다며 원망하고 있는 걸 발견했다. 나는 곤혹스러웠다. 내가 어떻게 그들에게 상처를 입혔단 말인가? 한참을 생각해봤지만 이해가 가지 않았다.

그들과 나의 공통점을 발견했다. 즉 자신의 느낌을 무한대로 확대하고 취약한 자존심을 보호하려고 애쓰면서, 타인이 자기에게 관심을 두지 않는 걸 상처주는 일로 이해하는 태도다. 사실 모든 문제는 나 스스로 상처로 받아들인 결과다. 이를 전혀 의식하지 못하는 것 또한 문제였다. 이렇게 말하고 보니 나의 문제를 스스로도 자각하지 못했던 것 같다.

나의 어리석은 짓

간단한 예를 들어 내가 얼마나 웃기는 인간인지 말해보겠다. 하지만 유감스럽게도 지난 삶에서 나는 어리석은 짓을 많이 했다.

한때 온라인에 '러자가 세상 남녀에게 보내는 격언'이 넘쳐났는데, 나와는 전혀 상관없는 내용이다. 게다가 그 말이 논리적으로 허점투성이라서 너무 화가 났다. 이러한 분노는 마치 인터넷에서 내가 한 번도 본 적 없는 여자의 사진이 나의 여자 친구라는 제목으로 나도는 걸 보았을 때와 같았다. 한 번도 본 적 없는 여자가 나의 여자 친구라니, 기가 막힐 노릇이다. 게다가 그 사진의 주인공은 나의 이상형과는 완전히 멀었다. 나는 여러 곳에서 사실이 아니라고 해명하고 다녀야 했다. 하루는 한 친구가 메시지를 보내왔다.

"이 말 네가 한 거니?"

그녀가 이렇게 묻는 순간 화가 버럭 나서 대꾸도 하지 않았다. 그리고 점점 소원해지게 되었다. 시간이 지나 우연히 만났을 때 그녀는 그 일을 아예 잊어버리고는 나에게 왜 그렇게 뾰로통해 있느냐고 따졌다. 순간 내가 얼마나 어리석었는지 알 수 있었다. 그 친구는 내 이름으로 된 글이 여기저기 떠도니 호기심에서 물어본 것일 수도 있다.

전혀 놀리려는 뜻은 없었는데 혼자 과민했던 것이다. 당시 나의 가장 진실한 내면의 소리는 이랬다.

"저런 말들이 나와 전혀 관계가 없다는 걸 알면서 어떻게 내가 쓴 거라고 생각할 수 있어? 다른 사람이 그렇다고 하니 아무 생각 없이 따라서 말한 거잖아. 어떻게 그런 말을 할 수 있어? 그 말을 내가 했다고 생각했다면 나에 대한 이해가 전혀 없다는 의미니까 그것만으로도 가슴 아플 것 같다. 게다가 나는 그동안 TV, 서적, SNS에 무수히 해명했는데, 그것을 한 번도 보지 않을 수가 있어? 그렇다면 얼마나 나한테 관심이 없었는지 알 수 있잖아. 더 이상 너와의 우정을 지속할 필요도 없겠지. 위의 내용만 보아도 나라는 사람이 얼마나 속이 좁은지, 얼마나 자신의 느낌만을 생각하는지, 자기가 얼마나 대단하다고 생각하는지 알 수 있겠지. 내 친구라고해서 이런 걸 다 알아야 한다는 건 아니야. 그렇지만 내가 얼마나 친구들에게 신경 쓰는지 알아?"

이런 나의 생각이 얼마나 자기중심적인지 의식하니 과거의 일이 떠오른다.

잉즈의 이야기

여러 해 전에 강사 자격증 교육을 하기 위해 수강생들의 신청서를 훑어보던 나는 잉즈英子라는 수강생의 소감을 읽어보았다. 그 내용을 본 나는 찬물을 뒤집어쓴 기분이었다.

2008년 말부터 러자 선생님의 강연을 듣자마자 선생님의 책을 사서 읽었습니다. 지금까지 성격색채학이 저에게 미친 영향은 무척 큽니다. 저는 중년이 되면서 내가 원하는 삶은 무엇이며, 내가 살아낼 수 있는 삶이 무엇인지 진지하게 생각하기 시작했습니다. 사실 당시 선생님의 책을 산 목적 중 하나는 제 아이가 어떤 성격인지 알아보고 이를 토대로 교육하고자 하는 거였고, 나머지 목적은 강의 에이전시를 시작해보고 싶어서입니다. 그동안 창업의 꿈을 안고 제가 좋아하는 일을 하고 싶었는데 마침내 그 대상을 찾아냈다는 생각이 들었습니다. 그동안 많은 선생님들의 강의를 들었지만 러자 선생님의 강의는 끝나자마자 뛰쳐나가 책을 구입할 정도로 제게 큰 영감을 주었습니다. 저는 정신없이 바쁘게 살아갑니다. 아들이 새 학기 들어 학교에서 말썽을 피워 자주 선생님께 불려가기 때문입니다. 저는 아이 교육을 어떻게 하며, 학교 선생님들과 어떻게 하면 효과적으로 소통할 수 있는지 그 답을 구하고 있습니다. 원래는 사인에 관심이 없던 저였지만 선생님의 사인은 받고 싶었습니다. 게다가 선생님이 사인에 열중하시는 틈을 타서 대담하게 말을 걸었습니다.

"선생님의 전화번호를 가르쳐주실 수 있나요?"

선생님의 전화번호를 물은 것은 강의 에이전시 창업을 논의하기 위해서였습니다. 러자 선생님은 놀라서 쓰던 것을 멈추고 형형한 눈빛으로 저를 쳐다보셨고(마음이 오그라들었습니다.), 글자 하나 쓸 때마다 한 번씩 멈추더니(짜증을 참으셨는지요?) 말씀하셨습니다.

"책 뒤에 사이트와 이메일 주소가 있습니다. 밖에 제 조수가 있으니 찾아보십시오. 못 찾겠거든 다시 저를 찾아오십시오."

괄호 안의 글자는 나의 감정을 그대로 반영했다. 나중에 생각해

보니 에이전시 일에 대해서 충분한 자신을 갖지 못했기 때문이었다. 잉즈의 말에 따르면, 당시 나의 반응은 그녀에게 두 가지 느낌으로 다가왔다고 한다. 자기 내면에서 솟아오르는 공포와 그녀가 관찰한 나의 짜증스러움이었다. 전자의 공포는 그녀 자신의 느낌이며, 내가 그녀를 대변할 수 없기 때문에 평가를 할 수가 없다. 그러나 두 번째 느낌은 평소 자신감이 부족했던 내가 자신을 더 멋지게 포장하기 위해서 하던 행동들이 습관이 된 것이다. 보는 사람의 입장에서는 두 눈을 치켜뜨고 눈동자도 움직이지 않아서 딱딱한 모습으로 보인 것이다.

"짜증을 숨기려는 것 같았다."는 말에 대해서는, 당시 나에 대한 그녀의 느낌에 반드시 정중하게 해명을 해야 했다. 사실 그 표현은 당시 내 기분과 완전히 부합했다. 당시의 내면의 상태를 좀 더 설명할 필요가 있다.

강연을 생업으로 삼고 오랫동안 무대에서 강연을 해온 나를 사람들은 듣기 좋은 호칭으로 '강연가'라고 했지만, 좀 듣기 거북한 표현으로 하자면 그저 광대였다. 나는 20세 때부터 직업 강연가의 길에 뛰어든 이후 줄곧 이 길을 걸어왔다. 강연을 할 때마다 청중(지금의 호칭은 '팬'이다.)들이 몰려들어 같이 사진을 찍고 사인을 하며 명함을 달라고 요구했다. 처음에는 그런 요구를 즐겼다. 자신이 중요한 인물이 되었다는 허영심이 발동한 것이다. 홍색 성격에게 있어 인정받는 것은 삶의 의미 그 자체였다. 그러나 나이가 들어가면서 무게도 잡아야 하는데, 요구를 다 들어주다 보면 귀찮았다.

첫 번째, 사진을 찍다 보면 내가 그저 배경이나 도구로 이용된다는 불쾌감이 들었다. 나는 스스로 값을 낮춘 것이다. 교육과 강연에 종사하는 나에게는 시종일관 견지하는 신념이 있다. 나의 가치를 사진

한 장보다 높여야 한다는 것이다. 그밖에 대다수 사람들이 나와 사진을 찍을 때 플래시를 터뜨려 나는 움츠리곤 하는데 내가 신경 쓰는 이미지에 손상을 입히게 된다. 중요한 건 이 사진들이 다른 사람에게 이런 강연을 들었다고 자랑하는 용도에 쓰인다는 것이다.

두 번째, 작가에게 있어 사인은 독자로부터 인정받았음을 의미한다. 강연자의 사인은 청중이 그 강연을 인정했음을 의미한다. 나에게 사인이란 허영심을 만족할 뿐 아니라 독자의 신뢰를 대표하는 것이다. 그러나 아무 종이나 가져와서 사인을 해달라고 하면 약간 불쾌해진다. 나는 화장실 휴지에다가 사진을 해준 갈우葛優(중국의 배우)처럼 될 수 없다. 거 선생은 그것도 사람들이 자기를 인정해줘서라고 생각하며, 그 소탈한 태도에 더 많은 사람이 그를 좋아한다. 하지만 나는 받아들이기가 힘들다. 다행히 펑샤오강馮小剛(중국의 영화감독)은 기자를 무시하는 스타일이지만 여전히 잘 지낸다.

세 번째, 명함을 가져간 사람 중 90퍼센트는 전혀 연락이 없다. 6퍼센트는 전화해서 강연을 들은 후의 흥분을 드러낸 후, 아주 기초적인 질문을 한다. 3퍼센트는 자기의 고민을 해결해달라고 물어온다. 1퍼센트만이 나와 사업 이야기에 흥미를 가진다. 명함의 90퍼센트가 낭비되는 건 더 이상 원치 않는다. 6퍼센트의 사람들이 물어오는 질문은 입문서에 이미 답이 나와 있는데 그것마저 찾아보기 귀찮아하는 사람들을 위해 내 시간을 낭비하고 싶지 않다. 3퍼센트는 직접 방법과 답을 요구해온다. 성격색채를 이해하려면 공부를 해야 한다. 그런 말을 하면 그 사람들은 "또 수업을 들어야 합니까? 저는 시간이 없는데요.", "수업을 들으려면 돈이 들잖아요. 됐습니다."라고 한다. 병에 걸려 진찰을 받을 때도 의사에게 그렇게 말할 것인가? 결국 그들이 진심으로 자기 문제를 해결할 마음이 없다고밖에 해석할 수 없다. 마지막 1퍼센트만이 내가 원하는 반응이다. 그런데 정말 나와 일하고 싶다면 명함이 없어도 어떻게든 나를 찾아올 것이다. 그냥 말만 던져보는 사람에게는 건성으로 대답하고 만다. 그때마다 진지하게 반응하고 대처한다면 상처받는 사람은 나일 테니까 말이다.

이상의 분석 결과, 문제 해결에 마음이 있으면 나를 찾아오면 될 것이고 내 강의를 듣고 싶으면 찾아와 들으면 될 것이며, 나와 비즈니스를 하고 싶으면 돈 벌 기회를 마다할 리 없으니 얼마든지 만나줄 의향이 있다. 한마디로 말해 나와 연락을 하려면 얼마든지 가능하다는 이야기다. 강연을 다니면서 경험을 쌓은 후에는 자기를 보호하는 방법을 배웠고, 이를 잉즈가 본 것이다.

잉즈가 진심으로 원한다면 언젠가는 만날 것이다. 강의 후에 그녀가 현장에 와서 자연스럽게 상봉했듯이 말이다.

원망하지 말고 강해져라

이제부터는 역할을 바꿔서 내가 잉즈의 입장에 서보기로 한다.

잉즈가 된 나는 러자 선생님의 수업을 듣고 많은 것을 느꼈다. 이곳에는 내가 원하는 것들이 있다. 그래서 러 선생에게 신호를 보냈지만 러 선생이 뜻밖에도 무례하다. 그에 대한 인상이 나빠졌다. 이제 그와 비즈니스를 하지 않을 것이다.

여기서 주목해야 할 점은 내가 그와 비즈니스를 하겠다는 점이다. 나는 나 자신을 위해 사업을 하는 거지 러 선생을 위해서 하는 게 아니다. 손해 입는 쪽은 나다. 러 선생이 나를 존중하지 않았다고 느꼈지만 사실 러 선생은 그럴 의도가 전혀 없었다. 나 혼자 자존심에 상처 입었다고 과민 반응하고 나아가 '러 선생이 상처를 줬다.'라는 결론을 낸 것이다.

다시 돌아와 나에게도 이런 경험이 있다. 한때 존엄을 유지하는 최선의 방법으로 여겨왔다. 내 속에 있는 자만심을 위해 고개를 숙이지 않았다. 아무리 높은 사람이라도 나를 멸시할 자격이 없다고 생각했다. 유감스럽게도 세월이 지나면서 그 생각이 잘못되었음을 깨달았다.

첫째, 상대는 나를 멸시하지 않았다. 습관적으로 시간과 사실의 증명을 더 믿고자 한 것뿐이다. 예전에는 부자들은 모조건 부끄러운 방법으로 돈을 모았다고 생각했고, 유명한 사람들은 기회를 잘 포착했을 뿐 별것 아니라고 생각했다. 그들을 멸시함으로써 나의 허약한 자존감을 보호하려고 한 것이다. 지금 생각하니 잘 된 사람에게는 그럴 만한 이유가 있으며, 내가 스스로 그 사실에 직면할 용기가 없었을 따름임을 깨달았다.

둘째, 말과 감정적 저항으로 나의 치열함을 표현했을 뿐 어떤 문제도 해결하지 못하며, 내가 배우고자 하는 어떤 것도 얻지 못했다. 스스로 존엄성이 있다고 되뇌는 일 말고는 말이다. 내 위치가 초라하고 나의 말에 무게가 없다고 느낄 때마다 충분한 용기를 가지고 나보다 돈 많고 지위가 높은 사람들, 나보다 명성이 높고 성공한 사람들과 교류하지 않았다. 왜냐하면, 다른 사람들이 한 줄기 오만으로 나의 취약한 자존심을 상처 입힐까 두려웠기 때문이다. 나를 보호하기 위해 "네가 뭔데."하며 미리 방어막을 쳐놓은 것이다.

셋째, 사실 나의 내면에는 무력감이 가득 차 있다. 역량이 있는 사람은 다른 사람에게 불공정한 평가를 받아도 내면에 영향을 받지 않는다.

비즈니스 측면에서는 사람들이 나를 이해해주지 않는다고 원망하는 태도를 버려야 한다. 존중받고 싶으면 끊임없이 스스로 강해져야 한다. 불공정하다고 느끼는 많은 것들은 당신이 아직 강해지지 않았기 때문이다. 그런 감정이 당신의 목표 달성을 위한 길목을 가로막고, 시간과 정력을 낭비하게 만든다.

나는 어떻게 상처를 입었나

마음을 가라앉히고 자신을 돌아보니 예전에 부잣집 딸과 사귈 때 있었던 일이 떠올랐다.

당시 나는 운전을 배운 지 얼마 안 되었고 여자 친구는 운전 경력이 6년이었다. 부잣집 딸답게 갓 졸업한 나이에 벤츠를 타고 다녀 주위의 부러움을 샀다. 어느 날 점심시간을 이용해 그녀가 나에게 뭔가를 갖다 주러 왔다. 우리 집에서 나와 회사로 돌아가려고 했다. 시간이 빠듯하여 서둘러야 했다.

나는 전날 운전면허증을 땄으므로 내가 그녀를 회사에 데려다주겠다고 큰소리쳤다. 그녀는 운전 경력이 많은 자기가 운전을 하겠다고 했다. 나는 힘들게 일부러 와줬는데 내가 데려다주고 싶다며 끝까지 고집을 부렸다. 말은 그렇게 했지만 실은 운전을 해보고 싶어서 손이 근질근질했다. 그러나 초보운전 솜씨가 어디 가겠는가! 신호등 앞에서 좌우를 살피고 꾸물거리느라 신호를 몇 번이나 놓쳤다. 직진해야 할 때는 길을 잘못 들어 다시 되돌아오기를 몇 차례. 그 20분 동안여자 친구는 조급하여 어쩔 줄 몰라 했다. 처음에는 나에게 운전을 할줄 아는 게 맞느냐면서 어떻게 이렇게 운전하느냐고 했다. 시간이 지체되자 사장님에게 혼나게 생겼다면서 이렇게 늦게 들어가면 무슨 염치로 사람들 얼굴을 보겠느냐고 툴툴거렸다. 급기야는 한마디도 하지않고 눈물을 뚝뚝 흘렸다. 나의 압박감은 이루 말할 수 없었다. 마침내"그렇다면 네가 운전해."라고 말했다. 그녀는 얼굴이 시퍼렇게 굳어눈물범벅이 된 얼굴로 대꾸했다.

"네가 해. 운전하고 싶어서 한 거잖아?"

순간 나는 피가 거꾸로 솟는 느낌이었다. 길 한가운데에 차를 세우고 문을 박차고 나와버렸다. 뒤도 돌아보지 않고 그대로 집으로 와버렸다. 그 후 반년 동안 그녀와는 한마디도 하지 않았다.

그 반년 동안 여자 친구에 대한 분노와 원한이 마음 가득 찼다. 나는 그녀의 태도를 큰 모욕으로 생각했다. 운전이 서툰 나에게 운전을전혀 못한다고 조롱한 것을 견딜 수 없었다. '내가 운전을 못한 것은차를 살 돈이 없었기 때문이다. 너처럼 차가 있어서 몇 년 동안 타고다녔으면 그런 결과는 없었을 것이다. 너는 집이 부자니까 늘 나보다위에 있다고 생각했지. 나를 무시하려면 만날 필요도 없는데 꼭 이런방식으로 나를 모욕해야 해?'

《적과 흑》의 쥘리앵Julien Sorel이 떠오른다. 민감하여 늘 불필요한의혹을 가졌고 그의 눈에 모욕으로 비치는 사람들의 행동으로 그의자존심은 쉽게 상처를 입었다.

어느 여름날 밤, 쥘리앵의 손이 무심코 드 레날de Rénal 부인이 의자에 걸친 손을 만졌을 때 부인은 반사적으로 움츠렸다. 그때 쥘리앵은 자기가 멸시당했다고 여겼고 '영혼의 상처'로 간주했다. 이때 '귀족 출신'이라는 단어가 쥘리앵의 마음속에 깊이 박혀 있다. 레날 부인이 도덕관념의 중압감 속에서 쥘리앵에게 냉담하게 대할 때마다 그는 부인이 자기의 고귀한 신분을 드러내려 한다고 생각했다. 그래서 자신을 원래의 위치에 돌려놓으려 한다고 생각했다. 이런 오해로 인해 상대의 애정을 알아차리지 못했고, 자신에 대한 의혹을 늘 품고 다녔으며 부인을 원망했다.

당시 벤츠를 몰고 다니던 여자 친구를 향한 감정도 이와 비슷했다. 그저 나보다 몇 년 일찍 차를 몰고 다녔을 뿐인데, 그걸로 나를 무시한다고 생각한 것이다. 지금 생각하니 쥘리앵의 심리와 비슷했던 것 같다. 상대는 그런 생각도 하지 않는데 말이다. 그녀는 회사에 늦는 걸 걱정하여 본능적으로 나에게 투덜거렸을 뿐이다.

여자 친구는 나의 태도를 이해할 수 없었을 것이다. 그 일이 뭐라고 이렇게 거친 반응을 보이는가 말이다. 게다가 그녀로서 더욱 이해가 가지 않는 일은 몇 년이 지나 내가 그녀와 헤어졌을 때 그 일을 두 사람의 교제 과정에서 겪은 가장 큰 일로 내세웠다는 것이다. 사실 모든 것은 내 일방적 생각에서 비롯된 일이다. 자격지심으로 받은 상처를 남한테 덮어씌운 격이다. 과분한 자존심과 부족한 자기 인지는 마치 양날의 칼과 같아서 자기를 해칠 뿐 아니라 자칫하면 다른 사람에게도 상처를 입힌다.

자기를 어떻게 훈련할 것인가

상처가 사실은 자기 오해에서 비롯되었다는 사실을 인정할 용기가 있는 사람은, 똑같은 문제가 생겼을 때 어떻게 대처하는지를 배울 수 있다. 즉 언제 어디서나 자존심을 지나치게 내세우지 않을 수 있게 된다.

과거에 헤어진 여자 친구와 일을 같이한 적이 있다. 그런데 당시 여자 친구가 우리가 다시 만나는 게 아닌가 하고 의심하고 질투했다. 그녀를 진정시키기 위해 나는 "그 애가 설사 내 앞에서 알몸으로 나타나도 나는 아무 반응을 보이지 않을 거야."라고 맹세했다. 과연 효과가 있어서 여자 친구가 피식 웃고 말았지만, 금세 불안해했다. 몇 번을 반복하니 나도 짜증이 났다. 친한 동생과 술을 마실 때, 내 고충을 털어놓았다. 동생은 나에게 이렇게 말하라고 비결을 전수해주었다.

"내가 그녀 앞에 알몸으로 나타나도 그녀는 아무 반응을 보이지 않을 거야."

주어와 목적어를 바꿨을 뿐인데 뜻밖에도 효과 만점이었다. 뒤늦은 깨달음에 찬탄을 금치 못하자 그가 말했다.

"형님이 어떻게 생각하실지 압니다. 형님이 여자 앞에서 발가벗고 있는데 여자가 어떻게 요지부동일 수 있냐고 생각하시죠? 내가 그렇게 매력이 없나? 하고 말입니다. 형님은 자신을 꽤나 높게 평가하고 있기 때문에 그런 말은 자존심을 해친다고 생각할 것입니다. 제 경우는 농담으로 가볍게 넘어갑니다. 한바탕 웃고 나면 이 세상에 그다지 큰 고통이나 상처는 없습니다. 쉽게 말해 형님은 자신을 낮출 능력이 없습니다. 때로는 자기가 그렇게 중요하지 않다는 사실을 발견하면 사는 게 훨씬 편하답니다."

그러고 보니 나는 자신을 지나치게 중요시하고 있었다. 사실 나는 생각만큼 중요하지 않다. 그 동생을 바라보며 역시 젊어서 머리가 잘 돌아간다며 탄복했다. 그럼에도 이런 말로 나 자신을 위로했다.

'그와 나는 성격이 다르다. 그의 생각에는 찬성하지만 나한테 적용하지는 않겠다. 각자 갈 길이 다르기 때문이다. 어쨌든 사람에 따라 자기 느낌을 확대 해석하는 사람도 있고 그렇지 않은 사람도 있다는 걸 알게 되었으니 그것으로 충분하다.'

어떤가? 훌륭한 분석이라고 생각하지 않는가? 그가 할 수 있는데 나는 못하는 이유는 서로 성격이 다르기 때문이다. 당신도 나 같은 성격이라면 자존심에 민감하지 않은 그 동생처럼 어려운 일도 가볍게 처리하기는 어려울 것이며, 자신의 느낌을 외면하지 못할 것이다. 배우려면 그들도 우리와 같이 자존심이 강한 사람이어야 한다. 그런 사람이 상처를 받았을 때 어떻게 하는지를 배워야 한다. 내가 만난 고수들은 해결할 감정 문제가 있을 때 자기 목표에 도달하기 전에는 모든 것을 제쳐놓았다. 그들이 자기 느낌을 뒷전에 놓는 유일한 이유는 어떻게 해야 자기가 진정으로 원하는 것을 얻는지에만 관심을 두기 때문이다.

어떤 잡지에 '타임워너Time Warner'의 CEO 파슨스Parsons에 관한 스토리가 소개되었다. 그는 백인 권세가들을 상대하는 데 이력이 난 흑인 천재였다. 그는 뉴욕 시장의 조수로 8년을 지냈다. 성장 과정에서 피부색으로 인한 인종차별을 받는 일이 부지기수였지만 그는 늘 의연하게 대처했다. 1970년대에 록펠러가 그를 대도시 박물관에 보내 한 사건을 처리하라고 지시했다. 그곳에 도착한 그는 박물관 변호사들에게 자기소개를 했다. 그러나 그 백인들은 파슨스를 거들떠보지도 않고 록펠러의 변호사 팀이 도착할 때까지 문 쪽만 뚫어지게 지켜보는 것이었다. 파슨스는 짐짓 물었다.

"우리 지금도 누구를 기다리는 겁니까?"

상대는 그제야 자기가 사람을 못 알아봤다는 걸 깨달았고, 황급히 말했다.

"세상에! 이렇게 젊은 분이 오실 거라고 생각을 못 했네요."

인종차별 위기로 몰아갈 뻔한 일을 상대는 이렇게 둘러댄 것이다. 파슨스는 상대가 편견으로 자신을 대한다는 걸 알았지만 이런 일까지 모욕을 당한 것으로 몰아가면 점점 외톨이가 되리라는 사실을 알았다. 그는 작은 일을 크게 확대하여 문제를 일으키는 사람으로 낙인찍힐 것을 우려했다. 그때마다 문제 삼았다면 세계 최고 미디어 그룹의 성과를 내기 어려웠을 것이다. 훗날 그는 당시 사건을 이렇게 회고했다.

"사회는 늘 진보한다. 다른 사람에게 편견을 극복할 기회를 줘야 한다."

피해 의식에 젖은 사람은 지나치게 민감하고 생각이 많으며 자존심이 강해 과잉 방어를 한다. 살아 숨 쉬는 사람에게 있어 감수성은 물론 중요하다. 민감한 것과 세심한 것은 얼마나 고차원의 느낌인가? 현실적인 사람이 되고 싶다면 느낌을 중요하게 생각하지 말아야 한다. 느낌은 감수성이 예민한 당사자에게만 중요하며, 세상 사람들은 결국 당신의 결과만을 중요시하기 때문이다. 자, 이제 어떤 것을 택할 것인가?

이 길은 이제 시작되었다

아마 당신이 이 글에 공감했더라도, 여전히 본능대로 일을 처리할 가능성이 크다. 당신이 이 글에서 받아들였던 느낌은 잊어버렸을 것이다. 우리는 평생 같은 잘못을 반복하면서 살아간다. 자기 문제를 직시하는 일은 누구에게나 긴 과정이다. 그러나 아무리 길더라도 이 과정은 겪을 가치가 있다.

이 글은 2008년 그 틀을 짜놓고 완성하기까지 5년이 걸렸다. 이 과정에서 나는 수시로 수정과 보완을 거듭했으며, 나의 많은 학생이 반복해서 읽었다. 특히 첸첸情情은 다 읽어보고 자기가 느끼는 바가 많았다고 말해주었다. 이 글을 발간하기 얼마 전 나와 첸첸은 온라인상에서 많은 대화를 나누었다. 그녀는 자기 마음속에 오랫동안 품고 있던 꿈을 말해주었다. 그 말을 다 듣고 나서 우리는 이런 대화를 나눴다.

"이제 널 우러러봐야겠네. 하하!"

"선생님, 그렇게 놀리시면 안 되죠. 다른 사람의 꿈을 쉽게 생각하지 마세요."

"응? 내가 너의 꿈을 경시했다니, 말도 안 되는 소리."

"방금 같은 표현은 싫어요."

"오해했다면 미안해. 내 꿈을 실현할 수 있다고 믿기 때문에 어릴 때부터 사람들에게 무시를 당해서 나를 얕보지 못하게 해야겠다고 다짐했거든. 그래서 절대 남의 꿈을 경시하지는 않아."

"우러러본다고 한 말씀에 놀리는듯 한 느낌이 있어서 그랬어요. 우리 대화에는 맞지 않은 표현 같은데요."

"내가 생각하는 뜻과 네가 생각하는 뜻이 다른 것 아냐?"

"저는 다른 사람의 느낌을 고려해요. 하지만 유독 나의 존엄에 도전하는 어떤 것도 받아들일 수 없어요. 선생님께 감사하는 마음과는 별개의 문제입니다. 왜 그런 느낌이 들었는지 말씀드려야 할 것 같네요. 제가 자신감이 없어서가 아니라 내 마음속에서 저의 위치를 높게 잡아놓았기 때문이에요. 선생님은 제가 존경하는 분입니다. 하지만 이런 분이 저의 진심을 듣고 나서 우러러본다는 말을 하시니 놀린다고 느낄 수밖에요. 제 마음속에서 우러러보는 선생님이 나를 우러러본다고 하시니 그런 조롱은 견디기 어렵네요."

"나는 그저 재미있게 해주려고 단어 사용에 과장을 했을 뿐이다. 하지만 네가 생각하는 그런 의미는 결코 존재하지 않아. 내가 쓴 '자존'이라는 글을 읽어보라고 권할게. 다음번에 말할 때도 나는 그대로일 거야. 첸첸, 너무 마음에 두지 마. 그건 자신을 상하게 할 뿐이야."

이 대화를 통해 반성했다. 내가 첸첸의 마음속에 타인과 다른 위치에 있기 때문에 나의 말이 그녀에게 자격지심을 갖게 했을 수도 있다. 때로는 상대방의 입장에 서서 어떻게 말해야 상대방에게 상처를 주지 않는지 생각해봐야 한다. 첸첸과의 대화를 통해 나는 주변 친구 중 감수성이 둔한 친구들을 묘사해보았다. 그들은 자기 느낌에 대한 이해가 둔할 뿐 아니라 다른 사람의 느낌을 알아차리는 능력은 더 부족하다. 나는 이 친구들에 대해 별로 생각하지 않고, 나처럼 감수성이 예민한 사람들을 고등 생물이라고 생각했다. 그러나 첸첸을 볼 때 나는 그녀가 나보다 더 민감하고 더 감수성이 풍부하다는 사실을 발견했다. 유쾌했던 기분은 완전히 사라져버리고 무형의 압박감과 당황스러운 심리에 사로잡혔다. 이제 그녀와 말할 때는 조심해야 한다. 자칫

하면 그녀에게 상처를 입힐 수 있기 때문이다.

감수성이 강한 사람을 대할 때 이 점을 진지하게 고려해야 한다. 혹시 자신의 느낌을 지나치게 과장하고 있지는 않은가? 자신이 다른 사람에게서 인정과 존중을 받는지에 너무 매달리고 있지는 않은가? 어째서 타인의 외재적인 인정을 통해 내적인 만족과 기쁨을 느끼는가? 자신의 느낌에 신경 쓰느라 오히려 사실의 진상을 은폐해버리지는 않는가? 혹은 자기 감수성에 집착하여 다른 사람의 감수성을 소홀히 하지는 않은가? 유감스럽게도 대부분의 사람에게는 이렇게 극도로 예민한 정서를 위로해줄 만한 인내심이 없다. 감수성이 예민한 이들은 단체 내에서 다른 사람의 주의를 끌지 못하고, 동료와 협력하지 못하여 쉽게 고립되는 편이다.

나는 그 후 첸첸과 또 한 차례의 대화를 나누고 그녀에 대한 나의 우려를 전달했다. 그녀는 자신의 자존감이 지나치게 낮다는 사실을 인정하고, 자존심을 내세워 자기 방어하려고 한 것도 인정했다. 어쩌면 자신을 인정하지 않는 데서 비롯되었을 것이다. 가장 뿌리 깊은 원인은 어릴 때 부모의 이혼이 가져온 상처였다. 자기가 아무리 잘해도 버려졌던 경험이 그녀를 그렇게 만들었다.

친구 탄하오는 자존의 본질은 자기를 얼마나 사랑하느냐의 문제라고 했다. 자존감이 높으면 자기를 충분히 사랑하고 긍정적이며 빛이 난다. 자존감이 낮으면 사랑이 결핍되고 자기애도 부족하다. 자존감을 하나의 용기라고 가정하자. 이때 자존감이 높다는 것은 이 용기에 물(자신에 대한 사랑)을 가득 붓고 다른 사람을 비하하지 않고 품위도 있으며 극히 안정적인 상태다. 이 용기의 물이 충분하지 않으면 외부에서 인정을 받고 싶어 하고, 그래서 극도로 민감해진다.

목이 말라 죽을 지경인 사람이 물 한 통을 요구했는데, 한 컵만 주면 상대가 자기에게 상처를 줬다고 여긴다. 이러한 내재적인 결핍은 자기에 대한 사랑을 자양분으로 삼는다. 이 역시 본질적으로 자존감을 높이는 방법이다. 자기를 받아들이고 자기를 사랑한다. 여기까지 읽은 독자라면 기꺼이 자아를 받아들이고 점점 원만하게 만들어갈 수 있을 것이다.

8장

— 새총을 대포로 바꾸기까지 —

성격색채 이야기

이 글은 다소 전문적일 수 있다. 성격색채에 대한 의문이 풀리지 않거
든 시간이 날 때 펼쳐보기를 권한다.

이번 장은 두 가지 유형의 사람들을 생각하며 썼다.

첫 번째 유형은 나에게 무조건적인 신뢰와 격려를 보내는 분들
이다. 내가 잘나갈 때는 나와 거리를 유지하고, 내가 침체되었을 때
는 곁을 지키는 그 분들에게 그 신뢰를 저버리지 않았음을 보여주고
싶다.

두 번째 유형은 나름대로 자기의 세계를 형성하고자 여전히 힘
들게 모색하는 사람들이다. 내 경험을 빌려 작은 도움이라도 주고 싶
은 마음이다.

내가 지금 하고 있는 교육, 강연, 글쓰기, 진행자 등의 활동은 모
두 성격색채를 기본으로 한다. 다양한 활동 속에서 미망과 곤혹, 고통

에 빠진 무수한 사람들과 부딪치고 교류한다. 가장 중요한 것은 그들의 성장을 돕고 보람을 느낄 기회를 가질 수 있고, 동시에 내 스스로 성장하고 희열을 체험할 수 있다는 점이다.

성격색채의 발전사를 이야기하기에 앞서 나의 교육 사업 경험을 소개하겠다. 1994년부터 2001년까지 나는 많은 변화를 겪고 방황하기도 했다. 그러나 직업에 있어서는 판매와 교육에만 집중했다. 1999년 대만의 한 관리컨설팅회사에서 짧은 강사 생활을 한 후, 친구와 교육기업을 설립했으나 경영 성적은 참담했다. 얼마 후 그 생활을 접은 나는 배우가 되겠다는 꿈을 안고 모든 것을 잊은 채 연기 공부에만 전념했다. 2001년 다시 교육업계로 돌아와 창업한 후 지금까지 계속하고 있다. 본질적으로 성격색채의 발전은 성격색채 교육의 발전과 맥을 같이한다. 당시의 연구 결과는 점차 더 확장되었다.

다른 사람이 내게 처음으로 준 것

성격분석이라는 단어를 처음으로 들은 것은 1996년 암웨이 판매사원을 할 때였다. 다단계 판매원 시절은 내 개성이 가장 크게 형성된 시기였다. 당시 내 삶에 큰 영향을 미친 우리武力 선생님을 만났다.

1996년 5월 선생님이 창닝구長寧區 문화궁에서 2시간에 걸친 성격분석 강연을 했다. 그는 미국 성격분석 전문가 데이비드 플로렌스David Florence의 책을 읽고 느낀 점을 이야기해주었다. 그는 강연의 귀재였다. 당시 그 연설이 청중석에 앉아 있던 한 젊은이의 인생을 바꿔놓으리라고는 생각지 못했을 것이다. 좋은 연설이 사람의 인생을 바꾼다는 점을 믿게 된 계기이기도 하다. 나 또한 이렇게 영향을 받았기 때문이다. 내가 '슈퍼 연설가'라는 프로그램을 진행할 때 그토록 열정과 사명으로 대한 이유이기도 하다. 선생님은 사람의 성격이 활발형, 완벽형, 역량형, 평화형의 네 가지로 분류했다. 강연을 듣고 나는 일리가 있다고 생각했다. 애석하게도 그 뒤에 깊이 공부할 기회가 없어서 금세 잊어버렸다. 그녀의 책을 읽었다면 모두 파악했으리라고 생각한다. 유감스럽게도 몇 년 후에 여자 친구와 성격상 큰 충돌이 있었고 내 평생 가장 아픈 대가를 치렀다.

만약 내가 옳다고 고집부리지 않았다면 그렇게 아픈 결말은 없었을 테고, 둘의 상처도 그토록 크지 않았을 것이다. 이는 내 삶에서 가장 유감스러운 사건이다.

당나라 시인 백거이白居易가 조과鳥窠 선사에게 물었다.

"불법佛法이 어찌하여 대의입니까?"

선사가 답했다.

"악한 일을 하지 않고 선한 일을 널리 행하기 때문입니다."

백거이는 무시하며 말했다.

"세 살 아이도 아는 이야기군요."

선사가 대답했다.

"세 살 아이는 그 말대로 하지만, 여든 살 노인은 알면서도 행하지 않습니다."

따라서 아는 것과 행하는 것은 완전히 다르다. 새로운 관념을 알고도 계속 운용하지 않고 생각만 하고 있다면 새롭게 바뀌는 다른 관념으로 대체되어버린다. 이는 성격색채를 이해하는 과정에서 사람들이 관심만 나타내는 데 그치는 것을 가장 애석해하는 이유이다. 내가 교육철학을 전할 때 모든 강사들에게 강조하는 핵심 법칙이기도 하다. '사람들은 즐거울 때 가장 잘 배우며, 고통스러울 때 비로소 성장한다.'

내가 다른 사람에게 처음으로 준 것

처음으로 성격분석 수업을 한 대상은 상하이의 민영 IT기업이었다. 그 수업을 소개해준 사람은 청젠成堅이었다. 2000년 상반기에 내 수업을 듣고 그 진가를 알아본 그녀는 자신의 회사 관리발전 연수를 맡겼다. 커뮤니케이션, 관리, 그루핑의 3개 과정을 6개월 내에 완성했으며, 두 달에 한 번 실시했다.

당시 청젠은 하늘에서 떨어진 천사 같았다. 그때 나는 연기를 전공하기 위해 대입 준비를 할 때였는데, 찢어지게 가난해서 학비를 낼 돈도 없었다. 다행히 그 연수를 맡아 학비를 내고 1년 생활비를 충당할 수 있게 되었으니 나에게는 각별한 의미가 있었다.

그 기업의 제안은 이러했다. 인사이동으로 새 사람이 들어왔으니 서로 친해질 필요가 있었다. 그래서 첫 시간에는 커뮤니케이션에 대해 다루되 좀 특이한 방법을 쓰기로 했다. 과거 외자기업에서 오랫동안 연수를 담당한 경험을 기본으로 '우 선생님'의 강연 내용에다 LIFO 문파를 접목한 후, 당시 나보다 경험이 많은 과거의 협력 파트너를 청하여 이틀 동안 '성격분석과 커뮤니케이션'을 강의했다. 이는 성격색채의 가장 기초적인 형태였다. 6개월 후 세 번째 강의를 할 때 성격색채 수업을 잊지 못하고 다시 찾은 사람이 있었다. 그래서 어떻게 가정을 다스리고 국가를 안정시키는지에 관해 대화를 나눴고, 이는 나의 자신감을 배가시켜주었다.

연기를 공부한 지 9개월 만에 나는 실망하여 학교를 떠났다. 들인 시간만큼 성과를 내지 못했기 때문에 청춘을 낭비할 가치가 없다고 판단했다. 그러나 훗날의 사실은 내가 얼마나 이해득실에 민감했으며 보는 눈이 없었는지 증명해주었다. 이왕 배웠으면 끝을 냈어야 한다는 후회가 막심하다. 당시의 연기 훈련은 훗날 수업과 강연에서 리얼한 정경을 정확하게 재현하는 데 안성맞춤이었다. 과거 나는 강연력을 제대로 통제할 수 없었다. 강단 위에서 설명해내는 능력은 수시로 달라졌다. 이런 면에서 연기 훈련은 강연 시 무대를 장악하게 해주었으며, 나중에야 절실하게 소중함을 느낄 수 있었다. 따라서 그 당시에는 불필요한 것이라도 언젠가 쓸모 있어지는 날이 온다. 하지만 배울 당시에 열심히 하지 않으면 아무 소용이 없다.

오랫동안 강연을 해온 경험에 연기까지 접목하여, 사람들에게 강연하는 방법을 가르치는 기관을 세우고 싶었다. 중앙정부 기관이라면 어려울 수 있지만 지방정부나 각종 기업을 상대로 강연 훈련을 하면 승산이 있을 것 같았다. 이에 포커스 트레이닝 앤드 스피킹FOCUS training & speaking이라는 회사를 세웠다. 하지만 당시 내가 그 일을 잘 해낼 거라고 생각하는 사람은 아무도 없었다. 부지런히 각종 커리큘럼을 혼합하여 꾸려나갔다. 때마침 연수 바람이 불기 시작했다. 나는 그 추세에 발맞추어 야외 연수 기지를 세웠다. 그때부터 수입이 조금씩 들어오기 시작했다.

성격색채 최초의 수혜자

교육사업을 처음 시작했을 때 고객을 찾는 일이 쉽지 않았다. 실력이 있으면 언젠가 알아주겠지 하는 생각으로 적극적인 홍보를 하지 않았기 때문이다. 다행히 그동안 판매원으로 일한 경험으로 거절을 당하는 일을 아무렇지 않게 생각하는 훈련은 되어 있었다. 당시 고객에게 성격분석 수업의 장점과 효과를 소개하면 고객의 반응은 한결같았다.

"아 그렇군요. 그동안 수업을 받은 사람들은 누구였습니까? 아직 없다고요? 그렇다면 나중에 이야기합시다."

그러다가 이름 있는 회사의 연수를 맡게 되었다. 이 회사의 야외 이벤트를 성공적으로 끝낸 후, 분위기가 달아오른 틈을 타서 인력자원부 총경리 왕메이王梅에게 성격분석 수업을 정중하게 추천했다. 그녀도 다른 사람과 마찬가지로 물었다.

"야외 이벤트에는 강한 업체 같네요. 그런데 실내에서 하는 교육 경험이 어떻게 되십니까?"

그때만 해도 교육사업을 시작한 지 얼마 되지 않을 때라 내세울 만한 큰 고객이 없었다. 그녀의 눈만 바라보며 솔직히 기업체 대상으로 연수를 한 적이 없다고 실토했다. 나를 믿게 만들기 위해서는 그동안 구애했던 여성들보다 그녀에게 훨씬 강한 감동을 줘야 했다. 왕메이는 한참을 멍하니 있었다. 그녀가 주저하는 기색을 보이자 나는 처음에는 돈을 받지 않겠다고 서둘러 말했다. 그룹 산하 기업들의 교육 담당자에게 나를 추천해달라고 부탁했다. 왕메이는 마침내 나를 돕겠다고 약속했다.

그동안 다양한 연수에 참가했던 회사 직원들이 모여 반신반의하며 내 강의를 들었고, 마침내 이틀간의 강의가 끝나자 봄비에 땅이 젖듯 상쾌한 느낌이 들었다. 5년 후 그들 회사를 방문했을 때, 여전히 성격에 관한 이야기를 나누고 있었을 정도로 성격색채는 그들 일상 업무의 공동언어가 되었다. 그들은 성격색채 최초의 수혜자였다. 그 후 그 기업 산하 각 그룹에서 한 해 60회 이상의 커리큘럼을 실시했다. 이로써 나는 돈 걱정 없이 연구와 개발에 전념할 수 있게 되었다. 무엇보다 많은 사례와 데이터, 실증 자료들을 축적할 수 있었다.

그 시기에 성격분석 커리큘럼의 수업모듈과 사례집이 점차 구축되었고, 이는《색안식인》,《색안재식인色眼再識人》및 일련의 성격색채 전문 서적을 위한 소재를 제공해주었을 뿐 아니라 성격색채 도구의 폭을 확대하는 기초를 다져주었다.

새총을 대포로 바꾸다

2002년 가을에 마술을 배우고 실전에서 큰 수확을 얻은 후 '활발함', '완벽함', '역량 넘침', '평화로움'의 분류를 '홍색', '남색', '황색', '녹색'이라는 호칭으로 대체했다. 그 덕분에 이미지가 더욱 간결해졌다. 사실 좋은 이름이 없어서 고심하다가 많은 전문자료를 뒤진 끝에 성격분석에 수천 가지의 분류법이 있음을 알았다. 4종, 5종, 9종, 16종 분류가 가장 많았고, 여기에서 파생되는 것이 대부분이었다. 이 4종 성격분류 중 국외에서는 색깔부호를 이용한 성격분석 이론도 많다. 버크만 진단Birkman Method, 듀이 컬러 시스템Dewey Color System, 트루 컬러스True colors, 컬러 코드Color code, 성격색채Color Personality가 있다. 이들의 이름을 보면 충분히 간결하다. 원래 내가 수업에 붙였던 'FPA 성격분석'은 영어 이름이고, 엄밀한 의미로 브랜드 명이라고 할 수 없어서 최종적으로는 '성격색채 비밀번호密碼'라고 상표등록을 했다. 이를 줄여서 '성격색채'라고 불렀다. 이 콘셉트는 처음 만들 때부터 지금까지 이어오고 있다.

FPA는 'FPAFocus Personality Analysis'의 약칭으로 두 가지 의미가 있다. 하나는 성격분석에 주력한 것이고 둘째는 우리의 성격분석(당시 회사 이름은 FOCUS였다.)을 의미했다. 2003년에 F의 정의를 변경하여 'Four-colors Personality Analysis'라는 이름으로 바꿈으로써 중국어 명칭인 성격색채와도 일치를 꾀했다.

이러한 전환의 의의는 매우 크다. 위대한 인물 중에는 입에 잘 붙는 이름이 많다. 흔한 글자를 사용하지만 조합해보면 기세가 있다. 입에 붙지도 않고 이해하기도 어려운 이름은 겉으로는 깊이가 있는 것 같지만 대중과 동떨어지기 때문에 쉽게 잊혀진다.

성격색채에만 집중하다

'FPA 성격색채' 과정은 실용적이고 간단한 데다 나의 노력까지 더해져서 찾는 사람들이 점점 많아졌다. 실용적이라는 말은 어디에나 적용이 가능하기 때문이다. 대인관계에서 발생하는 문제나 직장, 가정의 문제를 막론하고 모두 해결이 가능하다.

간단하다는 말은 전문가들뿐만 아니라 보통 사람들도 쉽게 접할 수 있다는 의미다. 성격을 네 가지로 분류해서 여기에 색채를 부여하여 기억하기 좋고, 한번 들으면 잊히지 않는다. 강단에 오르자마자 4색에서 8과가 생겼고 8과는 64패로 다시 나뉘었다는 이야기를 하면 제대로 본론을 시작하기도 전에 청중들은 복잡하다며 나가버릴 것이다.

단골로 찾아주는 손님이 많아지자, 전문성을 기하는 일에 더욱 전념하기 위해 나는 두 가지 어려운 결정을 했다. 첫 번째 결정은 성격색채만을 남겨두고 회사의 다른 업무는 과감히 정리한 것이다. 메뉴가 많은 식당을 운영하다가 손님들이 가장 많이 찾는 음식이 두부찜임을 알고 두부찜 한 메뉴만 전문적으로 다루는 것과 같았다. 이 결정을 내린 후 한동안은 많은 수입을 포기해야 했지만, 당시 나의 경제 형편은 넉넉하지 않았다. 친구들은 그렇게 해서는 버티기 어렵다며, 한 가지에 주력하면서 다른 업무를 곁들여도 무방하지 않겠느냐고 충고했다. 어차피 많은 제품이 있는데 그걸 포기하고 한 가지 상품만을 다룬다면 손실이 커질 거라는 이유였다.

생각 끝에 규모를 확대하기보다는 정교한 쪽을 택하기로 했다. 욕심 많은 나에게는 쉽지 않은 결정이었다. 외부의 많은 유혹이 있었음에도 한 가지만 택한 것이다. 갑자기 내가 대견하게 느껴졌다. 항공모함이라도 다닐 수 있을 정도로 가슴속이 넓어진 것 같았다.

두 번째 결정은 강의 제목을 하나로 가기로 한 것이다. 초기에 많은 교육 협력 파트너들은 'FPA 성격색채'라는 이름이 어울리지 않는다고 생각했다. 기업 고객들은 당장 효과가 보이는 교육을 원한다. 따라서 고객들은 수업을 선택할 때 가령 '대형고객 마케팅', '비 재무인원의 재무관리'처럼 어떤 내용을 다루는지를 알아야 한다. 그런데 성격색채라는 이름은 인지도가 없어서 그들은 '다양한 성격의 고객을 어떻게 대할 것인가', '다양한 성격의 고객은 차별화 서비스를 필요로 한다'로 이름을 바꿔달라고 요구했다. 나는 복잡한 걸 싫어한다. 이런 제안을 그대로 받아들인다면 주요 사업만 남겨놓고 다른 업무를 정리한 결정이 아무 소용없게 된다. 그들에게 이렇게 말했다. 유명한 교육업체 프랭클린 코비Franklin Covey는 오랫동안 '일곱 가지 습관7 habits'이라는 한 가지 커리큘럼만 운영했다. 그 결과 전에는 아무도 몰랐지만 지금은 '일곱 가지 습관'을 모르는 사람이 없을 정도로 유명하며, 도대체 무엇을 배우는 과정이냐고 묻는 고객도 없다. 언젠가 나도 그렇게 될 것이다. 당시 원후이 외에 아무도 믿지 않았다. 원후이에게 "저들에게 반드시 보여줄 것"이라고 말했다. 그 말을 할 때 가슴에서 불이 활활 타오르는 것 같았다.

그 후 회사 이름을 '중국 성격색채 연구센터'로 바꾸고, 뜻을 같이하는 동료들과 함께 성격색채라는 큰 숲에서 자유롭게 생활했다. 우리는 서로 격려하고 응원했다. 나와 동료들은 교육을 할수록 인간 내면의 고통은 성격과 연관된다는 걸 확인할 수 있었다. 모든 사람이 성격색채를 배워야 한다. 이는 우리 평생의 행복, 즐거움과 직접적으로 관계된다. 대인관계에 어려움을 겪는 사람들을 돕고, 인성의 진실을 통찰하며, 타인과 조화롭게 지내는 법을 배우고, 자신의 행복을 얻는다는 성격색채의 사명에서 말하는 듯이 말이다.

성격색채 연구 범위에는 사람과 관련된 것이 모두 포함된다. 나중에 성격색채 커뮤니케이션, 성격색채 마케팅, 성격색채 관리, 성격색채 고객서비스, 성격색채 리더십, 성격색채 단체협력 등 많은 전문 과목으로 확장하면서 강의가 단조로운 문제는 해결되었다. 이러한 활용은 모두 성격색채의 범주에 속한다. 가령 내년 상반기에 우리는《성격색채 판매실전 가이드》를 출판할 계획이다. 주로 소매 업계에서 판매와 일선 점포 관리를 겨냥하고 있으며, 그 내용은 중국 최대의 제화 기업 '바이리百麗'에서 경영층 및 일선 점포를 교육한 경험을 기반으로 한다. 우리는 중국 동방항공의 교육을 위한 성격색채 강사를 배출해냈다. 현재 동방항공의 수많은 스튜어디스가 성격색채를 활용해 고객서비스를 개선하고 있다.

성공 여부와 관계없이 삶은 어렵다

그 후 몇 년간 다양한 유형의 사람들에게 성격색채의 효과와 실용성을 검증해야 했다. 나는 많은 고객을 확보했고, 정부기관과 기업을 가리지 않고 강의를 했다.

몇 년이 지나자 고객들에게 애써서 나를 소개하지 않아도 될 정도로 인지도가 높아졌다. 그동안 우리 수업을 들은 고객이 하도 많아 일일이 소개하기도 벅찰 정도가 되었다. 초창기에 고객이 없어 고생하던 일은 옛일이 되었다. 스스로 무슨 일을 한다고 설명할 때면 불필요하다는 생각까지 들었다. 나를 무시하던 고객도 대화 도중 생각보다 내가 훨씬 대단하다고 느끼는 순간, 태도에 미묘한 변화가 생겼다. 스스로 내세우지 않아도 상대가 알아주었을 때의 쾌감은 이루 말할 수 없이 컸다. 회사를 설립하고 처음 2년과 비교하면 감개무량했다. 당시 연수를 조직하는 관계자들은 서로 누군지 잘 알고 있어서, 만약 잘못하면 경영진이나 동료들의 질책을 받았다. 많은 사람을 상대로 교육을 한 경험이 풍부하거나 그 배경이 그럴듯해야만 찾아주었다.

배경 이야기가 나오니 생각나는 일이 있다. 관리 교육업계에서 강사가 고객에게 자기소개를 할 때 사람들은 최소한 MBA 학위가 있거나 대기업에서 근무한 배경을 요구한다. 둘 중 아무것도 없다면 거절당하기 십상이다. 내가 아무 배경도 없을 때는 상대에게 내 소개를 그럴듯하게 해서 일을 따내기 위해 고심했다. 고객과 만날 기회마저 없는 상황에서 어떻게 회사를 키워갈지 모든 것이 암담했다. 때마침 대전大專을 졸업한 나는 1년 반이라는 시간을 들여 미국의 한 무명 대학의 학부를 어렵지 않게 마칠 수 있었다. 이 학교는 일류는 아니었지만 교육부의 승인을 받은 대학이었다. 그래서 이 학교에서의 수업 경력을 내 소개에 넣을 수 있었다. 고객의 입장에서는 강사의 학력이 어느 정도 되니 만나볼 정도는 된다고 생각할 것이었다. 내가 진행자로 이름을 알린 지 2년 반 만에 누군가가 이 일을 폭로했다. 내가 학력을 위조했으며, 외국 대학의 수료 경력도 다 가짜라고 했다. 당시 너무 화가 나서 그 사람을 찾아가 백 대는 때려주고 싶었다. 비록 가장 체력이 강할 때도 여섯 대를 넘지 못했지만 너무 억울했기 때문이다.

내 동료는 내가 외부의 평가에 너무 신경을 쓰느라 피곤하게 산다고 야단이다.

"프로이트가 잠재의식과 성 본능을 제시했을 때 심리학계는 물론 의학계의 인정도 받지 못했지. 그런데 지금 프로이트의 정신을 모르는 사람이 없잖아. 네가 뭐라고 죽는 소리야? 길가에 개가 죽어 있으면 걷어차는 사람도 없어. 네가 걷어차이는 건 아직도 살아 있다는 증거야."

창피해서 쥐구멍이라도 있으면 숨고 싶었다. 그녀에게 그렇게 대단한 식견이 있었는지 몰랐다. 나 자신이 정말 바보 같았다. 새로운 걸 받아들이는 게 빠른 사람이 있는가 하면 늦는 사람도 있다. 시간과 과정이 필요하며, 의심과 비평이 따르기 마련이다. 사람들은 나의 성과를 다양한 각도에서 따져보기를 원하며, 나에 대한 관심을 표현하는 방식이 다르기 때문이다. 이 점을 인정하니 비로소 고마운 마음이 들었다.

드디어 성격색채를 완성하다

많은 기업, 정부기관의 교육을 하면서 수강생들과 '홍, 남, 황, 녹'의 용도를 이야기할 기회가 많았다. 업무를 제외하고 사람들의 가장 큰 관심사는 연애와 결혼, 자녀 교육이었다. 가정이나 직장에서 갈등이 있는 경우, 가정에서는 적나라하게 자신을 드러내지만 직장에서는 포장해서 보여주기 때문에 성격색채를 활용하기 어렵다고 생각하기 쉽다. 하지만 본질적으로는 다 같다. 게다가 집에 돌아가서는 부인, 아이와 함께 성격색채를 이야기할 수도 있다. 아무리 좋아도 집에까지 가서 화제 삼기는 어려운 수업들과는 다르다. 들을 때만 솔깃했다가 점점 흐지부지되는 과거의 수업과도 다르다.

가령 수업 시간에 황색 성격이 결과와 효율을 중시하며 비판성이 강하다는 내용을 다뤘다고 하자. 그 회사의 사장이 바로 이런 유형으로 아랫사람들을 다그친다. 수강생은 어릴 때부터 강압적인 어머니로부터 스스로 열심히 노력해야 하며, 공연히 칭찬 듣기 위한 행동은 하지 말라는 교육을 받았다. 따라서 두 사람이 같이 있을 때 스트레스가 커진다. 이때 수업 시간에 황색 성격의 상사와 잘 지내는 방법을 배우고, 집에 돌아가 어머니와의 소통에도 활용할 수 있다.

사람들의 반응이 좋아서 2005년부터는 성격색채 개인반을 운영하기 시작했다. 성격색채를 학습한 적이 있는 사람들이 함께 모여 서로 '색우色友'라는 위트 있는 호칭으로 불렀다. 사회가 발전하고 변화할수록 사람들은 방황하고, 정신과 영혼을 채우려는 수요가 점차 커진다. 기업만을 대상으로 하던 수업을 광범위한 대중으로 대상을 확대하는 것이 발전의 추세와 방향이라고 생각했다. 2006년에는《색안식인》을 발표했다. 이 책은 모든 성격색채 전문 도서의 주춧돌 격으로, 이때부터 사람들은 성격색채가 체계적 이론을 갖췄다고 느끼게되었다. 그러나 사람들이 보는 것은 깃털에 불과하다는 걸 나는 안다.

《색안식인》이 깃털에 불과하다고 말하는 이유는 이 책에서 성격의 분류와 각종 성격의 장단점만을 제시했기 때문이다. 기타 성격분석 문파와의 차별점을 제대로 설명하지 못했을 뿐더러, 완벽한 체계를 구성하지 못했다. 2008년에 성격색채 발전의 이정표라고 할 수 있는 한 차례의 혁명이 일어났다. 그동안 많은 자료와 사례가 축적되면서 나는 그 범위를 확대하는 일만큼이나 깊이 있는 발전을 더욱 추구하게 되었다. 이렇게 해서 수업을 원래의 1단계에서 기초와 중급 수업 2단계로 업그레이드했으며, 더 나중에는 성격색채 컨설팅 전문가가 늘어 3단계로 늘렸다. 3단계에서는 성격색채에 대한 깊은 연구를 진행한다.

2008년 선에 성격색채는 다른 성격분석 문파와 구별되었다. 가장 정교한 무기는 '동기론'으로, 이 방법을 이용해 내면을 직접 겨냥했다. 당신의 표면을 보지 않고 내면만을 본다는 말은 매우 현묘하게 들리지만 간단히 말해 타인의 언행 배후의 내면을 빨리 알아챌 수 있게 할 방법이 있다는 뜻이다. 그러나 사람들은 여전히 무수한 의혹을 떨치지 못했다. 주로 '몇 가지 색채가 혼합된 사람은 어떻게 구분하는가?', '테스트 결과 모든 색채가 균일하게 나오는데 어느 쪽으로 분류해야 하나?', '선천적인 성격과 후천적인 성격은 어떻게 판단하나?', '복잡한 색깔의 사람은 어떻게 알아낼 수 있을까?', '성격이 다른 사람들이 때로는 같은 반응을 나타내는 것은 무엇 때문인가?', '자신의 단점을 진정으로 인식한 후 이를 개선할 방법은 무엇인가?', '다른 성격의 사람과 갈등이 있을 때 어떻게 처리해야 할까?' 등의 질문이 줄을 이었다.

2008년 12월 상하이의 낡은 건물 2층에서 일주일 동안 진행된 강사 교육 일정의 마지막 날을 보냈다. 바로 그날 오랫동안 모은 성격색채 전도사의 지혜와 심혈을 모아 사람들이 질문해온 모든 문제를 유형별로 분류하여 네 개의 커다란 카테고리 안에 넣었다. 이로써 성격색채의 4대 공력 표준이 정식으로 탄생했다. 처음 기업을 상대로 실시한 성격색채 강좌가 시작점이었다면, 이날은 바로 성격색채의 기틀을 마련한 날이라고 할 수 있다.

이 4대 공력은 통견洞見, 통찰洞察, 수련修煉, 영향影響으로, 각각 FPA 성격색채의 4대 발전 방향을 각각 대표하며, 네 개의 각각 다른 학문이다. 이는 성격색채가 여타의 성격분석 시스템과 구별되는 핵심이자, 전문 기술 발전의 기초다.

- 통견:자기를 어떻게 파악할 것인가.→자기를 아는 것을 말한다.
- 통찰:타인을 어떻게 파악할 것인가.→타인을 아는 자는 지혜롭다.
- 수련:자아를 어떻게 완성할 것인가.→자기를 이기는 자가 강하다.

- 영향: 남을 어떻게 제압할 것인가. → 남을 이기는 자는 힘이 있다.

이 중 '통견과 수련'은 내적인 면을 겨냥했으며, '통찰과 영향'은 외부를 향한 것이다. 이를 다 합치면 내적인 면과 외적인 면을 함께 수련할 수 있다. '통견과 통찰'은 아는 측면이고 '영향과 수련'은 행동하는 측면으로 이를 합치면 아는 것과 행하는 것이 하나로 합쳐진다.

이렇게 정리를 마친 내 얼굴 위로 뜨거운 눈물이 흘러내렸다. 그 자리에 있던 일곱 명에게 말했다.

"역사는 오늘 내가 말한 것들을 기억할 것입니다."

지난 세월동안 나는 소형 세미나를 열며 많은 사람의 고통과 내적 갈등을 몸으로 체험했으며, 대다수 고통은 성격과 관련된다는 사실을 분명히 의식했다. 유감스럽게도 사람들은 이렇게 간편한 도구가 있어서 자기 문제의 근원을 찾는 데 도움이 되며, 해결에 가능성을 부여한다는 사실을 모른다.

대중에게 보급하다

이론을 대중에 보급하는 가장 빠른 방법은 책을 쓰는 것이라고 여겨왔으며, 내 책을 읽고 많은 사람이 성격색채에 참여하기를 희망했다. 하루는 프로그램을 녹화하는데, 한 관중이 편지를 주면서 끝나고 읽어보라고 당부했다. 그는 내 책의 독자였는데 한 번도 내 강연을 들어본 적이 없다고 했다. 그는 난징의과대학의 대학원생이었다. 졸업 논문을 썼는데 통과할 수 있을지 봐달라는 거였다. 그쪽 전공에 문외한인 나에게 할 질문이 아니라는 생각이 들었다. 논문의 제목은 '척추마취에 있어 의사의 성격색채 운용을 논하다'였다. 나는 소스라치게 놀랐다. 그는 각 성격의 환자가 병상에서 마취하기 전의 반응을 놓고 각 성격의 의사들이 환자와 대화하는 방식을 체계적으로 분석했다. 내용을 읽어본 나는 감개무량했다. 더 많은 의사와 환자가 이를 이해하면 의사와 환자의 갈등이 훨씬 줄어들 것이다. 더 많은 사람이 성격색채와 그들의 전공을 접목하여 더 큰 사회 가치를 창조하기를 희망한다.

그 후 나는 TV 프로그램에 진출했다. 이는 나의 기대와는 달리 가벼운 정보가 홍수처럼 쏟아지는 시대에 책을 읽는 사람들은 점점 줄어들고 차분히 앉아 공부하기 어려워졌기 때문이다. 나는 깊이를 갖추기는 어렵지만 널리 보급된 TV를 통해 많은 사람에게 성격색채의 장점을 조금이라도 알리고 싶었다.

당시 교육부와 손잡고 1,500명의 유치원, 초중고 교사들에게 교육을 실시한 후, 성격색채가 학교 교육에서 미치는 작용을 연구했다. 그 후 베이징 카쿠卡酷위성채널의 '자기와의 대화' 프로그램에서 두 번에 걸쳐 '소아 성격색채'라는 특별 프로그램을 방영했고, 다양한 성격의 유치원생의 특징을 시각화하여 부모의 자녀 교육에 도움을 주었다. 한번은 비행기를 타고 가는데 옆자리에 젊은 부부가 앉았다. 그중 젊은 엄마는 집에서 아이와 그 프로그램을 보았다며 아이 교육에 대해 질문을 했다. 그런데 남편이 대화 도중에 끼어들었다.

"아무개 연예인은 실물이 예쁩니까?"

확실히 젊은 아버지는 그 부인보다 내적인 수양이 못한 것 같다.

스스로 고상하다 여기지 말고 즐겁게 하라

대중매체나 책을 막론하고 사람들이 아는 성격색채는 표면적인 부분에 지나지 않는다. 진정으로 성격색채를 파악하는 가장 효과적인 방식은 수업에 참여하는 것이다. 영어 공부를 할 때 집에서 책만 보기보다 사람들 사이에서 생생한 대화를 나눠야 더 빨리 느는 것과 같은 이치다. 이 세상에는 도움이 필요한 사람들이 많지만 그들 모두를 상대로 강의를 하기에는 역부족이었다. 비록 아직은 젊지만 계속하다 보면 금세 지칠 것이었다. 내 몸도 건사하기 힘든 마당에 어떻게 다른 사람을 도울 수 있단 말인가?

2006년부터 나는 성격색채 강사들을 배출했다. 그들은 이 학문을 전파하여 사람들의 행복을 찾아주는 걸 최고의 소임으로 삼는다. 말은 거창하지만 이 사람들이 그렇게 숭고한 도덕성을 갖췄다는 소리는 아니다. 사실상 나를 포함한 이들 모두의 동기는 이기적인 데서 비롯되었다. 우리는 이 일을 하면서 사람들의 고통과 고민을 덜어줄 수 있다는 확신을 가졌으며, 다른 사람들이 그들이 원하는 희열과 성장을 얻었다는 사실을 발견했다. 강사들 스스로 남을 도왔다는 무한한 만족감과 즐거움을 얻게 된 것이다. 따라서 나는 모든 강사들에게 말한다.

"스스로 고상하다고 여기지 말아야 한다. 가치 있고 큰 즐거움을 위해 이 일을 하는 것이다. 여러분이 보람과 즐거움을 얻기 원한다면 사람들도 즐거워할 수 있게 도와야 한다. '당신이 즐거우니 나도 즐겁다'는 이치다."

성격색채를 향한 열정이 처음부터 강했던 것은 아니다. 열정은 점차 커졌다. 가장 중요한 동력은 오랫동안 사람들이 혜택을 받고 커다란 변화를 가져온 걸 본 순간으로, 성격색채의 사명과 가치를 더욱 확인하는 순간이었다. '슈퍼 연설가'라는 프로그램을 시청한 분이라면 우리 팀의 모터사이클 선수 리허李鶴를 기억할 것이다. 어릴 때부터 반항심으로 16년 전에 가출한 그녀는 암을 앓고 있는 아버지와 사이가 좋지 않아 오랫동안 연락을 끊고 살았다. 스스로 상처를 내면서 아버지를 향한 반항심을 표출했다. 강한 개성을 가졌지만 절망에 빠진 상태였던 그녀는 한걸음씩 변화하여 마침내 아버지와 화해하게 되었다. 프로그램을 제작한 후 그녀는 나에게 장문의 편지를 보내왔다. 그중 일부를 소개한다.

슈퍼 연설가는 제 인생의 전환점이 되었습니다. 그동안 즐거웠습니다. 급하게 헤어지느라 감사하다는 말씀을 드릴 기회도 없었습니다. 저의 SNS에 이렇게 썼습니다.

"러자 선생님의 아픈 충고와 진심 어린 걱정에 감사드린다. 강인한 신체에도 취약한 곳은 있게 마련이다. 상처를 드러내기 꺼려한 이유는 치료할 방법도 없는데 사람들이 상처에 소금을 뿌릴까 두려워서였다. 이 세상에 믿을 만한 사람은 너무도 적다. 러자만은 예외였다. 선생님을 만나지 않았다면 나는 어떻게 되었을까?"

많은 사람이 러자 선생님을 만난 제가 행운아라고 합니다. 사람들은 선생님의 성품과 진심, 강한 인간적 매력으로 제가 주저 없이 신뢰할 수 있도록 했다고 여깁니다. 그러나 이는 일부만 맞는 말입니다. 자신을 정면으로 보기 위해서는 용기와 박력뿐 아니라 '방법과 기술'이 더 필요합니다. 당시 대화를 거부했지만 선생님은 나와 아버지의 갈등을 정확하게 묘사하셨으며, 심지어 제가 어릴 때부터 아버지에게 반항하고 못된 짓을 저지르는 행위 뒤에 숨은 동기를 열거했습니다. 당시 제가 느꼈던 당황스러움과 위안의 교차는 글로 표현할 수가 없을 정도입니다. 지금 생각해보니 당시 선생님을 불신하고 무례하게 대했던 제 태도가 부끄럽기 짝이 없습니다.

주하이珠海에서 하셨던 성격색채 강연은 평생 잊을 수 없을 것입니다. 1시간 반의 강연을 통해 저는 그동안 고민의 진정한 답을 찾을 수 있었으며, 처음부터 끝까지 깊이 몰입하고 감동했습니다. 그 강연은 저에게 철두철미한 이해와 깨달음을 주었습니다. 30여 년 만에 처음으로 아버지의 사랑을 진정으로 깨달았습니다. 아버지와의 모든 갈등의 근원이 무엇인지 마침내 찾았습니다. 모든 사랑은 더욱 또렷해지고 분명해졌습니다.

그동안 수백 번 들었지만 아무 영향력도 없던 "부모님은 다 너를 위해서 그러시는 거야."라는 말을 다시는 흘려듣지 않겠습니다. 지금 저는 행복하고 기쁩니다. 지난날의 상처와 아픈 저주의 말들은 이제야 극복이 되었습니다. 이제는 자신 있게 말할 수 있습니다.

"아버지, 마침내 당신의 사랑을 이해했습니다. 이제는 이해할 수 있습니다."

어떤 사람들은 성격에 호기심이 많아서, 어떤 사람은 이 학문을 생존의 도구로 삼고자 합니다. 저는 성격색채를 통해 감사와 관용을 진정으로 배웠습니다. 이제 자기만의 길을 가는 일이 가장 힘들다는 사실을 알고, 이를 계기로 자아를 진정으로 '통견'하기를 바랍니다. 당신의 아픈 충고와 진심 어린 걱정에 감사드립니다. 무엇보다 선생님을 통해 알게 된 성격색채는 제 인생의 갈림길에서 방향을 제시해준 'GPS'입니다.

앞으로 살아가면서 선생님과 다시 만나기를 기대합니다. 그때는 도망가지 않을게요. 하하!

성격색채가 리허에게 도움이 된 사례는 나의 무수한 기쁨 중 일부에 불과하다. 우리의 많은 전도자와 '색우'들은 오랫동안 성격색채를 이용해 많은 사람에게 도움을 주었다. 나는 언젠가 모든 사람이 스스로 돕는 경험을 더 많은 분과 나누고 싶다.

여기까지 읽어준 당신의 신뢰에 감사한다. 더불어 한 가지만 믿어주기 바란다. 당신이 무엇에 관심을 두든 자기 삶의 의의에 관심을 두는 것보다는 중요하지 않다는 것을. 성격색채를 파악하는 일은 생각보다 더 중요하고 시급한 일인지도 모른다. 당신만의 작은 문을 열고 복잡하고 어지러운 세상에서 평안한 마음으로 오랫동안 느끼지 못했던 마음의 행복을 체험하기 바란다.

9장

나는 우유 배달원이다

전도

2000년에 최초의 성격 세미나를 연 것을 시작으로 수업, 컨설팅, 기록이라는 세 활동을 병행해왔다. 진실한 자아를 해부하면서 성격 색채 연구를 알리기 위한 목적에서였다. 이 길을 계속 갈 수 있기를 바라며, 이 글이 행복을 바라는 모든 사람의 내면 탐색의 기점이 될 수 있기를 바란다.

세상은 우리에게 여러 가지 역할을 부여한다. 그러나 단 하나의 정확한 포지션을 선택할 수 있다면 나는 '우유 배달원'을 선택할 것이다. 비록 나는 우유를 짜는 사람은 아니지만, 우유를 수많은 가정에 배달하는 '우유 배달원'이 되고 싶다. 비록 내가 성격분석을 처음으로 발명한 사람은 아니지만 혁신적 발전과 독특한 전파 수단을 통해 대중이 혜택을 받을 수 있는 실용적 심리도구로 변화시키고 싶다. 그리하여 'FPA 성격색채'라는 성격분석 이론이 모든 사람과 즐거움이나 고통을 함께하며 평범함을 높은 경지로 승화할 수 있도록 하고 싶다. 이런 의미에서 볼 때, '우유 배달원'의 본질은 바로 '전도자'이며, 나는 시종일관 이 위대한 사업에는 더 많은 사람이 함께 누리고 함께 '우유를 배달'하며, 함께 전도해야 한다는 사실을 깨달았다. 나는 앞에 나서서 실천하는 사람에 불과하다.

전도자의 사명은 성격색채학을 전파하여 사람들이 진정한 자아와 타인을 인식하고 삶의 고통과 번뇌를 해소하며, 이를 통해 행복과 즐거움을 얻을 수 있도록 도와주는 것이다. 전도자는 세 가지 유형으로 나뉘어서 내가 계속 해왔던 세 가지 일을 담당한다. 강사, 상담가, 글쓰기 담당이 그것이다. 이 세 유형의 전도 방식은 조금씩 차이가 있다. 강사는 강연이나 교육을 할 때 한 사람이 여러 사람을 상대로 하고, 상담가는 일대일 방식으로 개인의 문제를 해결해준다. 글쓰기 담당은 사람들과 직접 만나지 않고 작품으로 사람들을 돕는다. 이 세 유형의 본질은 결국 같다. 그러나 구체적인 영역에서 필요한 기교와 에너지는 큰 차이가 있다.

엄밀한 의미에서 이 글은 강사가 되기를 원하는 제1유형의 사람들을 위해 썼으며, 다른 사람들이 행복할 수 있게 도와주려는 사람들이 대상이다. 젊었을 때는 남과 달라지기 위해 애썼고, 그런 나의 모습에 희열을 느끼며 의기양양했다. 중전 1학년, 즉 고1 때 친구와 내기를 해서 졌다. 그 벌로 내 머리카락은 물론 눈썹까지 밀려버렸다. 사람들은 달걀처럼 밋밋한 내 얼굴을 이상하게 바라보았다. 그러나 어디가 이상한지 말을 하지 못했다. 왜냐하면, 사람들은 내가 눈썹까지 밀어버렸으리라고는 생각도 못했기 때문이다.

나는 치기어린 목소리로 말했다.

"나는 약속을 지키는 대장부다. 내기에 진 벌로 머리에 난 모든 털을 밀어버리기로 약속했다."

내 행동의 핵심은 사람들의 눈길을 끄는 데 있었다. 즉 성격색채에서 말하는 홍색 성격의 심리로 사람들의 관심을 끌기 위한 행동이었다. 나의 행동은 늘 이런 식이었다. 세상물정을 모르는 주제에 건방짐이 하늘을 찔렀다.

더 많은 찬사와 인정을 받기 위해, 다른 사람들에게 나의 대단함을 보여주기 위해 많은 스승을 찾아다녔다. 대단하다고 생각하는 모든 인물을 온갖 방법을 써서 찾아내고 스승으로 삼아 열심히 공부했다. 기를 쓰고 그들의 '젖'을 빨아먹고 자신을 빠르게 성장시키고자 노력했다. 그러나 나는 잘난 체하느라 완성도 되기 전에 남에게 보여주고 싶어 하는 면이 있다. 사람들은 그것을 보고 "와! 정말 잘한다!" 하고 갈채를 보내고, 나의 허영심은 크게 충족된다. 그러나 곧 만족하지 못하고 더 큰 찬사를 받고자 한다. 외부의 인정을 받는 것은 내 인생을 지탱하는 중요한 부분이었다. 당시의 나는 스스로 역량이 없어서 외부 세계로부터 오는 역량에 의존해 성장하고 강하다고 느낄 수 있었다. 시간이 흐른 후에야 나는 허약한 내면을 직시하고 인정했다.

남에게 계속 인정받기 위해 내가 할 수 있었던 일은 끊임없이 재주를 보여주거나 새로운 재주를 계속 익히는 거였다. 하지만 그렇게 하려면 많은 노력이 필요했고, 결국 뭔가 다른 종목을 개발해야 했다. 악기만 해도 여러 가지를 배웠고 집에 쌓아놓은 악보와 CD가 산더미였다. 나는 계속 스승들을 찾아다녔다. 끊임없이 배워야만 스스로 진보하고 성장할 수 있다고 생각했기 때문이다. 스승들은 저마다 자신의 한계를 갖고 있었기 때문에 한 스승에게만 계속 배우기보다는 다양한 스승들로부터 다양한 재주를 배울 필요가 있었다. 그들의 장점을 나의 능력과 접목하여 내 것으로 만들고, 나의 지혜로써 더 전면적이고 입체적이며 높은 수준의 독특한 경지로 완성할 수 있을 거라 믿었다. 스스로 남다른 재능을 갖고 있다고 믿었다. 진정한 고수와 맞닥뜨리기 전까지는 정말 그랬다.

자신을 이기는 자는 강하다

성격색채의 전도자로서 무수한 교육 경험과 배경이 있는 사람도 있으며, 열정과 사랑을 가진 것 말고는 누구에게 말 한마디도 해본 적 없는 '하얀 도화지'와 같은 사람도 있을 것이다. 신성하고 광활한 성격색채의 세계에 들어선 후에는 다른 기능과 이론을 계속 공부하여 자신의 지식을 더 풍부하게 만들 수 있다. 그러나 여러 가지를 섭렵하든 한 가지만 전문적으로 파든, 깊이 있게 공부하여 상당한 정도까지 도달해야 한 분야에서 고수의 경지에 이를 수 있다. 그렇지 않으면 이것도 저것도 아니게 되어 무공을 한 가지도 제대로 발휘할 수 없다. 자기보다 수준이 낮은 사람 앞에서는 화려한 무공을 뽐내서 갈채를 받지만, 자기보다 고수를 만나면 기를 펴지 못하는 상황을 면할 수 없다.

성격색채에서는 '통견 + 통찰 + 수련 + 영향'이 그 기본을 구성하며, 방대한 체계의 4대 핵심 기둥을 이룬다. 이 네 가지는 노자가 말한 "남을 잘 아는 자는 슬기롭고 자기를 잘 아는 자는 밝은 사람이며, 남을 이기는 자는 힘이 있고 자신을 이기는 자는 강하다知人者智, 自知者明; 勝人有力, 自勝者強."를 뜻한다. 그러나 '전도자'에게 있어 어려운 것은 단순히 어떻게 수업을 하느냐가 아니다. 어떻게 하면 가장 간결하고 가장 힘 있으며, 가장 생동감 넘치고 자극적인 동시에 가장 흥미로운 방식으로 이 분야의 문외한들에게 받아들여지게 하느냐가 중요하다. 또한 흥미를 가지는 데 그치지 않고 깊이 사색하고 운용하고 싶게 만들어야 한다. 바꿔 말하면 사람들이 단기간 기억하고 마는 것이 아니라 평생 기억하도록 만들어야 한다. 이를 해내지 못한다면 우수한 전도자가 될 수 없다. 성격색채가 간단하고 흥미로운 부호라는 잠깐의 인식에 그치게 해서는 안 된다. 이 위대한 도구가 사람들에게 미치는 영향과 의의를 인식하게 만들어야 한다. 그들의 내면에 들어가지 못하면 더 많은 사람에게 도움을 줄 수 없다.

기술이 무공武功이라면 태도는 무덕武德이다. 전도자는 '자신을 기쁘게 하는 것이 미덕이고 다른 사람을 기쁘게 하는 것이 공덕임'을 깊이 이해하기 위해 무덕을 쌓는다. 이 취지에 입각하여 일련의 전도 기술을 학습할 수 있다. 모든 강좌의 핵심 원칙은 '사람들은 웃을 때 가장 잘 배우며 고통스러울 때 비로소 성장한다.'는 것이다. 웃음을 강조하는 이유는 적극적이고 즐거운 분위기를 자아내는 분위기에서 공감을 형성할 수 있기 때문이다. 아픔을 강조하는 것은 사람들로 하여금 자아와 타인에 관한 진실을 발굴하게 하고, 고통과 대가 속에서 성장을 체험하게 할 수 있기 때문이다. 웃음의 기교에 대해서는 강사훈련에서 이미 자주 다뤘으나 아픔의 기교는 체계적으로 다루지 않았다.

지금부터 기교에 대해 소개할 테니 빈드시 조심해서 운용해야 한다. 나는 이미 제9기 강사훈련에서 세 가지 금기사항을 제시했다. 하나, 고상함을 시도하지 말 것. 요새 사람들은 웬만해서는 고상하고 잘났다. 조금만 유심히 보면 당신의 고상함과 역량을 분별해낼 수 있다.

둘, 비통한 정서를 시도하지 말 것. 수업을 할 때 눈물을 흘리거나 목소리를 무겁게 하는 것은 보조수단에 불과하다. 삶이 순탄한 사람은 남 앞에서 비통한 모습을 보이지 않는다. 셋, 감동을 짜내지 말 것. 청중들이 자연스럽게 눈물을 흘리는 건 상관없으나 눈물을 유도하기 위한 억지 감동은 피해야 한다. 이런 시도는 자칫 신파로 흐르기 쉬우며 억지 감동보다는 진실한 모습이 훨씬 설득력을 갖는다.

기술보다는 태도가 감동을 일으킨다

기교의 가장 높은 수준은 기교를 부리지 않는 것이며, 무공이 최고의 경지에 오르면 반드시 서로 통하는 법이다. 기교의 최종적인 경지는 두 가지로 정리할 수 있다.

첫째, 누구라도 알아듣기 쉬운 언어로 말해야 한다. 보통 사람과 느낌을 나눌 때는 추상적인 사항이 아닌 구체적인 것을, 이론보다는 실질적인 사항을 나눠야 한다. 부처는 입을 다물고 집게손가락으로 밝은 달을 가리킨다. 하지만 당신은 아직은 부처가 아니다. 심오함을 나타내기 위해 이런 식의 대화를 사용한다면 무슨 말인지 알 수 없다. 복잡한 사물을 단순하게 표현함으로써 청중 마음의 깊은 곳에 생생하게 각인시키는 것은 첫 번째 능력이요, 단순한 사물과 사상을 심오하게 표현하여 내재된 규칙으로 깊이 있게 나타내는 것은 두 번째 능력이다.

최근에는 기본을 다지는 반복 훈련을 강조하고 있다. 노력하여 '계몽'의 효과에 도달하기를 바란 것이다. 가치 있는 사상을 최대한 쉽게 이해할 수 있도록 설명하면 더 많은 사람이 알게 되고 사상의 증식과 번식이 가능해진다. 우리가 할 일은 많은 사람이 힘들이지 않고 성격색채를 받아들이게 할 방법을 연구하여 돕는 것이다.

둘째, 먼저 자기를 해부한 후에 다른 사람을 분석해야 한다. 충분한 용기로 자신을 '통견'하고 남에게 분석 결과를 보여준 후에, 사람들로 하여금 필요한 힘을 얻을 수 있게 돕는다면 당신은 이미 다른 사람보다 더 큰 에너지를 가졌다고 봐야 한다. 성격색채를 이용해 타인을 도울 때는 진정한 자아 인식의 중요성을 끊임없이 강조해야 한다. 살면서 치러야 할 대가는 성격의 제약으로 인해 초래되며, 자아통견과 자기 문제를 인식하지 않으면 같은 잘못을 반복할 것이라는 사실을 알려줘야 한다. 이때 수강생이 이런 질문을 할 것이다.

"선생님은 자신을 잘 아십니까? 자아 통견을 제대로 하십니까?"

이런 질문이 들어오기 전에 선수 쳐서 말해줘야 한다. 먼저 가슴을 열고 내가 어떤 사람이라는 것을 보여주고 내 문제가 어디에 있으며 그 문제가 어떻게 비롯되었고 어떤 결과를 가져왔으며, 내 성격을 어떻게 개선했으며, 그 후에는 어떤 것이 달라졌는지 등… 이런 이야기를 다른 사람이 묻기 전에 미리 말해주어야 한다. 성격색채의 전도자들이 자신의 허약한 부분을 인정하고 그것을 타인에게 내보이려면 기교보다는 용기가 더 필요하다. 사실 타인을 분석할 때는 말주변과 약간의 기교만 있으면 된다.

이 두 가지 비결은 내가 성격색채를 연구하는 10여 년 동안 몸으로 실천해온 것이다. 7년 전 나는 첫 번째 저서인《색안식인》의 서두에 이렇게 썼다. "노자老子가 이르기를 '상급 선비가 도에 대해 들으면 부지런히 그것을 행하고上士聞道, 勤而行之, 중급 선비는 아리송해하며

中士聞道, 若存若亡, 하급 선비는 크게 웃어버린다下士聞道, 大笑之. 비웃지 않으면 도라고 하기에 부족하다不笑不足以爲道.'"

언젠가는 '상급 선비'와 '중급 선비'가 점점 많아지고 '하급 선비는' 그들이 비웃는 것이 무엇인지 알아볼 의향이 생기길 바란다. 언젠가 성격색채의 내용과 가치를 사람들이 진심으로 알아주기를 바란다. 7년이 지나면 '상급 선비'와 '중급 선비'가 훨씬 많아지겠지만 크게 비웃는 사람들도 여전히 많을 것이다. 하지만 크게 웃는 사람들도 성격색채를 진작 알았더라면 얼마나 좋았을까하고 혼잣말을 할 것이다.

수행의 길은 멀고 험하지만 당신과 내가 그 길을 가고자 한다.

10장

시청자의 귀와
청중의 귀는 다르다

방송에서 말하기

2001년 교육기업을 처음 설립했을 때는 주로 기업과 정부를 상대로 강의를 했다. 당시 나는 업계에서 개최하는 각종 포럼에 자주 참가하여 잠재 고객들을 위해 '성격색채로 경영 실적을 어떻게 제고할까'라는 제목의 강연을 했다. 한번은 우리 교육센터의 책임자가 인력자본 포럼에 참가했다가 목격한 일을 내게 전했다.

한 청중이 베테랑 강사 J에게 질문을 했다. 자기 기업에서 러자를 초빙하여 성격색채 리더십 내부 강연을 들은 적이 있다며, 성격색채와 관리평가 도구와의 관계를 질문했다. 나와 경쟁 상대인 베테랑 강사 J는 내가 이미 강단을 떠나 방송인으로 변신하는 데 성공했다고 말했다. 그가 그런 말을 하는 순간에도 나의 교육센터는 활발하게 운영되고 있었다. 매년 많은 고객이 강사진을 초빙하여 강의를 들었으며, 나 또한 수십 회의 강연을 직접 했는데 언제 내가 강단을 떠났단 말인가?

대체적으로 내가 몸담은 업계에는 아래의 몇 가지 유형이 있다.

첫 번째 유형은 주로 교육계에 집중된 교육기업이며, 좀 더 가까운 분야로는 성격 교육기업이 있다. DISC, 주성九型, MBTI, PDP 등이 이에 해당한다. 아무것도 모르고 남 말하기 좋아하는 사람들은 색채라고 하면 '전뇌사고', '여섯 색깔 모자Six Thinking Hats'만을 떠올리며, 심지어 색채라는 말만 들어가면 다 똑같다고 착각한다. 하지만 이들과 우리는 전혀 관계가 없다.

두 번째 유형은 심리 계통이다. 대중매체가 나를 심리 전문가로 소개하기 때문에 이를 못마땅하게 여기는 업계 사람들 사이에서 논란거리가 되기도 했다. 사람들은 심리학을 배워본 적도 없는 내가 전문가 행세를 한다고 비난한다. 하지만 그들이 모르는 게 있다. 나는 어떤 장소에서도 다른 문파나 스승을 함부로 평가한 적이 없다. 무엇보다 심리 지식으로 더 많은 사람을 돕기만을 바란다. 나의 노력으로 더 많은 사람이 심리학에 관심을 가진다면, 이런 식의 우회적 기여가 업계 발전에 나쁠 것이 없지 않은가!

세 번째 유형은 방송계다. 사람들은 그동안 방송인들이 노력해도 높은 시청률을 내기 어려웠던 방송에 내가 출연하여 쉽게 인기를 얻었다고 생각한다.

나는 사람들이 생각하듯이 '비성물요'에 출연하여 바로 꽃을 피운 것은 아니다. 전에도 TV에 출연한 경력이 네 번이나 있다. 이와 관련한 방송 뒤의 내막을 처음으로 밝혀보겠다.

2006년 나는 상하이 TV에서 생애 처음으로 '당격撞擊'이라는 방송에 출연했다. 이때가 나의 방송 일에서 가장 힘든 경험이었다고 말할 수 있다. 변론에 대한 나의 공포는 이때부터 시작되었다. 당시 모

비즈니스 전문지 기자는 우리가 스트레스 해소 강의로 하루에 2,000위안을 받는다고 했다. 이에 "천문학적 가격의 직장인 교육"이라는 제하의 보도를 했고, 나는 파렴치한 사기꾼으로 묘사되었다.

나는 '당격' 프로그램을 통해 해명할 기회를 갖게 되었다. 상하이의 한 논객과 '이런 교육이 가치가 있는가'를 놓고 토론을 벌인다는 것이다. 분한 마음에 해명할 좋은 기회라고 생각하여 흔쾌히 수락했다. 그러나 처음으로 TV에 출연한 나는 긴장을 감출 수 없었다. 그동안 사회에서 많은 경험을 쌓았고 공격도 많이 당해보았지만 TV에서의 나는 미숙하기 이를 데 없었다. 상대가 성격색채의 나쁜 점을 이야기하자, 분노와 억울함에 차서 마치 자기 아이가 다른 사람에게 모욕을 당하는 모습을 본 부모처럼 반발심에 가득 찬 발언만을 계속했다. 안타깝게도 나 자신마저 뭘 말해야 할지 몰랐다. 상대의 공격에 힘없이 무너지고 말았다.

이 일로 나는 큰 좌절감에 휩싸였다. 나 자신에게 크게 실망하고 다시는 TV에 출연하지 않겠다고 맹세했다. 한편으로는 언젠가 이 치욕을 씻고 복수해주리라는 생각을 했다.

2007년 어느 잡지에서 '탁월한 파트너 찾기'라는 주제의 보도를 했다. 잡지 내용은 성격색채를 중심으로 전개되었다. 중국 중앙방송 2채널 프로그램 '상무시간商務時間'에서 이 잡지를 보고 같은 주제를 기획하고는 논평을 해줄 네 명의 전문가를 물색하고 있었다.

이렇게 해서 나는 성격전문가의 신분으로 그 자리에 참석했다. 생각해보면 그때 난생처음 TV에서 논평을 진행했다. 나는 우선 직원들에게 상대 전문가 관련 자료를 찾게 하여 그들에 대한 성격분석을 진행했다. 그리고 두툼한 자료를 들고 방송 스튜디오를 찾았다. 나중에 방송을 보고 현장에서 내가 한 말 중 몇 마디를 빼고는 모두 편집된 걸 발견했다.

2009년 둥팡위성TV東方衛視와 접촉하고, 경영자의 초청으로 100여 명의 제작자, 연출자와 진행자를 대상으로 3회의 강좌를 진행하기로 했다. 안타깝게도 사장은 오지 않았다. 물론 일이 바쁠 테니 나머지 직원들이 들은 것으로 족했다. 몇 년 후 대학 캠퍼스 성격색채 순회강연이 진행되는 '자강당嘉講堂' 제1시즌에서 푸단複旦대학교 강당에 서게 되었는데, 그때 그는 나의 강연을 듣게 되었고 당시 나와 손잡고 일하지 않은 것을 안타깝게 생각했다. 물론 그것은 나중 이야기고 그 자리에서는 표현하지 않았다. 강의가 끝난 후 둥팡위성TV의 어느 프로그램을 개편할 때, 방송에 오래 몸담은 심리 전문가의 파트너로서 출연 제의가 들어 왔다. 그러나 방송에서 기능이 똑같은 두 사람의 등장은 프로그램에 특별한 효과를 낼 수가 없었다. 나는 한 번 녹화를 한 후 하차해버렸다.

얼마 후 둥팡위성TV의 창시자가 오디션 프로그램 '가유, 동방천사加油,東方天使'를 제작했고, 한 명을 떨어뜨리는 예심에서 특별 심사위원에 발탁되었다. 나는 하루 전 나의 팀과 함께 리허설 현장에 도착하여 열 명의 여자 출연자를 관찰하고, 그 내용을 자세히 적기까지 했다. 그런데 다음 날 저녁, 세 시간을 남겨두고 통보가 왔다. 여러 가지 원인으로 이번에는 출연이 취소되었으니 다음 기회에 보자는 것이다. 나는 고개를 숙여 연출자에게 인사를 하고 웃으면서 집으로 돌아왔다.

그 몇 년 동안 나는 방송을 중요하게 생각하지 않았고, 기회가 되면 해보면 된다는 태도로 임했다. 그러나 마음 깊은 곳에는 나를 무시했던 사람들에게 언젠가는 능력을 보여주겠다고 다짐했다. 이런 마음은 고향을 떠나 도시로 온 사람들, 남들에게 선택되는 과정에서 생존과 발전을 도모하는 사람들, 안간힘을 쓰면서 노력해 성공하고야 말겠다는 사람들이라면 누구나 가질 수 있는 심리다. 나도 그중의 한 사람으로, 사람들에게 무시당할 때의 불편한 심정을 잘 알고 있다.

2010년, 나는 '비성물요'에 고정 멤버로 출연하게 되었다. 당시 제작자 왕강은 나 같은 방송 새내기로 인해 동료들까지 골탕을 먹게 될 것을 우려하여 버라이어티 프로그램 편성표를 주면서 미리 대비하게 했다. 두 회차의 프로그램 녹화가 끝난 후 자신감을 잃고 어떻게 캐릭터를 잡아야 할지 헤매는 내게, 왕강은 동료 샤오쥐엔을 통해 다음과 같은 소식을 전해왔다.

"심리 테스트를 마치고 결론을 말할 때, 러자는 포인트를 짚어서 말하지 않는 느낌이다. 한 말을 세 번씩 되풀이하는데 알고 보면 같은 내용이다. 그러면서도 그는 관점을 확실하게 말하지 못한다. TV에서 논평을 할 때는 확실하고 직접적이며 간결한 말로 해야 한다. 이리저리 빙빙 돌리면서 말을 많이 하다가는 편집되기 십상이다.

러자는 지금 방송의 섭리와 표현 방법에 너무 서투르다. 가장 간단한 방법은 우선 말을 격식화해야 한다. 방송 리듬에 익숙해진 다음에 좀 더 자유롭게 개성을 발휘해도 된다."

이 말은 내가 방송에서 발언할 때의 가이드가 되었다. 방송 이후의 영예와 비방은 모두 이 가이드와 관계가 있다. 오랜 시간이 흘러 나는 별안간 깨달았다. TV는 그저, 일종의 사상을 전달하는 간단하고, 깊이가 없는 도구일 뿐인데 나는 늘 깊이를 추구하고 있었으니 그동안 힘들었던 것이다. 물론 당시에는 '알고 보니 방송의 섭리라는 게 이런 거구나.' 하고 느꼈을 뿐이다.

좀 더 시간이 흐르면서 나는 많은 방송 프로그램에 참여했고, 방송에서 어느 정도 성과를 내며 영향력을 갖게 되었다. 어느 날 나의 친구가 알 수 없는 표정으로 내게 물었다.

"자네는 스스로 성격 연구에서 전문가 수준이라고 생각해?"

"그런 편이지."

나의 대답에 그는 다시 물었다.

"너보다 더 잘하는 사람이 있어?"

"당연하지. 절세의 고수는 세상에 묻혀 있는 법이라네."

"그런데 이해가 안 가는 게 있어. 왜 이렇게 많은 사람이 자네를 좋아하지? 다른 대단한 사람들이 많다면서 말이네."

나는 한참을 생각했지만 대답을 못 했다. 집에 돌아와 곰곰히 생각해본 결과 이런 결론이 나왔다. 시청자들 사이에 방송인들의 위상은 두 가지 요소로 구성된다. 수준의 높고 낮음, 그리고 사람들이 잘 알아듣게 말하는 능력이다. 이를 기준으로 네 가지 등급으로 분류할 수 있다.

1등급은 수준이 높고, 사람들이 그가 무슨 말을 하려는지 안다. 2등급은 수준이 높고, 사람들이 그가 무슨 말을 하려는지 모른다. 3등급은 수준이 낮고, 사람들이 그가 무슨 말을 하려는지 안다. 4등급은 수준이 낮고, 사람들이 그가 무슨 말을 하려는지 모른다.

1등급은 고수여서 아무도 비난하지 않는다. 4등급은 가장 수준이 낮지만 사람들은 그를 비난할 마음도 생기지 않는다. 2등급은 수준은 높지만 사람들에게 설명을 못하므로 보통 사람들은 그들이 무슨 말을 하는지 몰라서 관심이 없고, 본인만 답답하다. 3등급은 수준은 비록 낮지만 그가 해내는 성과는 보급률이 높고, 사람들에게 해가 될 수도 있지만 돈은 잘 번다. 통상적으로 2등급인 자가 3등급을 비난한다. 왜냐하면, 2등급이 보기에 3등급의 능력은 자기보다 못한데 사람들이 모두 그 사람을 알고 있으니 화나는 일이다. 2등급은 이것도 마음에 안 들고 저것도 마음에 안 들어 하며 보는 사람마다 짓누르려고 한다. 그들은 세상에서 자기가 가장 잘났는데 사람들이 몰라준다고 원망한다.

2등급은 자기의 재능을 사람들이 잘 알아보도록 해야 한다. 그러나 아쉽게도 많은 2등급은 사람들이 모두 알아주지 않아도 된다고 여기며, "학문은 누구나 알아들을 필요가 없다."는 말을 내세운다. 가장 악랄한 2등급은 3등급을 우습게 대하고 비난하는 자들이다.

모든 시대마다 문예계와 학술계에는 정통파와 비정통파 간의 싸움이 있었다. 2등급은 언제나 정통파를 자처하며 '비정통파'를 눈엣가시로 보아 제거하지 못해 안달이었다. 사실 2등급은 그럴 시간에 자기 재주를 다른 사람이 알아볼 수 있도록 방법을 연마하여 1등급으로 거듭나는 편이 낫다.

하지만 그들의 말을 돌려 생각해보면 나의 지식은 누구나 알아서는 안 된다는 말이기도 하다. 내가 처음 방송을 시작할 때의 모습과 비슷하다. 나는 스스로 2등급이라고 생각하고 3등급을 무시했다. 나중에 많은 시련을 겪고 나서 스스로 3등급으로 내려오고자 했다. 역경을 딛고 2등급에서 3등급으로 전환한 후, 이제는 3등급에서 1등급으로 뛰어오르는 날을 기대하고 있다.

2등급에서 3등급으로 가는 힘든 과정에서, 강의계에서 방송계로 뛰어드는 과정에서 내가 겪은 가장 큰 고통은 두 영역이 모두 말솜씨에 기대서 하는 일이라고 생각했지만 알고 보니 이 둘은 전혀 다른 영역이었다는 점이다.

나는 이러한 변화의 과정을 직접 겪었다. 만약 방송의 전파력과 영향력을 이용하고 싶지만 그 방법을 모른다면 아래의 조언을 참고하기 바란다.

1. 방송 언어와 강의 언어의 차이

- 강의 언어는 피드백이 되기 때문에 뒤집어서 말하거나 결론부터 말해도 상관없으며, 서두, 중간, 결말 중 어디에서 핵심을 말해도 상관없다. 방송 언어는 일방적으로 송출하는 것이기 때문에 현장에서 피드백을 받을 수 없다. 훌륭한 파트너가 받쳐주지 않는 한 말을 확실히 해야 하며, 돌려 말할 시간이 없다. 말을 이리저리 돌려서 하면 '유효한 언어'만을 뽑아 편집하기 어렵기 때문에 송두리째 들어낼 수밖에 없다.
- 강의 언어는 하나의 관점을 표출하기 위해 긴 문장을 사용하거나 장시간 연속해서 말을 할 수 있다. 방송 언어는 반드시 짧은 문장이이야 한다. 자칫 시청자들이 듣기에 지루할 수 있다. 한마디로 말해, 강의 언어는 수정할 수 있는 블로그와 같으며, 방송 언어는 수정이 불가한 웨이보라고 할 수 있다. 강의를 하는 사람은 말의 확장에 강하나, 방송에서는 축소가 요구된다. 왕강은 내 강연을 들은 뒤 크게 놀랐다. 강연 현장에서는 훌륭한 내가 방송 프로그램에만 오면 왜 그렇게 맥을 못 추는지 의아해했다. 이번에는

내가 그에게 알려줄 차례다. 문장을 확장하면 풍만해지며, 풍만한 여인은 친근감이 있지만, 문장을 축소하면 뼈대가 느껴지고, 마른 여인은 사람으로 하여금 거리감을 느끼게 한다.

• 강의 언어에는 버릴 부분도 많이 존재한다. 방송 언어는 허튼소리를 허용하지 않는다. 만약 의도적으로 허튼소리를 이용해 돋보이려고 시도하지 않는 한 말이다. 물론 많은 방송인은 이미 '정밀한 허튼소리'에 익숙해져 있는데, 이것도 당사자가 대중에게 보여주고자 하는 방송 스타일에 따라 결정된다.

2. TV 시청자와 강의를 듣는 청중의 차이

• "TV에서는 심오한 것을 기대하지 말아야 하며, 심오한 것을 원한다면 책을 보라."라는 차이캉융蔡康永의 말에는 일리가 있다. 대체적으로 TV 시청자들은 즐거움과 여유 속에서 약간의 배울 점을 얻어가기를 원한다. 심오함을 추구하면 시청자들은 복잡하고 피곤하다고 생각한다. 그런 순간 그들은 채널을 돌려버린다. 강의를 듣는 청중은 사전에 학습 목표를 설정하고 뭔가를 배우겠다는 기대를 가지고 오기 때문에 반복해서 말해도 받아들인다. 반복해서 말해야 기억에 더 남기 때문에 긴 문장도 수용하며 결론을 천천히 받아늘인다. 이것이 학습의 필연적인 과정이기 때문이다. 반면 TV 시청자들은 리모컨을 들고 마음대로 채널을 바꾼다. 대다수 시청자들은 특별한 목표를 설정하지 않고 시간을 보내기 위해 TV를 시청한다. 뭔가를 얻는 것은 순전히 개인의

호불호와 직관적인 감각에 의해 결정된다.

- TV를 보는 대중은 단순한 것과 흑백논리를 더 쉽게 받아들인다. 당신이 한 가지 일을 묘사할 때 좋은 면과 나쁜 면을 다 들어서 설명한다면, 말은 맞지만 하지 않는 것과 같은 결과를 가져온다. 따라서 시청자들이 선호하는 방식은 결과를 직접적으로 제시하는 것이다. 강사에게 있어 이런 방법은 일종의 재앙이다. 시청자들에게는 많은 반찬으로 이루어진 '진수성찬'보다는 직접 '포도당'을 주사해주는 것이 필요하기 때문이다. 시청자들은 사고할 인내심이 없으며 기다려줄 인내심은 더 없다. 이와는 반대로 강의를 듣는 청중들은 이런 식으로 떠먹여주는 강의를 받아들이기 어렵다. 그렇게 하면 너무 가볍고 경박하며 아무것도 배우지 못했다고 생각할 것이다.

- 매체가 얼마나 비난을 받든 상관없이 대중은 TV에 나오는 말이 옳다고 보편적으로 믿는다. 따라서 방송에서는 간단함이 역량이며, 결론이 분석 과정보다 인기를 누린다. 반면 강의에서는 한 마디마다 결론을 내리면 학생은 재미없고 지루하다고 생각한다. 무엇보다 강사의 지식 수준에 의혹을 품게 된다. 유명한 강사는 학생이 원하는 답을 직접적으로 말해주지 않으며, 학생 스스로 문제의 답을 찾을 수 있게 해주기 때문이다. 좋은 강사에게 중요한 덕목은 주입식의 지식 전달이 아닌 깨달음을 주는 것이다.

3. TV에서의 상태와 강의하는 상태의 차이

- 강의를 할 때는 닫힌 공간에서 직접 청중과 마주하고 있다. 누가 딴청을 하는지도 잘 보이기 때문에 기교를 이용해 언제라도 그들의 주의를 환기할 수 있으며, 언제라도 현장의 분위기를 강의의 궤도로 조정할 수 있다. 반면 TV 방송은 상상 속의 시청자와 마주하고 있으며, 시청자가 보고 있는 것은 네모난 상자다. 시청자와 가장 직접적이고 강력한 면대면 교류를 할 수 없다. 시청자의 희로애락을 볼 수 없다. 이렇게 하여 시청자가 채널을 다른 곳으로 돌려도 알 수 없으며 그것을 만회할 어떤 능력도 없다.

- 강의를 할 때는 혼자서 독창성을 발휘할 수 있으며, 현장의 모든 상황을 조정할 수 있다. 모든 것은 강의 효과를 위해 존재한다. TV 방송에서는 모든 사람이 협력하여 한 막의 연극을 완성하므로 조정을 담당하는 사람은 제작자다. 프로그램 중 단 한 가지 요소라도 고리가 끊어지면 안 된다. 강의할 때는 혼자서 진행하며, 강사 개인의 능력이 중요시된다. TV 방송에서는 다른 사람과 함께 진행하며 개인의 능력은 물론이고 다른 사람과 협력하는 능력도 중요시된다.

- 강의를 할 때는 강의 결과에 책임을 져야 한다. 좋은 것도 나쁜 것도 모두 당신에게서 비롯되므로 숨을 곳이 없다. TV 방송에서는 최종 편집 결과에 책임을 질 수 없으며 순응하는 걸 배워야 한다. 때로는 방송의 효과를 위해 말의 일부를 끊어 필요에 따라 사용하며, 현장에서 한 당신의 말을 앞뒤를 다 자르고 뜬금없는 곳에 가져다 붙이기도 한다. 편집자의 입맛에 따라 당신의 말이 변질

되는 이 결과를 마음을 비우고 받아들일 줄 알아야 한다.

나의 길을 부러워하며 저렇게 살고 싶다고 할 수도 있다. 그렇다면 위의 모든 사항이 당신이 겪어야 할 고통이다.

온종일 학문연구에 매진하는 전문가가 TV 방송매체에 진출할 때 최대의 난점은 전문가라는 타이틀을 어떻게 벗어버리느냐다. 당신이 하는 것이 과학교육 프로그램이 아닌 이상, TV에는 정도의 차이는 있지만 오락의 성분이 들어 있다. 그러나 적정선을 지키지 않으면 이도 저도 아니게 되어 힘만 잔뜩 들어가며, '효과'와 '전문성' 사이에서 균형 잡기가 어려워진다.

TV 방송은 확실히 깊이 있게 표현하기가 어렵다. TV의 가벼움과 퇴폐성에만 지나치게 탐닉하면 자기 방향을 잃어 학문 연구도 정체되어버린다. 그러나 TV의 목소리를 이용하려고 선택했다면 가볍고 알아듣기 쉬우며 재미있는 방식으로 자기의 사상을 설명하는 법을 배워야 한다.

진정한 진리는 통속적이어서 알기 쉬우며, 깊은 사고가 필요 없는 것이다. 즉 쉬운 말로 모두가 진정한 이치를 알 수 있도록 해야 한다.

11장

내가 쓸 수 있다면
당신도 쓸 수 있다

글쓰기

책을 내는 사람이 너무 많다. 작가가 아니더라도 각계각층에서 목소리를 낸다. 비록 책이 잘 팔리지 않고 읽는 사람은 줄어들고 있지만, 책을 낸다는 것은 자기의 신뢰도와 영향력을 나타내는 중요한 지표라고 할 수 있다. 사실 그저 책을 낼 수 있는 사람과 작가는 전혀 다른 개념이다. 물론 이는 '작가'에 대한 모든 사람의 정의에 달려 있다.

나는 '작가'라고 불리기에는 부족하다고 생각한다. 편집자들은 나 정도면 충분히 자격이 있으며 사람들이 내 책에 소개된 내용을 모두 사용할 정도라고 끊임없이 격려해주기는 한다. 그 말을 믿지만 글솜씨가 우아하지 않은 게 걱정이다. 다른 사람들이 쓴 글을 보다가 내 글을 보면 쥐구멍에라도 숨고 싶은 심정이다.

한번은 내 친구가 '작가'라는 신분을 일부러 언급하지 말라고 진지하게 충고했다. 신분은 남이 부여하는 것이며, 나는 연구한 도구를 이용해 사람들의 고민을 해결해주는 전도자이고 글쓰기는 전도 방식의 하나일 뿐이라는 것이다. 그의 말에 나는 갑자기 단전에서 기가 용솟음치는 걸 느꼈다.

내가 남보다 못하다면 책을 낼 수 없었을 것이다. 그러나 예전에는 꿈도 꿀 수 없었던 글쓰기는 이제 내 삶의 일부가 되어 뼛속까지 스며들었다. 누구든 한 가지 일을 좋아하면 그 일을 하는 과정에서 즐거움을 누릴 수 있으며, 꾸준히 연습하다 보면 언젠가 성과를 볼 수 있다는 사실을 나는 굳게 믿는다.

처음 글 쓰는 일의 어려움

첫 책이 가장 중요하다고 강조하는 이유는 이 목표를 달성해야 자신감이 생기기 때문이다. 스스로 가지는 자신감은 외부에서 격려받는 것과는 천지 차이가 있다.

처음 책을 쓸 때는 글 솜씨에 확신이 없었다. 전문적으로 훈련을 받은 적이 없기에 독자가 만족할 작품을 쓸 수 없다고 여겼다. 이 생각은 윌리엄 서머싯 몸의 수필을 읽고 나서 완전히 바뀌었다. 서머싯 몸은 위대한 소설가 발자크의 글이 거칠고 저속할 뿐더러 지루하고 어색한 수식으로 가득하며, 적절치 않은 단어 사용 등 결함이 상당히 두드러진다고 평가했다. 찰스 디킨스의 영어 문체도 훌륭하다고 할 수 없으며, 톨스토이와 도스토옙스키의 러시아어 문체는 제멋대로이며 거칠어서 비평가들로부터 호된 악평을 받았다. 따라서 작가가 유려한 글솜씨를 갖춘다면 좋겠지만 기본적으로 갖춰야 하는 소양은 아니다.

작가는 풍부한 경력, 대담한 창조, 날카로운 관찰 및 인간에 대한 관심과 이해를 자산으로 삼아야 한다. 서머싯 몸의 이런 말에서 용기를 얻어 내가 가진 '자산'을 점검해보았다. 경력은 있는 편이고 창조성도 부족하지 않으며, 관찰력도 그만하면 된 것 같다. 인간에 대한 관심과 이해는 가장 내세울 만한 자산이다. 다 합쳐보니 높은 점수는 아니지만 합격점은 되는 듯했다. 첫 책을 쓸 때를 돌아보니 가장 어려웠던 점은 다음과 같다.

- 내 성격상 마음을 가다듬고 외부의 간섭을 배제한 채, 금전과 무대 위 박수갈채라는 많은 유혹을 물리치고 묵묵히 몰두하며 집필할 수 있느냐는 것이었다.
- 글쓰기에서 가장 힘든 점은 무대 언어를 어떻게 하면 서면 언어로 전환할 수 있을까 하는 거였다. 이를 통해 성격색채를 잘 모르는 독자들에게 성격색채가 엄연히 깊이 있고 폭넓은 학문이며, 결코 가십거리가 아니라는 점을 인식하게 하는 게 급선무였다. 또 딱딱한 글을 싫어하는 사람들도 기분 좋게 읽으면서 강한 울림을 줄 수 있어야 했다. 요컨대 전문성과 통속적인 면을 두루 갖춰야 했다.
- 내용 측면에서 동일한 관점을 설명하는 사례가 너무 많아서 취사선택에 어려움을 겪었다. 마치 마음에 드는 미녀가 많은데 그중 결혼 상대사로 한 사람만 선택해야 하는 것과 같았다. 안목이 있어야 함은 물론 적당히 포기하는 법도 배워야 했다.

2005년 9월 2일경, 원고를 절반쯤 썼을 때다. 영감이 떠오르지 않아서 글쓰기가 마치 전립선 환자가 소변을 짜내는 것처럼 어려웠다. 어쩌다 한두 마디를 쓰려면 여기저기를 뒤져보는 게 일이었다. 그때 우차오핑 형님께 이런 내용의 메일이 왔다.

"글 쓰는 일은 어떤 상태에서나 힘들다는 걸 나도 안다네. 자네는 천재가 될 수도 있지만 글이 풀리지 않아 무력할 수도 있어. 이익과 이성은 진정으로 자네를 움직이지 못하지. 빛나는 장면이나 마음을 움직이는 낭만, 흠모에 가까운 인정을 받아야만 자네는 진정으로 흥분하고 용기를 내는 것 같네. 이 책이 완성되면 한동안 자네는 많은 관심을 받게 될 것이며, 오랫동안 아무 근거 없이 비난받았던 섭섭함을 송두리째 날려버리고 우뚝 설 수 있을 것이네. 나는 자네가 이 책이 대중에게 유익하다는 믿음으로 끝까지 해낼 거라고 믿네. 숙제를 제출한다는 마음에서 벗어나야 하네. 설사 출판사에서 자네더러 쓰는 걸 중단하라고 해도 이 책을 반드시 써야 하네. 살아 보면 이를 악물고 어려움을 통과할 기회는 많지 않네. 대부분 이를 악물어도 소용없지. 자네는 지금 다시 오지 않을 기회를 잡고 있네. 강한 의지로 반드시 끝까지 움켜잡고 있어야 하네."

책을 쓰는 목적

성격색채에서 강조하는 가장 중요한 내용이 있다. 당신이 무엇을 하든지 중요하지 않다. 중요한 것은 그 일을 '왜' 하는가이다. 이제부터는 내가 왜 책을 쓰는지를 이야기해보겠다.

| 제1단계: 증명

'증명'은 내가 처음 책을 쓸 때의 취지다. 2002년 교육기업을 세우고 성격색채 강연을 시작한 나는 오랫동안 기업을 상대로 강의를 하면서 많은 의혹과 도전에 직면했다. 강의 효과가 아무리 좋아도 고객의 신뢰를 받지 못했다. 사람들이 나의 이론 기초에 의혹을 품고 과학적 이론이나 실증을 요구했으며, 어느 학교를 졸업했고 경영 경험은 있는지 궁금해했기 때문이다. 사람들은 내가 그저 말재주 하나만 믿고 함부로 말한다고 여기고, 오락 삼아 하는 거야 상관없지만 수준이 떨어진다고 생각했다.

그들의 반응은 극히 정상적이며 이해할 수 있었다. 그러나 마음이 불편할 때도 많았다. 교육 효과가 아무리 좋고 강의를 들어본 사람들이 높은 평가를 내리는데도 불구하고 다른 교육기업의 커리큘럼이 나의 그것보다 몇 배 비싼 가격에 책정되는 걸 볼 때는 특히 그러했다. 학생이 지루한 수업에 졸고 있어도 기업 측은 상관하지 않았다. 다른 교육기관에서는 외국에서 들여온 커리큘럼을 진행하고 외국에서 출판된 교재를 사용하니 많은 고객이 떠받들었다.

오랫동안 이런 불공평한 대우를 받다 보니 마음은 칼에 벤 듯 아팠다. 그때마다 다짐했다. 책을 써서 나를 못 알아보는 사람들에게 보여주고, 그동안 그들이 성격색채에 대해 알던 내용이 껍데기에 불과했다는 사실을 알려주고 싶었다. 책에 실린 내용은 그들이 만 년을 배워도 그 안에 담긴 기초를 이해할 수 없을 거라고 말이다.

이렇게 증명을 해야겠다는 욕구는 창업 초기 내내 지속되었다. 지금까지 출판한 성격색채 서적 중 2006년에 출판한 첫 책《색안식인》은 내게 가장 중요하다. 중요한 책 중의 하나가 아니라 유일하다.

자료 준비에만 5년이 걸렸으며, 글을 쓰는 데는 1년 6개월이 걸렸다. 당시에는 그 시간이 아주 길다고 느껴졌지만 이제와 생각하니 긴 인생에서 그 정도는 찰나에 불과하다. 힘들었지만 충분히 그럴 가치가 있었다.

또 하나의 증명은 당시 여자 친구와 관련된다. 그 내용은 '자괴감' 편에서 다루었다. 여자 친구 집안에서 나를 완강히 반대했으며, 한동안 그녀의 부모가 우리 둘을 갈라서게 하는 것을 인생의 최고 목표로 삼을 정도였다.

한동안 어떻게 해야 할까? 생각을 거듭했다. 그녀 아버지에게 내가 유능한 강사라고 말해봤자 알아줄 리 만무했다. 방송 일을 하기 전만 해도 강사가 존중받고 재능이 넘치는 직업이라 생각하고 보람을 느꼈다. 방송 일을 시작한 후 많은 공격을 받으면서 사람들이 강좌에는 관심이 없다는 사실을 깨달았다. 강좌는 전혀 대중적이지 않으며, 강사나 트레이너라는 직업도 알려지지 않은 상황이었다.

그런 내가 짧은 시간에 할 수 있는 일은 한 가지밖에 없었다. 즉 작가가 되는 것이다. 여자 친구 부모님은 사업가 출신이라 공부는 많이 하지 않았다. 내가 책을 쓸 수 있다면 작가인 셈이니 비록 돈은 없지만 문화인이라는 신분을 내세울 수 있을 터였다. 처음에는 막연히 이런 생각으로 출발했다. 솔직히 말해 그녀 아버지가 반대하기 때문에 뭔가 성과를 증명해보이고 싶었다.

일과 사랑 두 영역에서 '증명'은 나의 원동력이다. 나는 굳게 맹세했다. 이 책을 완성하지 못하면 평생 아무것도 못 할 것이고, 사랑하는 여자를 다른 남자에게 빼앗길 거라고 스스로 저주를 걸었다. 비록 책이 출판된 지 3년 만에 그녀는 다른 남자와 결혼했지만 이 두 가지 저주는 당시의 나를 모질게 채찍질했으며, 목숨을 걸 만큼의 효과가 있었다. 그랬기에 자신을 채찍질하며 끝까지 해낸 것이다.

| 제2단계: 허영

생애 첫 책을 완성한 나는 그 열매를 마음껏 즐겼다. 고객을 만날 때는 짐짓 무심한 척 탁자 위에 책을 내려놓았다. 처음에는 관심을 주지 않던 고객의 '낯짝'이 책을 보는 순간 우호적으로 변하는 모습이 그렇게 통쾌할 수가 없었다. '낯짝'이라는 단어를 선택함으로써 내가 얼마나 가볍고 마음이 좁은 사람인지 드러나지만, 그래도 당시의 상황을 생생하게 재현하기 위해 이런 말을 썼다. 당시 심정은 너무 오랫동안 억눌려 있던 분함에 사로잡혀 있었고, 마침내 그동안의 노력을 성과로써 증명할 수 있다는 생각에 너무나 기뻤다.

우리에게 주어진 시간은 한정되어 있다. 많은 선택을 할 시간이 없다. 능력이 있다면 확실한 증거를 내놓아야 하며, 능력이 없으면 어느새 도태되고 만다. 고객이 나를 성장하고 발전하도록 자극했으니 그들에게 진심으로 고마워해야 한다. 이 말에는 조금의 가식도 없으며 진심에서 우러난 것이다.

《색안식인》에 이어서 내놓은 책들도 하나같이 '증명'이 목적이었음을 밝힌다. 책 한 권 쓴 걸로는 완벽한 증명을 할 수 없다. 반면에 여러 권을 쓸 수 있다면 학문적 깊이가 있음을 간단히 증명할 수 있다. 내가 학문에 얼마나 신경을 썼는지 말하기 위해서는 나의 어머니 이야기를 하지 않을 수 없다.

내가 어릴 때부터 우리 어머니는 공부의 중요함을 늘 중시했다. 많은 책을 쓸 수 있다면 그야말로 대단한 일이며, 공장장이 되는 것보다 근사하다고 생각했다. 어머니는 공부가 짧은 분이었다. 초등학교 2학년 때 학교를 그만두고 상하이에서 산시 푸핑창으로 가셨다. 그곳에서 둘째 외삼촌 집에 머물며 전기용접공장의 전기용접공으로 일했다. 오랫동안 용접 일을 하느라 어머니는 눈이 침침하면서도 눈물을 흘릴 수 없는 녹내장을 앓았고, 빛을 잃은 눈은 늘 시큰거리는 통증을 동반했다. 그런 어머니는 돌아가신 외삼촌이 책을 좋아했다는 말씀을 할 때 두 눈을 반짝였다. 학자 가문이 아니지만 어머니는 아들이 공부를 많이 하기를 희망했으며, 친척 중 공부 잘 하는 사촌들과 늘 비교했다.

그동안 내가 하고 싶다는 일은 무조건 반대하고 근심과 의혹, 잔소리로 일관한 어머니였다. 그러나 유독 공부에 있어서만은 달랐다. 내가 공부만 열심히 한다면 어머니는 무슨 짓을 해서라도 뒷바라지를 해주셨다. 자식이 유명해지기를 바라서라 아니라 존중받는 삶을 살아가기를 바랐기 때문이다. 어린 나이에 고향을 떠나 공장에서 힘들게 일하며 공부와는 담쌓은 삶을 살았던 어머니의 영향으로 학자가 되는 걸 아주 고상한 일로 느끼게 되었다. 더구나 많은 책을 쓰는 건 대단한 인물이 할 수 있는 일이라고 생각했다.

허영심의 또 다른 모습은 머릿속이 온통 봉건사상의 찌꺼기로 가득 차서 명성을 세상에 떨치고 싶은 욕망이다. 작가 슝페이윈熊培雲은 글쓰기란 세상에 명성을 남기기 위해서가 아니라 시대에 책임을 지는 방식이며, 삶의 시간을 헛되지 않게 보내기 위해서 쓰는 거라고 했다.

그의 말 중 "세상에 명성을 남기기 위해서가 아니라"의 부분을 빼놓고는 나는 아직 그의 경지에 도달하지 못했다. 사람이 죽으면 그만이고 이승의 모든 것은 그저 연기와 같다는 말이 있지만 나는 좁은 의미로 생각을 해보았다. 이 세상에 전해지기 위한 목적이 아니라면 일기 쓰는 것으로 족할 것이다. 죽은 다음에 같이 태워버리면 될 것을 무엇 때문에 출판하겠는가? 글을 쓰는 사람들 중에는 현세에 그 성과를 누리고 명성과 돈을 함께 얻는 사람도 있다. 그런가 하면 죽은 후에 이름을 남기려는 의의도 있다. 내가 책을 쓰는 이유는 후대에 전해지기를 바라서이다. 얼마나 오랫동안 전해질지는 내가 죽은 후의 일이니 지금은 알 수 없다. 그러나 100년 후에 사람들이 나의 책을 통해 깨달음을 얻는 모습을 기대한다. 시대가 바뀌고 유행이 바뀌어도 성격의 본질은 변하지 않으며 인성도 변하지 않는다. 세월이 아무리 흘러도 모든 것은 사람과 연관된다.

| 제3단계: 사람들을 돕는다

이 동기는 내 자신이 숭고하다는 느낌을 갖게 해준다. 강의를 끈기를 가지고 하겠다는 생각은 하지 않는다. 왜냐하면 내가 생각하는 '끈기'란 어떤 일이 고생스럽지만 목표를 위해 반드시 해야 한다고 할 때 쓰는 표현이다. 그러나 오랫동안 강의를 해왔지만 체력적으로 힘든 것 외에 정신적으로는 즐거운 마음으로 임하고 있다.

강의를 하는 것은 가장 높은 수준의 '우유 배달' 방식이다. 도움이 필요한 사람들이 스스로 성장하고 발전하는 모습을 지켜보면서 기울인 모든 노력에 보람을 느낀다. 전도자의 성취감이 이보다 클 수는 없다. 강의를 하면 '우유 배달'을 통해 타인에게 양분을 공급함과 동시에 자신도 다른 사람에게서 양분을 섭취할 수 있다. 쌍방의 소통 과정을 통해 남을 돕고 자신도 도울 수 있으니 이런 좋은 일을 어디서 찾겠는가! 그러나 어떻게 교육을 해도 참가하는 사람은 많지 않으니 더 많은 사람에게 강의를 들려주기 위해서는 강연을 해야 한다. 비록 일방적이지만 큰 무대에서 전파를 하면 더 많이 보급되며, 이는 제한된 인원을 상대로 하는 강의보다 백배 천배 효과적이다.

하지만 많은 사람에게 전파하려면 이 방법으로도 한계가 있다. 내가 방송에 출현하는 이유는 더 많은 사람에게 간편하게 보급할 경로라고 생각했기 때문이다. 유감스럽게도 방송용 언어와 강의용 언어는 완전히 다르다. '스파르타쿠스Spartacus' 영화 한 편을 보고 모든 로마사를 이해할 수 없는 것과 같다. 따라서 학습에 참가할 기회가 없는 사람들에게 책은 성격색채를 이해하는 가장 효과적인 경로이다.

노벨상을 탄 오르한 파묵Orhan Pamuk은 마음속 이상적인 독자를 위해 글을 쓴다고 했다. 그의 책을 읽는 사람에게 글로써 봉사하는 것이다. 많은 사람을 위해 글을 쓰는 작가와 소수의 사람들을 위해 쓰는 작가로 분류하는 사람도 있다. 더 극단적으로는 순수한 문학이란 무한한 소수자를 위해 바쳐져야 한다고 주장하기도 한다. 이들은 독자가 한 사람 이상이면 족하며, 설사 자기 혼자에게 바쳐져도 상관없다고 한다.

이 문제에서 사람들은 저마다 배경이 다르기에 추구하는 목표나 관점도 다르다. 나는 내가 종사하는 직업을 배경으로 성격색채를 썼으며, 모든 사람이 볼 수 있도록 하는 게 나의 목표다. 모든 사람의 일생이 성격으로 인해 즐거움과 고통을 겪게 된다고 굳게 믿는다. 성격색채를 보급하는 게 나의 사명이며 학력과 신분 여하를 막론하고 모든 사람이 다 이해할 수 있어야 한다.

내가 책을 쓰는 건 어디에 몸담고 있든, 사람들이 성격색채를 활용해 자신과 남을 돕기를 원할 때 참고할 만한 존재가 되고 싶어서다. 더 많은 사람을 도울 기회를 잡고 싶다.

| 제4단계: 정신적 기쁨

인터넷에서 내가 책을 써서 돈을 갈취한다고 악성 댓글을 다는 사람들이 있다. 그들은 상식이 풍부하지 않고 평소에 책을 읽지도 않기에 요즘 책을 읽는 사람들이 점점 줄어들고 있다는 사실도 모른다. 글을 쓰는 데 들어가는 시간 중 100분의 1만 떼어내 돈 버는 일에 사용하면 글 써서 버는 돈의 10배는 벌 수 있다.

글쓰기는 고통스러운 작업이다. 포기하고 싶을 때마다 그동안 겪은 일을 기록해두지 않았다면 아무도 알아주지 않을 거라 생각했다. 언젠가 기자가 이런 질문을 해오는 날을 기대한다.

"선생처럼 움직이기 좋아하는 사람이 어떻게 한 곳에 틀어박혀서 유혹을 참았습니까?"

유감스럽게도 내가 은근히 자랑스러워하는 이 점에 대해 아무도 물어보지 않는다. 그러니 내가 직접 이야기해야겠다.

나의 이런 자질은 훈련을 통해 단련했다. 강연에서의 에너지보다 이런 자질을 더 자랑스럽게 느낀다. 여기 두 사람이 있다. 한 사람은 멋진 외모를 가졌고 하나는 평범하게 생겼다. 이 둘이 자기 성장 경험을 이야기한다면 당신은 누구의 이야기를 듣겠는가? 처음에는 잘생긴 사람에게 눈길이 갈 것이다. 그러나 아무리 외모가 탁월해도 그의 이야기에서 얻는 게 없다면 사람들의 관심은 급격히 식어버릴 것이다. 왜냐하면 그의 경험을 당신이 그대로 복제해서 쓸 수 없기 때문이다. 외모가 평범한 사람의 성장 경험은 대중이 그 속에서 공통점을 찾을 수 있기에 더욱 공감이 갈 것이다.

　따라서 나는 내 천성 중 타고난 우위가 당신에게는 소용이 없을 거라고 생각한다. 반대로 내가 타고난 결점들을 후천적으로 노력하여 변화시킨 부분이 당신에게는 더 유용할 것이다. 글쓰기는 조용히 앉아 자신과 대화하는 과정이다. 그리고 나는 이것을 후천적으로 해냈다.

　위화餘華는 "글쓰기는 심신의 건강에 유익하다. 현실에서 실현할 수 없는 욕망이 허구 세계 속에서 잇달아 실현될 때 나의 삶이 완벽해지는 것을 느낀다."라고 했다. 글쓰기가 정신 건강에 유익한 점이야 더 말할 나위가 없다. 이러한 영혼의 교류는 성적인 쾌감보다 강하다. 그러나 몸의 건강에 유익한지는 아직 모르겠다. 나의 경험으로는 책 한 권을 완성하면 한 차례 크게 앓고 지나간다.

　온종일 컴퓨터 앞에 앉아 꼼짝도 하지 않은 채 몇 시간이 지나도록 단 한 자도 못쓸 때도 있다. 그러면 손가락은 쥐가 나고 눈은 뻑뻑하며 손목 건초염에 전립선 비대 증상이 생기고 요추가 손상되며 아랫배는 더부룩하다. 운동을 하고 싶을 때는 글쓰기와 운동이 천적 사이라는 생각이 든다.

　이런 상황에서도 왜 글을 쓰려고 할까?

　글을 써서 얻는 정신적 기쁨이 육체의 고통스러움보다 훨씬 크기 때문이다. 기쁘니까 아픔도 잊고 상처도 아물게 된다. 역사를 기록하는 생활 방식은 이미 나의 뼛속까지 스며들었다. 기록과 사고는 독자들과 공감할 수 있는 기회를 더 많이 만들어준다. 내가 아는 공간에서 사람들과 마음의 교류를 하기 위해 기다린다. 공간적으로 멀리 떨어져 있어도 서로 기대하고 뜨겁게 사랑한다. 무엇보다 나는 여전히 이런 것들을 필요로 한다.

글쓰기가 힘들다고 앞에서 말한 것은 엄살에 불과하다. 정말 힘들고 흥미도 떨어졌다면 계속 쓸 리가 없다.

날마다 15분씩 300자 써라

나는 작가가 되는 방법을 구체적으로 가르쳐주는 직업 작가를 본 적이 없다. 책을 어떻게 쓸지 전문적으로 지도하는 책이 있기는 하다. 그 내용은 아래의 몇 가지로 정리된다. 목표와 관심사를 정하고, 시장을 정확히 겨냥하며, 책을 많이 읽고, 지혜로운 사람에게 배우며, 명성을 쌓는다.

이런 내용은 당신도 많이 접했을 것이다. 사실 각계각층의 성공 법칙은 서로 통하는 법이다. 미국의 유태계 작가 노먼 메일러Norman Mailer는 글쓰기에 가장 좋은 훈련법을 묻는 질문에 불우한 어린 시절이라고 대답했다. 그의 말에 나는 한동안 우울했다. 나의 어린 시절은 특별히 내세울 만한 것은 없었지만 비극적일 정도는 아니었다. 그렇다고 글쓰기의 꿈을 접어야 한다면 받아들이기 어려운 일이다.

애써 생각해봐도 불우한 어린 시절을 떠올릴 수 없다면 후천적으로 만들어내는 수밖에 없다. 그래서 이 글 말미에 나처럼 글쓰기 기초가 없으면서 책을 쓰고 싶은 독사들에게 작은 제안을 할까 한다.

그 제안은 다름이 아니라 처음 시작하는 방법으로, 지금부터 뭔가를 기록하는 습관을 가져보라는 것이다. 기록하는 습관이 없는 사람은 지금부터 시작하면 된다. 필기는 글쓰기의 중요한 기초가 된다.

어떤 방법을 쓰든 상관없다. 기록하는 습관을 들이는 게 중요하다.

필기는 당신의 역사를 기록하는 작업이다. 훗날 회고록을 쓰고 싶다면 굳이 집안을 뒤져 어린 시절 탐닉했던 시를 찾지 않아도 된다. 필기한 노트를 보면 과거의 궤적을 찾아볼 수 있다. 따라서 나중에 고생을 면하기 위해서라도 뭔가를 남겨두어야 한다. 요컨대 '전기보다는 연보를, 연보보다는 일기를 더 신뢰하라.'는 말이다. 따라서 기억력에 의존하지 말고 대충이라도 기록해두는 편이 좋다. 아무리 작은 일이라도 기록해두면 자신의 역사가 되며, 당신이야말로 자기 역사를 책으로 쓰는 사람이다.

나는 기록해두는 방식으로 한동안 블로그를 이용했다. 웨이보가 등장하면서 편리함을 추구하는 사람들이 그쪽으로 몰려갔고, 블로그는 소수 사람들의 전유물로 전락했지만 얼마 전까지만 해도 블로그의 기세는 대단했다. 나는 꼬박꼬박 블로그에 기록했으며, 대부분 원시적인 기록들이 많았다. 지금 생각하면 그러기를 정말 잘한 것 같다.

블로그의 최대 장점은 끈기를 훈련할 수 있다는 점이다. 나처럼 관심 분야가 광범위하면서도 끈기가 없는 사람, 천성이 쓰기보다 말하기를 더 좋아하며 논리성이 부족한 사람에게 블로그는 최적의 훈련 장소다. 무엇보다 블로그에 기록하는 일에 강제성이 있기 때문에 개성의 수련에도 좋은 방법이다.

처음 시작 단계에서 날마다 무엇을 기록할지는 전혀 중요하지 않으며 상관할 필요도 없다. 중요한 건 스스로 기록하는 습관을 기르도록 채찍질하는 것이다. 기록의 양은 중요하지 않으며 날마다 기록하는 게 중요하다.

나중에 블로그만 하다 보니 불편한 점이 많았다. 언제 어디서나 인터넷에 연결하기가 어려웠고, 갑자기 생각나는 것들을 기록해야 할 때는 블로그가 불편했다. 그래서 어디를 가든 노트를 가지고 다니며 유용한 것을 보거나 좋은 영감이 떠오를 때, 누군가로부터 재미있는 생각을 들을 때마다 빠짐없이 기록해두었다.

떠오르는 영감은 그 양을 가늠할 수가 없으며, 매일 만나는 사람이나 사건에 따라 달라진다. 그날 어떤 생각이 드는지에 따라서도 달라진다. 날마다 일지를 기록할 때 가장 피해야 할 것은 어느 날은 많은 내용을 기록하고 한 달이 넘도록 내버려두었다가 어느 날 갑자기 마음이 발동하여 끄적거리는 일이다. 이렇게 해서는 절대로 성공할 수 없다. 이는 내가 헬스장 코치에게서 들은 말이다. 그는 변속운동을 하는 훈련은 아무리 빨리 달려도 느린 속도로 하는 등속운동의 효과를 따라가지 못한다고 했다.

매달 목표를 1만 자 쓰기로 정했다고 가정해보자. 어느 날 신경이 발동하여 이틀 동안 밤을 세워 쓰고 그 후 한동안 쓰지 않는 것보다, 날마다 15분씩 300자를 쓰는 편이 훨씬 효과적이다. 이렇게 하는 목적은 오직 하나, 강제적으로라도 기록하는 습관을 기르기 위해서다. 이런 좋은 습관은 평생에 큰 이익을 가져올 수 있다. 지금 나에게 글을 쓸 소재가 풍부하고 언제라도 가동할 수 있는 건 순전히 오랫동안 길러온 기록의 힘이다.

최근까지도 기록하는 습관을 유지하고 있던 나는 중국의 유명한 역사학자인 쳰원중錢文忠의 서재에 갔다가 충격을 받았다. 그는 매일 밤 자기 전에 붓으로 일기를 쓰고 있었다. 어릴 때부터 수십 년을 하루도 빠지지 않고 써온 것이다. 그 일을 계기로 나는 쳰원중 선생을 존경하게 되었다.

마지막으로 나의 책, 특히 이 책에 거는 기대가 있다. 사람들이 내 책을 칭찬만 하고 펼쳐보지도 않고 한쪽에 모셔두기를 원치 않는다. 어느 날은 화장실에도 들고 가서 이 책의 즐거움에 빠져 오랫동안 앉아 있는 모습을 기대한다. 재미있는 구절에서 크게 웃고 공감하는 부분에서 같이 탄식하면서 치질도 나아버릴 정도로 말이다. 내 책을 화장실에서 읽다가 너덜너덜해질 정도가 된다면 평생 가장 큰 영광으로 생각할 것이다.

12장

우상에게 열광하는
우리들의 자세

숭배

방송에 출연하여 유명해지면서 나는 스타 대우를 받고 팬들의 열광적인 사랑을 받기도 했다. 이런 열광은 나의 허영심을 만족시켰지만 한편으로는 아직까지 적응할 수 없는 큰 불편함도 가져왔다.

　청소년기에는 다른 아이들처럼 스타를 좋아하기도 했지만 어느 정도가 스타에 열광한다는 건지는 확실히 모르겠다. 당시의 나는 홍콩 배우 판잉즈潘迎紫와 리뤄퉁李若彤을 좋아했는데, 평생 한 번만 만나보면 죽어도 여한이 없을 것 같았다. 그러나 나에게는 너무 높은 곳에 있는 선녀들이었기 때문에 감히 불경한 마음을 품을 수 없었다. '신조협려神雕俠侶'가 종영한 후, 평생 그런 대스타를 만나는 건 불가능하다고 느끼고 그들을 향한 마음이 조금씩 옅어졌다. 이는 '팬심은 언제나 변하며 움직이는 것'이라는 말의 정수를 보여준 셈이다.

　1996년부터 대형 강연을 할 기회가 생기면서 환호와 박수를 누리게 되었다. 당시 '팬'이나 '스타' 같은 말이 성행하지 않을 때였다. 그러나 나를 향한 존중의 눈빛을 보면서 사람들이 나의 강연을 좋아한다는 걸 알 수 있었다. 그 후 몇 년간 강연 무대를 떠나지 않았다. 1995년부터 시작하여 2001년 성격색채 교육을 본격적으로 하기 전만 해도 가장 확실한 꿈은 위대한 강연가가 되는 거였다. 무대 위의 배우를 움직이는 동력이 관중의 응원인 것과 마찬가지로, 나를 지탱하는 가장 견고한 동력은 사람들을 돕고 청중의 인정을 받는 것이었다.

2002년 성격색채를 연구하고 교육을 시작한 이후 2010년 방송을 하기 전까지는 내 강연의 수준이 아무리 높고 큰 갈채를 받았다고 해도 그 범위와 규모가 제한적일 수밖에 없었다. 교실 안 사람들이 보내주는 감격과 존중의 눈빛은 전문 지식으로 내면 깊은 곳에서 그들을 도와주었기에 가능했다. 일단 현장을 떠나면 곧 자유로운 몸으로 돌아와 평범한 생활을 누릴 수 있으니 그렇게 편할 수 없었다. 그러나 TV가 나의 일거수일투족을 촬영해서 내보낸 이후 삶은 완전히 바뀌었다. 사생활이 낱낱이 공개되어 전처럼 자유로운 생활로 돌아갈 수 없었다. 더 큰 곤혹은 따로 있었다. 민머리인 나는 모자를 벗으면 사람들 사이에서 눈에 금방 띄고 모자를 쓰면 머리에 땀이 차서 견딜 수가 없다. 모자를 쓰고 있어도 사람들의 사진 촬영 요구를 피할 수 없다. 이런저런 이유로 거절하면 네까짓 게 뭔데 건방지게 구느냐는 소리를 듣기 일쑤다. 운 나쁘면 거기에 욕도 덧붙여지며, 운이 좋아도 상대방이 씩씩거리며 돌아가는 모습을 봐야 한다.

그들은 대부분 격정적으로 내 팔을 잡고 위아래로 흔들고 눈물을 흘리며 말한다. 방송을 빠짐없이 보고 있으며 골수팬이다. 매일 저녁 나의 SNS를 들여다본다 등…. 그러고는 사진을 같이 찍자고 한다.

그러나 그들이 모르는 게 있다. 나는 사람들이 내가 나온 방송을 말하는 것보다 나의 책 이야기를 해주는 편이 훨씬 기쁘고 고맙다. 텔레비전으로 나를 안 사람들은 사실 내가 무슨 일을 하는지도 잘 모르기 때문이다. 나를 전혀 모르면서 좋아하는 사람들을 항상 신중하게 대하는 편이다. 그들이 좋아하는 건 그들 상상 속에 있는 나다. 그들은 늘 이렇게 말한다. "내가 선생님을 모를 리가 있습니까? TV에서 늘 보는 분인걸요." 그들이 보는 것은 미디어로 포장된 나다. 내가 좋다고 하지만 조금만 틈이 보여도 금세 시들 관심이다. 그들은 누군가 던지는 한마디 의혹의 말에도 금세 마음이 바뀐다.

바로 이런 이유로 강연을 끝낼 때 "여러분이 러자라는 사람보다 성격색채를 더 좋아해주었으면 합니다."라는 말로 마무리한다. 의아해하는 조수에게 이야기 하나를 해주었다.

선사가 설법을 하자 많은 신도가 몰려왔고 그를 숭배하게 되었다. 선사가 자기는 자격이 부족하다며 한탄하자, 신도들이 그 이유를 물었다. 선사는 이렇게 대답했다.

"나는 도를 전하여 학생들이 대도大道에 가까워지도록 돕고자 했습니다. 그런데 강을 건너주는 배가 우상으로 변하면 사람들이 나에게만 접근하여 학습의 목표를 잊어버리게 됩니다. 언젠가 나에게 따를 가치가 없다는 걸 발견하면 대도마저 저버릴까 걱정입니다."

나는 우상을 찾아 몰려드는 사람들을 볼 때마다 선사의 말을 생각하고 과거 내가 비방을 낭할 때 사람들이 그 말에 혹하여 나를 대하는 태도가 돌변했던 생각이 나서 소름이 끼쳤다.

우상 컴플렉스의 비밀을 캐다

이렇게 많은 사람이 우상 컴플렉스를 갖는 이유는 무엇일까? 나는 이를 세 가지로 분류했다.

| 첫 번째 유형: 강자에 대한 숭배

우상은 우리가 하고 싶지만 못하는 일을 할 수 있으며, 원하지만 될 수 없는 사람이 될 수 있다. 우상은 우리가 꿈꾸지만 이루지 못한 꿈을 이룬 사람이다. 노래를 좋아하는 사람들에게 우상은 돌고래 창법으로 사람들의 심금을 울린다. 우리가 춤추기를 좋아하면 우상은 상상을 뛰어넘는 무대를 보여준다. 우리가 수영을 좋아하면 우상은 한 손만으로도 우리보다 훨씬 빠르게 물을 가른다. 우리가 그림 그리는 걸 좋아하면 우상은 무심코 물감 몇 가지로 대충 휘갈겨도 세계적 소장품을 그려낸다. 우리가 글쓰기를 좋아하면 우상은 우리가 표현할 수 없었던 마음의 소리를 글로 표현한다. 우리는 돈을 벌고 싶고, 우상이 하는 사업도 우리와 별다를 게 없다. 그러나 그가 하루에 버는 돈은 우리가 평생 버는 돈의 열 배에 달한다. 강자를 향한 숭배는 극단으로 치닫기 쉽다. 우상의 능력과 정신을 배우는 일이 인생의 긍정적인 역량이 되기도 하지만 우상이 자기의 꿈을 대신해준다는 환상에 빠져서 추구할 목표를 잃어버리기 쉽다.

| 두 번째 유형: 정신적 지주

정신적 역량이 부족할 때 우상은 정신적 지주가 되어준다. 가령 어떤 사람이 쓴 책을 읽거나 말을 듣거나, 음악을 들었을 때, 때마침

자기 심정과 맞아떨어지면 사막에서 오아시스를 찾은 듯 환희를 느낀다. 고통스러운 시기에 그 사람을 통해 방황에서 벗어났다면 그는 자연스럽게 당신의 우상이 된다. 이와 관련하여 직접 목격한 가장 인상 깊었던 일화가 있다. 어느 프로그램에서 가수 리젠李健을 인터뷰할 때의 일이다.

그의 팬 가운데 스물한 살의 선천성 중증 뇌성마비 환자가 있었다. 2급 경련성 지체장애를 입은 그녀에게 의사는 평생 일어설 수 없다는 진단을 내렸다. 열네 살 때 그녀는 재활훈련을 받으면서 무심코 음악 방송에서 흘러나오는 리젠의 노래 '향왕向往'을 들었다.

"나는 모든 새가 날지는 못한다는 걸 알아요. 나는 당신이 스스로 묵묵히 참아내는 힘을 보는 것이 두려워요."

이런 가사가 들려오자 그녀는 목을 놓아 울었다. 그때부터 리젠의 콘서트에 자기 힘으로 가서 사인을 받고 싶다는 꿈을 갖게 되었다. 몇 년 후 마침내 스스로 일어나 걷게 된 그녀는 꿈을 이루었다. 지금 그녀는 자기 우상의 음악으로 다른 뇌성마비 환자를 돕고 있다.

| 세 번째 유형: 욕망의 대상

우상이 무대에서 맡은 역할은 내적 환상을 만족시켜주며, 우상이 무대에서 부르는 노래와 춤은 모든 감정적 환상을 촉발한다. 이런 상황은 한국이나 일본의 걸그룹과 보이그룹에만 국한되는 건 아니며 여신, 남신에 가지는 환상인 것만도 아니다. 이런 현상은 보편적으로 존재한다.

전에 다니던 회사의 사장님은 쉰이 넘은 나이의 풍모가 좋은 여성 기업가였다. 일로 바쁜 그녀였지만 한국 가수 비의 콘서트가 열리는 곳이면 세계 어느 도시라도 찾아다녔다. 비가 오나 눈이 오나 상관없이 비행기를 타고 그곳으로 향했다. 나는 따님 또래나 하는 일을 왜 하느냐고 물었다. 그녀는 엄숙한 표정으로 "그가 온몸으로 발산하는 섹시한 활력이 나는 좋거든."이라고 말했다. 그녀가 오랫동안 독신으로 살아서 그런가 보다 했으나, 나중에 재혼하고서도 비를 좋아하는 마음은 여전했을 뿐 아니라 오히려 심해졌다. 그녀의 사무실 책상 위 정중앙에는 유리를 조각하여 만든 엄지손가락 크기의 크리스털 조각이 있다. 그녀는 마치 보물을 보듯 바라보았다. 그 크리스털 조각은 광둥에서 싱가포르까지 날아가 입장한 비의 콘서트에서 주워온 것이다. 앞 좌석에 앉아 큰 소리로 함성을 지르던 그녀는 비의 무대 의상에서 뭔가 무대 아래로 떨어지는 것을 보았다. 그녀는 생명의 위험을 무릅쓰고 관중이 몰려들어 아수라장이 된 가운데서도 그것을 움켜쥐었다. 덕분에 사람들에게 밟혀서 허리를 다쳐 두 달이나 요양을 해야 했다.

TV에 나가기 전 강연과 교육, 글쓰기에만 전념할 때는 내게 열광하는 사람들이 있어도 그렇게 심하지 않았으며, 첫 번째와 두 번째 유형이 주를 이루었다. TV에 출연하면서부터는 그 양상이 달라져서 온갖 유형의 사람이 많이 나타났다. 내게 끝도 없이 열광하는 사람들 중에는 세 번째 유형이 가장 많다. 그동안 봐온 열성팬 중 가장 인상 깊은 사람이 두 명 있다.

그중 한 명은 구애 편지를 보내는 팬이다. 나도 구애 편지를 써본 적이 있지만, 세 통까지 보내보고 상대의 반응이 없으면 단념하는 게 보통이었다. 그런데 이 여성은 무려 2년 동안 계속 편지를 보내왔다. 하루에 한 통, 2,000자 분량의 편지가 다양한 내용으로 배달되어 온 것이다. 그녀는 내 모든 말을 기억했으며 방송에 나온 표정 하나에도

174

자신만의 구체적인 해석을 붙였다. 심지어 며칠 동안 인터넷에 내 소식이 없으면 스스로 상상한 화면을 그려놓고 이런 내용을 보내오기도 했다.

"눈도 떠지지 않지만 나는 깨어 있어요. 오빠가 나를 생각하기 때문이죠. 세상 어떤 것도 나를 이렇게 만들 수 없어요. 당신도 나를 보고 싶어 하는 걸 알고 있어요. 오빠, 뽀뽀해주세요, 안아주세요. 당신의 목덜미를 잡고 놓아주지 않을 거야."

게다가 모든 편지는 어김없이 "여보 사랑해요."로 끝을 맺는다. 자신이 만든 상상의 세계 속에서 살아가는 사람들을 많이 봐왔지만 이렇게 집요하게 집착하는 극성팬은 많이 보지 못했다.

또 한 사람은 언젠가 지방의 기업 연례모임에서 강연할 때 본 사람이다. 여러 사람이 나를 둘러싸고 있었는데 그중 한 사람이 오더니 자기가 가오레이 선생님(성격색채 연구센터의 교육지도 교사)의 제자라고 했다. 나는 우리 패밀리라고 생각하고 조수에게 데리고 가라고 전했다. 사람들이 물러나자 그녀는 내게 할 말이 있다며 단독으로 얘기하고 싶다고 했다. 그녀가 '색우'인 줄 알고 무슨 일로 도움을 청하려는지 물었다. 그런데 그녀가 "아니 저를 모른단 말이에요? 저를 부르셨잖아요?"라고 반문하는 게 아닌가! 도무지 영문을 알 수 없는 나는 당황할 수밖에 없었다. 알고 보니 그녀는 인터넷에서 내가 그 지역에서 강연한다는 소식을 보고 내가 자기를 부른다고 생각한 것이다. 너무 놀라 온 몸에 *소름*이 *끼칠* 지경이었다. 이어서 그녀는 오래전부터 나의 웨이보 내용을 상세히 잘 알고 있다고 했다. 최근 내가 쓴 내용은 거의 그녀의 웨이보에 복사되어 있었다. 그녀는 많은 문제에서 자신의 글이 어떻게 내 것과 똑같은지 의혹을 갖고 있었다. 틀림없이 내가 그녀에게 관심이 있어서 그녀가 한 말을 나의 웨이보에 그대로 썼으며, 이로써 그녀에 대한 나의 사랑을 상징한 것이라는 등…. 이쯤되니 놀라 기절할 지경이었다.

이 두 사람의 공통점은 "정성이 지극하면 돌 위에도 풀이 난다."는 속담을 굳게 믿었다는 데 있다. 그 두 사람이 나를 성원하여 자신의 성과와 꿈의 실현에 힘썼다면 마음 깊이 감사할 수 있다. 그들은 내가 지나친 집착을 극도로 거부한다는 사실을 모른다. 스스로 감당하기 힘들 뿐더러, 대등하지 않은 인간관계는 무거운 부담으로 작용한다.

우상을 따르는 행동 자체는 이해하지만 사람들이 왜 우상을 쫓는지는 알 수 없었다. 그러던 중 〈하버드비즈니스리뷰〉에 실린 심리 분석 기사를 보게 되었다. 사람들은 자신의 손에 타이거 우즈가 사용했던 골프채가 있다면 홀인 명중률이 높아진다고 생각한다. 같은 이치로 블라디미르 호로비츠가 연주하던 피아노를 치면 훌륭한 연주를 할 수 있다고 생각한다. 스타가 입던 티셔츠에 사인을 받아 가지는 행동도 이런 심리에서 비롯된다. 스타의 사인 티셔츠를 입으면 그의 지혜와 아름다움이 자기에게도 옮겨올 걸로 믿는다는 이야기다.

우상이 주는 심리적인 암시의 힘은 거대하다. 이는 열성 신도들이 "신은 나와 함께 하신다."라고 되뇌면서 신이 자기를 지켜준다고 맹신하는 것과 같다. 이 부분을 읽고 나니 한 여성이 떠올랐다. 몇 년 동안 여성 스타를 미친 듯이 쫓아다닌 그녀는 마침내 그 스타를 만나 자신의 가슴 윗부분에 사인을 받는 데 성공했다. 그 길로 문신하는 곳으로 달려가 스타의 사인을 몸에 새겼다. 세월이 지나 그 여자가 결혼을 앞두게 되었다. 신랑은 그녀 몸에 있는 문신을 지우라고 요구했고, 여자는 며칠을 고민한 끝에 남자와 헤어지기로 결심했다. 자신의 우상에 비하면 남편될 사람은 아무것도 아니었던 것이다.

이제는 우상의 옷에 붙은 크리스털 조각 하나에 집착하던 여 사장님의 심정을 이해할 것 같다. 스타를 우상시하는 것이 예전부터 있던 현상인지 궁금해졌다. 알아본 결과, 스타에 열광하는 현상은 고대부터 있었으며, 지금보다 심하면 심했지 덜하지 않았다.

《의관추편擬管錐篇》이라는 책에 보면 청나라 말기의 원로 시인 역순정易順鼎이 기생에 탐닉했으며 특히 여배우를 좋아했다. "이 세상에 가장 사랑할 만한 둘은 시詩와 유희규劉喜奎다."라고 하며 가히 광적인 수준을 보여주었다. 그는 유희규가 한밤중에 펼치는 두 차례의 무대를 하루도 거르지 않았다.

유희규가 무대에 등장하면 역순정은 오른쪽 소매로 입을 가리고 "내 어머니여!"를 부르짖었다. 그리고 시를 남기기도 했다.

나는 명주실을 뽑는 누에고치가 되고 싶다 我願化蠶口吐絲,
오래도록 희규의 다리를 감싸는 옷이라도 되게 月月喜奎胯下騎.
나는 종이로 변했으면 좋겠다 我願將身化爲紙,
희규의 옷에라도 닿을 수 있게 喜奎更衣能染指.
나는 옷감으로 변했으면 좋겠다 我願將身化爲布,
희구의 바지라도 될 수 있게 裁作喜奎護襠褲.

이쯤되면 우상을 변태적으로 쫓는 선구자라고 할 수 있다. 이런 식이다 보니, 마음이 식으면 언제 그랬냐는 듯 돌변하며 예의도 차리지 않는다. 외국의 대문호 중에도 이런 사람이 있다.

'러시아 시의 태양'이라고 일컬어지는 푸시킨은 '모스크바 제일의 미인' 나탈리아 곤차로바의 팬이었다. 그는 미녀에게는 남다른 지혜가 있다고 생각했으나 안타깝게도 나탈리아는 시에 도통 관심이 없었다. 푸시킨이 새로운 시를 들려줄 때마다 귀를 막으며 "듣기 싫어요!"를 연발했다. 나탈리아는 호화로운 사교 파티에 동행해주기를 요구했고, 푸시킨은 창작 활동을 팽개치는 바람에 많은 빚을 지게 되었다. 결국 아내와 염문설에 휩싸인 헌병 대장과 결투 끝에 목숨까지 잃게 된다.

위의 내용을 종합할 때, 스타를 우상시하는 데 학력이 높고 낮음은 직접적인 관계가 없음을 알 수 있다. 그동안 '광팬'이 못 배워서 그 지경이 되었다고 생각해왔다. 그런데 지금 보니 내 생각이 틀렸다.

팬들이 알아야 할 것들

첫째, 당신의 우상과 너무 가까워지기를 시도하지 말아라. 모든 '우상 따르기'는 강자에게서 풍기는 신비감에서 기인한다. 우상과의 거리를 좁히는 순간 원래의 신비감은 사라진다. 우상이 화장실에서 용변을 보며 트림을 하고 방귀를 뀐다는 사실을 알면 실망과 배신감으로 충격을 받을 것이다.

하지만 자본사회에서 대중문화는 욕망을 자극하여 이윤을 챙기며, 이익 극대화를 위해 세상의 입맛에 따라 우상을 내세운다. 사람들의 눈에 비치는 우상이란 곧 완벽한 사람이다. 연예매니지먼트 업체들이 스타의 결점을 숨기기 위해 안간힘을 쓰는 이유이기도 하다. 이런 요구 속에서 우상 본인은 진실한 자신이 될 수 없다. 그는 상당한 부분에서 이미 자기 개인에 속한 존재가 아니기 때문이다.

대중은 이렇게 길들여지면서 점차 순종적으로 변한다. 이런 시대에 우상이 무슨 말을 하며, 어떻게 말하는지는 중요하지 않다. 그가 무엇을 어떻게 보여주는지가 더 중요하다. 우상 본인은 시간이 흐를수록 대중이 만들어놓은 완벽한 모습이 자신과는 거리가 멀다는 사실을 인식하게 된다.

부처는 왜 존재할까? 중생들이 스스로 해결할 힘이 없는 일을 강한 역량에 의지하여 희망을 걸기 위해 존재하는 것뿐이다. 부처가 사람들의 기도를 들어주어서가 아니다. 그렇기에 스타도 기꺼이 우상이 될 수 있다.

한 친구와 재미있는 이야기를 나누었다. 그녀의 우상은 세상 여자들이 모두 좋아하는 량차오웨이梁朝偉였다. 영화 제작사 사장이 그녀와 가까운 지인이었는데, 촬영을 앞두고 식사하는 자리에서 이런 말을 했다.

"량차오웨이를 주연으로 생각하고 있는데 확정되면 너에게도 배역을 줄게."

친구는 설레서 웃음이 나왔다.

"베드신은 꼭 들어가야 해."

그러고는 무료로 출연하겠다고 설레발을 쳤다. 나중에 그 배역은 량자후이梁家輝로 바뀌었고, 촬영 전 미팅 현장에서 그녀는 량자후이와 예의바르게 인사를 나눴다. 그러나 량자후이는 그녀가 좋아하는 타입이 아니었다. 그녀는 의기소침하여 말했다.

"하긴 량차오웨이의 상대 배역이 나한테 돌아올 리가 없지."

훗날 한 자선 모임에서 량차오웨이에게 다가갈 수 있는 기회를 얻었다. 행사를 주관한 친구가 그녀에게 량차오웨이와 가까운 자리를 배정해준 것이다. 그런데 그날따라 하이힐에 꼭 끼는 옷을 입고 온 그녀는 앉을 수가 없어서 서 있어야 했다. 오래 서 있으니 허리가 쑤시고 등도 아파왔다. 량차오웨이가 그녀 앞을 지나가는 순간 그녀는 극도의 실망을 감출 수 없었다. 량차오웨이는 깡마르고 검은 피부에 키도 작았던 것이다.

"그가 내 옆을 지나가면서 예의바르게 미소를 지었는데 내 눈은 그 사람보다 5센티미터 이상 위에 있는 거야. 난 키 작은 남자한테 매력을 느끼지 못하거든. 그러니 마음으로만 좋아할 수밖에 없는 사람인 거 같아."

우상에게 지나치게 가까이 접근하지 말라고 충고하는 이유는 화면 속 멋진 우상은 당신의 환상을 충족하는 용도로만 사용하면 그만이기 때문이다. 지나치게 접근하면 신비감이 사라지면서 크게 실망할 수 있다. 안타깝게도 인간에게 욕망과 탐욕이 생기면 좀처럼 만족하지 못하여 마지막에 실망하는 경우가 많다. 물론 슈퍼스타들은 이러한 게임의 규칙을 잘 알고 있다. 슈퍼스타의 핵심 조건을 지키려면 대중과 거리를 유지해야 한다. 신비감이 있어야 진정한 우상이 될 수 있으며, 신비감과 거리는 완벽함을 유지하는 유일한 방식이기도 하다.

당신이 고집하며 내 말을 받아들이지 않는다면, 우상에 대한 환상이 깨지고 그에게서 관심을 거두는 걸로 끝날 수도 있다. 그러나 우상이란 대중이 만들어놓은 허구라는 사실을 인식한다면 매사에 맹목적으로 믿지 않고 이성적으로 대처할 수 있게 될 것이다. 어떻게 하든 당신의 선택에 달려 있다.

둘째, 당신의 우상과 사진을 찍을 때 주의해야 할 것이 있다. 덕망 높은 대법사가 사찰에서 열린 점안식에서 수많은 신도에 에워싸여 있었다. 사람들의 사진 촬영 요구를 들어주느라 대법사는 모든 사람과 일일이 사진을 찍어주었다. 무려 4시간이 걸렸고, 그는 거의 쓰러질 지경이었다. 한 장의 사진으로 기쁨을 줄 수 있다면 거절할 이유가 없다는 게 법사의 이유였다. 이론적으로는 그 말이 맞지만 실제로 해보면 쉽지 않다. 다음에도 그 대법사가 계속 촬영에 응해줄 수 있을까? 거절했다가는 단박에 이런 소리가 들려올 것이다.

"지난번 사람들 말은 들어주고 왜 우리 요구는 거절하는 겁니까? 그 사람들이 우리보다 시주 금액이 많아서 인가요? 이건 공평하지 않잖아요?"

이렇게 말하는 건 내가 대법사의 경지에 오르지 못했을 뿐더러, 나와 사진을 찍은 직후 인터넷에 올려 사람들의 관심을 끄는 데 사용하는 사람들이 너무 많기 때문이다. 그런 이유로 나는 최근 몇 년간 낯선 사람들과 사진을 찍는 일이 점점 두려워졌다. 전중서錢鍾書 선생의 말로 스스로 다독이곤 한다.

"어차피 당신이 달걀을 먹었고 맛이 있다고 느낀다면 그 달걀을 낳은 닭을 찾을 필요가 없다."

말은 이렇게 하지만 스타를 우상시하는 것은 사람의 천성이며, 스타와 사진을 찍고 싶어 하는 것도 인성의 일부분이다. 따라서 우연히 당신의 우상을 만났을 때 주의할 점을 몇 가지 소개해본다.

1. 공공장소에서 갑자기 당신의 우상을 만났을 때 절대 큰 소리로 그 이름을 부르지 말아야 한다. 주변 모든 사람에게 알려서 그를 당황하게 만드는 결과를 가져온다.

2. 공공장소에서 유명인과 사진을 찍는 일은 거의 불가능하다는 기본 상식이 있어야 한다. "저만 한 장 찍을게요." 하는 말도 금물이다. 당신이야 사진 한 장 건졌으니 그 자리를 뜨면 그만이지만 나머지 사람들도 촬영을 요구하면 어떻게 일일이 응하겠는가?

3. 유명인과 사진을 찍기 전에 카메라나 휴대폰 카메라 기능을 미리 준비해놓고 바로 셔터를 누를 수 있게 해야 한다. 초점을 맞추느라 한참을 꾸물거리다가 "어, 왜 안 찍히지?" 하며 계속 만지작거리고, 겨우 한 장을 찍은 다음 "한 장만 더요, 한 장만…." 이렇게 한다면 그야말로 재앙이 따로 없다.

4. 당신이 잘 나오고 유명인이 눈 감은 모습으로 찍힌 사진을 인터넷에 올리면 개인적으로는 자랑일지 몰라도 상대에게는 예의가 아니다.

5. 적절한 곳에서라도 유명인이 사진 촬영을 꺼릴 때는 상태가 좋지 않아서일 가능성이 크다. 누구든 얼굴에 뾰루지가 나거나 밤에 잠을 설쳐 안색이 초췌하거나, 감기로 콧물이 흐르거나 할 때는 사진을 찍고 싶지 않다. 당신이 오늘 만난 유명인도 마찬가지다. 24시간 내내 아름다운 모습으로 준비된 사람이 있다면 모를까. 대다수 사람들은 평소에 '완전 무장'으로 다니는 걸 싫어한다.

6. 사진 찍어 달라고 화장실 앞에서 기다리는 행동은 점잖지 못하다. 우상은 용변도 제대로 보지 못하는 곤욕을 치르고 있다.

7. 용서가 안 되는 모든 행동 중에서도 "좋아해요!"라고 외치며 강제로 팔짱을 끼고 사진을 찍는 것은, 몰상식함은 차치하고 성폭력과 다름없는 행동이다.

8. 사람이 없는 한가한 곳으로 가서 조용히 "아까부터 알아봤어요."

하면서 종이 쪽지를 건네주면, 그는 당신의 남다른 배려에 존중받고 있다는 느낌을 가질 것이다.

9. 상대방에게 필요한 게 무엇인지 알아야 한다. 그에게 말을 붙일 때는 새로운 아이디어를 발휘하여, 그의 관심사와 관련된 말을 해야 한다. 모든 사람이 "영화 잘 봤어요."라고 말할 때, 당신은 "지난번 모 잡지에서 인터뷰하신 자녀 문제 이야기가 저에게 큰 도움을 주었답니다."라고 말해야 한다. 나의 경우에는 사람들이 내 책을 읽어보았다고 말해주는 편이 내가 출연한 방송을 본 적이 있다고 할 때보다 훨씬 기분이 좋다. 그리고 두루뭉술하게 "정말 좋다."고 하기보다는 구체적으로 "어떻게 좋다."는 칭찬이 더 좋다.

10. 필요하다면 상대방에게 당신의 명함을 줄 수도 있다. 인연이 있으면 만나게 될 것이고 인연이 없으면 정중히 작별하면 그만이다. 인생은 원래 그런 거다.

무엇보다 타인에게 닥친 어려움이나 고충을 알아주고 양해하는 법을 알아야 한다. 이는 서로를 더 기분 좋게 할 것이다.

셋째, '설익은 팬'의 사랑은 진정한 사랑이 아니다. '극성 팬'이라는 단어에는 공격성이 깃들어 있어 반감을 준다. 객관적으로 어떤 그룹에나 똑똑한 사람과 멍청한 사람이 있으며, 생각을 하는 사람과 남들이 하는 대로 따라하는 사람이 있다. 팬이라는 그룹은 더욱더 예외일 수 없다. 따라서 이들을 각각 '성숙한 팬'과 '설익은 팬'으로 부르기로 한다. 이제 그에 대한 나의 생각을 말해보겠다.

어느 스타와 인터뷰할 때 재미있는 일이 있었다. 나는 그의 흰 머리를 보고 장난삼아 어떻게 된 거냐고 물었다. 현장에 있던 누나 팬 몇 명이 그 모습을 보고 발끈했다. 그중 두 명이 화를 내며 말했다.

"아니 그것도 모르면서 어떻게 인터뷰를 한다고 그러세요?"

너무 기가 막혔지만 공인의 이미지를 잃지 않으려고 억지웃음을 지으며 말했다.

"세상 모든 사람이 여러분의 스타를 쫓아다닌다고 생각하십니까? 그렇다면 다른 스타의 팬들도 자기 스타를 똑같이 대해달라고 여러분에게 요구하면 어쩌죠? 이 프로그램을 누구에게 보여주기 위해서 제작한다고 생각하십니까? 그를 잘 모르는 사람들일까요, 아니면 여러분들처럼 손바닥 들여다보듯 속속들이 아는 팬들을 위해서일까요? 사람들이 모두 여러분처럼 그의 몸에 난 털의 개수까지 안다면 우리가 이런 토크쇼를 할 필요가 있을까요? 이번 방송을 통해 잘 모르던 사람들에게 그의 모든 것을 소개하고, 그를 아는 사람들에게는 새로운 모습을 보여주는 게 나의 할 일입니다. 여러분만큼은 그를 사랑하지 않을지 몰라도 이 순간은 내가 여러분보다 책임감이 더 클 겁니다."

끝으로 그 팬들에게 일러두었다.

"여러분이 스타를 진정 사랑한다면 그를 오해하는 사람들을 이해시키려고 노력해야 합니다. 그래서 그 스타를 다시 보게 된 사람들이 자연스럽게 팬이 되게 하는 겁니다. 비난하는 거야 누구나 할 수 있지만 그렇게 하면 아무 효과가 없습니다. 오히려 여러분의 적절치 못한 대응 때문에 여러분의 스타에 대한 반감을 일으킬 뿐입니다. 단지 스타를 좋아하는 마음을 표현한 것뿐인데 그를 돕기는커녕 해치는 결과를 불러오게 됩니다."

옆에서 보던 스타가 두 손을 합장하고 모두에게 말했다.

"여러분 양해해주기 바랍니다."

나는 웃으며 대꾸했다.

"당신의 팬에게 밉보이게 했으니 이것도 자네 잘못이네."

넷째, 성장은 하나의 과정임에는 분명하지만 너무 길어서는 안 된다. 싯다르타가 보리수 아래서 사색에 정진하자 마왕 마라Mara가 이를 방해하기 위해 군대를 보내 공격하고 미녀를 보내 유혹하게 했다. 그러나 싯다르타 앞에만 가면 미녀들이 미모를 잃었고 마라가 쏜 화살은 꽃비로 변해버렸다. 마왕은 하는 수 없이 싯다르타를 찾아가 수행을 포기하라고 요구했지만 싯다르타는 오랜 세월 해온 수행을 포기할 수 없다며 거절했다. 마왕이 오랫동안 수행했는지 어떻게 증명하느냐고 하자, 싯다르타는 "대지가 나의 증인"이라고 말하며 두 손을 땅에 댔다. 그러자 땅이 격렬하게 진동했고 마왕은 사라져버렸다. 싯다르타가 부다가야Buddha Gaya의 보리수 아래서 마왕의 방해를 물리치고 해탈하여 성불한 이야기다.

청소년기에 스타에 열광하는 경우는 흔하며, 스타의 포스터, 카드, 사인, CD, 영상, 책을 열심히 수집하기도 한다. 이런 열정은 청소년기 내내 이어지면서 스타가 이성의 기준이 되기도 한다. 나이가 들어 성인이 된 후에는 뜨거운 열정이 식어 조용한 지지로 변한다. 때로는 스타의 후광효과에 자신의 두 눈이 잠시 가려졌다는 사실을 깨닫기도 한다. 성인이 된 당신은 우상의 결혼에 상처 입지는 않으며, 각종 부정적인 스캔들에 휘둘리지도 않는다. 무엇보다 우상을 기준으로 평생의 반려자를 고르지도 않는다. 시간이 흐르면서 미숙했던 자신은 자아에 대한 전면적인 인지가 부족하고 취약한 내면으로 방황했음을 알게 된다.

마왕 마라가 쏜 화살들은 당신을 망치는 힘을 가졌다. 마라가 쏜 욕망의 화살에 맞은 당신은 우상에 한 걸음 가까워지고자 하는 욕망으로 괴로워할 것이다. 자만의 화살을 맞아 눈앞의 것을 모두 진실이라고 오해하고 그 환상이 깨지는 순간 절망할 것이며, 스스로 만들어낸 허상에 비이성적으로 빠져버릴 것이다.

성숙하지 않은 당신은 그토록 취약하다. 삶을 돌아보기 시작하는 순간 내면은 조금씩 충실해질 것이다. 비록 싯다르타처럼 될 수는 없겠지만, 언젠가 당신 앞에서 어른거리는 환상을 버리고, 타인의 행동과 말에 휩쓸리지 않고 자신이 진정 원하는 것이 무엇인지 알게 될 것이다.

지혜로운 팬이 되려면

스타에게 열광하고 우상을 위해 대가를 지급한다면 그 행위를 통해 자신도 얻는 게 있어야 한다. 그러나 당사자들은 이렇게 항변한다.

"어떻게 이익을 생각할 수 있지? 이건 내가 좋아해서 하는 일이야. 나의 스타가 알고 모르고는 상관이 없다고!"

우상을 위해 대가를 치르는 자체가 커다란 기쁨이며 영광이다. 사실은 스스로 감동하는 일을 하고 있을 뿐이다. 그렇다면 어떻게 뭔가를 얻을 것인가? 우상에게서 당신이 필요한 영양분을 흡수하고 성장하면 된다. 스타에 열광하는 사람은 자기 스타를 숭배하고 바라본다. 그 과정에서 성장하고 뭔가를 얻을 수 있으며, 그와 비슷한 사람이 될 수 있으면 된다. 반면에 그저 열광으로만 끝난다면 안타까운 일이다.

열광하는 상대가 누구든 그 본질은 같다. 우상의 공연을 볼 때마다 자신을 다잡는 사람을 본적이 있다.

"나도 언젠가는 저런 스타가 될 거야!"

마치 진시황 행차를 보며 "내가 저 자리에 오를 것이다!"라고 외친 항우項羽를 보는 듯하다.

정치와는 다르게, 스타에 열광하는 팬에게는 상대를 누르고 올라서려는 심리가 없다. 실제로 기업계에서도 스타를 향한 열광 현상이 있다. 가령 중국의 많은 기업가가 제너럴 일렉트릭의 전 CEO 잭 웰치의 한 시간짜리 중국 강연을 듣기 위해 10만 위안을 아낌없이 투척했다. 투자의 귀재 워런 버핏과의 오찬 경매에 수백만 달러를 투척하기도 한다. 그들이 열광하는 동기는 매우 뚜렷하다. 그로부터 자신에게 유용한 것을 얻고 배워 자기 걸로 만들기 위해서다.

내가 만난 팬 중 샤오자를 특별히 소개하고 싶다. 그는 모범으로 삼을 만한 지혜로운 팬이다. 내가 샤오자를 처음 만난 것은 캐나다에서 강연할 때였다. 그는 캐나다에서 성격색채 교육을 하여 많은 사람을 돕는 게 꿈이라고 했다. 당시만 해도 그 청년이 그냥 해보는 말이라고 생각했다. 그래서 정말 그럴 생각이 있다면 중국에 와서 강사 자격 과정을 듣고 자격을 따야 한다고 일러주었다.

큰소리를 치는 사람이 너무 많기 때문에 나는 함부로 믿지 않는다. 그러나 열정을 보이는 사람에게 겉으로는 예의 있게 대한다. 속으로는 진지하게 생각하지 않더라도 상대에게 상처를 주지 않으려는 마음에서다. 그러다 상대가 행동에 옮겨서 나중에 만나게 되면 진정한 인연이라고 할 수 있다. 캐나다에서 만난 후 1년 동안 샤오자는 세 통의 편지를 보내 자신의 생각을 말했지만, 나는 다른 사람들에게 하듯 여전히 정중하게 답장을 보냈다.

그 후 시간이 흘러 회사에 가니 팀장이 실습생 하나가 왔는데 나를 안다고 했다고 전한다. 샤오자가 정말 내 앞에 나타났다. 그는 내게는 알리지 않고 기초와 중급 과정 수업을 들은 후 우리 회사의 실습생으로 자원한 것이다. 또 연구센터의 영상 편집과 정리 작업을 자청했다. 나는 어떻게 된 일인지 그동안의 이야기를 물었고, 그날 밤 그는 내게 편지를 한 통 보내왔다.

러자 선생님께

성격색채를 처음 접한 때는 2009년입니다. 2008년에 사회로 나와 월급이 적고 야근을 밥 먹듯이 하는 회사에서 일했습니다. 그러던 중 아버지 친구 분의 소개로 양광위성TV의 편집 일을 돕게 되었습니다. 때마침 경제 위기를 맞아 일한 보수를 받지 못했고 여자 친구와의 문제까지 겹쳐 괴로움이 컸습니다. 스트레스 속에서 밥도 먹지 못하는 나날이 계속되었습니다. 연말에 부모님에게서 캐나다로 이민을 가게 되었으니 고향으로 내려오라는 연락을 받았습니다.

그러나 기회가 많고 꿈을 갖게 해준 베이징을 떠나려니 마음이 편치 않았습니다. 작은 소도시인 고향에서 저는 초조한 마음이 가시지 않았습니다. 당시 식구들은 제가 베이징으로 돌아가는 걸 반대했기 때문입니다. 집에서 비자가 나오기를 기다리는 동안 수중에 돈이 없으니 집 안에 틀어박혀 게임에만 몰두했습니다. 아무 의욕도 없이 낮에는 집에 있다가 어두워지면 어슬렁거리며 나와 음료수와 간식거리를 사들고 집으로 향하던 전형적인 은둔형 외톨이 생활을 했습니다.

2009년 이런 생활을 더는 견딜 수가 없었던 저는 정신과 의사를 찾아가 상담을 받기로 했습니다. 그런데 인터넷을 검색해도 무료나 저렴한 상담서비스를 찾을 수 없었습니다. 2시간 동안 검색한 끝에 찾아낸 거라고는 한 시간에 200위안이 최저 가격이었으며 그것도 단 한 차례로 끝나는 상담이 고작이었습니다. 그러다가 우연히 성격색채 강연 안내를 보게 되었고, 처음에는 그저 상단에 적힌 '러자'라는 이름에 호기심이 생겼을 뿐입니다.

저는 예능 프로그램을 보지 않습니다. 물론 선생님이 출연한 프로그램도 포함해서죠. 그런데 '러자'라는 이름을 보고 상당히 확실한 분이라는 느낌이 들었습니다. 그래서 선생님의 책을 다섯 권 사서 긴 자아치료 과정에 들어갔습니다. 캐나다로 간 후에는 영어를 배우는 일이 시급했지만 영어 수업은 부담이 없었습니다. 수업이 끝나면 성격색채 책을 읽고 여섯 장의 CD를 들었습니다. 이 과정에서 성공에는 지름길이 없다는 진리를 깨달았습니다.

6월 16일, 퍼스트 마컴 플레이스First Markham Place에서 선생님이 출연하는 방송 프로그램의 해외 참가자 예선 방송이 있다는 말에 달려갔습니다. 2시간 전에 도착해 스태프들이 무대장치를 설치하고 있어서 도와주었습니다. 그날 러자 선생님은 오지 않았습니다.

그러나 이왕 온 김에 계속 도와주었고, 나중에는 방송 무대에까지 오르게 되었습니다. 러자 선생님이 캐나다에 오시는지 확실치 않았지만 방송에 나가게 되면 뵐 수 있을 거라는 기대를 가졌고, 작은 기회도 놓치고 싶지 않았습니다.

무대 위에 올라간 저는 아무 준비도 없이 미니 강연을 했고 말솜씨도 형편없었습니다. 그러나 효과는 대단했습니다. 출연자들의 질문에 성격색채를 이용하여 무리 없이 대답했습니다. 저녁에 남성 출연자들과 식사를 했는데, 2시간 동안 거의 먹는 것도 잊고 대화를 나눴습니다. 처음으로 성격색채의 위력을 느끼는 순간이었습니다. 같은 테이블에 앉은 사람들이 모두 저를 주시하고 다른 테이블 사람들도 눈길을 돌렸습니다. 그토록 많은 사람의 문제를 해결해줄 수 있고 사람을 정확하게 분석할 수 있는 성격색채를 공부해야겠다는 생각이 더욱 깊어졌습니다.

6월 25일 퍼스트 마컴 플레이스에서 '러자와의 만남' 행사가 있었습니다. 저는 어김없이 참석했고 무대 아래에서 처음으로 선생님의 실물을 보게 되었습니다. 그날 저는 선생님의 목소리와 미소에 취했습니다. 배낭을 선생님의 책으로 가득 채우고 선생님이 그것을 보고 기억해주기를 바랐습니다. 2시간 반이 훌쩍 지나가고 사인을 받는 시간이 되었습니다. 저는 이때야말로 억지로라도 황색 성격으로 변해야 한다고 스스로 다짐했습니다. 사인을 받을 기회가 다시 올 것 같지 않았고, 다음 행선지는 다운타운의 토론토대학으로, 한참을 가야 했습니다. 차도 없는 저는 용기를 내서 제작팀과 섞여 다운타운으로 향했습니다. 모든 게 순조로웠고 다시 선생님을 만날 수 있었습니다.

러자 선생님은 토론토대학 강당에서 학생과 교수들에게 이런 질문을 던졌습니다.

"여러분은 이곳에 무엇을 얻으려고 왔는지 아십니까?"

'나는 러자 선생님의 강연 스타일을 공부하러 왔습니다. 언젠가 단상에 선 사람이 저 자신일 것이기 때문입니다.'

이런 대답이 속에서 튀어나왔습니다. 처음으로 러자 선생님의 강연을 들으며 제가 발전했음을 느꼈습니다.

환성과 웃음소리 속에서 저는 친구의 응원을 받아 질문도 하고 발언도 했습니다. 그때는 정말 정신이 없었습니다. 강연이 끝난 후 이번에 기회를 잡지 못하면 영영 놓칠 거라는 생각이 들었습니다. 필사적으로 선생님을 따라갔고, 운 좋게도 엘리베이터 앞에서 감독님을 만났습니다. 감독님은 전에 제가 일을 도와준 인연으로 엘리베이터에 타게 해주었습니다.

마침내 가까운 거리에서 러자 선생님을 볼 수 있었습니다. 선생님은 무척 여위고 피곤해 보였습니다. 그래도 엘리베이터를 나와서 많은 사람에게 사인을 해주고 사진을 찍어주었습니다. 선생님은 저에게도 사진을 찍자고 권하셨습니다. 그 순간 너무나 감동했습니다. 그러나 사진을 찍고 만다면, 저 역시 사인을 바라고 온 사람들과 다를 바가 없다는 생각이 들었습니다.

"저는 사진을 찍어달라고 온 게 아닙니다. 이 5분 동안 러자 선생님이 저를 기억해주기를 바랍니다. 저는 팬이 아닌 보통 사람입니다. 저는 FPA를 북미 지역에 보급하려는 꿈을 갖고 있습니다." 저는 성공했고, 그날 저녁 목적을 달성했습니다.

만약 모든 게 공상이었다면 그 공상을 현실로 바꾸는 게 이어지는 가장 중요한 임무일 것입니다. 저는 그것을 실현하기 시작했습니다.

첫 번째 단계는 '계획 세우기'입니다. 러자 선생님은 저에게 매년 한 차례 귀국하여 더 상세한 상황을 알아보기를 원하셨습니다. 그래서 다음 강사 과정부터 시작하기로 했습니다.

두 번째 단계는 '시작하기'입니다. 저는 당장 슈퍼마켓에서 일자리를 찾아 일을 시작했고, 착실히 저축도 했습니다. 이 두 단계는 단순한 물질적 준비이며, 정신적인 준비는 FPA에 더 몰입하는 것이었습니다.

세 번째 단계는 '강화'입니다. 저는 FPA 성격색채를 일하는 데도 활용했습니다. 고객의 민원을 처리해보니 신기할 정도로 효과가 좋았습니다. 새로 부임한 점장은 저를 빠르게 승진시켰습니다. 전 지점에서 거의 모든 사람이 저를 좋아했습니다. 일을 하면서 두 사람을 만났습니다. FPA를 그들에게 소개하고 싶었습니다. 한 사람은 너무 우울해하고 한 사람은 늘 사람들에게 사기를 당하는 사람이었습니다. 그곳을 떠나기 전 그들에게 인간관계의 보이지 않는 흐름을 알려주었으며, 이 과정에서 저의 정신세계는 더욱 풍부해졌습니다. 왜냐하면, 사람들이 나의 도움을 받아 고통에서 벗어나고 바닥에서 탈출하는 과정을 목도했기 때문입니다. 즐겁게 지식을 익히며 만족감과 희열을 느꼈습니다. 다른 사람에게 도움을 주는 게 얼마나 가치 있는 일인지 알게 되었습니다.

네 번째 단계는 '연구'입니다. 많은 내용을 연구해야 알 수 있으니까요. 귀국하기 전에 일을 그만두고 보름 동안 도서관에서 FPA와 관련된 글을 찾아보았습니다. 목적은 분명합니다. 저의 돈은 한계가 있으니 효용을 극대화하여 초급과 입문반을 뛰어넘을 수 있다면 많은 돈을 아낄 수 있다고 생각했습니다. 그러나 너무 자만했습니다. 보름 동안 제가 배운 FPA는 빙산의 일각이라는 사실을 깨달았습니다. 기초와 입문 과정은 절대로 간단히 뛰어넘을 수 없다는 사실을 알게 되었습니다. 그래도 자만에 빠진 저를 일깨워주었으니 나쁜 일만은 아닌 셈입니다. 집에 돌아와서 느낀 점을 기록해놓았습니다.

다섯 번째는 '행동'입니다. 제가 가장 부족한 것이 행동력입니다. 오랫동안 다른 일을 제쳐놓고 황색 성격을 배워야 한다고 다짐했습니다. 이 점은 저에게 큰 동기를 부여해주었으며 일하는 과정에서 제 사고와 행위를 강화할 수 있게 해주었습니다. FPA는 그토록 짧은 시간 내에 저의 약점을 인식하고 이를 제어할 수 있게 도와주었습니다.

제게는 꿈이 있습니다. 거대한 강단에 서서 무수한 사람들에게 강연을 하고, 그들의 꿈을 일깨워 행복한 자신을 찾을 수 있게 하는 것입니다. 이 꿈을 계속 키워가고 있고 또 점점 꿈에 가까워지고 있습니다.

러자 선생님, 중학교 때부터 부모와 떨어져 학교 기숙사에서 살았던 소년이 있습니다. 그 소년은 고등학교, 대학교까지 아버지의 무시와 어머니의 눈물 속에서 자랐습니다. 그리고 인생의 길에서 방향을 잃었습니다. 어떻게 해야 미래를 찾을지, 어디로 가야 할지 몰랐습니다. 이제 그는 한 장의 지도를 발견했습니다. 평범해 보이는 지도 위에는 가고 싶은 곳을 어떻게 갈 수 있는지 표시되어 있을 뿐 아니라, 가는 도중에 무수한 보물이 숨겨진 곳을 찾을 수 있도록 하는 표지가 있었습니다. 지도의 귀퉁이에는 이렇게 적혀 있었습니다.

"아무리 써도 없어지지 않는다."

소년은 흥분해서 지도를 간직했으며, 지도의 표시를 따라 목적지로 향했습니다. 한편으로는 다른 사람과 그 지도를 나누게 될까 봐 걱정했습니다. 그는 이기적이라서 보물을 다른 사람이 파헤칠까 두려웠던 것입니다. 4년이 흘러 어른이 되었을 때, 그는 지도 아래에 적힌 "아무리 써도 없어지지 않는다."의 의미를 비로소 깨달았습니다. 이제 그는 꿈을 가진 사람들, 꿈을 꾼 적이 있는 사람들, 길을 잃은 사람 그리고 그와 같은 모든 사람과 지도를 공유하려고 합니다.

그 소년이 바로 접니다. 제가 하려는 일이 어쩌면 허황된 것일 수도 있지만 모든 사람이 긍정적이고 즐거워졌으면 좋겠습니다. 성격색채의 모든 부분에 있는 '보물'(타인을 이해하고 격려하며, 존중을 받고 문제를 해결하며, 결점을 고치는 것)은 저를 나아가게 하는 동력입니다. 지도가 가리키는 방향은 제가 포기하지 않고 나아가는 이유입니다. 왜냐하면 저에게는 꿈이 있으며, 이 꿈은 반드시 실현될 거라고 굳게 믿기 때문입니다.

　두서없는 편지는 이쯤에서 마칠까 합니다. 하고 싶은 말은 많지만 어떻게 표현할지 모르겠습니다.

　샤오자의 편지는 지난 몇 년간 나를 가장 감동케 한 존재다. 꿈을 좇는 젊은이로서, 그는 자신이 어떻게 혼돈에서 걸어나왔는지, 공부하고 싶은 대상에서 필요한 양분을 어떻게 흡수했는지, 자기의 우상에 투자한 시간을 삶의 긍정적 에너지로 어떻게 바꾸었는지를 묘사했다.

　나는 샤오자를 '슈퍼 연설가' 녹화 현장에 데리고 가서 시범을 보여주었으며, 불필요한 시행착오를 어떻게 없애는지 보여주었다. 집에 갈 때 고맙다는 인사를 하는 그에게 말했다.

　"자네 자신에게 감사하게. 이건 자네가 나에게 준 신뢰에 대한 보답이며, 자네가 투자한 것에 대한 마땅한 보상이라네."

　이제 그는 궤도에 올랐으며, 나는 언젠가 그가 꿈을 실현할 거라고 굳게 믿는다.

　부모 이외의 사람들이 "나는 너를 위해 살고 있어."라고 하는 말을 나는 믿지 않는다. 따라서 열광적인 팬을 볼 때마다 손에 땀이 난다. 돈이 있고 한가하다면 누구에게 열광하든, 아무것도 얻지 못하든 상관이 없다. 그러나 경제적으로 넉넉하지 않고 삶의 방향도 없으면서 라면 먹을 돈까지 스타에게 바친다면, 또는 형편이 좋지 않은 부모에게 염치없이 손 내민 돈으로 '팬질'에 써버린다면 그야말로 탄식할 일이다.

　이 글은 연예계에서 일하는 사람들에게 욕먹을 각오를 하고 쓴 것이다. 이 세상에는 팬덤 덕에 밥을 먹고사는 사람들이 정말 많기 때문이다. 팬덤은 스타가 생존하는 기반일 뿐 아니라 관련 업계를 먹여 살리는 기반이기도 하다. 팬들이 열광적일수록 스타 주변에서 일하는 사람들, 팬들 주변의 사람들이 최종적인 혜택을 받는다.

　팬덤 경제는 일종의 문화이기도 하다. 대통령 선거를 할 때 유권자의 선택에 기대는 것처럼, 유권자는 가장 바탕에 있는 팬이라고 할 수 있다. 자신의 우상에 열광하는 모든 사람이 각자 지지를 보내되 성숙하지 못했던 젊은 시절을 돌아보며 부끄럽지 않은 미소를 지을 수 있었으면 좋겠다.

13장

웨이보 세상의 피비린내

SNS와 인성

웨이보가 등장하면서 나는 블로그 활동을 거의 접었다. 2011년과 2012년 웨이보에 많은 공을 들였으며, 이런 활동은 《미발증微物症》과 《담소간談笑間》 두 권의 책으로 탄생했다. 웨이보 활동 초기만 해도 책을 낼 생각은 없었다. 어리바리하게 남들을 따라하다 보니 몇 달 후에는 웨이보의 용도를 완전히 파악하게 되었다. 자기 과시, 친구 사귀기, 미니 일기, 떠오르는 영감 기록하기, 광고, 기분 풀기, 정보 얻기, 시간 보내기, 사회와 대중에 영향 미치기, 이 아홉 가지로 분류할 수 있었다.

웨이보를 하는 시간이 길어질수록 점점 내 생활방식을 지배했다. 나는 뜨거운 물속에 던져진 개구리처럼 그 사실을 모르고 있었다. 나중에 이 사실을 인식하니 식은땀이 흘렀다. 그때부터 투입한 만큼의 대가를 얻기 위해 노력함으로써 그동안 낭비한 하루 6시간을 보상받고자 했다. 몇 년 만에 내 계정은 3천만 명의 팔로워를 거느리게 되었다. 팬이 많으면 영향력이 적지 않을 거라고 단순히 생각하기 쉽지만 반드시 그렇지도 않다. 사실 그중에는 활동을 하지 않는 사람들이 있으며, 잠복해 있다가 나의 약점을 잡으면 언제라도 공격할 태세를 갖춘 사람들도 있다. 사실 팔로워 숫자는 상대에게 위세를 과시하는 용도 말고는 아무 쓸모가 없다.

그러나 이 글을 읽는 당신은 그렇게 생각하지 않을지도 모른다. 내가 그 덕을 누리면서 잘난 체한다고 생각할 것이다. 웬만한 사람은 그렇게 많은 팔로워를 거느릴 수 없다며 말이다. 어차피 그렇게 생각한다면 나도 사양하지 않겠다. 물론 지난 몇 년 동안 웨이보를 하면서도 재전송은 하지 않고 모든 내용을 일일이 작성했다. 웨이보는 자신의 일을 쓰고 생각을 말하며 즐거움을 추구하는 도구라고 생각했기 때문이다.

이 글에서는 웨이보의 좋은 점을 소개하지는 않겠다. 좋은 점이 없다면 그렇게 많은 사람이 사용할 리가 없으며, 나 또한 많은 시간을 웨이보에 쓰고 있기 때문이다. 여기서는 웨이보 세상에서 보고 들은 괴현상을 중심으로 논하겠다. 이 현상을 통해 인성을 투영할 수 있으며, 그게 당신과 나일 수도 있다. 우리가 맡은 배역이 관객이든 참여자이든간에 관계를 떠나 살 수 없다.

무력한 독자와 글 쓰는 사람

이 소제목을 처음에는 '웨이보의 죄'라고 지을 작정이었으나 적절치 않은 것 같아 바꿨다. 요리용 칼은 재료를 다듬는 데 사용하지만 사람을 죽일 때도 쓸 수 있다. 웨이보도 마찬가지로, 그 자체는 아무 죄가 없다. 도구는 사용하라고 발명한 것이며, 그걸로 사람을 죽였다고 해도 도구의 죄라고 하지 않는다. 도구를 어떻게 사용하느냐는 쓰는 사람에게 달렸다.

웨이보의 기능은 너무 강력하여 당신의 원래 습관을 변화시키고 악한 면까지 끌어낼 수 있다. 자기도 모르는 사이에 웨이보의 장점을 누림과 동시에 그 함정에 빠져버릴 수 있다. 따라서 모든 것은 스스로 통제할 일이다.

│ 첫째, 글 쓰는 사람에게 욕망은 있되 인내심은 없다

웨이보에 글을 올리는 사람이라면 모두 공감하는 말이다. 웨이보의 가장 큰 고통은 140자라는 한계이다. 글을 쓰려면 아이디어는 샘솟는데 제한된 글자 수로 표현하기가 쉽지 않다. 조금만 욕심을 내도 길어지기 때문에 정확하게 표현할 수가 없다. 그러다 보면 사람들의 공격을 받게 되는데, 그 사람들은 복잡하고 완곡한 당신의 논리를 자세하게 읽을 시간이나 인내심이 없기 때문이다. 확실하지 않은 한마디는 많은 팔로워의 손에 왜곡되어 전달될 수 있으며, 그러다 보면 공격의 대상이 되어버린다.

글을 올리는 사람으로서는 140자라는 제한이 있어도 간편하고 쉽게 사용할 수 있다는 유혹을 물리칠 수 없다. 나중에 글자 수 제한이 없는 웨이보가 나오기는 했지만 조작이 불편한 것은 둘째치더라도, 기술적으로 검색하기가 불편하다. 그래서 전파율이 낮을 것을 우려한 사람들은 여전히 기존 버전을 이용한다.

글을 올리는 사람이 간편함을 추구하는 또 하나의 이유는 답글을 보기 위해서이다. 답글은 글에 대한 사람들의 관심도를 보여주는 잣대이며 피드백과 시장을 대표하기도 한다. 심지어 어떤 의미에서는 가치와 평판을 대변하기도 한다. 웨이보에 어록체가 성행하는 이유이기도 하다. '리더스 다이제스트' 식 언어가 성행하면서 글 쓰는 사람들은 차분히 마음을 가다듬고 체계적으로 사고할 수 없게 되었으며, 장문을 쓸 능력을 점점 상실해가고 있다. 나는 2013년부터 웨이보에 글을 올리는 빈도수를 크게 줄였다. 오랫동안 짧은 글쓰기에 익숙해져 장문을 쓰는 능력이 퇴화될까 우려했기 때문이다.

글 올리는 사람들이 답글 달리는 것을 얼마나 좋아하는지는 다른 일을 통해서도 충분히 증명할 수 있다. 일반적으로 웨이보에서 당신이 좋아하는 부분이 있으면 바로 재전송하여 공유하고 답글을 단다. 그러나 마케팅 전략으로 볼 때 웨이보의 재전송 횟수가 거듭될수록 그 이후의 홍보 효과는 점점 줄어든다. 따라서 각자 본 계정에서의 홍보가 더 효과적이다.

그러다 보니 사람들은 재전송보다는 자기 웨이보에 붙여넣기를 하고 마지막에 '@아무개'라는 태그를 붙인다. 이렇게 하면 아무개의 저작권을 존중하는 듯 보이면서도 그 사람이 전달한 것처럼 보이기 때문에 더 많은 답글이 달리고 공유될 수 있다. 그러나 이런 친구를 만나면 감사해야 한다. 당신의 글을 그 친구의 웨이보에 붙여놓고 아무 일도 없었던 듯이 지나가는 것보다는 양심적인 행동이니 말이다.

글을 올린 사람은 인내심이 없고, 게다가 웨이보에는 답글이라는 또 하나의 훌륭한 기능이 있다 보니 피바람을 불러일으킬 화근을 심어놓은 셈이다. 많은 답글을 받기 위해 사람들은 온갖 방법을 동원하고 있다. 따라서 글 올린 사람이 외부의 답글에 흔들림이 없는 멘탈의 소유자이거나 아예 웨이보가 아닌 블로그에만 글을 쓰지 않는 한 이런 일은 피할 수 없다.

| 둘째, 독자는 성미가 급하며 참을성이 없다

웨이보에서 많은 문제가 일어나는 원인 중 하나는 성미가 급한 사람들이 쉽게 선동되기 때문이다. 확실히 알아보지도 않고 절반까지만 읽은 후 급히 답글을 단다. 진상을 확실하게 밝힐 참을성이 없다. 언젠가 웨이보에 배우 자오리신趙立新과 TV프로그램에서 나누었던 결혼 제도에 관한 대화를 소개한 적이 있다. 자유로운 그의 태도와 말투에 방송국 심의 담당자들이 진땀을 흘릴 정도였다. 발언 수위가 너무 세다는 이유로 윗선에서 압박을 가했고, 결국 15분짜리 분량이 전부 편집되는 운명을 맞았다.

나는 가슴이 너무 아프고 자오리신에게도 미안해서 제작자에게 그 영상을 내게 달라고 청했다. 미방송분으로 인터넷에 올린 후 웨이보에도 올렸다. 이 영상 파일을 열기 위해서는 비밀번호가 필요하기에 웨이보 동영상 링크 뒤에 비밀번호를 남겨두었다. 그런데 많은 사람이 마치 약속이나 한듯 "비밀번호는요?"라고 물어온 것이다. 링크 뒷면의 비밀번호는 그냥 봐도 한눈에 들어오는데 다른 사람들의 눈에는 어떻게 보이지 않는지 알 수가 없다. 반 박자만 여유를 갖고 확인하면 완벽한 정보를 얻을 수 있다. 그 일을 계기로 사람들을 대하는 나의 생각은 달라졌다. 그토록 간단한 정보도 어떤 사람들은 확인하기 귀찮아한다. 도마 위에 두툼한 고기를 올려놓았는데도 누군가는 입을 벌리고 먹여달라고 하는 것이다.

모든 감각기능을 스스로 닫고 입만 벌리고 고기가 맛없다고 욕까지 하는 사람은 상대할 필요가 없다. 욕하는 사람은 고기를 쳐다보지도 않은 것이다. 질문을 즐겨하는 호기심을 탓하는 게 아니다. 스스로 머리를 써서 생각해보려는 시도는 없이 무조건 묻고 보는 행동은 호기심과는 전혀 상관이 없다. 그저 너무 많은 사람이 쏟아지는 정보의 바다에서 허우적대고 있다는 사실의 방증이다. 사람들은 자기가 아는 것이 너무 적고 시간은 부족하다며 걱정한다. 그러면서 사건의 시작에만 관심을 두며 그 사건의 결과에는 관심을 두지 않는다. 사건의 껍데기만 대충 훑어볼 뿐 차분히 그 경과와 원인을 살펴볼 여유가 없다. 모두가 "시간이 없어."라고 말하는데 내가 화를 내고 조급해하지 말라고 한들 무슨 소용이 있겠는가? 세상사가 원래 이렇게 돌아가는 것을.

웨이보를 읽는 사람들은 정보를 쉽게 얻기를 원한다. 그러나 이로 인해 웨이보의 짤막한 정보를 읽는 걸로 모든 독서를 대신하는 경향이 생겼다. 읽을 시간이 없어서 잡지도 눈에 들어오지 않는데 어떻게 책을 읽을 수 있겠는가? 물론 독자가 인내심이 없다고 해서 세상이 혼란에 빠지지는 않는다. 글 쓰는 사람 또한 인내심이 없으니 말이다. 기껏해야 사람들이 점점 가벼워질 뿐이며, 한편으론 서로 챙겨주고 칭찬해주며 의존하니 세상이 대동단결할 수 있어 더 좋은 일이다. 하지만 꿈과 현실은 차이가 있다. 글을 올리는 사람과 읽는 사람은 서로 얼굴을 보지 않고 글만 보니 상호작용의 중요한 기능인 '답글'은 모든 사람의 기를 자극한다. 답글이 있고 나서 비로소 천하의 대란이 있다. 거짓 평화는 더 이상 지속될 수 없으며 서로 헐뜯고 비난하는 시대의 막이 마침내 본격적으로 열리는 것이다.

답글을 남기는 사람들의 설전

탕후이(唐慧, 딸의 성폭행범을 처벌해달라고 호소하다 오히려 사회 혼란을 조장했다는 이유로 '노동교화형'을 선고받았던 여성-역주)가 후난성 고등법원에서 최종 판결을 받은 후 괴로워하며 매체에 말했다.

"내 평생 가장 후회되는 일은 내 딸에게 이 세상이 추악하다는 사실을 가르쳐주지 않은 것이다."

이 자리에서 나도 웨이보에 존재하는 추악한 면을 한번 파헤쳐보겠다. 2012년 8월 올림픽 기간에 매체와 정부는 금메달을 딴 선수들의 공을 지나치게 포장하고 추켜세우면서 은메달, 동메달을 딴 선수들에게는 냉담한 태도로 일관하여, 해당 선수들은 심리적으로 위축되고 상처를 입었다. 이런 모습을 보면서 과거 올림픽에서 금메달을 딴 선수들이 쌀이 떨어져 길바닥에 노점을 차리고 금메달을 내다 팔던 비참한 모습이 떠올랐다. 사회체육 시설과 국민체육 상황은 형편없이 낙후되었음에도 금메달을 많이 땄으니 나라가 강성해졌다고 환호하는 모습이 오버랩되며 마음이 울적해졌다. 그래서 웨이보에 "금메달에 대한 끝없는 열광은 우리의 비애다."라는 제목의 글을 올렸다.

그 결과 하루 동안 3만여 개의 답글이 달렸다. 찬반 둘로 갈렸다. 답글이 하도 많아 자세한 분석은 할 수 없었기에 대체적으로 다음과 같이 분류해보았다.

| 이성적인 반대형

• 당신은 자신의 말이 정말 이치에 맞는다고 생각하는가? 자신을 과대평가하지 마시라.

- 그렇게 본인이 남과 다르다는 걸 꼭 내세우고 싶은가? 지금은 2012년이다. 대다수 국민은 과거처럼 금메달에만 지나치게 집착하지 않으며 은메달을 땄다고 냉대하지도 않는다. 다만 성과를 이룬 사람에게 명성은 자연히 따라오는 법인데 군이 그런 것을 따질 필요는 없다고 본다. 요컨대 올림픽 금메달은 모든 운동선수가 평생 갖고 싶은 최고의 꿈이다.

| 흑백논리형

- 금메달을 따왔다고 인상이라도 쓰란 말인가? 무슨 말도 안 되는 논리로 웨이보를 도배하는지 모르겠다.
- 자기 나라 사람이 좋은 성적을 올려서 기뻐하는 걸 비애라고 하다니! 그렇다면 어떤 것이 비애가 아닌지 묻고 싶다!
- 자기 국민이 상을 타왔는데 세계 어떤 나라의 국민이 싫어할까? 그렇게 슬퍼할 일이라면 당장 똑똑한 인간들끼리 공유하면 우리 눈 썩을 일도 없을 것이다.
- 기가 막힌다. 금메달을 획득했다고 "금메달을 또 따다니 너무 우울하구나!"라고 통곡이라도 하란 말인가?!

| 욕설형

- 잘난 척하다 이번엔 망했네. 쌤통이다!
- 단정적으로 말해서는 안 되지. 몇 년 후에는 당신도 지금 한 말이 유치하다는 걸 느끼게 될 테니. 행간에 가득 찬 오기도 좀 줄이고 말이야. 당신이 성인군자는 아니잖아.
- 개인의 견해에 대중이라는 이름을 씌워 '우리'라고 부르다니! 당

신은 그저 광대에 불과하다고! 매춘부는 남자를 안다고 생각하지! 당신 돈 싫다는 매춘부 본 적 있어?

• 그럼 금메달 없어질 때까지 벽 보고 슬퍼하고 있지 그래? 나라의 영광이라는 걸 모르는 바보도 있군!

• 참 잘나고 고귀한 대머리 러 씨 납셨네. 그래 내가 천하의 죄인이다 죄인이야.

이 세 가지가 가장 흔한 웨이보 답글 유형이다. 다양한 의견을 마음대로 펼친 첫 번째 유형이 가장 마음에 든다. 성인이 아니기에 나 역시 틀린 말을 자주 한다. 사람이란 자기 잘못에 응당한 대가를 치러야 한다. 그러나 그것이 나라와 국민을 망치게 하는 죽을죄가 아니라면 관용을 베풀어야 하지 않을까? 남의 잘못을 용서하는 사람은 언젠가 자기가 잘못을 저질렀을 때 용서받을 수도 있다. 더구나 여기에는 소통의 문제도 있다. 사람들의 생각이 다르고 표현 방식이 다른데 어떻게 천편일률적인 잣대로 평가할 수 있을까? 당신이 이해한 것은 상대가 표현한 진심이 아닐 수도 있으며, 당신이 정확하게 알고 있는 게 아닐 수도 있다. 웨이보에서는 '이성적 반대'가 '무조건적인 동의'보다 소중하다.

두 번째 유형에는 극단적인 사람이 많다. 주된 특징은 자기와 관점이 다르면 무조건 적으로 몰아가며 반대한다. 이런 흑백논리 현상이 성행하는 이유는 앞서 말했듯이 사람들이 관점만 밝히고 그렇게 생각한 연유를 생략하기 때문이다. 글의 일부를 확대 해석하는 사람들에 의해 논쟁이 일파만파 번진다. 이런 식의 글을 볼 때마다 서글퍼지면서 내 뺨이라도 때리고 싶다. 좋은 마음으로 쓴 글이 악의적인 평가로 돌아온다면 그냥 입을 다물고 사는 편이 낫겠다 싶다. "말을 많이 하면 실수를 많이 하고, 말을 덜하면 실수를 덜하며, 말을 하지 않으면 실수를 하지 않는다."는 옛말을 명심할 일이다.

　　세 번째 유형은 뭐라고 말하기도 민망하다. 인터넷에 보편적으로 퍼져 있는, 일의 옳고 그름을 떠나 그저 분풀이할 거리를 찾는 이들에 불과하다. 가까운 친구 둘이 웨이보를 그만두겠다고 했다. 글자 수 제한으로 깊이 있는 생각을 풀어낼 수가 없어 시류에 편승하게 된다는 게 이유였다. 게다가 공적인 사건에 대한 의견을 올려놓는 순간 어디선가 사람들이 몰려와 공격하며, 쉽게 선동을 당하는 사람들은 영문도 모르고 가세하여 욕설을 퍼붓는다. 사람들은 진상을 말하라고 하지만 사실 들을 생각도 없다. 그들은 마음에 미리 설정해놓은, 자기가 원하는 진상만을 듣기 바라며, 막상 진상이 밝혀졌을 때 자기 생각과 다르면 여전히 공격을 멈추지 않는다.

　　다른 의견을 비난할 때는 기본적인 도의와 원칙을 지켜야 한다. 정중하게까지는 아니더라도 지나쳐서는 안 된다. 이 점은 알아도 지키기가 어렵다. 비난하는 사람들의 동기와 앞뒤 사정을 잘 모르기 때문이다. 비난하는 사람들의 동기를 분석해보았다.

욕하는 사람들은 대체 왜 그럴까

　　정상적인 비평과 평론은 웨이보에서 자주 보기 어렵다. 대부분 심한 욕설을 볼 수 있을 뿐이다. 정상적인 경로의 비평은 큰 반향을 불러오지 못한다. 그렇기에 웨이보를 오래 하다 보면 내용이 점점 자극적으로 흐르게 된다. 이는 미디어가 제목을 자극적으로 뽑는 행태와 같은 이치다. 인내심이 없는 시대에 사람들은 이런 특징이 점점 두드러지고 있다.

사람들의 관심을 끌 수 있다면 주저 없이 과장한다. 악성 댓글을 남기는 사람들이 내면까지 더럽다고 말하고 싶지는 않다. 다만 남의 의견에 반대하는 입장을 밝힐 때 너무 과장한다고 말하고 싶다. 그들이 이렇게 하는 데는 대체로 세 가지 원인이 있다.

| 1. 스스로 중요한 사람이라고 생각하기 때문이다

욕설을 좋아하는 사람은 특정 상대를 떠나 모든 사람을 욕하고 있다. 이런 사람은 거의 모든 대상을 향해 욕설을 던진다. 자기와 똑같이 욕설을 하는 사람에게도 예외는 아니라서 욕을 되갚아준다. '세상에서 욕을 할 수 있는 사람은 나뿐이야. 네 녀석이 감히 나와 동등해지려 하다니 죽고 싶어?' 이런 심리로 또 욕을 한다.

그들의 동기를 들여다보면 자신이 남과 다르다는 점을 어필한다. 그 심층 원인은 그저 사람들로부터 관심을 갈구하는 데 있다. 현실에서는 아무도 그들에게 관심을 기울이지 않거나, 아니면 스스로 그렇게 느끼기 때문에 인터넷에서 자신의 중요성을 강조하려는 것이다. 그들은 남들에게 자기 존재를 알릴 뿐이다. 이는 자기의 중요성을 확인받으려는 욕구로 이어진다. 결국 다른 사람의 웨이보에 신랄한 답글을 남기게 된다. 자기 답글에 많은 답글이 달리면 마지막에 "언팔하겠습니다."라는 글을 남긴다. 웨이보 주인에 대한 팔로우를 취소한다는 이야기다. 사실 사람들은 답글의 주인이 누구인지 관심이 없으며, 팔로우를 취소당한 웨이보 주인은 애초에 그가 누군지 모르는데 말이다.

존재감이 없는 사람이 이러고 있는 이유는 간단하다. 자기가 먼저 버리는 자세를 취함으로써 선수를 치겠다는 것이다. 상대에게 "이렇게 중요한 인물인 내가 당신의 팔로우를 취소한다."는 메시지를 남기는 순간, 자신이 세상의 여론을 좌지우지할 중요한 인물이라는 존재감을 느낀다. 웨이보의 관심은 모든 사람으로 하여금 자기가 진정한 권력을 갖고 있다는 환상을 갖게 한다. 이것이 바로 "언팔하겠습니다."의 배경이다.

따라서 인터넷의 적은 진정한 적이 아니고 인터넷의 친구도 진정한 친구가 아니며, 인터넷 세상의 팬도 허상이라는 걸 알 수 있다. 진정한 친구는 어려움에 처했을 때 나서서 도와주며, 진정한 팬은 수십 년을 하루같이 당신이 어떤 반응을 해도 그렇게 한 배경을 알고 있다. 진정한 적은 보이지 않는 데서 칼을 겨누지 않는다. 웨이보에서 익명으로 악성 댓글을 남기는 사람은 당신의 진정한 적수가 아니다. 그들은 자신의 보잘것없는 존재감을 증명하기 위해 그런 짓을 할 뿐이니 이를 확실히 구별해야 한다.

2. 사람들로부터 주목받고 싶어서다

대다수 사람은 욕을 입에 달고 살지 않는다. 어쩌다 기분이 나쁠 때 한두 마디가 고작이다. 그러나 어떤 사람들은 욕을 입에 달고 살며 지치지도 않고 욕을 한다. 가끔 생각할수록 이해가 안 갈 때가 있다. 그들은 무슨 이유로 남의 웨이보에 그토록 많은 시간을 들여 답글을 다는 것일까?

나는 그 이유를 나중에야 알게 되었다. 그들의 논리는 이렇다.

"내가 욕을 하면 당신은 속이 편하지 않을 거다. 당신을 이렇게 불편하게 만들었으니 나를 기억할 것이다. 당신이 수신 차단해도 다른 아이디로 오면 된다. 나의 '어그로 끌기' 방식('어그로aggro끌다'는 상대방을 도발해 분노를 끌어내는 행위를 표현하는 신조어-역주)은 당신도 익히 알 터이니 나의 존재를 확실히 알겠지. 나 때문에 분해 죽는 모습을 보니 아주 통쾌하군."

간단히 말해 이 모든 일은 관심 끌기가 가져온 사단이며, '어그로'를 끌어서 자기 존재감을 알리려는 짓이다. 그들은 자기가 무슨 욕을 했는지도 기억하지 못한다. 그러므로 절대로 대응해서는 안 된다. 관심을 보이는 순간 그들은 목적을 달성했다고 생각하고 승리감에 도취한다. 이런 심리는 아큐(루쉰 작품《아큐정전》의 주인공-역주)의 말에서도 알 수 있다.

어느 날 아큐가 사람들에게 의기양양하게 말했다. "오늘 조 영감님이 나한테 말을 걸어오셨어요." 사람들이 "조 영감이 뭐라고 말했는데?"라고 물었다. 아큐는 행복한 얼굴로 말했다. "영감님이 '꺼져!'라고 하셨답니다."

그들이 정말 나를 욕하는 게 아님을 의식하는 순간 그들을 동정하게 되었다. 나와 원수진 일도 없는 사람들이 날마다 욕을 하는 건 왜일까? 드라마 '천룡팔부天龍八部'에 등장하는 '아자'라는 인물을 떠올리면 인성의 연관성을 확신할 수 있다. 아자는 죽은 언니 '아주' 대신 '교봉'의 환심을 사려고 한다.

'내가 아주였다면 얼마나 좋을까? 교봉이 나를 아껴주고 관심을 가져줄 텐데.'

극중 악역인 아자는 사람들에게 못되게 굴어서 그녀에게 잘 대해주는 사람이 없었다. 사실 그녀는 누군가 자기를 아껴주기를 갈구하는 가련한 존재다. 따라서 나쁜 사람이 악행을 할 때는 관심을 끌기 위한 목적이 많다. 아이들이 부모의 관심을 원할 때 일부러 온몸에 더러운 걸 묻히고 옷을 엉망으로 해서 들어오는 행동과 같다. 부모는 아이에게 한바탕 혼을 내고 깨끗이 씻겨줄 것이다. 아이는 못된 짓을 해서라도 부모의 사랑을 받고 싶은 것이다. 이런 사람들은 세상 살아가기가 한층 어렵다는 사실을 이해한다면, 삶 자체가 그 자신에게 수행이라고 볼 수 있다.

| 3. 마음속 불편함을 해소하기 위해서다

웨이보의 가장 큰 문제는 무슨 말을 하든 욕을 먹게 되어 있다는 데 있다. 왜 그렇게 남의 관점에 그토록 많은 답글이 달리고 재전송이 되는 걸까? 웨이보 유저의 입장에서 답글과 재전송은 금은보화와 같다. 글을 올리면 사람들이 봐주었으면 싶고, 한마디 발언에 많은 사람이 반응을 보였으면 싶다. 열심히 글을 썼는데 아무도 알아주지 않으면 섭섭하다. 나는 힘든 일을 겪었으니 멀쩡하게 지내던 사람이 나락에 떨어져서 같은 처지가 되어야 속이 시원하다. 그렇지 않으면 마음이 편하지 않다.

인터넷에서 거침없이 욕하는 사람들은 어두운 곳에 숨어 있기 때문에 예의를 갖추는 행동을 할 필요가 없다. 현실 생활에서는 쌓인 분노를 표출할 수는 없으니 익명의 공간에 숨어서 마음껏 화를 푼다. 평소에는 숨겨놓았던 비열한 심리가 익명의 사이버 공간에서 드러나는 순간이다.

악성 댓글을 다는 사람들은 평소 자기보다 나은 사람과 대화할 기회가 없다. 웨이보는 그들이 동등한 대화를 하고 있다는 느낌이 들게 한다. 어두운 곳에 숨어서 공격의 화살을 쏘는 기분은 통쾌하다. 게다가 여럿이 동조하여 벌이는 일에 자기는 일조할 뿐이다. 이 많은 사람을 법으로도 어쩌지 못할 것이며, 악성 댓글로 처벌당할 일이 겁나긴 하지만 솔직히 자기 같은 악성 댓글러 하나 잡겠다고 나서지 않을 거라는 심리가 있다. 설령 그런 일이 있다고 해도 사람들은 그까짓 일로 "약자를 잡는다."며 상대를 비난할 테니까 말이다.

반드시 알아둬야 할 사실이 있다. 악성 댓글러들은 욕을 하고도 그 사실을 까맣게 잊어버리지만 봉변을 당한 사람만 잊지 못하고 약이 올라 어쩔 줄 모른다. 이처럼 바보 같은 일은 없다. 그러다가 진실 공방을 벌이느라 애쓰지만 결국 상처받는 사람은 상대가 아닌 자신이다. 그러므로 악성 댓글은 무시하는 게 답이다.

대중에 얼굴이 알려진 사람이 악성 댓글러와 진실 공방을 벌이면 일이 커지며, 그렇게 되면 당사자만 상처받는다. 이와 관련하여 나는 친구 장리에게 감사를 표한다. 그녀는 나에게 한 통의 편지를 보내왔다.

"연예계의 목적은 무료함을 달래주는 데 있어. 현실 문제를 해결해줄 수는 없지. 넌 지금 연예계에 반쯤 발을 담근 상태이니 이 점을 명심해. 특정 프로그램이 너를 출연시킨다고 해서 오락성을 포기하지 않는 이유야. 인터넷 시대에 공적으로 유명해진 사람은 대중이 스트레스를 해소하고 화풀이할 수 있는 가장 좋은 대상이거든. 그리고 그건 경쟁자의 의도이기도 하지. 절대로 과잉 대응하지 마. 원망을 하려면 사회의 게임 규칙을 몰랐던 너를 원망해. 묵묵히 길게 보는 거야."

처음에는 별로 공감이 가지 않았는데 나중에 다시 읽어보고서야 그녀의 정확한 인식과 투철한 견해를 알 수 있었다.

팔로우과 재전송의 배후

웨이보에 대한 사람들의 기대는 저마다 다르며 그 목적도 다르다. 다른 사람과 그 기대가 어긋날 때 갈등이 생긴다. 웨이보의 팔로우, 답글, 재전송의 3대 기능 중 이번에는 사람들이 '팔로우'와 '재전송'에 거는 기대를 살펴보겠다.

| 팔로우

웨이보에 가장 흔히 기대하는 역할은 사교 플랫폼 기능이며, 이는 '팔로우'와 맞닿아 있다. 웨이보의 쪽지나 답글에서 가장 빈도수가 높은 내용이 '팔로우 요청'이다. 이를 통해 이 세상에 관심을 원하는 사람이 얼마나 많은지 알 수 있다. 팔로우를 받기 위해 온갖 수단을 동원한다. 인터넷에서 튀는 말과 행동을 하는 무리들은 대부분 관심을 끌기 위해서다. '팔로우 요청'은 상대가 나를 팔로우하면 자기도 '맞팔' 하겠다는 의미다. 서로 알지 못하는 사람이 구애하면서 "내가 당신을 사랑하겠으니 당신도 나를 좋아해야 합니다."라는 것과 같다. 이런 사람들을 이해하기는 쉽지 않다. 그들은 수고스러움을 마다하지 않고 그물을 쳐놓고 그중 하나라도 건진다는 마음으로 임한다. 서로 아는 사이에 서로 관심을 주고받는 것은 당연하며, 공평하다고 생각한다. 그러고는 마치 외교관계에 있는 두 나라처럼 조금만 상대가 소홀히 히는 깃 같으년 이렇게 불평한다.

"내가 너한테 관심을 주었는데 너는 왜 그렇게 하지 않지? 빨리 관심 가져줘!"

또 하나의 상황은 당신의 웨이보에 지인 A는 팔로잉이 되어 있는

데, B는 안 되어 있는 상황이다. 그런데 A와 B가 서로 아는 사이라면 당신은 B의 서운함을 살 것이다. 그들이 서로 모르는 사이라고 해도 B는 이렇게 생각할 수 있다. '아니 A가 누군데 나를 제쳐두고 팔로잉되어 있지? A가 나보다 가까운 사이거나 더 가치 있다고 생각하나보지? 좋아, 그렇다면 나도 너 필요 없어.'

이렇게 해서 당신은 B의 미움을 사게 된다.

그러므로 서운한 사람이 없게 하기 위해 나는 아무도 팔로우하지 않기로 했다. "웨이보에서는 누구나 서로 팔로우를 늘리려고 하며, 수천 명을 팔로우하는 사람도 흔한데 러자는 왜 이렇게 째째하지?"라고 생각할 수도 있다. 그 이유는 단순하다. 스스로 통제할 능력이 떨어지는 나는 팔로우를 한 후 쏟아지는 정보를 다 읽어볼 자신이 없으며, 불필요한 정보의 방해를 받고 싶지 않기 때문이다. 결국 업무와 관련된 기관에만 팔로우를 해두었더니 사람들도 이제는 그러려니 한다.

사람들은 다른 사람은 팔로우해주고 자기는 해주지 않는다는 사실에 민감한 것 같다. 남은 해주는데 자기가 빠지면 무시당하는 기분이 들어서다. 그러므로 아예 처음부터 팔로우를 하지 않는 게 미움을 사지 않는 비결이다. 그러나 이번에는 또 다른 문제가 생긴다. 나를 모르는 네티즌들이 비난하고 나선다.

"당신은 뭐 대단하다고 아무도 팔로우를 안 하는 거야? 당신은 사람 아니야?"

보았는가? 당신의 행동이 다수의 기대와 어긋날 때 무조건 비난을 받게 되어 있다.

| 재전송(공유)

　답글과 재전송은 웨이보의 영향력을 가늠하는 양대 지표이며, 그중 재전송의 영향력이 더 크다. 답글이 얼마나 많은 사람이 관심을 갖는지를 나타낸다면 재전송은 얼마나 많은 사람이 계속 이를 공유하려고 하는지를 나타낸다. 현재 웨이보에는 수많은 업체들이 답글 뒤에 광고를 붙이고 있다. 따라서 당신이 웨이보 사용에 도가 튼 사람이라도 광고와 각종 공유를 피할 수 없다. 여기서는 주로 재전송에 관해 이야기해보겠다.

　팔로워 수가 일정 수준으로 늘어나면 누군가 당신에게 재전송을 요구한다. 이것이 바로 광고의 기능을 한다. 사실 나부터도 충분히 이 기능을 이용할 수 있을 것 같다. 가령 이 책을 내가 힘들여 쓴 만큼, 누군가 공유하여 홍보를 해줬으면 하고 바랄 것이다. 같은 이치로, 비즈니스를 하는 업체라면 이런 필요성이 있다.

　여기에는 기본적인 게임의 규칙이 있다. 서로 공유를 부탁할 때는 상대의 가치를 인정하는 상황에서만 가능하다. 문제는 상대의 가치를 인정하지 않으면서 덕을 보려고 하며, 그것을 당연하게 생각하는 행동이다. 나는 이럴 때 불쾌감을 느낀다. 하지만 일을 하다 보면 인정상 요구를 들어줘야 할 때가 많아서 공유를 해주기는 한다. 그러나 마음은 정말 내키지 않는다.

　이런 것은 그나마 작은 고민이고, 정말 고민되는 건 이런저런 일로 늘 재전송을 '무릎 꿇고 애원하는' 사람들이 많아진다는 것이다. 웨이보에서 처음 이 말을 보는 순간 눈을 의심할 정도로 놀랐다. 하지만 곰곰히 생각해보니 남자가 여자에게 무릎을 꿇고 프러포즈하는 것처럼 나에게도 이렇게 간절히 부탁한다는 의미가 담겨 있었다. 이렇게 돈도 되지 않는 나에게 무릎까지 꿇고 부탁하는 사람들은 점점 늘어나는 추세다. 결국 이런 일로 고민하는 것은 바보 같은 짓이라는 생각이 들었다. 동정을 베풀어서 한번 들어주기 시작하면 무수히 많은 사람이 내 주변으로 몰려와서 무릎을 꿇고 일어나지 않을 게 분명하다.

사적인 이익을 위한 부탁은 외면할 수도 있다. 그런데 정말 도움을 필요로 하는 약자라면 어떻게 할 것인가? 가령 지방의 부패한 관리에게 전 재산과 살던 집을 빼앗기고 온 가족이 길에 나앉게 되었다는 내용을 공유해달라고 부탁받으면 어떻게 할 것인가?

하이난 완닝萬寧에서 한 초등학교 교장이 모텔로 여자아이들을 데려가 성폭행한 사건이 있었다. 그 사건을 취재하고자 베이징의 한 기자가 완닝으로 갔는데 학교 측으로부터 냉대를 받았다. 혼자 힘으로는 어렵다고 생각한 기자는 사람들에게 알리기 위해 웨이보에 공유해달라는 수십 건의 메시지를 올렸고, 그 메시지의 최종 태그는 서른 명의 영향력 있는 웨이보 유저 앞으로 되어 있었다. 비록 한 건도 전달되지 않았지만 당사자는 힘이 났을 것이다.

사회의 악한 면을 고발하고 약자를 돕는 일에는 나서야 한다. 악을 응징하고 선을 권하는 일에는 누구나 책임이 있다. 당신이 많은 팔로워를 거느린 영향력 있는 SNS 유저라면 반드시 나서서 도와야 한다. 그러나 매일같이 벌어지는 세상의 비극에 모두 나설 수는 없다. 그럴 때는 선별적으로 재전송을 하면 된다. 누군가는 왜 누구는 돕고 누구는 모른척하느냐고 비난할 수도 있다. 이제 와서 모른 체할 바에는 처음부터 가만히 있지 왜 착한 사람인 척 했느냐고 말이다.

요즘은 개인적인 사건이 아니라 모두가 관련된 사회적 사건이 많다. 고위 관료의 부정부패 사건, 도시관리 단속반원의 비리, 불량식

품, 공기 오염 등…, 이런 공공 사건에 대해 많은 네티즌이 웨이보를 통한 공유를 호소했으며, 이 모든 일은 사실상 민중을 무력감에 젖게 한다.

부정부패를 저지른 관리를 고발하는 등 SNS를 통한 여론의 힘은 막강했다. 이런 힘을 목격한 사람들은 지푸라기라도 잡는 심정으로 SNS에 호소하는 것이다. 심지어 공유하지 않는 사람을 양심 없다고 비난하는 짓도 서슴지 않게 되었다. 얼마 전 샤먼廈門의 시내버스에 불이 난 사건이 있었다. 사건을 저지른 사람은 그 전에 웨이보에 많은 글을 올리고 자기 글을 유명인들에게 공유해줄 것을 부탁했다. 그런데 아무도 공유를 해주지 않자 홧김에 동반자살을 시도했다. 이런 사실이 밝혀지자 사람들은 그 유명인들에게 비난의 화살을 돌렸다. 공인들이 잘못하여 이런 극단적인 사건이 일어났으니 그들도 살인범과 다를 게 없다는 논리다.

때때로 스타들이 부당한 일을 사람들에게 알리고 모금이나 자선 행사를 하는 모습을 볼 수 있다. 내 주변 사람들 중에도 선의에서 좋은 일을 하는 이가 있지만, 어느 정도에 이르면 호랑이 등에 올라탄 것처럼 내려오지도 못하는 모습이다. 공인이라면 신분에 맞는 책임은 져야 한다. 그러나 지금의 체제 아래 많은 사건을 겪으면서 웨이보는 사람들이 모여 목소리를 내고 서로 격려하는 플랫폼이 되고 있다. 그 과정에서 가장 무력감과 슬픔을 느끼는 점도 있다. 사람들은 희생정신이 투철한 작은 인물에게 감동하면서도 금세 그들을 잊어버리며, 한편으로는 마음속 불만을 마음껏 표출한 후에는 큰 인물이 나타나 위급한 국면을 변화시키며 사람들의 문제를 해결해주기를 바라고 있다. 예로부터 역사는 이렇게 진행되었으며, 서민들은 줄곧 이런 생각으로 살고 있다.

베르톨트 브레히트Bertolt Brecht는《갈릴레이의 생애Leben des Galilei》에서 "영웅이 필요한 시대는 슬픈 시대다."라는 말을 했다. 하고 싶은 일을 마음껏 하고, 하고 싶은 말을 마음껏 하며 헌신적인 기백과 희생정신이 필요 없는 사회를 만드는 일은 우리가 대대손손 노력할 방향이다. 영웅이 나타나 활약하며 사람들의 문제를 해결해주는 시대보다 영웅이 필요 없는 시대가 훨씬 낫다. 유감스럽게도 웨이보 세계는 영웅을 필요로 한다는 느낌이 든다. 우리는 언제나 영웅이 필요 없는 시대에 살 수 있을까?

퍼 나르기 할 때 주의할 점

앞에서 이런저런 말을 한 것은 '퍼 나르기' 배후에 숨은 심리 상태를 말하고 싶어서다. 많은 사람이 보았다고 해서 다 수용된다는 의미는 아니다. 모든 웨이보 현상 중 가장 받아들이기 힘든 것은 눈길을 끌기 위해 '퍼 나르기'를 이용하여 사실과 먼 허상을 만들어내는 행동이다. 자신을 피해자로 만들어 사람들의 동정을 사려는 목적이다. 나도 비슷한 일을 당한 경험이 있으며, 나중에 속았다는 걸 알고 낙담이 이만저만이 아니었다. 바보 같은 내 모습에 한탄이 나오는 한편 나의 선의가 잘못 이용되었다는 사실에 상실감이 더 컸다. 이제 나는 다음에 선의를 베풀 일이 있을 때 본능적으로 의심과 경계를 하게 될 것이다.

여기까지 쓰고 나니 난징의 '펑위 사건'이 생각난다. 펑위라는 사람이 길에 쓰러진 할머니를 부축하여 병원까지 데려다주었다가 할머니로부터 자기를 넘어뜨린 가해자로 지목된 사건이다. 게다가 지방법원에서 펑위에게 손해배상을 하라는 판결을 내리면서 중국 사회가 경악했다. 선행을 베푼 대가를 배은망덕으로 돌려주는 사회에서 누가 선행을 베풀려고 하겠는가! 이러한 악법이 사회와 인성에 미치는 해악은 천재지변보다 심각하며, 앞으로 오랜 시간이 걸려야 치유될 것이다.

네티즌들은 '퍼 나르기'가 본인의 태도를 상징한다고 여긴다. 웨이보에 자신의 의견을 직접 발표하는 것에 비해 이는 리스크가 훨씬 적다. 직접적인 의견 발표 후 쓴맛을 본 사람들은 공격을 받지 않기 위해 목소리를 내지 않거나 퍼 나르기에만 의존하게 되었다. 그러나 퍼 나르기에도 문제는 존재한다. 자신이 퍼 나르는 웨이보의 내용이 진짜인지 가짜 정보인지 어떻게 확신한단 말인가?

'물이 점점 흐려지기를 바라는' 사람들은 어차피 출처가 자신이 아니며, 자신은 퍼 나르기를 했을 뿐이라고 항변할 것이다. 그러나 사회적 공신력과 영향력을 가진 공인들은 자료를 퍼 나르기에 앞서 반드시 그 진위를 확인해야 한다. 내가 정보의 출처에 대한 진위에 민감한 건 공인이 된 후 미디어에 피해를 당한 적이 있기 때문이다. 출처가 확인되지 않은 일에 관해서는 함부로 퍼트려서는 안 된다. 따라서 개인은 물론이고 언론매체의 이야기라도 나는 그 진위를 반복해서 확인하는 습관이 생겼다.

2011년 8월 30일 프로그램 촬영 차 청두成都에 갔을 때였다. 당시 지역방송이 관심을 보이며 장쑤위성TV에 전화를 해서 나와 인터뷰하고 싶다고 요청해왔다. 장쑤위성TV 측은 내 의견을 물었고, 제작자와 일정을 상의한 끝에 녹화 시간이 겹쳐서 인터뷰는 곤란하다고 분명히 의사를 전했다. 그날 한낮의 뜨거운 태양 아래 제작진은 청두 국제 자동차 경기장의 크로스컨트리 코스에서 야외 리얼 버라이어티를 촬영하고 있었다. 이때 그 방송국의 자동차 한 대가 서더니 세 사람이 내렸다. 그들은 카메라 장비를 들고 멋대로 취재를 하는 게 아닌가! 출연자들은 당황했고 그때부터 2시간의 녹화를 엉망으로 만들었다. 제작진에 여자 실습생이 있었는데 아무리 만류해도 듣지 않자 화가 나서 중지를 들어올려 불만을 표시했다. 이 장면은 그들의 카메라에 고스란히 담겼다. 그날 저녁 연예 관련 뉴스에는 일제히 이런 제하의 뉴스가 보도되었다.

"러자가 청두에 풍파를 몰고 왔다. 기자의 인터뷰를 거절하고 여성 보조는 중지를 세워 보였다."

사건의 진상을 모르는 사람들은 내가 얼마나 거만하게 굴었으면 옆에서 일하는 사람까지 유세를 떠느냐고 생각했을 것이다. 사실은 그들이 우리 일을 방해했지만 그런 내용은 한마디도 나오지 않았다. 매체의 임무는 진실을 파헤치는 것이지만 현실은 그렇지 않을 때도 있다. 양심 있는 매체는 그 사명과 정의를 지키지만 일부는 자신들의 생존을 위해 자극적이고 진실과 거짓이 뒤바뀐 내용을 보도하기도 한다. 이 사회에서 생존하는 일은 어렵고 돕고 살아야 한다는 점을 알고 있지만 이렇게 서로 상처를 주다가는 오래 버티지 못한다.

이런 일을 자주 겪다 보니 나도 조금씩 무뎌지고 습관이 되었다. 언론 매체들의 보도를 액면 그대로 믿지 못하는 상황에서 인터넷 매체는 말할 것도 없다. 나쁜 일로 포장하여 전파하는 경우도 있지만 좋은 일로 포장하는 일도 자주 벌어진다. 언젠가 소녀가 청소부에게 우산을 씌워준 미담 영상이 퍼지면서 중국 사회가 큰 감동을 받은 일이 있었다. 그런데 알고 보니 청소부는 돈을 받고 광고를 찍었으며, 기획자는 우산 위에 한 보험회사의 특정 이벤트를 새겨 광고로 사용한 거였다. 긍정 에너지를 전파한다는 구실로 거짓 미담을 지어내면 사람들의 마음은 점점 얼어붙는다. 이런 일이 많아질수록 불신이 깊어질 수밖에 없다. 이런 사태를 막기 위해서는 매사에 얼음 위를 걷듯 신중히 확인하는 자세가 필요하다.

책임 있는 퍼 나르기 중 가장 중요한 덕목은 여론에 쉽게 흔들리지 않는 자세이다. 비교적 충동적인 홍색 성격은 웨이보에서 사람들에게 이용되기 쉽다. 이들은 누구보다 빠르게 반응하고 과격한 말을 하기도 한다. 사회가 개선되려면 열혈 인사가 필요하다. 그러나 의식이 있는 열혈 인사들은 날마다 구호를 외치지 않는다. 늘 사람들을 모으며 구호를 외치느라 아무것도 해놓은 일이 없다면 결국 자기만 손해다.

웨이보의 성행을 보면서 많은 사람이 글을 올리거나 퍼 나르기를 할 때 정말 나라와 민족을 걱정하며 모두 잘 되기를 바라고 있음을 느낀다. 그들은 함께 목소리를 내면 사회가 저절로 변한다고 생각하는 듯하다. 그럴 시간에 책 몇 권을 읽고 중국 역사와 사회를 깊게 이해하는 편이 낫다. 사람들은 그들이 늘 그 자리에서 웨이보만 하고 있다는 사실을 모르는 듯 하다. 새로운 일이 발생할 때마다 사람들은 자기 의견을 밝히느라 바쁘다.

의견을 표명하는 절차와 질적 수준, 효과가 어떤가에는 관심이 없다. 앞에서 언급한 하이난으로 취재하러 갔던 기자는 업계에서도 베테랑이다. 나중에 그와 만난 자리에서 이런 이야기를 했다.

"언론 종사자로서 당신의 직업 정신과 소양은 칭찬받아 마땅하며 인격적으로 존경합니다. 하지만 사건을 알리기 위해 웨이보에서 이용자들에게 퍼 나르도록 의도했을 때는 지혜가 부족했습니다. 좀 더 네티즌 사이의 관계를 이해하고 글을 올렸더라면 어땠을까요?

당신은 서른 명의 영향력 있는 웨이보 이용자를 모두 태그하며 퍼 나르기를 요청했는데, 그들의 관계가 어떤지 어떻게 압니까? 유비가 황제로 자처할 때 관우를 '오호장五虎將'에 봉하자, 관우는 오호장에 황충도 있음을 알고 격분하며 거절했다고 합니다. 그들 사이에 전혀 갈등이 없었는데도 말입니다. 영향력 있는 웨이보 이용자들은 비슷한 영향력의 다른 이용자 이름이 있는 웨이보 글을 퍼 나르고 싶어 할까요? 두 거물 이용자들이 동시에 당신의 웨이보 글을 퍼 나른다면 둘 중 하나만 주목을 받지 않을까요? 결국 그 둘의 영향력을 비교당하는 일을 누가 하려고 하겠습니까?"

사실 웨이보도 강호의 세계와 같아서 사람의 그림자조차 보이지 않지만 도처에 살기가 가득하다.

웨이보는 어떻게 적을 만드는가

웨이보에서 적을 만드는 방법은 많으며, 일부는 의식적으로 하는 경우도 있다. 가령 어떤 사건이나 인물에 대한 의견을 표명한다. 이때 특정인이나 기관의 이익을 대표하는 경우가 많으며, 이밖에 자신이 정의의 사도라고 생각하는 경우도 있다.

모두의 적을 향해 한 목소리를 낸다면 적이 있을 수 없다. 제 아버지의 권세를 믿고 사회 분위기를 흐리는 공직자의 자녀는 전 국민의 비난을 받아도 할 말이 없다. 사회적 사건 당사자를 향한 비난은 극히 정상적이며 우리에게는 그럴 권리가 있다. 이런 식으로 적이 만들어진다고 해도 이는 스스로 자초한 결과다. 때로는 그런 행동이 지나쳐서 눈살을 찌푸리게 하는 경우도 있지만 결국엔 목적을 달성한다. 지금부터는 당신 자신도 모르게 만들어진 적에 대해 말하려고 한다.

| 비교하게 하기

웨이보에는 늘 당신을 다른 사람과 비교하는 사람이 있다. 이렇게 비교당하는 것은 대중 앞에 서는 연예인에게 흔한 일이다. 나 또한 늘 다른 연예인, 강연가, 작가와 비교를 당했다. 이밖에도 전혀 관련 없는 사람과 비교당하는 일도 흔하다.

사실 좋은 마음으로 단순히 비교하는 경우도 많으며, 그들은 이렇게 하지 않으면 구별이 되지 않는다고 생각하는 것뿐이다. 사물의 가치는 다른 사물과 비교할 때 얻어지기 때문이다. 그러나 때로는 이런 비교가 갈등을 유발하기도 한다. 동일한 프로그램에서 비교당하는 일은 통상적으로 그 프로그램의 출연자들 사이에서 일어난다. 직장에서도 상사들이 직원들의 능력을 비교한다. 당사자로서는 비교당하는 것이 기분 나쁘다.

비교해도 별 상관없는 때도 있다. 같은 분야에서 이익을 다투는 사이가 아니거나, 각자 내세우는 개성과 특장점이 다를 때가 특히 그렇다. 하지만 대부분의 경우 비교를 하면 한쪽이 우월하고 한쪽은 열등하며, 한쪽은 좋고 한쪽은 나쁘다는 결과가 나오기 마련이다. 이런 비교는 독약처럼 천천히 사람의 생명을 갉아먹는다. 때로는 당사자끼리 서로 알지도 못하는데 대중과 매체가 엮어서 말을 만들어내며, 그 과정에서 진실이 쉽게 곡해되어 서먹한 관계로 발전되기도 한다.

비교를 하는 사람은 고의성이 없는 경우가 많다. 사실 그것이 웨이보에서 자기도 모르게 비교당하여 적을 만들게 되는 가장 흔한 경로다. 학식이 깊고 교양 있는 사람도 자꾸 비교당하다 보면 상처를 받기 쉽다. 마음이 넓은 것과 재능이 넘치는 것은 다른 개념이며, 마음을 넓게 가지고 이런 일을 이해해달라고 하는 것도 무리다.

나도 늘 비교당하는 운명을 벗어나지 못했다. 비교에서 살아남으면 자기도 모르는 적을 만들게 된다. 상대방이 너그럽게 받아들여도 팬들은 참을 수가 없다. 상대가 나보다 낫다는 평가를 받을 경우, 그것이 사실이 아니라면 나처럼 마음이 좁은 사람은 솔직히 기분이 좋지 않다.

그래서 해명이라도 할라치면 "인터넷에서 떠도는 말에 정색한다."며 속 좁다는 비난이나 받기 일쑤다. 가만히 있으면 이번에는 남 말하기 좋아하는 사람들이 나선다. "사실이니 아무 말 못 하는 거지? 할 말 있으면 어디 해보라지!" 정말이지, 미치고 팔짝 뛸 노릇이다.

그래서 나는 알게 모르게 이뤄지는 이간에 넘어가지 않도록 주의할 것을 당부한다. 적수가 누구인지 확정할 때는 반드시 정확성을 기해야 한다. 잘못된 판단은 자신에게 상처로 돌아오며, 상대에게도 상처를 입혀 평생의 한으로 남을 수 있다. 그 적수가 당신의 좋은 친구가 될 수도 있었는데 말이다. 사람을 대할 때 일단 적으로 생각하는 사람들이 있다. 당사자는 그렇게 생각하지 않은데 주위에서 부추기는 경우도 있다. 결국 상대는 아무런 생각도 없었다는 사실을 알았을 때는 이미 돌이킬 수 없는 실수를 저지른 후일 때가 많다.

이런 사례를 볼 때마다 적수를 무너뜨릴 수 있는 기발한 생각이 떠오른다. 상대 단체를 직접 공격하는 수법은 유치하며 오히려 그들의 적개심을 유발할 수 있다. 그보다는 적의 내부에 분란을 일으키게 하여 자기들끼리 싸우게 한 다음, 외부에서 포위하면 일거에 격파할 수 있다. 적의 내부를 교란시키는데 웨이보는 조작이 쉽고 효과가 그만인 플랫폼을 제공한다.

적의 내부 사람들을 서로 비교하면 아무 문제없던 사람들도 갈등을 일으키며, 작은 갈등은 큰 갈등으로 비화한다. 서로 믿던 사람들은 의심하고 적대시할 것이다. 이 수법에 넘어가지 않으면 주변 사람을 공략하여 비교하는 소리가 당사자의 귀에 들어가게 하면 된다. 이 세상에 이런 수법에 넘어가지 않을 사람은 없으니 안심해도 된다. 꼭 이익 때문이 아니라 자존심 때문에라도 무너지게 되어 있다.

| 부추기기

비교를 하거나 당하는 일은 무의식중에 일어날 수 있다. 그러나 부추기는 행동에는 분명한 목적이 있다. 그들은 악의적으로 상대를 부추겨 벌어지는 결과를 즐기려는 것이다. 가령 내게 "A와 B의 사건을 어떻게 보느냐?" 같은 질문을 하는 네티즌들이 있다. 내 생각이 궁금해서 묻는 사람도 있지만 악의적으로 질문을 유도하여 나를 곤란하게 하려는 의도를 가진 사람도 있다. 질문한 사람이 A와 B 중 누구를 더 선호하느냐에 따라 대답이 달라질 것이기 때문이다.

비교의 대상이 된 사람은 아무리 마음이 넓고, 상대와 모르는 사이고 평생 만날 일이 없더라도 신경이 쓰인다. 게다가 주변 사람들이 자꾸 그 일을 언급하면 상대에게 불만이 생길 수밖에 없다. 예를 들어 A라는 사람이 올린 글을 유명인 C가 "A가 맞는 말을 했다."며 공유했다고 하자. 공교롭게도 그즈음 B와 A가 설전 중이었는데 C는 그 사실은 전혀 모르고 있었다. 이때 남의 일에 참견하기 좋아하는 한 네티즌이 이 일을 B에게 알려준다.

"지금 C가 A편을 들고 있습니다. A의 글은 틀림없이 당신을 겨냥해서 쓴 글인데 왜 가만두는 겁니까?"

이때 B가 성질이 급해서 나서게 되면 부추김에 휩쓸려서 일이 커진다. C는 B의 미움을 사게 되고, 나중에 둘이 만나는 자리에서 C는 아무 영문도 모른 채 B로부터 공격을 당할 것이다.

영문도 모르고 당하는 억울한 일은 또 있다. 당신은 A와 모르는 사이다. 그런데 A가 좋아하는 사람들이 A를 싫어하고 당신을 좋아한다. 이렇게 해서 당신은 자신도 모르게 A의 적이 된다. A에게 피해를 끼친 적도 없으면서 애꿎은 희생자가 되는 것이다. 살아가면서 이런 일은 흔히 발생한다. A가 사랑하는 여자가 A에게는 마음이 없고 당신에게 관심이 있다면, 당신은 그 여자를 좋아하지 않는데도 불구하고 A의 적이 되는 것이다.

모 잡지에서 웨이보를 통해 두 연예인에 관한 특집을 다룬 적이 있었는데, 내가 보기에는 이것도 일종의 '도발'이었다. 물론 발행량을 늘려야 생존하는 잡지의 속성은 인정한다. 잡지의 표지는 두 사람의 카툰 프로필로 장식했으며, 내용은 두 사람에 대한 유명인들의 평가로 채워져 있었다. 어떤 유명인은 잘 모르겠다며 대답을 회피했고, 어떤 사람은 솔직하게 느낀 바를 토로했으며, 어떤 사람은 두 사람과는 관련 없는 말로 잘 피해갔다. 이를 통해 유명인들의 천태만상 심리를 엿볼 수 있었다. 그들 가운데는 이런 기회를 통해 인기를 올리려는 사람도 있을 것이다. 평가의 결과에 상관없이 연예인들이 이런 식으로 소비되는 일은 피할 수 없는 듯하다.

웨이보는 겉보기에 도덕과 선량함으로 충만하지만 암투와 경쟁으로 살벌한 전쟁터다. 내가 가장 경멸하는 행위는 웨이보 스타의 글을 그와 전혀 모르는 사이인 다른 영향력 있는 웨이보 스타의 계정으로 퍼 나르는 일이다. 가령 나에게 어떤 글을 퍼와 이렇게 말한다.

"러자 선생, 이 사람이 방금 이런 말을 했네요. 왜 이런 말을 했을까요? 껄껄껄."

사실 이런 식으로 도발하는 사람을 당신도 좋아하지는 않을 것이다. 그리고 절대 그런 사람이 되지 않아야겠다고 다짐할 것이다. 그런데 웨이보에서 퍼 나르기를 하다 보면 자신도 모르게 그런 짓을 하고 있을 때가 있다.

잘 생각해보면 정말 좋은 일이라고 생각해서 하는 행동들이 있다. 그러나 유감스럽게도 웨이보에서 글을 퍼 나르는 행위는 첫째, 당신의 표현 욕구가 강하고 둘째, 나와 그 유명인이 친하게 지냈으면 하는 희망 셋째, 사실은 분란을 일으키고 싶은 것이 목적일 것이다. 물론 열혈 팬이라면 이야기가 달라진다. 팬들의 심리는 잠시 후에 전문적으로 분석해보겠다.

| 혼자만 주목받기

누구나 좋은 사람이 되고 싶다. 그런데 남들이 기회를 주지 않으면 억울하다. 다른 사람이 좋은 일을 다 해버리면 어쩌란 말인가? 좋은 일을 내가 하는 것으로 주목을 끌면 사람들의 칭찬이 나에게만 집중될 것이다. 이때 당신과 함께 좋은 일을 한 사람의 기분은 어떻겠는가?

나쁜 짓을 하면 응당한 대가를 치러야 한다. 그런데 때로는 좋은 일을 하고도 대가를 치러야 한다. 이론적으로 사람들은 누구나 좋은 사람이 되고 싶어 한다. 그런데 당신이 좋은 일을 하여 주목을 받으면 다른 사람들은 자기들도 좋은 일을 할 수 있었는데 그 기회를 당신이 뺏어갔다고 생각하고 당신의 순수한 뜻까지 의심할 것이다. 어떻게 보면 이 세상은 나쁜 사람과 좋은 사람의 투쟁이 아니라 좋은 사람끼리 투쟁하는 전쟁터일지도 모른다.

이렇게 말하면 와닿지 않을 수도 있으니 예를 들어 설명하겠다.

'공공 지식인public intellectual'이라는 용어가 최근 크게 유행하고 있다. 순진했던 나는 '공공 지식인'을 정부의 병폐를 지적하여 개선을 요구하는 문인이나 '오피니언 리더'와 비슷한 뜻으로 이해했고, 국가와 민족을 위해 좋은 일을 하는 사람들로만 생각했다. 나중에 가서야 착각이었음을 알게 되었다. 나는 단순하기 이를 데 없었다. 이론적으로 볼 때 학교에서 반장은 학급을 위해 일한다. 그런데 정작 반장이 되면 반드시 그렇지 않기 때문이다.

이와 관련하여 작가 류자이푸劉再複의 이야기가 기억난다. 50년대에 쥐 소탕 작전이 벌어졌고, 학교에서는 '쥐잡기 영웅' 행사를 벌여 쥐꼬리 서른 두 개를 가져온 학생에게는 표창장을 주었다. 그런데 그의 어머니가 쥐꼬리를 많이 내기 위해 학교에서 일하는 사람에게 부탁을 했고, 그 일이 발각되어 영웅 칭호를 반납했다고 한다.

웨이보를 오래하다 보니 나도 눈치가 생겨서 이제는 공공 지식인들이 서로 암투하는 사정을 잘 알게 되었다. 예를 들어 영향력이 비슷한 A, B 두 사람이 어떤 사건에 관한 의견을 동시에 공표한다. A의 웨이보에는 답글과 공유가 1만 건이 넘었는데, B의 웨이보에는 1천 건 정도밖에 안 된다. 사람들은 자연스럽게 이 둘을 비교하며, 비교는 인간의 천성이다. 사람들은 "B의 영향력이 A에 훨씬 못 미친다."라고 입방아를 찧을 것이다. 서로 아무 문제없던 두 사람은 자기들도 모르게 불편한 관계가 되어버린다.

　좀 더 직설적으로 말하면 두 사람 모두 나라를 위해 일했는데 한 사람의 역량이 당신보다 클 때, 특히 사람들이 그가 나라를 위해 일한 역량이 당신보다 크다고 생각할 때, 그 사람은 당신의 적이 된다. 설사 모두 그렇게 생각하지 않아도 주변에서 끊임없이 부추기고, 때로는 자신의 이익 때문에 종용하기까지 하여 결국 대립으로 이어진다. 따라서 웨이보에서 적을 만들지 않으려면 현실의 삶과 마찬가지로 좋은 것을 남에게 양보해야 한다. 당신의 장점이 많을수록 당신의 적은 금세 당신을 포위할 것이다.

웨이보를 할 때 주의할 점

| 첫째, 도구에 통제되지 말고 도구를 사용하라

이는 곧 핸드폰과 같은 이치다. 몇 년 전부터 많은 사람이 핸드폰의 노예가 되어 온종일 핸드폰만 끼고 살고 있다. 남편의 이른 귀가를 원한다면 아이폰을 사주라는 충고가 유행하던 적이 있다. 아이폰은 배터리가 빨리 방전되기 때문에 아침에 충전하여 집을 나서면 저녁때쯤 배터리가 방전되어 집에 돌아올 수밖에 없다는 것이다. 식당이나 술집에 가면 온통 충전기를 찾는 풍경만 보아도 핸드폰에 통제당하는 사람들의 군상을 볼 수 있다.

　수천만 원을 들여 개 목걸이를 목에 걸고 다닌다고 하면 당신은 틀림없이 발끈할 것이다. 그러나 과거 호출기 시대에서 지금은 핸드폰으로 바뀌었을 뿐, 기계가 당신의 주인 노릇을 하고 있음은 부인할 수 없는 사실이다. 우리는 온종일 핸드폰을 손에서 놓지 못한다. 어쩌다 집에 두고 나온 날이면 안절부절 어쩔 줄 모른다. 핸드폰 중독 외에도 더욱 공포스러운 웨이보 중독까지 더해졌다. 여러 사람이 밥을 먹을 때도 음식이 나오면 사진을 찍어 웨이보에 올리기 바쁘다. 서로 대화 없이 밥을 먹고는 헤어진다.

웨이보 중독 이후에는 또 다른 중독이 계속된다. 당신이 웨이보에 올린 다음에는 많은 사람이 공유하고 답글을 남기기를 바란다. 이러한 관심이 없으면 상실감에 사로잡힌다. 늘 웨이보를 들여다보고 있어야 마음이 놓이며, 잠시라도 들여다보지 않으면 세상의 큰일을 혼자 놓치고 뒤처지는 것 같아 불안하다. 웨이보가 당신을 통제하는 데 성공한 것이다. 도구를 사용하는 목적은 편리함을 도모하기 위함이다. 그런데 지금은 상황이 거꾸로 되어버렸다.

| 둘째, 마음을 굳게 먹고 답글과 퍼 나르기에 신경 쓰지 말아라

외부의 평가와 영향에 민감한 사람이라면 어느 날 갑자기 웨이보 계정을 삭제하거나 답글 기능을 폐쇄해버린다. 그러다가 시간이 좀 지나면 다시 열어놓고, 얼마 후에 다시 지우고를 반복할 것이다.

이런 행동은 이 사람이 얼마나 외부의 평가에 민감하며, 이런 방면에 자기 통제력이 약한 사람인지를 보여준다. 배우 양미楊冪를 언급하지 않을 수 없다. 이 젊은 여성의 강점은 답글에 신경 쓰지 않는다는 점이다. 어쩌다 읽어볼 때는 즐기는 마음으로 대한다. 당신이 이렇게 못 하는 이유는 그녀와 성격 유형이 다르기 때문이다.

양미처럼 할 수 있는 사람은 전형적인 황색 성격이다. 이런 성격은 배울 점이 많다. 양미처럼 하기 싫다면 황색 성격의 장점을 외면하는 것이다. 그렇다면 마음을 굳게 먹을 수밖에 없다. '이번에도 참지 못하고 답글들을 본다면 내가 사람이 아니다.' 하지만 단언하건대 당신은 '사람이 아니게' 될 것이다. 나 역시 오랫동안 그랬기 때문이다.

비난과 욕설에는 어떻게 대응해야 할까? 지명도가 있는 한 배우가 이렇게 물어왔다.

"내 웨이보에 누군가 차마 들을 수 없는 욕설을 남겨놓는데 어떻게 하면 좋을까요?"

나의 대답은 이러했다.

"어떤 사람은 자기의 생존 가치를 증명하는 유일한 방법이 사람 많은 곳에 대변을 보는 것입니다. 아무도 없는 벌판에다 그렇게 해놓으면 아무도 상관하지 않으니 헛수고를 하는 셈이죠. 사람이 많을수록 주목을 받기가 쉬우며, 누군가 나서서 싸움을 걸어올 겁니다. 그걸 통해서 자기의 존재감을 확인하는 거죠. 그런 사람에게 가장 효과적인 대응 방법은 무반응으로 일관하는 거랍니다."

| 셋째, 당신이 무슨 말을 하든 불만을 갖는 사람은 있게 마련이다

어느 날 나는 위챗(wecaht, 중국의 무료 채팅 어플-역주)에 이런 글을 올리고, 같은 내용을 웨이보에도 적용했다. 당시 썼던 내용을 그대로 소개한나. 말투가 거칠더라도 양해해주기 바란다.

위챗에 보이스 파일을 올리면 ×× 투정이라고 하지.
위챗에서 메시지를 보내면 웨이보와 똑같이 ×× 짓이라고 하지.

위챗에서 60초 이상 말하면 ×× 헛소리라고 하지.

위챗에서 6초 이상 말하면 ×× 기만하는 소리라고 하지.

위챗에 사진을 올리면 ×× 허세 짓이라고 하지.

위챗에서 감상을 얘기하면 ×× 철학가 흉내를 낸다고 하지.

위챗에서 경력을 논하면 ×× 저능아나 하는 무료한 짓이라고 하지.

위챗에 프로그램을 예고하면 ×× 광고라고 욕하지.

위챗에 수업을 공지하면 돈을 바라고 하는 ×× 짓이라고 하지.

위챗에 3일 동안 메시지를 하나도 안 보내면 팬들을 배려하지 않는 ×× 짓이라고 하지.

위챗에 하루에 3개의 메시지를 올리면 ×× 수다가 지겹다고 하지.

이렇게 '××'을 많이 쓰니까 좋아 죽겠지? 나 같은 유명인이 어떻게 이런 거친 말을 입에 올릴 수 있냐고? 대중 앞에 모범을 보여야 될 사람이 말이지? 이게 다 당신 잘못이야. 세상 사람들에게 알려야겠어. 나도 이제 욕을 할 거라고. 나도 '××' 욕을 할 거라고! 잊었나본데, 당신이 그동안 계속 '××'이라고 했거든. 나는 단지 당신 말을 그대로 반복한 것뿐이야. 당신은 이렇게 말하겠지.

"난 욕할 수 있어도 당신은 안 돼. 이제 욕설까지 했으니 내 꼬임에 넘어간 거야. 나야 일개 시민이니 무슨 말을 해도 상관이 없지만 당신은 공인이니 그렇게 말하면 자멸하지. 내가 당신을 욕하는 건 관심을 바라서야. 기분 상하라고 욕하는 거고. 당신 기분이 나빠야 내 기분이 좋으니까."

정말 이해가 안 가는군. 왜 나한테 관심을 가져? 왜 나 먹고 싸는 일에 관심을 가지는데? 상관하지 말고 각자 길을 가면 되잖아? 자기 존재감이 없으니 나를 욕해서라도 존재를 증명하려고 그러는 거지?

오늘 내 한 몸 희생해서 이런 말을 올림으로써 당신은 자신이 살아 있으며 가치 있다는 걸 증명할 수 있었으니 내게 고마워해야 해.

난 웃으며 말하겠어.

"가련한 형제여. 이번 한 번은 봐줄 테니 다음부터 스스로의 힘으로 살아가시지."

당신은 이렇게 말하겠지.

"걱정 마. 이번에는 당신이 봐줬으니 다음에는 다른 사람이 기회를 줄 거야. 그렇게 해줄 사람은 넘치거든. 당신도 언젠가는 못 견디고 나를 상대해주게 될 거야. ㅋㅋㅋㅋ…"

위 내용을 통해 알리고 싶은 건, 당신이 웨이보에 글을 올린 후에는 나쁜 일을 저지르거나 원칙을 어기는 잘못을 하지 않은 한, 다른 사람의 답글에 반응을 보이지 말라는 것이다. 반응을 보이면 짜증나는 문제만 더해질 뿐이다.

넷째, 개인적인 일을 공유하지 말자

오늘날 사회에 기형적인 부분이 존재한다는 사실은 보편적으로 공감하는 부분이다. 어떤 일은 말을 할 수 있지만 행동으로 옮겨서는 안 되고, 어떤 일은 행동할 수 있지만 말을 해서는 안 된다.

웨이보에서 개인사를 공유하는 일이 가장 많은데, 이는 자신을 위험으로 내보는 행동이다. 연예인은 대중에게서 잊히지 않기 위해 노출 빈도를 높이고 홍보를 한다. 그래서 웨이보에 행복한 근황 사진을 자주 올리는데, 이는 얼마든지 이해할 수 있다. 그러나 당신이 여자 친구에게 타오르는 하트 문양을 보내며 사랑을 과시한다면 당신을 모르는 사람들이 진심으로 축하해줄지 의문이다. 혹시라도 헤어지게 되면 만천하에 껄끄러운 일을 알리게 되는 셈이니 이성에 대한 사랑은 웨이보에 함부로 과시하지 않아야 한다.

행동의 목적이 확실하고 원하는 결과를 스스로 알고 있으며, 그에 대해 책임을 질 수 있다면 상관없지만, 그런 장치가 없이 행복을 과시하는 행동은 위험하다. 당신이 행복하다고 해서 남들이 다 축복해준다는 보장은 없다. 당신은 기쁨을 나누고 많은 이들의 축복을 받고 싶었을 따름이지만 사람의 심리상 자기의 아픔이 훨씬 크게 다가오며, 남의 행복은 와닿지 않는 법이다. 따라서 행복을 과시하면 질투의 대상이 되기 쉽다. 어느 날 불행한 일이 생겼을 때 사람들로부터 상처를 받을 것이다.

이렇게 말하면 너무 잔인하고 부정적이며 옹졸하게 보일 수도 있다. 그러니 받아들이고 아니고는 당신에게 달려 있다.

| 다섯째, 유명인이 문제를 일으키지 않고 대중의 사랑을 받는 비결

특별한 일이 없으면 공유를 하지 않아야 한다. 자칫하면 사람들에게 꼬투리를 잡혀 사회적 책임감이 없이 대중을 선동한다는 비난의 구실이 된다. 한번 부정적인 굴레가 씌워지면 아무리 해명해도 벗어나기가 어렵다. 그러므로 이번에서 유명인이 대중의 눈에 좋은 사람으로 비쳐지는 비결을 공유하고자 한다.

사실 당신이 좋은 사람인지 아닌지는 시간이 지나봐야 알 수 있다. 저마다 '좋은 사람'에 대한 정의가 다르기 때문이다. 웨이보에서는 남들의 고통에 관심을 가지면 좋은 사람이라고 인식하며, 그 이유는 앞에서 이미 말했다. 사람들은 조급한 심리에 인내심을 가지고 기다려주지 않으며, 각종 이익이 교차되는 상황에서 대중에게 자기가 좋은 사람이라는 인식을 심어놓는 일이 더 시급해졌다.

요즘 상황에서 유명인이 웨이보에서 문제를 일으키지 않고 대중의 사랑을 받는 비결은 두 가지로 요약할 수 있다. 첫째, 박애 정신을 표현해야 한다. 이는 좋은 사람으로 인식시킬 수 있는 가장 좋은 방법이다. 생각만 하고 표현하지 않으면 아무도 알아주지 않으므로 반드시 표현을 해야 한다. 주로 지진 등 천재지변을 당한 사람들에게 동정과 복구를 기원하는 태도를 표현하며, 양심 없는 부패 공무원의 학정이나 제도상 불이익을 받는 서민들의 억울함을 큰 소리로 호소하고, 유기 동물의 처지에는 동정과 연민을 표하는 것이다. 부정적인 정보로 점철된 웨이보 세상에서 사람들은 희망을 보고 싶어 한다. 이러한 박애 정신은 삶의 희망을 표현하는 가장 효과적인 수단이다.

둘째, 민의에 순응하는 말을 한다. 여기서 명심할 것은 민의에 순응하는 말과 진실한 말이 반드시 일치하지는 않는다는 점이다. 진실한 말은 듣기에 거슬릴 수도 있으며, 짧은 시간에 사람들의 공감을 불러오기 어려울 수도 있다. 귀에 거슬리는 말은 공감을 얻기 어려워 갈등을 낳는다. 사람들이 한 목소리로 비난하는 일에 동참하면 안전하다. 흐름에 순응하면 네티즌의 전폭적인 옹호를 받을 수 있으며 불필요한 갈등을 최대한 피할 수 있다. 다 같이 정부를 비난할 때 사람들의 목소리에 동참하여 함께 비난하라. 이때 자기 글을 올리는 방식보다는 퍼 나르기가 안전하다. 다른 사람의 글에 붙어가기 때문에 혹시 문제가 되어도 책임을 피해갈 수 있다. 법리적 측면에서도 사람들에게는 분노를 발산할 창구가 필요다고 보기 때문이다.(물론 500회가 넘어가면 퍼 나르기 할 때도 조심해야 한다.)

이밖에 사람들이 공통으로 관심을 갖는 사회적 사건, 가령 미세 먼지나 철도 비리, 적십자 비리, 고위 관료 2세의 불법 행위 등은 민중의 공분을 사는 사건이다. 이때 모두가 욕할 때 가만히 있으면 사회적 책임감이 없다는 비난을 받기 때문에 조심해야 한다.

| 여섯째, 뇌의 파편화를 경계하라

오늘날은 핸드폰으로 파편화된 정보를 수집한다. 그렇기에 체계적 사유 능력을 단련할 수 없다. 물론 다른 사람도 그렇게 하고 있으니 상관없다고 생각할 수도 있다. 다른 사람의 세상에서 살지 말라. 다른 사람이 어디서 뭘 하는지 들여다볼 시간에 직접 체험을 하는 게 낫다. 남이 뭘 먹고 뭘 입는지는 당신과 전혀 상관이 없다.

이 나라에 정말 관심이 있다면 남들의 말을 그대로 따라하기보다는 깊이 있는 탐방 보도를 보는 편이 이해를 더 강화할 수 있다. 국가와 사회를 위해 뭔가 하고 싶으면 날마다 웨이보만 들여다보지 말고 스스로 직접 나서서 행동해야 한다.

| 일곱째, 다른 사람의 고충과 입장을 이해해야 한다

웨이보에 대한 사람들의 생각은 저마다 다르며, 누구나 나름의 고충이 있으니 같은 생각을 강요하지 않아야 한다. 과거, 현재, 미래의 모든 상황에 관용과 이성으로 대해야만 훌륭한 네티즌이 될 자격이 있다. 사회현상에 관심이 있어서 의견을 표명할 수는 있지만 애꿎은 사람에게 피해가 갈 수 있는 말이나 과격한 표현은 피해야 한다.

웨이보에서는 대중을 위해 호소하고 대중의 아픔을 같이하는 사람이 있는가 하면 대중을 위한다는 구실로 보여주기식의 행동을 하는 사람도 있다. 또한 대중을 위해 말하지 않고 몸을 사리거나, 때를 기다리는 사람들도 있다. 그 사람들의 겉모습만 보고 단순히 판단하거나 자의적으로 평가하면 전혀 다른 결과로 나타날 수 있다. 무엇보다 누가 선량하고 누가 악인인지는 아무도 알 수 없다.

웨이보 세계는 인성의 세계다. 웨이보의 추악함은 인성의 추악함이다. 이성적으로 접근하면 대중을 위해 분노하는 일은 줄어들겠지만 모든 일에 좀 더 너그럽고 포용하는 자세를 취할 수 있다.

내 수업을 받는 학생이 왜 사회적인 이슈를 다룬 토론에 적극적으로 참여하지 않느냐고 질문한 적이 있다. 정말 좋은 질문이다. 사실 나도 사람들의 눈에 사회적 정의감이 있는 정의의 사도로 보이고 싶다. 나는 선량하고 박애 정신이 있다고 생각하기 때문이다. 문제는 자신이 선량하지 않다고 생각하는 사람이 없다는 데 있다. 예로부터 혁명을 외치는 사람은 많았지만 실천하는 사람은 적었다. 많은 사람이 자신은 혁명을 외치고 행동은 다른 사람이 해주기를 바라며, 정작 문제에 봉착하면 제일 먼저 손을 놓고 깃발을 내려버린다.

앞에서 외치는 사람들은 명예만 내세우는 사람과 사람들을 계몽하는 사람으로 나눌 수 있다. 계몽자들은 지혜로 도움을 주는 자와 그저 분노하는 청년들로 나뉜다. 나는 사회적인 이슈에 대해 아는 바가 없으며, 충분한 지혜와 재능도 없는 채 토론에 참여해 해결도 못 하면서 분란만 일으키고 싶지는 않다.

이성적이며, 절제할 것

이 장의 끝 부분에 이르도록 아직 성격과 관련한 내용을 다루지 못했다. 이제라도 언급하지 않을 수 없다. 성격색채를 아는 독자라면 웨이보에 열중하는 사람들 중 홍색 성격이 많다는 걸 눈치 챘을 것이다. 모든 사람이 웨이보에서 빠져나오지 못하는 건 아니다. 내 주변 사람들 중에는 아예 SNS를 안하는 사람도 있으며, 계정은 만들었지만 평소에 별 관심이 없는 사람도 있다. 업무에 필요해서 웨이보를 사용하는 것 외에 개인적인 웨이보 사용 습관을 보면 그 사람의 성격이 나온다.

홍색 성격의 특징은 웨이보에 나타나는 여러 현상과 맞닿아 있다. 홍색 성격을 가진 사람들은 대체적으로 공유를 선호하여 퍼 나르기에 열중한다. 표출하기를 좋아하여 때로는 과시하기를 억제하지 못하여 종종 문제를 일으키기도 한다. 호기심이 많아서 연예인의 스캔들에 강한 관심을 보인다. 남을 돕기를 좋아하여 자초지종을 살피지 않고 불쌍한 사람을 보면 일단 돕기부터 한다. 충동적이라서 웨이보에서 벌어지는 설전과 평가에 분노하기 쉽다. 마음이 약해서 주변의 부추김에 쉽게 넘어간다. 깊이 생각하지 않고 말을 쏟아내기 때문에 타인과 자신 모두에게 상처를 입히기 쉽다. 주목과 인정을 받고 싶기 때문에 답글과 공유, 팔로워 수에 신경을 쓴다. 이런 특징은 유명인 여부, 인기 유무, 학력의 고저와는 큰 관계가 없다. 최근 웨이보에서 하루도 빠짐없이 발생하는 각종 사건이나 현상을 유심히 들여다보면 홍색 성격의 인물이 그 중심에 있음을 알 수 있다. 이는 홍색 성격의 상술한 특징과 밀접하게 연관된다. 나머지 세 가지 성격을 언급하지 않은 것은 이 사람들은 성격상 웨이보에서 사건을 일으키지도, 휘말리지도 않기 때문이다.

녹색 성격은 천성이 게을러서 변화를 싫어한다. 충돌과 갈등을 회피하는 것은 물론이고 일반적인 일에도 적극적으로 참여하지 않는다. 그들은 많은 사람의 주목을 받기를 꺼리며 천성이 조용하고 내성적이어서 자기 생활을 남에게 알리지 않는다. 대부분 관찰자에 머무르며 웨이보에서는 대부분 잠수를 타는 유형이다. 황색 성격은 자기 목표와 관련된 일에만 관심을 보이며 목적성이 뚜렷하다. 자기 생각을 다른 사람들에게 이해시키기 싫어하기 때문에 감정과 내면적인 느낌을 남들과 나누지 않는다.

많은 지면을 할애하여 홍색 성격을 이야기하는 것은 내 자신이 전형적인 홍색과 황색의 결합 성격이라서 홍색 성격의 장점과 단점을 많이 지니고 있기 때문이다. 이렇게 홍색 성격을 분석하면서 나를 파헤치고 반성함으로써 똑같은 잘못을 되풀이하는 일을 피하고자 한다.

이 글을 얼마나 많은 사람이 읽을지 모르고 나의 관점에 동의할지도 미지수다. 하지만 웨이보는 가장 편리한 인터넷 도구이며, 나 자신도 앞으로 변함없이 사용하려 한다. 웨이보의 강력한 긍정적 효과와 사회적 기능을 대체할 도구는 당분간 없을 것이다. 미디어가 독립적이지 않은 오늘날 웨이보는 정보의 자유로운 흐름을 상징하고 서민의 목소리와 여론을 대변하며, 돈과 권세가 없는 사람에게 함께 호흡할 틈을 제공해준다. 서로 모르는 사람들이 순식간에 하나로 단결하여 다양한 목소리를 내기도 하며, 이런 과정에서 사람들은 조금씩 독립적으로 사고하는 방법을 배운다. 비록 목소리를 내기 시작한 사람들이 목청을 제어하지 못하고, 그 권리를 남용할 때도 있지만, 그래도 사람들이 마침내 목소리를 내기 시작했다는 사실이 중요하다. 무엇보다 점점 더 많은 사람이 진짜와 가짜를 식별하는 법을 배우기 시작한 사실은 고무적이다.

위에서 언급한 여러 문제점은 발전 과정에서 거쳐야 하는 단계일 뿐이다. 이 단계가 길어질 수도 있지만, 조용히 있는 것보다는 목소리를 내는 편이 훨씬 좋으며, 언젠가 사람들은 완벽한 의견 표출 방법을 배우게 될 것이다.

이 글을 쓰는 것은 웨이보 세상에서 감성적인 사람들이 매사에 충동적이거나 구호에 머물지 말고 좀 더 이성적으로 사고하기 바라는 마음에서다. 우리는 멀찌감치 물러서서 구경만 하느라 이 사회가 점점 냉담해지는 사태를 막아야 하며, 선한 마음을 품고도 악한 짓을 하는 결과를 피해야 한다. 아울러 내면에 강한 소망과 사명감을 품고 사이버 공간에서 목소리를 내며, 특히 효과적이고 이성적이며 절제된 표출 방법을 배우기를 바란다. 모든 변혁에는 희생이 따르지만 맹목적인 희생은 결코 변혁이라고 할 수 없다. 우리가 당분간 사회를 변화시킬 수 없다면 최소한 우리 개개인부터 변화할 필요가 있다.

14장

'애정 격언'이 나를 망쳤다

어록에 속지 않는 법

언제부터인지 모르지만 내가 썼다고 주장하는 출처 불명의 글들이 인터넷에 퍼지기 시작했다. '러자가 세상 모든 여성에게 들려주는 가슴에서 우러나오는 말', '러자가 남녀 젊은이들에게 들려주는 28가지 말' 등의 제목을 단 글들은 웨이보에서 시작되어 빠른 속도로 퍼져나갔다.

어느 날 인터넷에서 지인들이 그 글들을 공유하는 모습을 본 나는 답답해서 죽을 것 같았다. 한 친구는 한술 더 떠서 그 글 중 일부를 복사해서 나에게 보여주며 야릇한 어투로 "이거 네가 쓴 거야? 잘 썼네." 하는 것이다. 그녀의 비웃는 말투에서 나는 그제야 문제의 심각성을 깨달았다. 도저히 참을 수가 없어서 그해에 나는《미발증》에 그중 몇 마디를 발췌하여 하나하나 주석을 달고, 내가 쓴 글이 아님을 담담히 설명했다.

글을 쓴 자는 무엇 때문에 나를 사칭하는지 생각할수록 화가 난다. 이번 일로 대중의 눈에 또 한 번 '애정 전문가'로 낙인이 찍혔다고 생각하니 기운이 빠진다. 그동안 각 분야의 전문가를 사칭하는 글이 인터넷에 올라오는 일이 잦아 당사자들이 나서서 해명하는 일이 있었는데, 나도 똑같은 일을 당한 것이다.

시시리라는 친구가 보낸 메시지는 그래서 감동적이었다.

"네가 쓴 글이라며 친구가 보내준 내용을 읽어보았어. 절반쯤 읽다가 친구에게 이건 러자가 쓴 글이 아니라고 말해주었지. 그 친구가 그걸 어떻게 알았냐고 묻기에 그저 웃었지. 사실 네가 글을 쓸 때 100자만 써도 성격색채를 들먹이고, 1,000자를 쓰면 반드시 인류에 대해서, 10,000자를 쓰면 무협관련 고사를 인용하는 걸 알고 있어. 여자들에게 보내는 그 글은 첫째, 일방적이고 극단적이며 둘째, 앞뒤가 모순되고 셋째, 결론을 아무렇게나 끝맺은 형편없는 위조품이지. 이런 글에 러자라는 이름을 사칭하고 있으니 네가 알면 펄쩍 뛸 일이야."

그의 말이 이렇게 위로가 될 수 없었다.

그 '명언'들은 솔직히 말하면 특별히 정도에 어긋나지 않고, 세상 경험이 많지 않은 결혼 적령기 남녀의 행복을 위한 내용으로 되어 있었다. 그러나 내가 쓴 글은 결단코 아니며 원작자의 공을 가로챌 생각도 없으니, 원작자는 겸손은 이제 그만 떨고 이름을 밝히기 바란다. 인터넷에 떠도는 그 글에 대해 간단하나마 분석을 해보았다.

그중 어떤 말은 단순히 마음의 양식에 속한다. 예를 들어 이런 글귀가 있다.

"한 여자의 품위는 그녀 곁에 있는 남자의 품위에 따라 결정된다. 여자의 일생에서 가장 중요한 일은 남자를 잘 고르는 것이다."

언뜻 보기에는 그럴듯하지만 이 말은 황색 성격의 여성에게는 다분히 모욕적이다. 황색 성격에 대해 이해하기 어렵더라도 이것만은 알아줘야 한다. 그들은 인생을 자기 힘으로 살아가며, 성공과 행복을 남자에게 기대서 얻는 일을 일종의 모욕으로 생각한다. 우위선(吳宇森, 오우삼 감독의 부인)의 말은 이를 잘 대변해준다.

"나는 남자를 성공시키고 싶다. 그러나 나 또한 성공하고 싶다."

어떤 말은 전혀 논리가 맞지 않으며 수준이 떨어진다.

"키 크고 건장한 남자를 사랑하지 말라. 당신과 사이가 좋을 때는 상관없지만 싸움을 하다 때리면 당신이 크게 다칠 수 있다."

이렇게 머리가 텅 빈 말은 아무리 설명하려고 해도 맥이 빠진다. 여기까지 읽은 당신이 그래도 한마디 해주기를 원한다면 유감스럽게도 당신은 내가 원하는 독자가 아니라고 말할 수밖에 없다. 나에게는 모든 사람이 알아듣게 설명할 의무도, 능력도 없다.

어떤 말은 너무 두루뭉술하여 보기에는 그럴듯하나 아무 쓸모가 없다.

"남자에게는 평생 짊어진 책임이 많다. 그러나 가장 중요한 책임 넷을 들자면 부모에 대한 책임, 미래에 대한 책임, 자기 여자와 사랑에 대한 책임, 이 세상에 대한 책임이 있다."

이 말은 너무 복잡해서 세 가지로 정리해보았다. 중요한 순서로 열거하자면 자기에 대한 책임, 가정에 대한 책임, 사회에 대한 책임 순이다. 세계에 대한 책임은 배트맨, 스파이더맨, 아이언맨 같은 슈퍼맨에게나 해당되며, 보통 사람은 그런 책임까지 질 필요는 없다. 세상을 구하는 일이 나쁘다는 뜻은 아니다. 그러나 천하를 걱정하기 전에 자기 인생부터 구하는 게 낫지 않을까?

어떤 말은 너무 거창하여 현실성이 없다.

"당신이 귀한 집 자식이 아니라면 여자를 구할 때 얼굴만 보지 말고 내면을 보아야 한다. 당신은 애인이 아니라 평생 같이 할 반려자를 구하고 있다."

이 말도 언뜻 들으면 맞는 것 같지만 무책임하게 뱉은 말이다. 사회적 신분이 자기보다 높은 사람과는 처음부터 교제할 생각을 하지 말라는 비열한 언어폭력이다.

어떤 말은 지나치게 극단적이다.

"남자에게 사랑한다는 말을 쉽게 하지 말아라. 설사 그를 사랑하더라도 쉽게 표현하지 말고 스스로 여지를 남겨두어야 한다. 사랑이 뭔지 모르면서 자기를 쫓아다니는 여자를 싸구려로 취급하는 남자들이 있기 때문이다."

일리 있는 말처럼 들리지만 개인적의 느낌을 일반화하는 오류를 범하고 있다. 사랑의 상처로 가슴 아픈 여자들에게 호소하여 공동의 적에게 한 목소리로 적개심을 불태우고, 남자의 추악함을 규탄함으로서 상처를 치유하자는 목적이다.

노련함을 가장하지만 사실은 유치하기 짝이 없는 말이 나의 이름을 빌려 순진한 사람들을 미혹할까 우려된다. 그래서 일부를 발췌하여 그 부분에 대한 나의 생각을 밝히고 허상을 폭로하고자 한다. 사실 공연한 트집을 잡는 사람들이 너무 많아 일일이 찾아다니며 해명할 수도 없는 노릇이다. 이와 관련하여 문징명(文徵明, 중국 명대의 문인이자 화가-역주) 선생의 대처법은 시사하는 바가 크다.

문징명의 문하생 주랑朱朗이 그의 화풍을 닮아 수많은 모작을 제작했다. 사람들도 주랑의 그림을 사들였다. 당시 남경南京의 한 상인이 하인을 시켜 주랑의 모작을 사오게 했는데 하인이 착각하여 문징명에게 그림을 달라고 했다.

그는 돈을 받아들고 껄껄 웃으며 말했다.

"나는 문징명인데 주랑의 그림을 모작한 걸 드려도 괜찮겠소?"

자신을 스스로 낮추었던 문징명의 일화는 미담으로 전해진다. 아쉽게도 나는 문징명처럼 여유 있게 대처할 성격이 못 된다. 그러나 이번 기회에 애정에 대한 나의 견해를 밝혀보려고 한다.

망언 바로잡기

| 제1조 망언: 남자에게 상처를 받았다면 그는 당신의 진정한 남자가 아니다. 그 다음에 만나는 남자가 당신이 찾던 바로 그 사람이다.

이런 말은 여성들의 환심을 사며 인간의 본성에 호소하고 있다. 우리는 상처받았을 때 일단은 상대의 잘못으로 돌리며 자신에게는 아무런 문제가 없다고 생각하기 때문이다. 우리가 고통에 빠져 있을 때 누군가 깊은 동정과 진심 어린 위로를 해주며, 상처준 사람을 같이 욕해준다면 호감과 공감을 살 것이다. 자신과 같은 편에 선 좋은 사람이라고 여겨질 것이다. 문제는 '남자에게서 상처를 받은' 게 과연 남자만의 문제이며, 당신과는 무관하냐는 것이다. 상처를 받을 때마다 타인의 탓으로 돌리면 절대로 성장할 수 없다. 지혜로운 사람이라면 생각하는 과정에서 진정한 통찰을 하고 그 원인을 찾아 본인에게도 문제가 있다고 인정한다. 또 이 일을 거울삼아 앞으로 다른 사람을 사랑할 때는 같은 잘못을 되풀이하지 않을 것이다.

제2조 망언: 남자의 달콤한 말을 믿지 마라. 좋아하는 여자 앞에서는 무식한 남자도 시인으로 변한다. 시인은 현실에서 살지 않는 법이다.

이 말은 홍색 성격에게는 아무 쓸모없는 소리다. 나 같은 홍색 성격의 소유자는 연애할 때 상대가 표현해주기를 바라며 "나 좋아해?", "어디가 좋아?", "얼마나 좋아해?" 같은 질문을 지치지도 않고 반복한다. 소설은 가끔 사람들을 망쳐서 달콤한 말을 좋아하는 여자는 넘어오기 쉽다고 착각하게 만든다. 그러나 나 같은 남자도 흔히 볼 수 있으며, 이는 성별이 아니라 성격과 관련이 있다. 그러므로 이런 말은 성격 색채에 대해 전혀 모르는 사람이 한 것이다. 홍색 성격이 사랑할 때 달콤한 말을 듣지 않으면 얼마나 고통스러운지 알아야 한다.

결론적으로 달콤함에 대한 사람들의 요구는 저마다 다르므로, 자기의 기준에 남을 맞춰서는 안 된다. 그래도 저 말이 옳다고 생각한다면, 내가 지금 즉흥적으로 만든 말에 귀 기울여보기 바란다.

"당신에게 한 번도 '사랑해', '좋아해'라고 하지 않은 남자를 경계해라. 좋아하는 여자에게는 어떤 말도, 어떤 일도 해줄 수 있어야 한다. 지금 그 말을 회피하고 있다면 그 사람은 앞으로도 하지 않을 것이다. 사실 그 남자는 한 번도 당신의 기분에 관심을 기울인 적이 없다."

이제 알았는가? 많은 어록과 명언은 이런 식으로 탄생되는 것이다. 당시의 느낌만을 이야기할 뿐인데 듣는 사람은 이를 삶의 전반에 적용하여 세상의 진리라고 생각하니 가엾은 중생이다.

제3조 망언: 그 여자가 이별 후에 당신을 찾을 때는 고통을 잊기 위해 당신을 임시 도구로 삼는 것뿐이다. 교활한 여자에게 속지 않도록 주의해야 한다.

누군가는 연애에, 누군가는 결혼에 이용되며 각각의 기능이 다르다. 마치 당신이 친구를 술 마시는 친구, 고민 상담 친구, 같이 노는 친구, 스트레스 해소용 친구, 심심할 때 있어주는 친구, 서로 성장을 돕는 친구 등으로 분류해놓듯이 말이다. 당신이 여자에게 이용당하는 도구에 불과하다면 당연히 화날 일이다. 그러나 그녀가 당신을 중요시하여 위험한 난관을 함께 넘는 동반자로 의지한다면, 그녀 마음에 어느 정도는 중요한 위치를 차지한다는 이야기다. 그렇지 않은데 굳이 다른 사람을 제치고 당신을 찾을 리가 없지 않은가?

이렇게 생각하면 기분이 좋아진다. 게다가 위로를 하다가 관계가 진전될 수도 있다. 처음에는 결혼을 생각하지 않았던 그녀가 신뢰와 호감을 좋아하는 감정으로, 더 나아가 사랑으로 발전시킬지도 모르는 일이다. 이런 일은 억지로 만들어낼 수 있는 게 아니라 하늘의 흐름에 자연스럽게 맡기는 것이다. 이제 할 일은 좋아하는 여자가 내게 습관적으로 의지하도록 만들며, 내가 없이는 살 수 없게 만드는 것이다. 많은 사랑이 이런 식으로 온다.

설사 두 사람이 이별하게 되더라도 함께했던 아름다운 추억은 남으니 괜찮지 않을까? 그러니 누가 속이고 누가 속는다는 말은 순전히 억지다.

| 제4조 망언: 위선적인 남자는 당신의 외모만 좋아하며 진정한 남자는 당신의 마음을 사랑한다.

이렇게 보면 나는 영락없는 위선남이다. 그것도 구제 불능으로. 처음 이 글을 보았을 때는 저 말을 한 사람에게 두 가지 가능성이 있다고 생각했다. 용모가 형편없지만 자기 내면이 아름답다고 생각한 여

자, 아니면 아름다운 외모에 내면도 아름다운 여성이지만 다른 사람이 자기의 내면을 중시해주기를 바라는 여자. 나중에 곰곰히 생각해보니 후자는 아닐 것 같았다. 후자의 입에서 나왔다면 잘난 체 한다는 혐의가 짙었을 것이다. 게다가 가슴이 크고 생각도 있는 미녀는 남자가 자기의 가슴을 좋아하는지에 개의치 않으며, 가슴은 물론이고 총명한 머리도 좋아해주기를 바란다.

　젊을 때 한동안 은둔형 외톨이 생활을 하면서 남녀 교제 사이트를 전전한 적이 있었다. 실생활에서는 상대가 자기가 선호하는 유형인지, 상대방이 자기에게 어떤 느낌을 갖는지 잘 알 수 있다. 반면에 인터넷에서 상대를 평가하는 데는 사진이 30퍼센트, 상상이 70퍼센트를 차지한다. 그래서 처음 이야기를 나누게 되었을 때 상대의 모습이 궁금해진다. 포토샵으로 처리한 여성의 사진들을 보면 거의 쌍둥이처럼 구분이 안 되기 때문이다.

　자신의 외모에 자신이 없는 여자들은 짐짓 쿨하게 반응하여 남자들의 관심을 끌기도 한다. 가령 여자에게 사진을 보내달라고 하면 대부분 이런 대답이 돌아온다.

　"설마 외모만 중시하는 건 아니죠? 외모 외에 다른 건 중요하지 않나요? 내면의 아름다움은 아무것도 아닌가요? 그렇게 가벼운 사람이었나요? 어떻게 다른 남자들과 똑같나요? 나와 사귀고 싶은 건가요, 아니면 나와 잠자리하는 데만 관심이 있나요?"

　하지만 아무리 저속하고 가벼우며, 내면이 깊지 않다고 욕해도 나는 미녀가 좋다. 내 본성이 그런 걸 어떡하겠는가! 본성은 사람을 상처주지 않기에 바꿀 생각이 없으며 바꿀 수도 없다. 나는 아름답지 않은 여인에게 성적인 매력을 느끼지 못한다. 내면이 아무리 꽉 차 있어도 아랫도리가 아무런 반응을 보이지 않는다. 이는 억지로 되지 않는 일이다. 내면과 용모에 대한 사랑은 결코 모순되지 않는다. 용모에 자신이 없는 사람은 많은 이성들에 둘러싸인 보면 분명히 질투를 느낄 것이다. 그들은 자신의 내면의 매력으로 겉모습에만 정신이 팔린 얄팍한 사람들을 후회하게 만들기를 바란다.

그러나 이상하게도 여성들 중 이런 저속한 남자들을 좋아하는 이들이 많다. 외모보다는 내면이 중요하다면서 왜 평범한 외모의 남자들에게는 관심이 없는지 궁금하다. 그녀들은 왜 멋진 남자를 보면 맥을 못 추는 것일까? 나는 이것이 인생이라고 생각하기로 했다. 툭하면 위선이니 진실이니 따질 일이 아니다. 이런 것을 따지다 보면 내면의 충실함은 어디론가 사라지고 당신 자신도 위선적으로 변할 것이다.

결국 남녀 간의 사랑은 근본적으로는 동물적 이끌림에서 벗어날 수 없다. 남자와 여자는 서로 눈이 맞아야 상대의 내면속 아름다움을 들여다볼 흥미가 조금씩 생긴다. 전통극 '모란정牡丹亭'에서 두려낭杜麗娘이 "이생에서는 모르는 사이인데 어떻게 여기까지 오셨습니까?"라고 묻자, 유몽매柳夢梅가 "당신이 꽃처럼 아름다워서 물처럼 세월이 흘렀다오."라고 대답하는 대목이 나온다. 두려낭은 꿈속에서 잘생긴 남자와 눈이 마주쳤으나 그리워하다가 우울해하면서 죽었다. 그런데 현대의 여자들은 남자를 좋아하면서도 이를 인정하지 않는다. 옛사람이 더 솔직했던 셈이다.

끝으로 한마디 강조하싯다. 정말로 위선적인 남자는 늘 당신의 아름다움이 아닌 내면만 좋아한다고 거짓으로 말한다. 정말로 위선적인 여자는 늘 당신의 외모가 아닌 재능만 좋아한다고 거짓으로 말한다. 애석하게도 세상에는 이런 사람이 너무 많다.

| 제5조 망언: 당신이 침대에서 내려오는 순간 그의 마음에서 당신의 가치는 내려가기 시작한다. 지금 남자 친구에게 모든 것을 주었다면 남편이라는 호칭 외에 당신은 미래의 남편에게 무엇을 남겨놓을 수 있을까?

이 말을 한 사람은 아마도 한 남자와 여러 번 잠자리를 갖고 싶은데 남자가 이번 생에 단 한 번으로 끝내고 말아 속상해하는 여자일 것이다. 자기가 이 남자에게 버림받았다고 생각하고, 남자가 자기 육체만 탐하고 정신은 원치 않는다고 느낀다. 그래서 경험자로서 후배들에게 충고하는 것이다. 다만 이 여자가 미처 의식하지 못한 게 있다. 이 말은 여성에게 커다란 모욕이다. 처녀의 소중함만을 강조하며, 숫총각의 가치는 상관하지 않았다. 위의 말은 이렇게 바꿔야 마땅하다.

"당신이 모든 것을 지금의 여자 친구에게 주었다면 부인이라는 호칭 외에 미래의 부인에게 무엇을 남겨놓을 수 있을까?"

숫처녀인 독자라면 이 말이 애정의 본질을 꿰뚫은 말이라고 여기고 "이거 봐, 처녀가 얼마나 좋아. 순결하잖아."라고 할 것이다. 처녀성과 이별을 고한 여성 독자라면 이 말이 귀에 거슬릴 것이다.

이 말을 통해 두 가지 상황을 동시에 상상할 수 있다. 첫째, 남자가 하룻밤으로 끝나는 사랑을 준비하고 있는데 여자는 계속 만나고 싶은 경우다. 이와 반대로 여성이 오래 만날 생각이 없다면 이 말은 아예 성립이 되지 않는다. 하룻밤 사랑과 계속 만나는 사랑 중 어떤 것이 옳고 어떤 것이 틀렸다고는 말할 수 없다. 이는 사람들의 선택일 뿐이다. 영화나 소설에서는 영원한 사랑만이 가장 아름다운 사랑으로 그려진다. 그러나 사실상 인생은 결코 그렇지 않다.

둘째, 두 사람 사이에 처음 가진 잠자리가 만족스럽지 않았다. 서로 격렬한 행위를 하고 난 뒤 좋은 여운이 남아 있다면 가치가 떨어진다는 말은 전혀 성립하지 않는다.

그러므로 이 문제를 진정으로 해결하기 위한 방법은 첫째, 잠자리를 갖기 전에 쌍방이 상의하여 듣기 거북한 말은 미리 해두는 게 좋다. 물론 많은 남자가 당장의 즐거움을 위해 쉽게 약속을 할 것이다. 그렇다면 여자는 잠자리를 하는 과정에서 스스로 그 말의 진정성을 분별할 수 있다.

셋째, 자신의 잠자리 기술을 높여라. 사람들은 성에 대한 대화를 꺼리면서 이런 말을 하면 저속하다고 흉본다. 그러나 점잖게 생긴 사람이라고 성에 소극적인 것만은 아니다. 성과 사랑은 사실 같은 맥락에 있으므로 서로 대화를 나눌 필요가 있다.

> | 제6조 망언: 남자는 당신이 상상하는 것과 다르다. 그들은 진실한 사랑은 할 수 있으나 깊은 사랑은 거부한다. 그러므로 사랑에 몰두할 때도 빠져나갈 구멍을 마련해두어야 한다. 그렇지 않으면 속수무책으로 상처를 입을 것이다.

이 말도 사랑에 상처 입은 한 많은 여자의 입에서 나온 듯하다. 제5조가 새로운 연인에 대한 한을 표현했다면, 제6조는 오래된 연인에 대한 원망이나 상처가 있으나 아직 극에 달하지 않은 상태다. 극치에 달하는 순간 그녀는 큰 고통과 큰 기쁨은 서로 교차되는 것임을 알게 될 것이다. 깊은 사랑이 없다면 아픔의 극치를 체험할 수도 없으니 헛산 것이다. 따라서 이 말의 정확한 표현은 서로 간에 여지를 남겨두라고 해야 한다. 결코 빠져나갈 구멍이 아니다.

자신이 사랑 때문에 죽을 수 있는 '깊은 사랑'을 한다고 느끼는 사람은 심각한 두 가지 잘못을 저질렀다. 첫째, 사랑을 극단적으로 한다.

이런 사람은 자기가 극단적인 사람이라고 인정하기 싫어서, 그저 깊은 사랑을 하는 편이라고 말할 뿐이다. 팔을 담뱃불로 지지고 가슴에 남자의 이름을 새긴다. 남자 친구가 다른 여자와 식사를 하러 간다고 하면 당장 수면제와 농약을 먹고 죽겠다고 한다. 남자에게 앞으로 절대 다른 여자와 말도 하지 않겠다는 맹세를 강요하며, 맹세를 지키지 못하면 눈알을 파버리겠다고 한다. 내가 소설을 쓴다고 생각하는가? 이런 일은 사실 주변에서 흔히 볼 수 있는 광경이다.

둘째, 상대에게 '몰두한다'는 말의 정의가 완전히 틀렸다. 몰두한다는 말의 뜻은 상대의 느낌을 무시하라는 의미도, 상대에게 자기의 인생을 책임지게 하라는 의미도 아니다. 죽기 살기로 집착하는 사람은 당신을 진심으로 사랑하는 것이 아니라 자기 자신과 힘겨루기를 하고 있는 것이다. 진심으로 사랑할 줄 아는 사람은 집착하지 않는다. 자기 자존심이 용납하지 않기 때문이다. 가벼운 표현만으로도 깊은 사랑을 할 수 있으며, 이별의 말을 가볍게 던진다 해도 돌아서는 마음은 칼로 도려내는 듯 아플 수 있다.

이런 여자들이 다른 사람에게 사랑의 아픔을 이야기할 때 스스로 극단적인 편이라 말하는 걸 본 적 있는가? 그녀들은 늘 부드러운 태도로 자기가 그 남자를 얼마나 깊이 사랑했는지 토로한다. 그러나 진상은 어떤가? 내가 늘 말하지만 같은 말이라도 사람에 따라 정의가 달라진다. 그녀가 말하는 '깊은 사랑'은 어쩌면 그 남자에게는 '변태적 사랑'으로 비춰질 수도 있지 않을까?

나는 '여지'라는 말을 좋아한다. 다른 사람에게 여지를 준다는 것은 자신에게도 여지를 남겨둔다는 뜻이며, 상대를 완전히 독점하면 두 사람 모두 자아가 없어져버리는 결과를 가져온다.

위 말을 여러 번 읽어보면 더 깊은 의미가 존재함을 알 수 있다. 즉 당신이 사랑할 때도 이른바 '어장 관리'를 하라고 경고하고 있다. 이렇게 하면 만일의 사태에도 당황하지 않고 다른 남자에게 갈 수 있다고. 그렇게 하기를 원한다면 그것 역시 당신의 선택이다.

'어장 관리'가 존재하는 의의는 무엇이며, 왜 그런 행위를 하는 것일까? 사랑하는 사람이 어느 날 나를 팽개치면 내게 잘해주는 그를 찾아 마음 편하게 지낼 수 있어서일까? 물론 '어장 관리'를 당하는 사람의 심리는 별도로 논할 문제다. 하지만 사랑의 빚을 지는 일이 두렵다면 다른 사람에게 불가능한 희망을 주지 말아야 한다. 그래도 어장 관리가 필요하다면 그 상대를 사랑할 준비가 되어 있는지 자신에게 물어보기 바란다.

여전히 사랑하는 사람을 상대로 득실을 계산하고 있는가? 아무것도 얻지 못할까 걱정되어 전부를 바칠 용기가 없는 심리를 이해는 할 수 있다. 그러나 당신의 계산은 맞지 않다. 왜냐하면, 당신의 마음을 움직일 수 있는 사람을 만나기는 쉽지만, 당신을 깊이 사랑하는 사람을 만나기란 생각만큼 쉽지 않기 때문이다.

│ 제7조 망언: 당신을 배반한 사람을 용서하지 말라. 그 사실을 망각하지도 말라. 제 버릇 개 못 주는 법이니 당신을 또 배반할 기회를 주지 말아야 한다. 한 번 받은 상처로 이미 몸과 마음이 지쳤는데 또 상처를 입으면 당신은 살 수 없을 것이다.

용서하지 않고 망각하지 않으면 고통을 겪을 사람은 당신 자신이며, 상대는 이런 반응을 보일 것이다.

"내가 어떻게 해도 당신은 불만이고 아무리 노력해도 각인된 이미지에서 벗어날 수 없는데 어떡하란 말이야?"

어느 대학원에서 강연할 때 친구 안둥니의 이야기를 소개했다. 어느 날 그가 술이 취해 부인 이름을 부른다는 게 실수로 헤어진 여자 친구의 이름이 튀어나왔다. 손이 발이 되도록 빌기 위해 머리를 만지고 있는 부인 곁으로 다가갔다. 그런데 부인이 "오늘 술을 많이 마신 것 같으니 그 벌로 이리 와서 머리나 묶어줘요." 하는 것이 아닌가! 안둥니는 부인의 배려를 평생 잊지 못할 거라고 했다. 그 이야기를 들은 나는 눈가가 촉촉해져서 안둥니의 손을 잡고 그의 부인을 찾아뵐 기회를 달라고 했다. 역시 마누라는 남의 마누라가 최고다.

이런 일이 황색 성격의 여자 친구에게 일어났다면 단호하게 단죄를 당했을 것이다. 여러 말 할 것도 없고 돌아설 여지도 없다. 잘못의 크고 작음은 문제가 되지 않는다. 이것은 원칙의 문제이니 용서는 안 된다.

같은 일이 남색 성격의 여성에게 일어났다면 3개월은 말을 걸지 않고 눈길도 주지 않을 것이다. 같은 지붕 아래 있어도 투명인간처럼 대하기 때문에 그녀가 말을 걸기를 기다리다 지쳐 남자가 먼저 집을 나갈 것이다. 그리고 얼마 후에 자기와 맞는 여자를 만날 것이다. 남색 성격의 여자는 이름조차 잘못 부르는 데 다른 건 오죽하랴 싶어서 해명 같은 것은 들을 필요도 없다고 생각한다. 항상 마음에 둔 이름이 입 밖으로 튀어나온 거라고 여긴다. 그녀는 평생 그 일을 잊지 못하고 원망 속에서 살아갈 것이며, 결과적으로 자신을 망치게 된다.

이런 일이 홍색 성격의 여성에게 일어났다면, 그녀는 족히 일주일은 아무것도 못 하고 울며불며 야단을 할 것이며, 남자에게는 여전히 헤어진 여자 친구와 만나고 있는지 따질 것이다. 대답이 만족스럽지 못하면 계속 추궁할 것이다. 도저히 못 견딘 남자가 "그렇다."라는 답을 하는 순간, 이번에는 땅바닥에 주저앉아 대성통곡할 것이다.

"양심도 없는 놈 같으니라고. 정말이었군. 이런 일을 당하고 어떻게 살아? 차라리 죽어버릴래."

물론 그녀는 남편의 잘못을 용서하고 잊겠지만 남편은 인내심을 가지고 그녀를 계속 달래야 한다. 남편이 이런 과정을 참으면서 끝까지 달랠지는 모르겠지만 말이다.

그러므로 여자들은 어리숙함을 가장하여 진정한 지혜를 발휘하는 편이 좋다. 안타깝게도 작은 일에 시시콜콜 따지지만 실제로는 어리숙한 사람이 많다. 예시로 든 세 가지 색깔 타입의 여자와 비교하면 안둥니 부인의 대처 방법에 감탄이 절로 나온다. 제8조의 말을 만들어낸 사람은 위의 세 가지 색깔 타입의 여자 중 한 명일 것이다. 그중에서도 황색이나 남색일 가능성이 크다. 단호한 태도는 마치 자신이 세상 남자에 대해 다 알고 있다는 듯하다. 하지만 그녀들은 싸우지 않고 굴복시키는 비결을 모르며, 관용을 베풀 줄 모른다.

여전히 반격을 생각하고 있으며 상대로 하여금 언젠가 고통을 맛보게 해주려고 한다. 남자가 자기 고통을 몰라준다고 생각하고 알아주기를 원한다. 그렇지 않으면 자신을 합리적으로 설득할 수 없기 때문이다. 그녀는 "다른 사람을 용서하지 않는 것은 사실 자기를 용서하지 않는 것이다."라는 인생의 진리를 배우지 못했다.

여기까지 읽은 당신은 이런 말로 항변할 것이다.

"내가 겪은 배반은 이보다 훨씬 심하다. 이름을 잘못 부른 정도의 사소한 배반이 아니다. 선생이 말을 쉽게 하는 것은 당신이 여자가 아니며, 그런 일을 겪은 적이 없기 때문이다."

내가 그런 일을 겪었는지 아닌지 당신이 어떻게 아는가? 어떤 일을 겪었든 배반에 대처하는 최고의 태도는 관용을 베푸는 것이다. 관용을 베풀지 못하는 사람은 자신이 피해자라는 생각에 상대를 용서할수 없다. 여전히 상대를 원망하고 있다면 여전히 그를 마음에 두고 있다는 의미다. 적을 여전히 미워한다면 당신에게 그를 이길 충분한 역량이 없다는 의미다. 연인을 여전히 미워하고 있다면, 그것은 당신이 새로운 삶을 어떻게 맞이할지 여전히 모르고 있다는 의미다.

관용을 베풀면서 우리는 스스로 성장했음을 느낄 수 있으며, 관용만이 상대를 자책하게 할 수 있다. 이를 통해 당신은 원하는 변화를 얻을 수 있다. 지금은 이해를 못해도 언젠가 이해할 수 있을 것이다. 그날이 너무 늦지 않게 오기를 바란다.

│ 제8조 망언: 결혼은 한 팀이 되는 것이며, 누가 누구를 먹여 살리는 일이 아니다. 사람과 사람의 지위는 평등하다는 걸 기억해라. 남자가 당신을 먹여 살리겠다는 말은 당신에게 노예가 되어 달라는 의미다. 당당한 삶이 눈치나 보는 삶보다 존엄하다.

아마도 100년쯤 지나면 일부일처제가 없어지고 일부다처제, 일처다부제, 다부다처제가 생기거나 아예 결혼 제도가 없어질지도 모른다. 일부일처제는 합리적이지만 비인도적인 면도 있다. 지금은 일부일처제가 상대적으로 평화롭지만 사회가 진정한 인간의 본성을 수용할 정도가 되면 평생 한 사람과 살아야 한다는 도덕적 기준이 없어질 것이다. 그렇게 되면 누구나 자기와 가장 맞는 반려자를 천천히 찾을 권리를 갖게 될 것이다.

능력이 있으면 여러 번 결혼할 수도 있고, 결혼하지 않고 정자를 빌려 자손을 낳을 수도 있다. 이런 말을 하면 보수주의자들로부터 공격을 받고 전통을 지키려는 자들의 분노를 살 것이다. 각종 종교와 신앙을 가진 사람들은 이 문제를 놓고 의견이 분분하고 갈등이 일어날 것이다. 이런 생각을 가진 사람이 대놓고 말하기는 어렵기 때문이다.

결혼이 완벽하려면 세 가지가 맞아야 한다. 성性의 조화, 정신적 교류, 경제의 독립과 각자의 공간이 그것이다.

이 세 요소가 다 갖춰지기는 어렵다. 그중 둘만 갖춰도 하늘의 뜻이라며 결혼생활에 만족하며 살아간다. 부족한 요소는 대충 꿰어 맞춰 살거나 각자 알아서 방법을 찾는다. 한 요소만 갖추면 한쪽이 외도를 하거나 섹스리스 부부로 살아가거나 쇼윈도 부부로 살아간다. 이혼 여부는 두 사람이 결혼을 보는 정의에 달려 있다. 세 요소 중 하나도 없다면 그 결혼은 유지하기 어려우므로 이혼이 정답이다.

경제적 독립은 쌍방의 인격적 독립을 최대한 보장할 수 있다는 장점이 있다. 경제를 제공하는 사람에게는 '내가 당신을 먹여 살리니 내 말을 들어야 해.'라는 심리가 있다. 이 말을 이토록 단정적으로 하는 것은 당당한 태도와 존엄성이 바로 이런 상황에서 결정되기 때문이다. 남자로부터 부양받는 여성이 온화한 성격일 때는 상관없다. 그러나 강한 성격의 여성은 남편의 말투만 달라져도 '돈 번다며 유세 떤다.'고 민감하게 생각한다. 전통적으로 볼 때 사람들은 집안 식구를 먹여 살리는 남자가 돈을 잘 쓰는 부인을 곱지 않은 시선으로 본다고 생각한다. 더 큰 함정은 돈을 쓰는 여성이 본능적으로 남편이 그렇게 생각할 거라고 지레 단정한다는 것이다. 사실 이는 여자의 억측에 불과하며, 이런 억측이 부정적인 연쇄반응을 불러오기 쉽다.

남자가 부양을 원하는지의 여부와 여자가 부양받기를 원하는 것은 별개의 문제다. 먼저 남자 얘기를 해보자. 내가 충분한 경제력이 있고 가족을 부양하기를 원할 때는 단 한 가지 경우다. 한 사람은 집안에서 살림을 맡아주어 각자 분업을 하며 합동작전을 하자는 것이다. 노예가 되고 아니고는 전혀 관계가 없다. 부양을 꺼리는 경우는 여자가 모든 정력과 시간을 남자에게 기대는 걸로 소비하며, 날마다 같이 있어 달라고 칭얼댈 때다. 이런 경우가 아니라면 남자는 자기 여자가 언제까지나 집에서 살림하는 모습을 원한다.

어떤 사람은 여자를 부양하는 것이 남자답다고 생각한다. 이 말은 전부터 이런 생활을 동경해온 여자가 남자에게 들려주고 싶은 말이다. 아니면 경제력의 제약으로 말미암아 자기 여자를 집에서 쉬게 해주지 못하는 남자가 그런 능력을 갖춘 남자를 부러워할 때 쓰는 말이다. 간단히 말해 여자를 먹여 살리고 아니고는 남자의 경제 조건 및 성격과 관련이 있다.

남자에게 부양받는 생활을 가장 꺼리는 타입은 황색 성격이다. 이들은 자기의 삶을 스스로 통제하고 싶기 때문에 집 안에 틀어박혀 아무것도 하지 않으면 답답해서 견디지 못한다. 이 문제에 이토록 강한 반응을 보이는 이유는 우리가 '부양'이라는 말에서 부양하는 사람의 권위와 부양받는 사람의 연약함과 무능함을 본능적으로 느끼기 때문이다. 가령 홍색 성격의 남자들에게 여자에게 부양받는 건 어떻겠냐고 질문하면 그것도 좋은 생각이라고 대답한다. 그만큼 능력 있는 여자를 찾아낼 수준을 갖췄으니 자신에게 높은 안목이 있음을 의미한다는 것이다. 반면 나 같은 성격의 사람은 일종의 치욕으로 받아들인다. 얼마나 능력이 없으면 여자에게 부양을 받느냐고 사람들이 비웃을까 걱정부터 되기 때문이다.

우리 사회는 아직 충분히 개방되지 않았기에 여자가 부양받는 것을 당연시 하며, 남자가 여자의 부양을 받는다는 관념을 받아들이기 어렵다. 세월이 흘러 언젠가 모계사회로 회귀하면 이런 관념이 받아들여질지도 모른다.

뉴욕에서는 동성 결혼법이 통과되었으며, 시간이 지나면서 점차 사람들이 수용하는 수준도 높아질 것이다. 사실 바꿔서 생각하면 남자를 부양하고 싶어 하는 여성들도 많다. 리안(李安, 영화감독으로 '와호장룡', '쿵후선생' 등이 유명하다-역주) 부부의 사례가 대표적이다. 리안의 부인은 그를 6년 동안 부양했으며, 리안이 집에서 살림할 때도 그를 격려했다. 당시 주변 사람들은 그녀에게 뭐라고 말했을까? 리안을 두고 이러쿵저러쿵 수근거리지는 않았을까? 지금이야 리안 감독이 성공했으니 부인에게 투자할 안목이 있으며 리안이 재능을 감추고 때를 기다리는 데 도가 텄다고 말할 수 있다. 단언하건대, 당시에는 절대로 이렇게 말하지 않았을 것이다. 결론적으로 남자가 가족을 부양하기 원하는지, 여자가 부양받기를 원하는지 여부는 한마디로 단정할 수 없으며, 이는 어디까지나 쌍방의 성격에 달려 있다.

격언에 속지 않는 법

이 글을 보고 있는 당신이 위의 격언을 좋아하여 인터넷에서 열심히 퍼 나르기를 했다면, 당신이 나를 신뢰했기 때문이라고 일단은 이해해주겠다. 그걸 아는 내가 왜 이번 장 같은 글을 써서 당신의 신뢰까지 전면적으로 부정하는 말로 상처를 입히느냐고, 화를 낼지도 모르겠다. 열광했던 자신을 바보로 만들어버린 나에게 이렇게 분노할 것이다.

"이런 형편없는 인간 같으니라고. 당신의 책을 사서 읽고 응원한 사람에게 어떻게 그런 말을 할 수 있어?"

화를 풀고 진정하기 바란다. 나는 그저 나의 생각을 설명하고 당신이 나에게 보내준 신뢰에 감사를 표하고 싶었다. 그래서 인터넷상의 달콤한 말에 사람들이 어떻게 속아 넘어가는지 알려주고 싶었다. 다양한 격언은 다양한 성격의 사람들이 만들어낸다고 생각한다. 격언의 발명자가 이러한 '격언'을 만들어낼 때는 대부분 자신의 생각을 표출했을 뿐이다. 그가 표출하는 말 한마디 한마디가 보편적인 법칙이 될 수는 없다.

가장 높은 차원의 격언은 비로소 법칙이 된다. 예를 들어 "하늘은 스스로 돕는 자를 돕는다." 같은 격언은 모든 성격에 적용이 가능한 보편적인 법칙이다. 차원이 낮은 격언은 일부 사람들에게만 적용될 수 있다. 예를 들어 "결과가 없는 과정은 전혀 의의가 없다." 같은 말은 성격색채 중 황색 성격에는 적용할 수 있지만 다른 성격의 사람들은 코웃음 치는 말이다. 홍색 성격은 '인생에서는 체험이 중요하다. 추구하는 과정은 결과보다 언제나 아름답다.'라고 생각한다.

이른바 격언과 경구를 볼 때 그 전후 사정을 모르고 순간의 감정에 들어맞으면 진리라고 생각할 수 있다. 이제 당신은 자신이 얼마나 순진했는지 발견했을 것이다. 이는 무지해서가 아니다. 나 역시 인터넷에서 떠도는 말에 혹해서 넘어갈 때가 많다. 순진해서 쉽게 사람을 믿기 때문이다. 물론 쉽게 속기도 하지만 말이다. 하하하.

이 글에 있는 모든 의견을 독자들이 다 받아들일 거라고 생각하

지 않는다. 다만 독자적으로 사고하고 전면적으로 분석하여 앞으로
다른 사람의 말에 쉽게 현혹되지 않기를 바랄 뿐이다. 또한 어떤 일의
배후에는 여러 가능성이 존재하며, 생각처럼 세상이 그렇게 단순하지
않다는 점을 알았으면 한다. 반 박자만 늦게 움직이고 입체적인 사고
능력을 훈련한다면 사물의 분질을 더 분명히 볼 수 있다. 독립적 사고
와 분별력이 부족하면 유명한 사람의 방귀 냄새도 향기롭다고 생각할
수 있다. 어떤 현상을 맹목적으로 받아들이기 전에 비판하는 눈으로
자세히 살펴보기를 바란다. 이 책을 읽는 지금 이 순간을 포함해서 말
이다.

15장

폐관기

수행

이 글은 2009년 10월에 완성되었으며, 내 인생에서 지금까지 가장 재미있는 수행 체험이었다. 사람들은 다양한 수행 체험에 관심을 갖고 신앙과 내면의 위기를 들여다보고 싶어 한다. 그러나 사찰에서 조용히 명상하고 있어도 속세의 번잡함을 떠나기는 쉽지 않다. 이번 장에서는 내가 경험한 마음의 역정을 기록하고 함께 참여했던 사람들의 심리 상태를 분석해보았다.

할 일을 내려놓고 폐관 수련에 들어가다

강의를 시작한 후부터 나는 오랫동안 다른 사람의 강의를 듣는 자기 계발을 거의 못하고 있었다. "너무 바빠서", "저런 건 나도 알고 있어서."라는 평계 때문이었다. 그 심충적인 원인은 세 가지였다.

1. 자만심 : 이제는 궤도에 올랐으니 자기 계발은 이제 필요 없다는 마음.
2. 허약함 : 진정한 고수를 만다면 자신감이 흔들릴까 봐 속으로 두려워하는 마음. 가만히 있으면 나 자신이 대단하다는 허상 속에서 계속 살아갈 수 있으니까.
3. 체면 : 교육 현장에서 아는 사람이나 제자를 만나는 일이 껄끄럽기 때문에.

그러나 본질은 이 둘이다.

1. 투자한 시간과 돈에 비해 내가 필요한 걸 얻지 못한다.
2. 같은 업계 간의 견제가 있어서 그쪽에서 불편하게 생각할 수 있다.

지난 15년간 강의를 해오면서 칭찬과 갈채를 받는 일에 익숙해졌다. 그러다 보니 어느새 자만심이 싹텄고, 다른 곳에서 주최하는 강의를 들을 때 관찰하는 자세로 임하는 습관이 생겼다. 그렇게 해야 나 자신의 우수함과 특별함을 느낄 수 있었다. 이는 배우들이 다른 배우가 출연한 작품을 대할 때 반응과 비슷하다. 그들은 자기도 모르게 비판하는 눈으로 다른 작품을 본다. 시나리오에 개연성이 있는지, 연기의 진정성이 있는지, 카메라 워킹은 제대로 되었는지 등을 꼼꼼히 따져가며 보느라 순수하게 감상할 기회를 놓치기 일쑤다.

오랫동안 영혼을 강하게 자극하는 성격색채 세미나를 하다 보니 기술적 학습만으로는 사람들의 내면 깊은 곳의 욕구를 충족시킬 수 없음을 알게 되었다. 따라서 드러나지 않은 부분은 내면적 학습을 통해 채울 수밖에 없다.

폐관 수련(閉關修煉, 어느 한 곳에서 머물며 외부와 연락을 끊고 수련하는 행위-역주)은 2009년 국경절(10월 1일) 휴가 때 선택한 생활 방식 중 하나다. 폐관 수련은 불교도들이 수행하기 위해 문을 닫아걸고 정좌하는 특유의 수행 방식에서 유래했다. 밀종(密宗, 불교의 밀교에서 기원한 불교 종파-역주)의 폐관 수련은 일반인들이 많이 참여하며, 먼저 법요法要 수행을 하고 일정기간 선지식(善知識, 수행자들의 스승을 이르는 말-역주)을 친견한 후, 수행 과정을 거쳐야 비로소 폐관에 참가할 수 있다. 폐관실 내부에는 단성(壇城, 신성한 단에 부처와 보살을 배치한 그림으로 우주의 진리를 표현한 것. 만다라Mandala라고도 한다-역주)을 세워야 한다. 밀종의 수행자는 평생 여러 번 폐관 수련을 할 수 있으며, 이를 통해 해탈을 이루기도 한다.

선종禪宗의 폐관 수련은 금족(禁足, 밖에 돌아다니는 것을 금지함-역주)에서 기원하여 발전했으며, 마음의 안정을 추구하여 복잡한 세상사를 잊고 자기 거처에서 한마음 한뜻으로 좌선한다. 선종을 제외한 기타 불교 종파, 도교, 이슬람교에도 폐관 수련이 있으며, 필요에 따라 저마다 방식을 달리한다.

거처하는 곳을 '폐관실'이라고 한다. 폐관 기간에는 '금어禁語, 금족禁足, 수련과 학습' 세 가지를 기본적으로 지켜야 한다.

외부와 모든 접촉을 끊고 폐관실을 나가지 않는 것이 원칙이며 염송수행念誦隨行, 경전 읽기, 한 가지 주제만 수행하기 등 각자의 목표에 따라 수련하는 내용이 다르다. 음식은 폐관실 밖에서 마련하여

정해진 시간에 입구에 두면 각자 가져다 먹게 한다. 이렇게 관리하는 것을 '호관護關'이라고 한다. 폐관 기간은 짧게는 며칠에서 길게는 몇 년까지 있으며 정해진 시간이 되기 전에 미리 나와서는 안 된다. 폐관은 수련의 내공을 증진할 수 있어 매우 중요시된다. 일주일짜리 단기 수련부터 몇 달, 몇 년씩 계속하는 사람도 있으며, 수십 년을 계속하면서 깨달음을 얻기 전에는 수행을 끝내지 않는 사람도 있다.

내가 폐관이라는 말을 처음 들은 것은 7년 전이다. 모 잡지에서 수행자가 외딴 곳에서 세상과 단절하고 한동안 수련에 힘쓴 결과 무공이 강해졌다는 내용을 보았다. 나도 시도해보고 싶었다. 얼마 후 친구들에게서 유명한 수련원은 사람이 많이 몰린다는 말을 듣고 단념했다. 2005년에《색안식인》을 본격적으로 집필하면서 나는 방해받지 않고 작업할 장소를 물색했다. 이렇게 한 작은 섬과 변두리 지역에서 나만의 '폐관'을 시작했다.

방안에 틀어박혀 있었지만 인터넷과 전화를 사용하고 신문도 보며 외식도 할 수 있었으니 진정한 '폐관 수련'과는 거리가 멀었다. 4년 전부터 이런 비공식적인 '폐관'을 매년 두 번, 한 번에 한 달씩 해오고 있다. 이렇게 함으로써 절제 없는 생활 습관과 급한 성격이 약간이나마 고쳐지는 장점이 있었다.

많은 사람이 입산하여 도가의 입문 축기공법築基功法을 익히고, 전국 각지에서 여는 양생반養生班, 태극장생반太極長生班, 역경반易經班에 등록했으며, 여성들은 농안비법 교실로 몰려갔다. 휴가 기간에 산중 일주일 단기 폐관 체험이 있다고 해서 그곳으로 향했다.

기간은 2009년 10월 2일 오후 6시부터 10일 9일 오후 11시까지였다. 이렇게 해서 평생 처음으로 일주일간의 폐관 체험을 하게 되었고, 이 기간 동안 핸드폰, 종이, 필기구 등도 사용할 수 없었다. 나는 수행 경험을 진실하게 기록하기 위해 남모르는 대가를 치러야 했다. 손가락을 깨물어 혈서를 쓰는 정도는 아니었지만 매일 경문을 베껴 쓰는 시간에 작은 펜으로 핵심어를 몰래 기록해두었다. 그 후 기억의 편린을 애써 끌어모아 일련의 역사적 회고를 했다.

폐관의 식단은 감옥의 식단

나는 음식에 특별히 집착하지 않는 편이다. 타이완에 갔을 때 펑자逢甲 야시장의 수많은 먹을거리에도 끌리지 않았다. 내 눈에는 상하이의 우장루吳江路 야시장을 규모만 키워놓은 것에 지나지 않았다. 미식가라면 먹는 즐거움을 포기할 걱정부터 했겠지만, 나에게는 문제가 되지 않았다. 그런데 바로 이런 방심으로 인해 나는 수행 기간 내내 먹는 것의 소중함을 뼈저리게 느끼게 된다.

지난번에 식단을 상세히 기록해둔 것은 팡팡의 다이어트를 돕기 위해서였다. 그래서 한 달 동안 채소만 먹기로 결심했는데 여기에는 상당한 의지가 필요했다. 그런데 하산 후 며칠 동안은 본능적으로 육식을 멀리하게 되었다. 산에서 육식을 금지하는 규칙이 있어서가 아니다. 종파에 따라 고행승의 길을 가지 않고 결혼과 육식이 가능한 곳도 있었다. 산중에서도 다진 고기를 어쩌다 먹을 수 있었지만 이번에는 자발적으로 육식을 멀리한 것이 저번과는 다른 점이었다.

폐관 수련 장소는 식사 시간이 조식은 오전 7시 반 , 중식은 오전 12시, 석식은 오후 5시 반으로 정해져 있었다. 15일 이상 어떤 음식도 먹지 않는 벽곡(辟穀, 도가에서 수련할 때 곡식을 먹지 않는 것이며, 여기서는 금식의 의미로 쓰였다-역주)과는 달리 폐관 수련의 식단은 특별한 것이 없었다. 다만 한 끼의 양이 지나치게 적어서 배고픔을 견디기 어려웠다. 특히 저녁 식사와 다음 날 아침 식사의 간격이 14시간으로 너무 길었다. 그 며칠 동안 나는 쌀 한 톨과 물 한 모금도 진심으로 소중히 여기게 되었다. 사실 이는 게임의 규칙과 관련이 있다.

- 모두에게 배정되는 밥이나 죽은 한 그릇씩이다. 욕심을 내서 밥을 한 주걱이라도 더 푸면 감독자나 동료 수행자들의 경멸하는 눈빛이 쏟아진다.
- 율무죽이나 옥수수죽이 나왔다고 좋아하기는 이르다. 죽 한 그릇에 율무나 옥수수의 비율은 많아야 1,000분의 1에서 2에 불과하다.
- 채소 볶음이나 목이버섯 고기 볶음은 각각 큰 스푼으로 한 번씩만 떠야 한다. 중간 크기의 밥그릇에 먼저 밥을 두 주걱 퍼담고 두 가지 반찬을 한 스푼씩 떠서 담아도 그릇은 절반이 남는다. 국그릇에는 두 국자를 주는데 그릇의 바닥을 겨우 덮을 지경이다.
- 고기만두와 찐빵은 북방 지역의 그것처럼 크지 않고 상하이의 샤오룽바오小籠包보다 약간 크며 '바비만두'의 절반 크기 정도다.
- 아침 식사에 나온 장아찌 수를 세보고 가중평균법으로 계산해보니 9개를 넘시 않았다.

식사 때의 법칙은 도가의 양생법에 따라 입에 넣고 36번을 씹은 다음에 삼켜야 한다. 씹을 게 없는 국도 예외 없이 36번을 씹어서 삼켜야 한다. 이로써 음식이 타액의 분해 효소와 작용하여 충분히 소화되고 저작근을 단련하는 종합적인 효과를 노리는 것이다. 지금도 기억나는데 사흘째 되던 날 바나나를 먹을 때 11번에 나눠서 입에 넣었으며, 한번에 45번을 씹어 입안에 우유 맛이 돌고 나서야 삼켰다. 당신도 바나나가 우유로 변하는 기묘한 과정을 체험해보기 바란다.

수련 과정에서 내가 밥그릇 옆에 붙은 밥 알갱이들을 어떻게 혀로 핥아서 느릿느릿 입안으로 밀어넣는지 똑똑히 보았다. 이렇게 천천히 먹는 데는 다 이유가 있다. 규정에 따라 36번을 씹어야 하는 이유도 있지만, 아침과 저녁 30분, 점심 45분으로 정해진 식사 시간에 빨리 먹어치우면 그 자리에 앉아 하릴없이 기다려야 하기 때문이다. 그래서 다들 천천히 음식을 먹느라 여기저기서 무말랭이를 씹는 소리만이 리드미컬하게 들려왔다.

대화와 일체의 눈빛 교환이 금지되었기 때문에 고개를 숙이고 자기 밥그릇을 들여다보는 일 외에, 우리는 아무것도 할 수 없었다. 그러다 보니 음식을 먹을 때 자신이 천천히 씹어서 삼기는 전 과정을 관찰하는 훈련이 저절로 되었다. 성질 급한 사람은 이곳이 지옥보다 견디기 어려웠을 것이다. 고개를 숙이고 있기가 힘들어서 나는 가끔 고개를 틀어서 벽에 붙은《황제내경黃帝內經》속 옛 성현의 가르침을 묵독했다. 그러면서도 벽에 붙은 것이《협객행俠客行》의 기상천외한 무림 비적秘籍이라면 1년 정도 수련하면 강호의 2류 협객은 문제없을 거라는 생각이 들었다.

처음에는 지나치게 적은 양에 내심 놀랐으나 엿새째 점심때가 되자 갑자기 내 그릇에 든 고기와 계란을 옆에 있는 다춘大椿에게 나눠주고 싶다는 생각이 들었다. 같은 방에 묵는 다춘은 다이어트를 위해 왔는데 효과가 두드러졌다. 그의 이야기는 뒷부분에서 별도로 소개하겠다. 어쨌든 처음에는 부족하게 느껴졌던 음식이지만 뒤로 갈수록 배가 고프지 않았던 이유는 수련법과 관계가 있다. 이 현상에 대해서는 공법 편에서 다루겠다.

식사에 관해 마지막으로 흥미 있게 느낀 것이 있다. 이제는 기독교 신자와 밥을 먹어도 혼자 어색하게 있을 걱정이 없을 것 같다. 예전에는 기독교 신자들이 식사 전에 기도하는 모습을 볼 때마다 의식을 거행하는 사람이 고급스럽다고 느꼈다. 우리처럼 의식 같은 것도 없는 사람은 음식을 모독하는 거라는 생각이 들곤 했다. 그런데 지금은 생각이 달라졌다. 이곳 규칙에 따라 우리는 식사 전, 후 모두 기도문을 외워야 했다. "오장과 육부의 삼진(三眞)이 모인 인체의 창고에는 늘 맑은 기운이 넘칩니다. 바른 마음으로 식사를 하여 소화를 잘 시켜 장수와 복을 누릴 것입니다."

감독자가 종을 치면 일제히 고개를 끄덕이며 기도문을 외우는 모습은 장관이었다.

어리석은 질문을 하다

말하는 것이 금지되었기 때문에 수련 도중에 생긴 문제에 대해 저녁미다 세 명이 돌아가며 5분씩 지도자의 개별 상담을 받았다. 나머지 사람들은 문밖에서 꿇어앉아 대기했다. 참고로 이곳에서는 남녀노소를 불문하고 모든 수련생을 '사형師兄'이라고 부른다. 병을 치료하러 들어온 열일곱 살 여고생한테도 '사형'이라고 불러야 했으며, 이곳에 온 지 몇 년이나 된 예순이신 어르신도 나를 '사형'이라고 불렀다. 샤沙 사형은 수련을 열심히 하는 조용한 여성이었다. 손을 모으고 읍을 하는 동작에는 신선의 모습이 엿보였으며 시종일관 바뀌지 않는 옷차림에서 날마다 새로운 옷을 갈아입는 속세의 '레이디'와는 다른 수행자의 내공이 엿보였다. 그녀처럼 출가인들이 착용하는 헝겊신을 구해 강의할 때 신으면 양복을 입는 번거로움을 줄일 수 있을 것 같았다. 하지만 입구에 있는 법물法物 취급처 사형의 말에 따르면 이 신발은 출가인 전용 신발이라 돈을 주고도 구할 수 없다고 한다.

상담은 묵언 수행자들이 잘못된 방법으로 빠지는 걸 방지하기 위해 설치한 숨구멍 같은 장치였다. 3명으로 제한된 상담 기회를 얻지 못한 사람은 쪽지를 남기면 이튿날 주지 사형이 답변을 적은 쪽지를 방석 밑에 넣어두었다. 이렇게 해서 모두에게 질문의 기회를 제공하되, 수련과 무관한 질문을 할 수 없게 되어 있었다.

나는 사실 이런 질문을 하고 싶었다.

"기공을 수련한 후 성욕이 떨어지지는 않을까요? 일정한 경지에 오르면 정욕이 완전히 없어집니까? 여자 양음반養陰班에서는 잠자리에서 남자를 사로잡는 법을 전수해준다고 들었는데, 남자들에게는 여자를 만족시키는 비법을 가르쳐주지 않습니까?"

물론 견문이 넓은 도장들이 나의 음탕함을 꾸짖지는 않겠지만, 그래도 정색하여 단호한 대답을 할 게 뻔했다.

"관련 없는 질문에는 대답할 수 없습니다."

공력이 얕아 궁금한 것투성이었지만 쑥스러움이 많은 나는 그곳에서 일어나는 여러 현상에 얼른 답변을 듣고 싶었다. 그래서 '질의응답'은 폐관 생활에서 매우 기대되는 학습 과정이었다. 일반적으로 도장은 녹음테이프로 자주 하는 질문에 대답을 들려주며, 샤 사형이 쪽지를 걷은 후 그중 일부에 대해 공개적으로 대답을 해줬다. 개별적인 문제는 개인이 별도로 쪽지를 보내면 되었다.

다른 사람은 얼마나 많은 질문을 했는지 모르겠지만, 나는 일주일간 20개 항목의 문제를 질문했다. 기억하는 대로 아래와 같이 정리해본다.

1. 같은 방의 사형 6명 중 최소한 절반이 코를 심하게 골아서 거의 잠을 설친다. 이런 상태에서 수행할 수 있는 묘안이 있는지? 아니면 이런 상태에서 수행하는 경험을 소중한 기회로 삼아야 하는가?

2. 정좌할 때 가부좌를 하는데, 나는 오른쪽 다리를 올리는 것이 습관이 되었다. 매일 정좌할 때 의식적으로 다리 위치를 바꿔서 양쪽 다리 공력의 균형을 유지해야 하는가?

3. 가부좌를 할 때 위쪽에 얹어놓은 다리가 허공에 떠 있어서 바닥에 닿지 않는데, 이는 정상인가?

4. 밤에 수선공(睡仙功, 누워서 도를 닦는 공법-역주)을 하면 완전히 수면을 대체할 수 있는가?

5. 정좌할 때 통증을 참기 위해 호흡을 가다듬고 기를 다스리기가 어렵다. 이것이 합리적인가? 그렇다면 호흡을 가다듬고 마음 다스리는 건 먼저 자세를 바로삼아 통증을 없앤 후에 시작하라는 의미인가?

6. 결수인(結手印, 손바닥을 겹치고 엄지손가락 끝을 서로 맞닿게 하는 동작-역주)을 할 때 엄지손가락이 저리면서도 두 손에 기가 흐르는 느낌이

없는데, 이것은 정상인가?

7. 오른쪽 무릎을 18년 전 다친 후로 충격성 골 증식이 생겨 지금은 탁구공의 절반 크기로 자랐다. 왼쪽 무릎에도 반년 전부터 원인 모르게 포도알 절반 크기의 골 증식이 생겼다. 정공(靜功, 정지하여 행하는 기 훈련-역주)을 할 때나 장공(樁功, 움직이며 행하는 기 훈련-역주)을 할 때 당기는 통증이 강렬하며, 두 다리의 관절에서 소리가 난다. 당기는 통증이 있을 때 뼈가 몸에 충격을 주어도 계속 강행해야 하는가? 무릎의 통증을 사라지게 하는 방법은 없는가? 의사는 그냥 두었다가 정 불편하면 수술하자고 한다. 지금은 심하지는 않으나 매우 불편한데 어떻게 처리하면 좋을까?

8. 가부좌를 하지 않으면 1시간을 버틸 수 있지만 가부좌를 하면 30분밖에 버티지 못하겠다. 어떤 방식을 택해야 할까? 규정 시간 90분보다 먼저 끝나면 그 후에는 어떻게 하나?

9. 장공을 할 때 무릎을 어느 정도 굽혀야 하나? 각도와 공법 정진의 관계는 어떤가?

10. 몇 달 전 장공을 수련할 때 손가락이 서로 잡아당기는 것 같은 기의 흐름이 느껴졌다. 지금은 그런 느낌이 왜 없어졌는가? 공력이 왔다가 사라질 수도 있는가?

11. 장공을 할 때 두 손을 들어 포기(抱氣, 기운을 품는 동작-역주)를 할 때 어깨가 심하게 결린다. 이는 정상적인 반응인가? 정좌할 때 양다리의 격렬한 통증과 같은 성질인가?

12. 병소가 몸의 뒤쪽일 경우, 자유 기공을 할 때 햇빛이나 달빛을 어떻게 받는가?

13. 장공을 연습할 때 어쩌다 손가락의 기가 통하는 때 말고 떨리는

느낌이 없는 것은 무엇 때문인가? 다른 동료들의 손가락 진동은 어떻게 오는 것인가?

14. 항문을 조금만 위로 올려도 근육이 긴장되고 신경이 쓰인다. 이렇게 하면 완전히 몸이 이완되지 않는다. 이런 상태에서 어떻게 해야 명상에 들 수 있으며, 몸의 이완과 균형을 어떻게 유지할 수 있나?

15. 이틀 연속 아침 시간에 20분간 정좌를 했더니 어지러움이 심해서 버틸 수가 없다. 차멀미를 하는 것처럼 빙빙 돌며 어지럽다. 이때는 5분쯤 누워 있어야 괜찮아지곤 한다. 이런 현상은 왜 일어나며 어떻게 하나?

16. 셋째 날부터 이마, 인중, 코 정중앙에 압박감이 심하며 두려움이 생긴다. 이런 현상은 왜 일어나는가?

17. 통증을 참고, 몸을 움직이지 않으며, 잡념을 없애는 것의 순서는 어떻게 배열하는가?

이 질문의 80퍼센트는 선배 수행자들에게서 빠른 답변을 들을 수 있었으며, 그 나머지는 수련 과정에서 저절로 해결되었다. 사실상 가장 자주 들은 답변은 이것이다.

"모든 것이 정상이니 개의치 말고 계속 수련하라."

이는 대다수 사람들에 대한 표준 답변인 듯하다. 수행 과정에서 질문은 각양각색이었다. 딸꾹질과 방귀의 관계라든지, 어떻게 요람 위에 앉아 있는지를 묻기도 하는 등 생명에 대한 탐색은 끝이 없었다.

일주일간의 폐관 수련을 마친 소감

일주일간 같은 공간에서 묵언 수행을 한 수련 동기들은 폐관 체험을 끝내기 전 대화 시간을 갖는다. 그동안 금지되었던 말을 마음껏 할 수 있고 다른 사람의 소감을 듣는다는 점에서 특별한 의의가 있었다. 마지막 날 저녁 3시간 반 동안 나는 많은 이야기를 들었다. 그곳 담당자가 '묵언수행 시작'을 엄숙하게 선포하는 순간부터 이야기해보겠다.

폐관 수련에 참가하기 전에 '대화 금지'라고 적힌 조항을 볼 때부터 걱정하기 시작했다. 언어 능력은 어떤 정도까지 상실될 수 있을까? 경험해본 결과 오랫동안 말을 하지 않으면 언어 기능이 확실히 퇴화되는 것 같다. 금지 선포 후 10분 동안 이가 혀끝을 물고 있는 것이 뭔가 명쾌하지 않았다. 특히 홍색 성격에게 일주일간 지척에 사람들을 두고 아침저녁으로 함께 지내며, 같은 방 바로 옆 침대에서 숨소리를 들으면서 말을 하지 않는다는 것은 쉬운 일이 아니었다. 게다가 눈을 마주치는 것까지 금지되었기 때문에 서로 모르는 사람처럼 외면하는 일은 더 힘들었다.

휴지를 건네주거나 세숫대야의 소중한 물을 남겨주는 사람에게도 고맙다는 인사를 할 수 없으며, 심지어 어떤 표현이나 표정을 드러내는 것도 금지되었다. 기공을 수련하느라 허리와 등이 아파도 드러내놓고 아프다고 할 수 없으며 동료의 위로를 받을 가능성도 없었다. 동료들도 통증에 쩔쩔매기는 마찬가지였기 때문이다. 게다가 아프다고 호소하며 한숨을 쉴 권리마저도 없었다.

그때까지 한번에 일주일 이상 쉰 적이 없는 나는 긴장을 풀고 나의 몸을 관찰했다. 여기서 영혼이라는 단어를 사용하지 않는 건 일주일의 폐관으로는 영혼을 들여다볼 효과에 미치지 못했기 때문이다. 그 이유는 두 가지로 집약된다. 첫째, 나의 직업 특성상 늘 자신과 타인의 영혼을 관찰해왔다. 둘째, 폐관 수련 시 어떤 기록 행위도 허용되지 않았다. 오랫동안 기록을 통해 영혼을 관찰해왔기에 기록이 없이는 곤란했다.

나는 폐관에 참가한 사람들은 '큰 병에 걸린 사람, 고통이 심하고 원한이 깊은 사람, 새로운 경험을 모색하러온 사람'의 세 유형으로 분류했다. 처음부터 간단한 체험을 준비하고 온 나는 일생일대의 중요한 경험을 했으니 온 보람이 있었다. 나중에 21일 폐관이나 100일 폐관을 하기 위한 기반을 닦은 셈이다.

체험 외에 작은 도전에도 성공했다. 도전을 극복하는 것을 인생의 최고 즐거움으로 삼는 전형적인 황색 성격은 아니지만 생명에 지장이 없는 한 도전은 늘 흥미롭다. 기공 수련 과정에서 육체의 고통을 참아내고 열악한 음식도 마지막에는 즐거움으로 받아들였으니 말이다. 그보다는 무료함을 못 견디는 내가 장시간 아무것도 하지 않고 의미와 가치를 참는 것이 더 큰 도전이었다.

그곳에서 우리는 일주일 동안 샤워를 하지 않았다. 10여 년 전 톈진天津에서 고생하던 시절에도 이 정도로 곤궁하지는 않았다. 그러나 이러한 생리적 불쾌함이 마음의 괴로움으로 이어지지는 않았다. 그보다는 시간이 더디 흐르고 내가 시간을 낭비하고 있다는 느낌이 들 때가 가장 괴로웠다.

첫날부터 마지막 날까지 끝나려면 아직 며칠 남았다고 스스로 다독이면서 천수이볜陳水扁 총통이 석방될 날짜를 세는 것과 비슷한 느낌을 받았다. 그러나 나는 천수이볜보다는 행복했다. 나는 미래를 볼 수 있지만 그의 앞날은 불투명하기 때문이었다.

함께 들어온 동기는 서른 명이었는데 나갈 때는 스물여섯 명이었다. 네 명은 갖가지 이유로 도중에 퇴소했다. 사실 절반쯤 지났을 때 나는 다른 사람이 중간에 포기하고 마지막에 나 혼자 남아 영웅이 되는 광경을 기대했다. 그래서 기간이 너무 짧은 것을 한탄했다. 기간이 좀 더 길었다면 포기하는 사람이 더 늘어났을 텐데 말이다. 하하하!

체험을 마치고 돌아오는 날 팡팡이 구체적으로 얻은 게 무엇이냐고 물었다. 장사꾼인 팡팡은 형이상학적인 것보다는 실질적인 장점을 눈으로 보고 싶어 했다.

가장 큰 성과는 《황제내경》 중의 상고천진론上古天眞論을 암송하고 실천한 것이었다.

"옛날 사람들은 양생의 법도를 알고 있었고 천지 변화를 따랐으며 정기를 조절하고 기르는 법을 알고 있었다. 음식을 절제하고 규칙적인 생활을 하여 무리한 노동을 하지 않았다. 따라서 몸과 정신이 조화를 이루어 수명을 누렸으며 백 세가 되어서야 세상을 떠났다. 그러나 지금 사람들은 그렇지가 않다. 술을 절제하지 못하고 자기 멋대로 행동하며 취한 채로 잠자리를 가진다. 여색을 탐하다가 정기가 고갈되어 버린다. 정기를 채운 상태를 유지할 줄 모르고 과도하게 사용하며 양생의 법칙을 거스르고 향락을 즐긴다. 그리하여 반백에 쇠약해지고 만다."

음식을 절제하고 규칙적인 생활을 하는 것은 20년 동안 지켜온 생활이다. 따라서 의지력과 끈기는 충분히 갖췄다고 생각한다. 무엇보다 마음가짐과 변화를 중시하는 태도가 중요하다.

두 번째 성과는 매일 5회씩 총 7시간 반을 정좌하면서 장시간 정좌에 흥미를 갖게 된 것이다. 과거 요가를 할 때 몸을 비틀거나 다양한 자세를 취하는 데만 열중했는데 이제는 명상에 흥미를 갖게 되었다. 이런 성과는 성격색채 이론에 완전히 부합한다. 홍색 성격은 끝까지 해내는 끈기는 부족하지만 자신이 좋아하는 일이라면 얼마든지 견딘다. 일주일 동안의 체험으로 싫어하던 것에 흥미를 갖게 되었으니 만족스러운 성과였다.

앞에서 말했듯이 직업상 영혼에 관심을 갖는 게 내 일이었지만 몸에 대해서는 그동안 소홀히 했다. 그런데 폐관 체험에서 많은 시간을 수련에 쏟다 보니 효과를 극대화하기 위해 내 몸의 모든 부분과 연계 하지 않을 수 없었다. 기공의 기본 기술을 하며 몸의 위험 증상들이 드러났다. 우리의 몸은 주인을 위해 봉사해왔다. 일주일의 폐관 체험은 그동안 혹사시킨 몸을 중점적으로 보양하는 기간이었다. 연초에 온몸이 결리고 아파서 건강검진을 했다. 결과를 받아보니 각종 수치와 부호들이 내 몸의 상태를 설명해주었다.

폐관 체험은 기공법과 접목하여 자기 몸 상태를 들여다볼 수 있는 기회였으며,《인체사용수첩人體使用手冊》,《의사를 찾기 전에 자기 몸에 물어라求醫不如求己》같은 건강 지침서를 수십 권 읽는 것보다 훨씬 효과적이었다.

세 번째 성과는 소중함을 일깨워준 것이다. 내가 소중히 간직하고 있는 낡은 종잇조각에는 '꽃과 초목의 냄새'라고 적혀 있다. 우리가 묵은 곳은 작은 선불이 연결되어 있었는데, 기공 수련실은 바로 옆에 있고, 아래층은 식당, 위층이 숙소였다. 식당 입구에 100제곱미터가 채 안 되는 공터가 있고, 그 나머지는 모두 들판이었다. 그곳에는 검은 꿩 6마리를 기르고 있었으며 이름 모를 채소들을 심어놓았다. 멀리 겹

겹이 이어진 산이 보였다. 매일 식사 후에 나는 이곳을 돌아서 산책했다. 주변에 온통 빨래를 널어놓았기 때문에 30분이면 그 주위를 두 바퀴는 돌 수 있었다.

어느 날 가장자리까지 간 나는 발꿈치를 들고 나뭇잎의 냄새를 열심히 맡았다. 마치 쌀밥을 씹을 때처럼 진지하게 나뭇잎의 푸른 향 틈 사이로 달콤한 냄새를 맡으려고 노력했다. 갑자기 행복감이 몰려들었다. 매일 오후 2시 반에 폐관 경계선을 벗어나 아래쪽으로 150미터 떨어진 신농전神農殿에 가면 경전 문구를 베낄 수 있었다. 그 150미터의 노정과 신농전 사이에서 주위를 둘러보는 시간이 가장 행복했다. 그토록 자유의 소중함, 푸른 하늘과 공기의 소중함을 느낀 것은 그때가 처음이었다. 날마다 배불리 먹지 못하므로 음식을 소중히 여기게 되었으며, 5일 동안 단수되어 물을 소중히 여기게 되었다. 기계처럼 같은 곳만 오가는 생활은 환경의 소중함을 일깨워주었다. 이는 종합해보면 결국 삶에 대한 소중함이었다.

어떤 사람들이 폐관 수련에 참가할까

산속으로 들어가 폐관 수련을 하는 사람들은 큰 병에 걸린 사람, 고민이 많은 사람, 새로운 경험을 모색하러 온 사람, 이렇게 세 유형으로 분류할 수 있다.

첫 번째 유형, 큰 병에 걸린 사람. 주로 건강에 문제가 있는 사람들이다. 전에 산에서 세 번 머무른 적이 있는데, 각종 암 환자나 의사에게서 사형선고를 받은 말기 암 환자들이 그곳에 기거하고 있었다.

그들은 산을 유일한 구명줄로 삼고 살아나기를 간절히 원했다. 과거 성공한 사례가 있고 장지중(張紀中, 중화권의 유명한 감독-역주) 부인 판신만樊馨蔓이 발표한 책의 영향까지 더해져서 사람들은 마치 선녀들이 몇 달 안에 자신을 죽음에서 구해줄 수 있을 것처럼 기대하며 산으로 모여들었다. 회생 가능성이 없는 사람들은 극단적인 경우이며, 대부분 산을 찾는 사람들 중에는 생각보다 심하지 않은 병에 걸리거나 허약한 사람이 많다. 가령 자궁근종이나 난소에 혹이 있는 여성들이다. 이밖에 흔히 볼 수 있는 사람들은 살이 많이 쪄서 온 사람들이다. 그동안 약도 먹어보고 단식도 하는 등 온갖 방법을 동원하여 다이어트를 했지만 번번이 요요 현상이 와서 이번에는 독한 마음을 먹고 산으로 들어온 것이다. 마지막으로는 도가의 젊음을 유지하는 비법을 전수받으러 온 여성 신도들이다. 앞서 설명한 여자 양음반에는 미용 효과를 위해 전국 각지에서 몰려든 여성들과 남편의 사랑을 되찾기 위해 찾아온 중년 여성들이 주로 찾는다.

3교 중 도교만 유일하게 양생법을 연구했으며, 이곳에 모인 사람들은 건강에 대한 관심이 높았다. 이곳에서 건강을 논하는 것은 우리 업계에서 성격색채를 논하는 것과 같았다. 과연 효과는 어느 정도일까? 사실 오랫동안 컴퓨터 앞에 앉아 있다 보니 아랫배가 불룩 튀어나와 신경이 쓰였다. 3년 전에 있던 복근은 자취를 감춘 지 오래였다. 그런데 이번 체험을 끝내고 샤워를 하면서 보니 아랫배가 평평해졌다. 같은 방을 쓰는 다춘은 5월 초에 100킬로그램이던 체중이 85킬로그램으로 줄었으며 허리둘레는 34인치에서 29인치로 줄었다. 그가 찬 시계가 헐렁거리는 모습을 나도 목격했다. 이번 폐관 체험에 참가한

30명 중 절반은 이런 효과를 노리고 온 것 같았다.

　두 번째 유형, 고민이 많은 사람. 사실 이는 나의 전문 분야여서 마지막 장에 그 차이를 상세히 적어두었다. 큰 병에 걸린 사람이 생리상의 문제라면 '고통이 심하고 원한이 깊은 사람'은 심리 문제를 안고 있다. 이곳을 찾을 정도면 심리 상담소의 VIP 고객임에 틀림없지만 이들은 심리 상담가가 자신의 문제를 해결해준다는 것을 믿지 않는다. 그들 중에도 상태가 심각한 사람들이 있다. 이들은 고민이 너무 깊고 상처가 너무 커서 좀처럼 떨쳐버리지 못하며 세상을 비관적으로 바라본다. 결국 이혼하거나 가정이 깨지는 등 큰 상처를 입고 정신적인 괴로움에서 빠져나오지 못한다.

　5월에 처음 산에 갔을 때 있었던 일이다.

　들어온 지 1개월이 넘은 한 여성이 있었다. 그녀는 한 신문사의 편집장을 지내다가 독립하여 광고회사까지 경영한 엘리트 출신이었다. 지금은 모든 재산을 정리하고 산에서 자원봉사를 하며 승려가 될 준비를 하고 있었다. 그토록 진실한 사람이 어떻게 자기 남편과 아들을 다 버리고 속세를 떠날 수 있었는지 이해가 가지 않았다. 그 후 식사를 하는 자리에서 그 사형이 "내 사연을 들었죠?"라고 물었다. 나는 그녀의 사연은 들어 알고 있으나 그런 결심을 하게 된 동기는 모른다고 대답했다. 그 사형은 남편이 이혼을 요구했고, 아들은 부모가 다투고 있을 때 잘못해서 아래층으로 추락하여 죽었다고 전했다. 결국 이혼을 하고 회사도 경영 상태가 엉망이 되어 사는 의미를 잃어버렸다는 것이다.

　사람들은 소설에나 나오는 이야기가 현실에서 벌어지는 것에 경악한다. 그러나 나는 직업상 이런 이야기를 거의 매일 듣기에 크게 애석한 생각은 들지 않는다. 다만 이런 일도 성격이 초래한 결과이며, 성격색채를 좀 더 일찍 접했다면 이런 비극이 일어나지 않았을 거라는 안타까움은 있다. 산에 들어온 사람들 중 위의 사례와 같이 극단적인 사람들은 그렇게 많지 않다. 흔히 볼 수 있는 사람들은 심각하지는 않으나 나름의 고민을 안은 사람들이다. 이런 사람들은 현상에 대한 불만과 자신에 대한 끝없는 고민을 안고 있다. 사회 경력이 있고 어느 정도 성공은 했지만 돈을 위해 사는 생활은 이제 지쳤다. 인생의 의미와 자기 존재에 대한 회의가 들기 시작한다.

그렇지 않다. 앞에서 든 사례에서도 보았듯이 유명한 사람들도 산을 찾는다. 그들의 사연과 동기를 보면 건강에 관심을 갖거나 셋째 유형 '새로운 경험을 모색하러 온 사람'이 많다. 이밖에도 종교적 신념을 위해 수련 온 사람들이 있다. 복잡한 속세를 떠나 종교적인 색채를 띠면 수준이 높게 느껴진다.

고민을 안고 사는 사람들 중에는 종교에 대한 신앙을 가지고 탐색했던 경우가 많다. 선종이나 밀교密教, 다른 도교 문파를 따른 경험이 있으며, 이들은 보편적으로 인생의 의의를 사색하고 있다. "나는 누구인가？", "내가 원하는 것은 과연 무엇인가？", "지금 이 생활이 과연 내가 원한 삶인가?", "나는 왜 행복하지 않을까？" 외부세계에서 답을 찾지 못하면 내면에서 찾을 수밖에 없다. 많은 사람이 통찰하고 내면을 들여다보는 방법을 모르기 때문에 자신에게 문제가 있다는 것만 알지 해결 방법을 모른다. 그래서 조용한 곳을 찾아 수련하기로 결심하며, 시도를 했다는 것만으로 스스로 큰 위로를 받는다.

마지막 날 이야기를 나눌 때 이런 면에서 깊은 인상을 남긴 사람이 2명 있었다. 베이징에서 온 거 씨와 충칭에서 온 양 씨였다. 거 씨는 폐관 수련에 참가하기 전 도장과 22번이나 면담을 가지면서 종교에 귀의할지 결심을 하지 못하고 있었다. 이리저리 재보면서 혹시 사교 邪教 조직에 빠지는 것이 아닐까? 이 종교에 귀의한 후 다른 곳으로 갈 수는 없지 않을까? 만약 귀의했다가 마음이 변하면 어떻게 하지? 도 장은 신뢰할만한 사부일까? 사부의 능력이나 자격은 갖춘 분일까? 귀 의한 이후 계율을 지킬 수는 있을까? 이런 생각에 스물두 번이나 면담 을 갖고도 아직 결정을 내리지 못한 것이다. 수련생 가운데 남색 성격 은 단 2명이었는데, 그중 한 명이 거 씨였다. 반듯하게 잘생긴 그의 얼 굴에 고뇌가 서려 있었으며, 남들 앞에 요란하게 드러내지 않는 조용 한 태도로 자신을 표현했다. 일주일 동안 그의 행동에서 두 가지 특징 을 관찰했다. 거씨는 웃는 법이 없었으며 고개를 들지도 않았다. 다른 사람들은 계율을 지키느라 내면의 욕망을 누르고 있는 것이 보였지만 그는 자신의 정신세계에 깊이 빠져 있었다. 또 점심 식사 후에는 보폭 을 크게 하여 작은 마당을 계속 돌았다.

　　총칭에서 온 양 씨의 상황은 전혀 달랐다. 그녀의 남동생이 독일 에서 오랫동안 지내다 몇 년 전 귀국했는데 비행기에서 내리자마자 산 으로 향했다. 어머니는 집으로 돌아오지 않는 아들이 가족과 인연을 끊고 종교에 귀의할까 걱정이 되었고, 누나인 양 씨를 보내 상황을 살 피게 했다. 동생이 도반들과 잘 지내는 모습을 보고 자기도 아예 짐을 싸들고 들어와 세상의 구속을 받지 않는 생활을 즐기게 되었다고 한 다. 그 후 매년 세계 각지에서 사람들이 산으로 순례를 왔다. 이런 영향 을 받아 융통성 없던 양 씨도 동생에 대한 사랑으로 이런 생활을 받아 들이고 이해하게 되었다. 처음에는 벽에 붙은 참회문을 보고도 아무 감흥이 없었는데 지금은 매일 암송하면서 눈물을 흘리기도 한다. 비록 아직도 자신이 다른 사람을 이해하지 못하는 이유를 모르고, 다른 사람들도 그녀를 이해하지 못하지만 최소한 날마다 자신의 포용심을 키우고 있다고 했다.

이밖에 사랑의 고민과 남편감을 아직 찾지 못한 원인을 반성하겠다고 산을 찾은 톈진에서 온 나 양이 있다. 사실 입으로는 남자들에게 관심이 없다고 하는 여자들도 속마음은 가장 신경을 쓰고 있다.

고민이 많은 사람들이 산속에서 성격색채 같은 도구의 결핍으로 인해 자신에 대해 분석하여 깨달음을 얻지 못하고 있어 매우 안타깝다. 우리는 어떤 행동을 왜 하는지 이유를 모른 채 행동할 때가 많기 때문이다. 그러나 산속에서는 대부분 정공의 핵심을 '인성 수련'으로 설정하고, '내려놓기, 수련하기, 청정해지기'를 수련하는 분위기가 형성된다.

따라서 많은 사람이 이유를 모르면서도 나쁠 것도 없으니 일단 해보자고 생각한다. 이런 행위는 현장의 분위기를 타고 쉽게 지속된다. 그러나 효과를 보지 못하고 그 환경을 떠나면 쉽게 사그라지는 특징이 있다. 몸의 수행을 하지 않으면 안 되는 사람들과는 달리, 마음의 고민을 안은 사람들 중에는 그닐그날 되는 대로 살아간다는 인생철학을 따르는 사람들이 많기 때문이다.

세 번째 유형, 새로운 경험을 모색하러 온 사람. 내가 바로 이 유형에 속한다. 성격색채의 수련 이론에 따르면 사람들이 자기 행동에 변화를 가져오는 동기는 '이익을 추구하고 손해를 피하는' 데서 온다. 나는 '큰 병에 걸린 사람'도 '고민을 안고 있는 사람'도 아니기에 손해를 피하겠다는 동기가 없었다. 결국 산에 오는 사람들 중에는 또 하나의 유형이 존재한다는 생각을 하게 되었다. 그들은 어떤 동기로 폐관 수련을 택했으며, 어떤 점이 이들을 이끌었을까? 이런 의문에서 나온 셋째 유형 '새로운 경험을 모색하러 온 사람'을 살펴보자.

새로운 경험을 모색하러 온 사람들은 복잡하여 그들의 목적을 단 하나로 규정할 수 없다. 내가 '폐관을 마친 소감' 편에서 인생의 체험이라고 했듯이, 이 사람들도 이런 체험을 위해 온 것이다. 외국 유학을 떠나는 모든 사람이 열심히 공부하여 귀국 후 조국을 위해 봉사한다는 원대한 꿈을 꾸는 것은 아니다. 내 주변에는 하고 있는 일에 싫증나서 생활환경을 바꿔보려는, 삶의 체험을 위해 가는 사람들도 많았다. 산에 온 사람들 중에는 이런 유형이 많다.

예로부터 '재미있는 일에 끼어들기를 좋아하는 사람'은 어디에나 있었다. 이 글을 인터넷에 올리자마자 지인들이 문의를 해왔다.

"요즘 폐관 수련이 재미있다고 하던데 거긴 어땠어요? 멀지는 않아요? 재미있나요? 지금 신청할 수 있나요?"

평소에는 관심도 없던 사람들이 이렇게 적극성을 띠는 것이다. 이런 것이 바로 '재미있는 일에 끼어들기'다. 이런 사람들에게는 '폐관'을 시대적 유행으로 본다는 특징이 있다. 이들은 패션이나 자동차, 집 같은 물질적 소비가 아닌, 정신적 소비를 하나의 트렌드로 생각한다. 예를 들어 주변 사람들이 국학반國學班에 등록했다고 하면 자신도 동참하고 싶다. 이렇게 고급스러운 아이템을 자신도 장착해야 우월감이 충족된다. 각종 클래스에 등록하여 강습을 받는 행위가 바로 여기에 해당된다.

더 중요한 정신적 소비는 사실 '사부님 삼기'에서 기원한다. 최근 들어 주변 사람들 중 밀종 사부를 모시는 사람들이 점점 늘어난 것을 발견했다. 이들은 매년 한두 차례 시장西藏이나 칭하이靑海에 가서 그

분들을 만난다. 그리고 주변 사람들에게 아무렇지도 않게 "사부님 뵙고 왔어."라고 말한다. 그러나 그의 말에서는 자랑스러움이 묻어나며 사부도 없는 사람들의 은근한 부러움을 자극한다. 사부가 있어서 좋은 점은 무엇일까? 누군가 자기를 지도해준다는 정신적 소속감과 더불어 그들의 마음 깊은 곳에 자신이 대단한 존재라는 자부심이 생긴다는 것이다. 그들은 평범한 속세에서 선생님을 찾지 않으며, 평범한 사람은 스승 될 자격이 없다고 생각하므로 신선이 사는 곳이나 세상 밖에서 스승을 찾는다.

'폐관'은 새로 유행하는 말이며, 웬만한 사람은 처음 접하는 세련된 용어이다. 사람들은 정신세계를 추구하는 트렌디한 용어를 보는 순간 자기도 동참할 생각이 드는 것이다. 수련 동기들 중에도 이런 사람이 적지 않았다. 그들은 폐관 수련이 뭔지 모르는 상태에서 신선하다는 생각에 신비한 체험을 해보자고 온 것이다.

구경꾼과 체험자의 차이는 후자가 이미 정보를 구하여 앞으로 닥칠 수 있는 상황을 알고 오는 데 비해, 전자는 그냥 오는 사람이 많다는 데 있다. 이런 사람들이 끝까지 버티지 못하는 경우가 많다. 어떤 성과를 얻을지 모르는 상황에서 힘든 일이 닥치면 견디기 어렵기 때문에 대부분은 호기심이나 놀라는 어투로 감탄만 하고는 조용히 물러선다.

그런 면에서 내 뒤쪽에 앉은 후난 아가씨에게 경의를 표한다. 아버지의 딩뇨병 치료에 농행한 그녀는 자연스럽게 폐관 수련에도 참가하게 되었다. 기공을 수련할 때는 내 뒤에 앉았는데 대부분 15분을 못 넘기고 안절부절못한다. 어느 날 저녁에는 2시간 동안 정좌를 했는데 절반쯤 지났을 때 자신을 안 되겠다면서 내가 앉아 있는 방석(나는 바닥에 앉아 있었다.)을 끌어당겨서 베개 삼아 머리에 댔다. 자기 방석으로는 엉덩이 밑에 깔고 벌렁 드러누워 버렸다. 그러고는 정말 고단했는지 코를 골기 시작했다. 나와 다춘은 아연실색했지만 심하게 골 때마다 조심스럽게 그녀를 흔들어 소리가 잠시 멈추게 하는 게 고작이었다. 그녀는 잠시 눈을 떴다가 다시 잠 속으로 빠져들었다. 그녀를 '여자애' 라고 불렀더니 화를 내며 자기는 아기 엄마임을 계속해서 강조했다. 속으로 기쁘면서도 짐짓 화를 내는 것이 그녀의 수련은 달인의 경지 에 오른 듯했다.

세 번째 유형 중에는 염탐하러 온 사람도 있었다. 다른 기공법을 수련했거나 중의中醫 출신이 그들인데, 대부분 도의道醫나 산중 체험 의 허실을 캐는 게 목적이었다. 공부가 목적이든 참고하려는 목적에 서든 적을 알고 대비하려는 태도는 나쁘다고 할 수 없다. 진정으로 경 험 삼아 온 사람들은 전혀 목적 없이 산에 놀러 왔다가 수련에 참가하 거나, 이곳이 괜찮다는 친구의 말에 한번 와본 사람들이다. 내가 처음 산에 들어간 것은 어릴 때부터 《봉신연의封神演義》를 읽어 신선에 대 한 호기심이 있던 차에 그곳에서 병을 고친 친구가 신선이 있다고 하 여 가본 것이다. 단순하기 짝이 없는 동기였다.

기공을 수련한 후 다른 사람은 육신과 영혼의 기 흐름을 조절하 는데 나처럼 우쭐대는 사람은 왜 늘 그 자리일까 생각하니 마음이 편 치 않았다. 그래서 이 기회에 공력을 강화하고 체험도 하기 위해 폐관 수련에 참가한 것이다.

첫날, 자세 바로잡기와 마음 다스리기

앞서 말했듯이 폐관 수련 때는 필기구나 종이를 지참할 수 없다. 그래서 매일 쪽지를 쓸 때 작은 종잇조각을 몰래 챙겨두었다가 휴식 시간에 간단한 핵심 단어만 적어놓고 나중에 회고할 때 사용하기로 했다. 그 종이쪽지들은 지금까지 보관하고 있다. 매일 날짜별로 당시의 느낌과 상황을 적어보겠다. 그러나 수련 과정이나 반응은 포함되지 않는다. 이는 개인의 수련 노트에 따로 기록해두었다. 전문용어가 너무 많아서 나중에 따로 정리해볼 작정이다.

첫날 저녁 6시에 정식으로 폐관 수련실에 들어가 수행을 시작했다. 나는 오후 2시에 도착했는데, 입구의 도형道兄이 수련 시 주의 사항을 자세히 읽어보라고 했다. 반드시 지켜야 할 규칙이나 계율이 잔뜩 적혀 있어서 기계적으로 한번 훑어보았다. 일정표를 받아들고 보니 기가 막혔다. 일주일간의 과정은 기본적으로 다음과 같았다.

오전 5시 10분 기상 – 정좌 1.5시간 – 조식 – 휴식 – 참장공(站椿功, 한 자세를 유지하여 움직이지 않으며 내공을 쌓기-역주) 1시간 – 도장의 녹음 말씀 듣기 1시간 – 정좌 1시간 – 중식 – 휴식 – 경전 문구 베끼기 1시간 – 정좌 1시간 – 참장공 1시간 – 석식 – 휴식 – 정좌 2시간 – 취침.

여기서 쓰는 전문용어들은 일상용어로 표현했다. 가령 취침은 극히 우아한 단어인 '지정止靜'으로, 기상은 문학적 표현인 '개정開靜'으로 부른다. 일정표를 보면 매일 평균 5회 총 7시간 반 동안 좌선을 하며, 참장공은 2회 총 2시간, 경전 문구 베끼기는 1시간을 한다. 그 나머지 시간은 식사, 휴식, 취침으로 되어 있다.

원래는 이런 곳에서 지루하지 않게 보내는 몇 가지 비법을 전수하려고 했으나 여의치 않게 되었다. 좌선이 7시간 반이나 된다는 말에 너무 기가 막힌 나는 탄식을 했다. 그런데 바로 옆에 있던 도형이 매몰 찬 한마디를 던졌다.

"포기하고 싶으면 지금이라도 늦지 않았습니다!"

그의 한마디에 나는 반발심을 은근히 드러냈다. 지금 생각하면 수련이 덜된 나의 인성이 부끄러워진다. 자기방어 의식이 강한 나는 사람들의 말에 쉽게 발끈하며 남이 나를 존중하지 않았다고 여긴다. 민감한 성격 덕분에 통찰력을 발휘할 때는 좋지만 빠른 감지로 인한 고통과 불필요한 반응을 불러오기도 한다. 폐관 수행을 끝내고 귀가 하는 날, 그 도형은 내 손을 잡고 다정하게 말을 건넸다. 그들은 내가 끝까지 버티리라 예상하지 못하고 이틀도 안 되서 집으로 돌아갈 줄 알았다고 한다. 지나치게 제멋대로인 데다 구멍이 여기저기 뚫린 내 옷차림은 영락없는 백수건달 같았다는 것이다. 겉모습만 보고 사람을 판단하는 것은 어디나 마찬가지인가 보다.

도가 선종仙宗의 폐관은 '재財, 법法, 여侶, 지地'가 갖춰져야 한다. 재는 폐관 시의 생활에 필요한 것이며, 법은 기공 수련 방법이다. 여 는 도려道侶로, 폐관 시 돌봐주는 사람을 말한다. 지는 신선이 사는 곳 으로, 폐관 수행하는 곳은 반드시 산과 물이 수려하며 영적인 기운이 있어야 한다. 이렇게 네 가지가 갖춰져야 수련의 성과를 올릴 수 있다. 또한 이 네 가지를 다 갖춰야 폐관을 실시할 수 있다. 도가의 법을 수 호하는(護法, 호법) 사형 몇 명은 내가 주의 사항을 다 읽자 가져온 짐을 검사하기 시작했다. 그들은 공항 검색대보다 더 엄격한 태도와 원시 적인 조작으로 하나하나 검사했다. 팬티부터 세면도구 가방의 구석까 지 일일이 만져보았으며, MP3와 지폐까지 모두 몰수하여 상자에 넣었다. 이렇게 하는 것은 밤중에 살짝 빠져나와 군것질을 할지도 모른다는 우려에서이며, 수행자는 아무것도 없이 깨끗한 몸으로 폐관에 임하며, 다른 생각을 하지 말라는 취지였다.

첫날 저녁의 감상은 길게 말하지 않겠다. 얼마나 힘들었는지는 앞에서도 이미 언급했으며, 나무 침상에 누웠을 때는 중고등학교 시절의 기숙사가 그렇게 그리울 수 없었다. 여섯 사람이 한 방을 쓰며 이층 침대를 썼지만 이곳에 비하면 5성급 호텔이었다. 규칙상 저녁 9시 반이면 잠을 자서인지 아침 5시 기상은 어렵지 않았다. 이런 생활 습관은 감히 생각지도 못했는데 이곳에 오니 그렇게 쉬울 수가 없었다.

수련의 구체적 상황을 한마디로 표현하면 '온몸이 쑤신다.'이다. 정좌를 할 때마다 새로 추가된 통증 부위가 도대체 어디인지 알 수 없었다. 정좌가 끝날 때마다 가엾은 동기들은 하나같이 고통스러워하면서도 신음소리를 내거나 고통을 호소할 수 없어서 이를 악물었다. 나도 예외가 아니었지만 다 같이 아프니 마음은 그래도 편했다.

이런 점은 교육센터에서 있었던 어떤 일을 연상시킨다. 홍색 성격의 한 강사가 있었다. 저녁 7시 비행기를 타야 했던 그녀는 비행기 시간을 놓칠까 봐 전전긍긍하고 있었다. 그때 그녀의 친구가 메시지를 보내왔다.

"오늘 정말 재수 없는 날이야. 우리 일행 네 명이 탈 비행기가 10시간이나 지연되고 있어. 게다가 언제 출발할지 모른다고 하네."

그 강사의 초조함은 금세 편안함으로 바뀌었다. 홍색 성격은 자신이 힘든 일을 당했을 때 자기보다 더 힘든 사람을 보면 고통이 줄어든다. 이른바 홍색의 고통 비교정률이다.

매일 개시(開示, 가르쳐서 인도함-역주)는 도장의 녹음으로 전해진다.

낭랑하게 울려 퍼지는 도장의 목소리는 욕심을 버린 탈속의 경지를 띠고 있다. 그분을 만나보지 않은 사람이라면 상상의 날개를 펴고 그 분을 숭상하는 이미지로 그려볼 수 있을 것이다. 첫날의 개시는 자세 바로잡기와 마음 다스리기, 호흡 가다듬기의 관계를 중점적으로 소개 했으며, 항문과 입의 관계를 강조하고 모든 맥은 이 두 곳과 통하는 데 서 시작된다는 점을 지적했다.

둘째 날, 경전 문구 베끼기의 즐거움

매일 오후의 경전 문구 베끼기는 흥미 측면에서 볼 때 폐관 과정 에서 가장 재미있는 일이었다. 다른 폐관 수련센터에는 이 프로그램 이 없는 것으로 알고 있다. 설사 있다고 해도 날마다 《태상노군상설청 정경太上老君常說淸淨經》을 베끼지는 않을 것이다. 경전 문구 베끼기만 큼 신기하고 재미있는 일은 없는 것 같다. 날마다 정좌와 장공하고 잠 자는 일 외에 아무것도 못하는 이곳에서 홍색 성격은 뭔가 재미있는 것을 찾아야 한다. 다른 행동이 금지된 상황에서 경전 문구 베끼기는 공개적으로 산책을 할 수 있으며 폐관 건물을 나올 수 있는 유일한 합 법적 경로였다.

경전 베끼기를 통해 느끼는 즐거움은 두 가지다. 첫째, 종이에다 글씨를 쓸 수 있어서 경전 문구 베끼기를 통해 글씨를 연습할 수 있다. 둘째, 경문을 암송하는 것으로 독서를 대신한다. 읽을거리가 없는 상 황에서 나는 식사 시간에 벽에 붙은 《황제내경》에 나오는 구절을 모 두 외워버렸다. 이를 다 외우고 나니 아침 수업에서 다룬 《태상노군상설청정경》을 외우기 시작했다. 대충 외우고 나니 하루 세 끼 식사 전에 외우는 감사 기도문까지 외웠다. 밥을 먹으면서는《태상노군상설청 정경》을 외웠다. 일주일이 지나고 나니 내용을 완전히 외우게 되었다.

어떻게 외울 생각을 했는지 대단하다고 하는 독자도 있을 것이 다. 외우게 된 동기가 두 가지 있었다. 하나, 내 성격에는 황색 성분이 있어서 시간 낭비하는 것이 싫다. 폐관 수련을 하면서도 규칙을 어기 지 않는 범위 내에서 그 효과를 극대화하고 싶었다. 둘, 나는 성격 중 홍색 성분으로 인해 나서기를 좋아하고 인정받고 싶어 한다. 모임에 나갔을 때 다른 사람은 이태리어로 셰익스피어를 암송하는데 나는 멍 하니 있는 자괴감을 면하고 싶었다. 내가《청정경淸淨經》을 멋들어지 게 외우면 사람들은 예상치 못한 나의 능력에 깜짝 놀랄 것이었다.

이런 나의 생각이 옳다고 주장하는 바는 아니다. 사실상 진정한 수행자의 눈에 내 행동은 어리석기 짝이 없는 행동이다. 눈을 마주치 지 못하게 함으로써 자기 내면을 들여다보게 했으며, 질문을 못하게 함으로써 터무니없는 생각으로 하는 질문이 무익하기 때문이다. 따라 서 본질적으로 나는 수련의 목적에 전혀 도달하지 못했으며, 겉으로 는 시간을 절약하는 듯 하지만 실제로는 시간을 낭비했다. 일주일간 의 수행을 통해 이익을 최대화하지 않았기 때문이다. 그렇다고 해도 나로서는 그 당시의 기록을 통해 내면의 진실을 들여다보는 효과가 있다.

외우는 과정에서《청정경》의 많은 부분에 끌려서 버릇처럼 입에 달게 되었다.

"사람의 정신은 맑음을 좋아하나 마음이 그것을 어지럽히고, 사 람의 마음은 고요함을 좋아하나 욕심이 이를 방해한다. 항상 욕심을 쫓아내고 마음을 고요히 할 수 있다면 탁한 마음은 맑게 걸러지고 정신도 스스로 맑아질 것이다."

"중생이 진정한 도를 얻지 못하는 것은 망령된 마음이 있기 때문이다. 망령된 마음이 있으면 그 정신을 놀라게 하고, 그 정신이 놀라면 만물에 집착하게 되며, 만물에 집착했다면 탐내는 욕심이 생기며, 탐내는 욕심이 생기면 이것이 곧 번뇌다. 번뇌와 망령된 생각은 몸과 마음을 괴롭힌다."

모두 도조道祖가 한 말이다. 엄격한 의미에서 볼 때 노군老君의 말은 녹색 성격과는 맞지 않는다. 알다시피 녹색 성격의 가장 큰 문제는 욕망이 없다는 것이다. 그들에게는 욕심을 버리는 것은 문제가 되지 않으며, 어떻게 하면 욕망을 가질 수 있는지가 더 큰 고민이다. 따라서 "사람은 늘 청정할 수 있으며 천지가 하나로 귀속된다."고 입으로만 강조하는 사람들은 절대 녹색 성격이 아니다. 그들은 이런 말로써 욕심을 버리라고 스스로 채찍질하는 것이다. 따라서 SNS의 프로필이나 상태 메시지에 도교나 불교의 말씀을 올려놓은 사람이 그 경지에 올랐다고 착각해서는 안 된다. 자신이 해내지 못한 일을 적어놓고 채찍질하기 위한 방편이니 이런 말에 속아서는 안 된다.

"그 누구도 내 자유를 향한 갈망을 막을 수 없다."라고 적어놓았다면 그 사람은 가장 자유롭지 못한 사람이다. "그만하자. 살고 싶지 않아."라는 말을 올려놓았다면 그의 생명력은 누구보다 왕성하다. 나의 한 미녀 친구는 "나의 모든 친구를 사랑한다."라고 써놓았다. 이론적으로 나는 그녀의 친구이니 나를 사랑해야 맞다. 그러나 나는 황색 성격의 그녀로부터 한 번도 사랑 비슷한 느낌을 받지 못했으니 말도 안 되는 이야기다.

산에서 내려온 후 "환경에 마음이 흔들리면 평범한 사람이요, 마음이 환경을 누르면 신선이라네."라는 상태 메시지를 일부러 올려놓았다. 몇몇 친구에게서 당장 연락이 왔다. 나의 평소 모습과는 다르다는 것이다. 하지만 친애하는 친구들이여. 이 세상 사람 대부분이 본 모습을 감추고 산다네. 나의 이런 메시지도 신선이 되겠다는 노력이 나타난 것이라네. 사실 날마다 환경에 마음이 흔들리는 나로서는 그 반대로 환경을 지배하고 싶었다.

셋째 날, 귀, 눈, 입을 막는 '삼계'의 엄격함

어젯밤에 잠을 제대로 못 자서 아침에 일어날 때 온몸이 쑤셨다. 새벽 수업 때 정좌를 시작한 지 20분 만에 하늘이 빙빙 돌면서 머리가 무거워졌다. 차멀미를 하는 것처럼 견디기가 어려웠다. 이것이 정상적인 반응이며 끝까지 견뎌야 한다고 자신을 타일렀다. 이런 암시를 할수록 어지러움은 심해졌다. 갑자기 내 몸에서 더는 버틸 수 없다는 목소리가 들려왔다. 이러다 '쿵!' 쓰러지면 다른 동기들의 수련을 방해한다. 이런 생각이 드니 더는 견딜 수 없어서 하는 수 없이 누웠다. 5분 후 고통이 서서히 사라지자 다시 좌선을 했다. 통증과 저리는 증상은 수공을 앞둔 5분 전까지 지속되었다. 수공을 한 후 나는 생각에 잠겼다. 음식을 너무 적게 섭취해서일까?

오늘 오전부터 단수가 되어 이만저만 불편한 게 아니었다. 저녁 식사가 제대로 공급되지 않았고, 한 사람당 생수 두 병과 바나나 한 개가 지급되었다. 폐관센터 개장 이래 처음 겪는 일이라고 했다. 역시 나는 이런 일에 당첨률이 높다.

단수의 원인은 이 지역에 많은 사람이 한꺼번에 몰려서라고 한다. 이 지역의 많은 도교 사원이 동시에 수많은 양생반을 개설했다. 수련하는 사람들과 그들과 함께 온 사람들로 모든 농가와 게스트하우스가 만원이었다. 수련에 따라온 사람들의 존재는 폐관이 끝날 때야 알았다.

상하이에서 온 춘위春雨는 남자 친구를 데리고 왔는데, 규정상 함께 지낼 수 없어서 하는 수 없이 농가의 게스트하우스에서 일주일을 지내기로 했다. 춘위가 있으니 남자 친구는 신선한 공기를 실컷 마시고 산속의 닭도 많이 잡아먹었을 것이다.

오전 수업에서 대사의 개시를 녹음으로 들었다. 지금은 남녀를 따로 분리할 환경이 되지 않으며, 모처럼 맞은 수련 기회를 소중히 여기라고 당부했다. 또 폐관 기간에 묵언수행의 중요성을 강조하고 귀, 눈, 입을 막는 삼계三界의 취지를 설명해주었다.

삼계 중 '금어'는 상당히 위력적이다. 금어 명령은 모든 폐관센터의 기본 규칙이다. 전국 각지의 폐관센터를 찾는 사람 중 홍색 성격이 가장 많을 것이다. 사람들이 폐관 체험으로 큰 수확을 얻었다고 말하는 이유는 무엇일까? 말을 못 하면 못 견디는 홍색 성격에게 묵언수행은 평소라면 상상할 수도 없는 '쾌거'다. 폐관 수련으로 수확이 크다고 말하는 것이 당연하다.

그러나 금어는 삼계 중의 하나이며, 눈을 막는 것도 있다. 구체적으로는 다른 사람과 눈을 마주치는 등의 모든 눈빛 접촉이 금지된다. 물론 대자연과의 교류는 금지하지 않았다. 가령 나는 매일 수탉과 암탉이 산책하는 모습과 농가의 검은 개가 누렁이의 몸에 엎드려 교배

하는 모습을 자세히 볼 수 있었다. 마당의 빨랫줄에 널린 촌스러운 여자의 스타킹과 남자의 팬티를 뚫어지게 쳐다봐도 변태라고 야단하는 사람이 없었다. 그런데 무엇 때문에 사람 간의 눈빛 접촉을 금지하는 걸까?

도사님에게서 개시가 없었으며 별도의 설명도 없었다. 첫날 신청받는 곳의 사형에게 그 이유를 물으니 얼굴에 노한 기색이 역력했다. 내가 쓸데없는 질문을 했다는 의미다. 나처럼 모범적인 학생이 어디 있다고 그러는지 모르겠다. 나는 수업 시간에 질문하는 학생을 가장 환영한다. 초중고 선생님들은 대체로 고분고분한 학생은 모범생이고 질문을 하는 학생은 문제라고 생각한다. 그러나 질문을 하지 않고 얌전한 학생들이 혁신과 변혁을 두려워한다는 사실은 간과되고 있다. 이는 도관의 문제에 그치지 않으며 세상만사가 다 마찬가지다. 그러나 아무것도 모르면서 남과 다르다는 것을 과시하려고 나서는 행동은 경계해야 한다. 이런 사람은 평가와 비판에만 열중하며, 다른 사람들은 수준이 낮고 자기 말은 모두 옳다고 생각한다.

호법 사형이 내 질문에 대답해주지 않았기 때문에 스스로 답을 찾아야 했다. 한참 궁리 끝에 정분이 싹트는 것을 막기 위한 조치라는 결론이 나왔다. 대화가 금지된 상황에서 남녀가 눈이 마주치면 정분이 싹틀 가능성이 커진다. 그렇게 되면 애써 수행한 것이 도로아미타불이 되어버리고 만다. 이를 방지하기 위해 아예 눈도 마주치지 못하게 한 것이나. 성분까지는 아니라도 눈빛이 스치는 순간 상대를 느낄 수 있다. 이곳에서는 인간으로서의 욕망을 버려야 하지만 동물이라면 허용된다. 최소한 대자연과 교류할 권리는 있으니까 말이다.

계율로 금지하지 않은 것은 '사물과 동물의 언어는 알아들을 수 없다.'는 가설이 있기 때문이다. 팬티는 소녀들처럼 "어머나! 부끄럽게 어딜 쳐다봐요?" 하지 않을 것이고, 개나 고양이는 눈을 빤히 바라보지 않을 것이다. 하지만 이런 가설에 기초한 계율은 생물학자들이 수정을 요구할 것이다. 동물의 언어를 알아듣는 사람들에게는 사람과의 눈빛 교류는 물론이고 동물도 쳐다볼 수 없게 금지하라고 말이다. 식물학자는 식물을 쳐다보지 못하게 할 것이며, 지질학자는 돌을 쳐다보지 못하게 할 것이며, 농학자는 농작물을 쳐다보지도 못하게 할 것이다.

이렇게 보니 도교의 폐관 계율은 밀종만큼 엄격하지는 않은 것 같다. 밀조密祖의 규정에 따르면 폐관은 시다림(屍陀林, 죽은 이를 위해 장례전에서 행하는 의식 및 묘지-역주), 동굴, 가장 높은 설산에서만 진행하게 되어 있다. 따라서 티베트 불교에서 정식으로 폐관을 수행하는 사람은 밀조의 이 규정을 준수한다.

밀종과 선종의 폐관이 약간 다르다는 것을 알 수 있다. 밀종의 폐관은 '백관白關', '홍관紅關', '흑관黑關'으로 나뉜다. 백관은 일반적인 폐관과 같이 빛을 볼 수 있으며, 홍관은 폐관실의 통풍은 가능하나 햇빛을 차단하여 실내에 등잔불 하나만 켤 수 있다. 흑관은 폐관실의 빛을 완전히 차단하여 밤과 낮의 구별이 없다. 이것이 진정한 폐관인 것이다.

눈빛의 교류를 금지하는 계율은 쉽게 적용할 수 있었다. 그런데 귀를 막는 계율은 좀처럼 적용되지 않았다. 솜으로 귀를 틀어막아도 바람에 초목이 흔들리는 소리는 여전히 들려왔다. 어느 날 저녁 폐관 센터 근처의 농가 게스트하우스에서 양생반 수강생들이 노래방 기계로 목청껏 노래를 불렀고, 그 소리는 고스란히 우리 귀에 들어왔다.

또 어느 날 들려오는 새벽닭 울음소리는 닭이 늦잠에서 깼거나 감기에 걸린 듯한 소리였다. 목쉰 닭 울음소리가 수련실 내부에 간헐적으로 울려 퍼졌다. 이런 다양한 공격은 시도 때도 없이 일어났다. 이 정도는 그래도 양반인 셈이었다. 가장 적응하기 어려운 것은 수련 도중 방안에서 갑자기 들려오는 말소리였다. 누가 감히 수련 도중에 말을 할 수 있단 말인가! 겨우 참고 있는데 잠시 후에 같은 사람의 목소리가 들렸다. 어떻게 제지하는 사람 하나 없을까? 설마 혼잣말을 하는 중인가? 잠시 후 그 소리가 또 들렸고, 나는 그를 제지하지 않는 호법 사형이 원망스러웠다. 그다음 날도 그 소리는 계속되었다.

일주일 내내 같은 상황이 일어났고, 여전히 아무도 제지하지 않았다. 폐관이 끝나는 날 그 목소리의 주인공을 찾았다. 몸이 좋지 않아서 수련의 반응이 트림으로 나타났던 것이다. 말소리라고 착각했던 것이 트림이었다니 생각할수록 기괴한 일이었다. 결국 완전한 묵언은 이곳에서 근본적으로 불가능했다. 밀종의 흑관에 관심이 더 가는 이유이기도 했다. 그렇다고 실행에 옮길 용기는 없었다. 지금 나의 담력으로는 상상하기도 어렵기에 훗날을 기약하기로 했다.

넷째 날, 행동에 감동하다

말하는 것이 금지되었기 때문에 전달 사항은 수련실에 걸린 화이트보드를 통해 이뤄졌다. 어제 저녁에는 A4 용지에 반듯한 글씨로 이렇게 적혀 있었다.

"수련생 여러분, 이곳에 처음으로 단수가 되었습니다. 여러분은 계율을 지키고 수련을 계속하시기 바랍니다. 우리는 최선을 다해 생활의 불편을 줄이고 여러분의 수련을 지원하겠습니다."

짧은 전달 사항이지만 그토록 힘든 환경에서 따뜻함이 느껴졌다. 오늘 저녁에는 화이트보드에 적힌 전달 사항이 이렇게 바뀌었다.

"수련생 여러분 물을 절약해주십시오. 양치질과 세수한 물은 화장실 물 내리는 데 사용합시다. 비록 샤워는 할 수 없지만 적룡교해(赤龍攪海, 혀끝을 앞니와 입술 안쪽에 대고 상하좌우로 움직여 침이 나오게 하는 방법-역주)와 기氣로 세면을 할 수 있지 않습니까?"

정말 도교다운 격려문이다.

녹음으로 들려주는 오늘 개시에서는 자주 묻는 질문에 대한 대답을 소개했다. 가령 수련할 때 몸을 앞으로 숙이거나 뒤로 젖힐 때 어떻게 하나? 어떻게 해야 수인할 때 기의 흐름을 체험할 수 있나? 수련할 때 트림이나 방귀가 나오는 것, 가려움과 두드러기 증상은 정상인가? 그중 둘은 이전에 질문이 나오지 않았는데 오늘 답을 얻었다.

첫째, 우리가 매일 섭취하는 음식의 양은 충분하다. 속세에서 먹던 양에 비하면 터무니없이 적지만 삼계의 계율만 지키면 에너지 소모가 적으며, 게다가 수련할 때 발생하는 에너지로 상쇄할 수 있다. 도사는 우리 눈이 에너지를 엄청나게 소비한다고 강조하면서도 눈이 소모하는 에너지에 대해 상세한 설명은 하지 않았다. 둘째, 몇 분이면 만 가지 생각을 하나로 모을 수 있다면 몇 시간을 하나로 모으는 것은 문제가 되지 않는다. 이러한 진보는 등속이 아닌 가속도가 붙는다. 빠른 성과를 원하는 나는 이 말에 알리바바의 주문이라도 손에 쥔 듯 기뻐했다. 목표를 설정할 때 2시간을 20분으로, 심지어 5분으로도 단축할 수 있다는 의미였다. 이 말은 간단한 목표, 최소한 신념적인 목표에는 쉽게 적용할 수 있을 것이었다.

지금 하고 있는 일을 예로 들어본다. 2006년 강사 교육을 시작한 후, 우리는 이틀간의 표준과정을 혼자서 완수할 수 있는 강사 교육을 목표로 했다. 그러나 이 기준을 맞추려면 상당한 공력과 시간이 필요했다. 올해부터는 직접 강사 교육을 폐지하고 강사 교육에 참가하는 사람은 연설가 교육을 받도록 했다. 이 연설가는 3시간의 강연을 혼자서 할 수 있어야 했다. 이 목표를 설정하면서 사람들이 달라졌다. 자신감이 강화되고 효율이 높아졌다. 정확한 선택인 것이다. 나는 이 방법을 선택할 때 사물의 본질을 명확히 보았다. 그러나 특정한 문제의 중심에 있을 때는 마치 수련할 때의 곤혹스러움처럼 여전히 혼란에 빠진다. 따라서 세상사를 통찰할 때는 지혜와 함께 고정된 사고방식에서 탈피해야 한다. 또한 우리는 멘토 제도를 들여왔다. 그들은 전방위적 능력은 필요하지는 않지만 최소한 특정 분야에서 우리보다 확실히 뛰어나다는 사실을 인정했다.

이틀이나 잠을 설쳤더니 오늘은 이를 피할 꾀가 생각났다. 밤에 수련실에서 구석을 찾아 바닥에 매트를 대고, 누운 상태에서 수행하는 수행공 수련을 하면 편안히 잠을 잘 수 있을 것 같았다. 취침 시간은 10시이므로 11시쯤 수련실에 몰래 들어가니 칠흑 같은 실내는 이상할 정도로 고요했다. 갑자기 내 자신에게 감동했다. 학창 시절 기말시험 기간에 모두 잠이 들면 몰래 일어나 손전등을 켜고 화장실에서 요점을 외웠던 기억이 났다. 다른 학생들보다 분초를 다퉈가며 공부를 하여 장차 조국의 미래를 짊어질 인재가 될 거라는 생각과 함께, 각고의 노력으로 공부하는 정신에 스스로 감동했었다.

그 후 어느 날 갑자기 매우 중요한 성격 규칙을 발견했다. 홍색 성격은 늘 스스로 대견해한다는 것이다. 그들은 많은 일을 할 때 다른 사람의 감동을 위해서가 아니라 스스로 감동하는 느낌을 즐기고 있었다. 자신이 대단하며, 역시 남다른 데가 있다고 생각한다. 이는 특히 홍색과 황색이 결합된 성격에서 많이 나타난다.

나는 조용히 구석을 찾아 누웠는데 1분도 되지 않아 불편한 느낌이 들었다. 더 편한 지점을 찾겠다는 일념으로 일어나서 계속 어둠 속을 더듬고 다녔다. 눈이 어둠에 조금씩 적응했고 불을 켰다가 들킬까 봐 창문으로 들어오는 희미한 달빛에 의지하여 벽을 따라 걸었다. 적당한 지점을 찾아 누우려고 하는 순간 소스라치게 놀랐다. 어둠 속에서 검은 그림자가 움직이고 있었던 것이다. 알고 보니 그 사람은 수련 중이었고 하마터면 그의 얼굴을 밟을 뻔했다. 가슴을 쓸어내리면서 한편으로는 풀이 죽었다. 이 세상에 열심히하는 사람은 나 말고도 많은데 나는 아무것도 아니라는 생각이 들었다. 그러니 남과 비교하면서 속상해하지 말고 자신과 비교하는 게 최선이다.

그 자리에서 몇 걸음 떨어진 곳에 자리를 잡고 누웠다. 머리에 온갖 잡념이 가득했다. 약 15분쯤 지나 누군가 나를 흔들었다. 자원봉사자 아가씨가 의혹의 눈으로 나를 보고 있었다. 말을 할 수 없었기 때문에 나는 주머니에서 미리 준비해온 종이쪽지를 꺼내 보여주었다. 잠을 잘 수가 없어 이곳에서 수련을 하고 있으니 눈감아 달라는 내용이었다. 그녀가 아무 말 없이 나가더니 잠시 후에 이불과 요를 가져와 내 옆에 놓고는 고개를 돌리고 가버렸다. 따뜻한 배려를 또 한 번 느꼈다.

얼핏 잠이 들었다가 추위가 느껴져서 깼다. 텅 빈 방안에 혼자 있다고 생각하니 한없이 처량한 생각이 들었다. 수련생들의 코 고는 소리도 잦아들었을 거라 생각하고 침실로 돌아갔다.

다섯째 날, 자기 자신과 사랑 나누기

오전에 장공 수련할 때 늘 겪는 문제가 나를 괴롭혔다. 아무 느낌도 오지 않고 아무것도 할 수 없이 기마 자세만 하고 있자니. 초조한 마음이 밖으로 표출되면서 화가 치밀어올랐다. 수련을 할 수 없을 바에는 그만 포기할까 하는 생각까지 들었다.

성격색채 자격증 강사 교육을 할 때 늘 기록의 중요성을 강조했던 기억이 났다. '수시로 기록하고 말하기'는 탁월한 강사 훈련의 기본 요소다. 대다수 홍색 성격 소유자들은 말하기에는 문제가 없는데 기록하는 습관을 기르기가 어렵다. 이런 어려움은 내가 장공을 수련하면서 느끼는 고통과 같을 것이다.

내가 어쩔 줄 몰라 끙끙대자 호법 사형이 다가와 자세를 교정해주었다. 손을 펴서 쭉 뻗으니 한결 나아졌다. 무엇보다 보살핌과 격려를 받고 나니 계속 버틸 힘이 생겼다. 이를 통해 내 자신이 얼마나 취약하며 얼마나 따뜻한 격려를 갈구하고 있는지 알 수 있었다.

도사의 개시가 끝난 후에도 시간이 많이 남았기에 요가의 고양이 자세로 엎드려 있었다. 30분이나 움직이지 않고 잠이 들기 직전에 정신을 차렸다. 그 결과 팔뚝의 어딘가에서 맥박이 심하게 뛰었다. 갑자기 신공 수련에 성공했다는 생각이 들었다. 무공의 귀재로 거듭났다며 몹시 기뻐했다. 나중에 이에 대해 질문을 했다.

"장시간 한 가지 동작을 취하고 움직이지 않으면 전수한 호흡법을 운용할 때 기의 흐름이 느껴지는지요? 조금 전에 30분간 움직이지 않았더니 팔뚝의 맥박이 심하게 뛰었습니다."

한 사형이 말했다.

"아마 우연일 겁니다. 시간이 너무 짧아요. 최소한 2시간을 해야 합니다. 고수들이라면 어떤 자세를 취해도 기의 움직임을 느낄 수 있습니다."

오늘은 녹음테이프로 들려주는 개시가 10분으로 짧다. 주제는 몸을 움직이지 않는 수련의 중요성이며, 몸을 움직이지 않아야 기가 형성된다는 것이다. 말하자면 이 세상에는 외부의 움직임과 내부의 움직임 두 가지가 있으며, 이는 지구의 공전과 자전에 비유할 수 있다. 우리는 날마다 밖으로 움직이므로 내부의 움직임을 체험할 기회가 없다. 외부와 상호작용을 하느라 내부와 대화를 나눌 기회가 없어지는 것이다. 따라서 몸의 움직임을 멈춰야 영혼이 활발해진다는 뜻이다. 이렇게 말해놓고 보니 지나치게 추상적이다. 나는 이를 좀 더 이해하기 쉽게 단순화시키기로 했다.

오르가즘이 성교를 통해 달성된다면 성 능력은 우리가 전진할 원동력을 준다. 성교를 하지 않거나 그 질이 좋지 않을 때, 자위를 함으로써 자기만족을 얻고 절정에 도달할 수 있지만 심리적으로는 상응하는 만족을 느낄 수 없다. 반면에 단순한 성적 환상으로도 심리적 쾌감을 얻을 수는 있지만 생리적 쾌감은 얻을 수 없다.

몸을 움직이지 않는 것은 외부적 신체 교감을 단절하기 위해서다. 이렇게 하면 성교는 생각할 수도 없다. 물론 몸을 움직이지 않는다는 건 스스로 몸을 만지지 않는 것까지 포함한다. 이렇게 하면 수음手淫에 대한 상념이 차단된다. 그러므로 이때 오르가즘에 오를 유일한 길은 죽은 물고기처럼 가만히 있으면서 성적 환상에 빠지는 것이다. 단, 이 순간에는 환상에 수반하는 하반신의 팽창감에 때문에 여러 사람과 있을 때 고통스러울 수 있다. 더 중요한 것은 환상에 따르는 쾌감을 표정 변화로 드러낼 수도 없다는 것이다. 그럴 거면 무엇 때문에 환상에 빠져야 하나?

이는 아주 오묘한 이치다. 다시 생각을 정리해보았다. 첫째, 외재적인 경로로 오르가즘을 얻을 수 없으니 자기가 스스로 절정을 느낄 수밖에 없다. 둘째, 스스로 상상하여 절정을 느끼는 일은 쓸데없는 짓이다. 그래서 포기하기로 했다. 셋째, 절정을 추구하기 위한 여러 가지 노력이 모두 억제되기 때문에 새로운 절정 체험을 재구축하게 되며, 이러한 새로운 절정 체험이 곧 '평정'이다.

"큰 소리는 들리지 않으며, 큰 형상은 모양이 없다. 큰 지혜는 어리석어 보이며 큰 기교는 서툴게 보인다."는《도덕경》의 기본 원리에 따라 진정 최고의 경지에 오르면 오히려 반대로 보인다. 사정의 순간 쾌감을 추구한다면 이러한 쾌감보다 더 높은 경지의 형태로 갈 수 있다. 이 형태가 곧 평정이다.

그러므로 몸을 움직이지 않는 것은 외부로부터의 자극을 강제로 차단하고 자기 스스로 즐겁게 하는 능력을 키워준다. 환상으로도 어쩔 수 없음을 발견할 때 '만념귀일萬念歸一'에 들 수밖에 없다. 평정에 이른 후 유례없는 절정 체험이 오기 때문이다. 이는 수련 중 더 높은 경지의 절정으로 보인다.

누군가 결례를 무릅쓰고 선배 도장에게 "성생활은 한 적이 있느냐? 성생활을 못하면 어떻게 생활하는가?" 하고 질문했다. 도장은 종잡을 수 없는 대답을 했는데, 중생들이 누리는 것은 모두 저급한 절정이며, 자기는 날마다 자신과의 밀월을 즐기며 수시로 높은 경지의 절정을 경험한다고 했다.

얼마나 근사한 일인가? 오랫동안 성을 억압받는 사람들, 더 높은 절정을 경험하고 싶은 사람들에게 도교에서 내세우는 정좌와 각종 수련법은 실전의 루트를 제공해준다. 그래서인지 수련에 참가하는 사람들이 점점 많아진다. 게다가 대부분 홍색 성격이다. 성격색채 이론에 따르면 홍색 성격은 내면 깊은 곳에 체험과 시도를 동경하며, 새로운 사물을 쉽게 받아들이고, 쉽게 믿는다는 특징이 있다.

따라서 폐관에 관한 글을 보면서 마음이 동한다면 당신도 홍색 성격일 확률이 높다. 그러나 대다수 홍색 성격 사람들은 자기가 무엇을 원하는지 모르며, 이는 그들 자신에게 많은 문제를 일으킨다.

여섯째 날, 사람에 따라 수련법이 다르다

어젯밤에 거의 잠을 자지 못했다. 취침 전에 같은 방의 다춘이 화가 잔뜩 난 얼굴로 침상에 앉아 있었다. 누구랑 다툰 줄 알고 쪽지로 물어보았고, 쪽지가 세 번 오간 끝에 그 이유를 알았다. 다춘은 6일째 샤워를 못해서 힘들었다. 근처 농가에 가서 몸을 씻으려고 했으나 그곳도 상황은 마찬가지였다. 결국 아무 성과도 없이 돌아와서 화만 내고 있었던 것이다. 나도 온몸에서 냄새가 나서 견디기 힘들었다. "공든 탑을 무너뜨릴 수는 없으니 하루만 더 참아." 그에게 위로의 쪽지를 보냈다. 모든 과정이 얼굴을 마주보지 않고 고개를 숙인 채 진행되었다.

그제부터 얼굴 중앙에 무거운 것이 짓누르는 기분이 들었다. 중학교 때 친구들의 눈과 눈 사이 코뼈를 손가락으로 눌러 괴롭히던 장난이 생각났다. 마음에 안 드는 친구가 있으면 남학생 4명이 이런 짓을 했다. 상처를 남기지 않으면서 견디기 힘든 고통을 준다. 발바닥 간질이기보다 더 악랄한 장난이다. 이는 '겉은 멀쩡하지만 심장이 파열되는 최심장催心掌'을 배우기 전에 늘 연습하던 변칙적인 무공의 일종이다. 당시 못된 장난을 많이 하여 지금 이렇게 대가를 치르는 것이 아닌가 싶다. 코의 뿌리 부분만 아니라 얼굴 전체가 무거운 압박감으로 괴로웠다. 눈을 감아도 사라지지 않았다.

늦은 밤에 옆방에서 장젠의 이불을 슬쩍 가져왔다. 장은 넷째 날 여자 친구가 병원에 입원했다는 연락을 받고 급히 돌아감으로써 3일 만에 수행을 중단했다. 진정한 수행을 하려면 독해져야 한다. 무협 소설 속 무림 고수가 어머니의 죽음을 전해 듣고도 출관하지 않는 것처럼 말이다. 당신이 어디에서 폐관을 수행하는지 아무도 모르면 연락을 할 수도 없을 것이다. 장젠의 이불을 침상에 깔았더니 이제야 정신이 나는 것 같았다. 처음 며칠은 추위에 떨면서도 정신력으로 버틸 수 있었다. 어제 잠을 못잔 데다 보이지 않는 기가 나를 압도하여 꼼짝할 수 없게 하니 심리적으로 안정되지 않았던 것이다. 이부자리를 따뜻하게 하니 훨씬 마음이 안정되었다.

언제부턴지 화장실 악취가 맡아지지 않고 건물도 더는 형편없게 느껴지지 않았다. 모든 것에 이미 적응이 된 것이다. 습관이란 무서운 것이다. 내일은 끝난다고 생각하니 곧 작별할 것들을 유심히 살펴보게 되었다. 다음에 언제 다시 올지 몰랐기 때문이다.

첫째 날에는 느끼지 못한 상념들이었다. 시작할 때는 없던 것들이 끝을 앞두고 비로소 나타난다. 실연한 남녀가 처음에는 "나를 버리면 넌 반드시 후회할 거야!" 하며 악담을 퍼붓다가도 어느새 "너를 잃고 나서야 소중함을 알게 되었어."라며 울먹이는 모습이 연상된다.

떠나기 전 얼룩투성이 벽을 바라보며 '홍색과 황색이 결합된 성격'은 한 번쯤 폐관을 해봐야 한다고 생각했다. 단 절대로 아는 사람과 같이는 오지 말고 혼자 와야 한다. 다춘과 나는 한 번 만난 게 전부인데 서로 연락을 주고받느라 여념이 없었는데 아는 사람과 오면 어떻게 되겠는가? 내가 이런 체험을 주최한다면 흑관을 할 것이다. 모든 사람이 들어올 때 마스크를 쓰는 것이다. 네 가지 색깔의 마스크가 준비되며, 사람들은 자기 성격에 맞는 마스크를 배정받을 것이다.

폐관 일정도 성격에 따라 넷으로 구분한다. 가령 홍색 성격의 참가자는 강압적으로 하루에 12시간을 앉아 있게 할 것이다. 문을 잠근 방 하나에 한 사람씩 집어넣고 어떻게 생활하는지 관찰한다. 녹색은 마음을 안정시킬 필요가 없는 사람들이다. 폐관의 취지는 그들의 적극성과 자신감, 욕망을 강화하는 데 있다. 따라서 방법은 다른 사람과 정반대의 수행을 하는 것이다. 산속의 방법대로 하면 녹색 성격은 투지를 더 잃어버릴 것이다. 황색 성격에게는 마음을 꿰뚫는 수련법을 운용하여 사람의 느낌과 자기 영혼에 대한 탐색을 수련하게 할 것이다. 남색은 내재화한 역량이 이미 강력하지만 자기 내면에서 빠져나오는 방법을 모른다. 따라서 기존의 모든 수련과 폐관은 그들에게 전혀 소용이 없다.

구체적인 방법은 비밀이다. 그동안의 경험을 통해 행동으로 옮기기 전에는 떠들지 않는 것이 좋다는 교훈을 얻었다. 모든 것은 사실로써 말해야 한다. 언젠가는 반드시 해낼 것이다.

일주일째 되는 날, 18년의 공이 허사로 돌아가다

이 일주일은 열여섯 살에 사회에 진출한 이후, 처음으로 연속하여 휴식하고 잠을 많이 잔 기간이다. 식사, 멍하니 있기, 취침의 모든 면에서 한 마리 '돼지'가 되는 즐거운 날을 보냈다. 유일한 차이는 진짜 돼지는 무의식적으로 휴식하는데 나의 모든 수련은 의식적인 휴식이라는 데 있었다.

오늘 아침에 일어나 세수와 양치를 할 때는 건너편이 신경 쓰이지 않았다. 나는 굳은살이 박인 거친 손으로 뺨을 자꾸만 문질렀다. 마치 내 얼굴이 아닌 것처럼 느껴졌다. 매끄럽고 부드러운 피부를 가진, 오랫동안 컴퓨터 앞에서 일하는 사람들이 보기에는 사치스러운 환상이다. 이 모든 것은 가능성 있는 현실이 되었다. 그러나 원래 있던 곳으로 돌아가고 수련을 계속하지 않으면 물거품이 되리라는 걸 안다.

오전의 첫 번째 장공에서 기의 흐름을 느끼지 못했다. 많은 수련생이 기의 흐름을 느끼고 저마다 동작을 하는 모습을 지켜보았다. 손발을 움직이는 사람, 춤을 추는 사람, 그 자리에서 문 워킹moon walking을 하는 사람, 온몸을 떨며 금방 침이라도 흘릴 것 같은 사람 등 다양했다. 그들이 이상한 게 아니라 내게 문제가 있다는 생각이 들었다. 그래서 기마 자세를 연습하기로 했다. 그렇게 하면 아픈 무릎을 단련하는 데 좋을 거라는 판단이 들었기 때문이다. 일주일 동안 매일 시간을 지켜 오전 장공을 마친 후에 대변을 보면 신기하게도 용변을 잘 볼 수 있었다. 다행히 무릎 상태도 견딜만하여 모든 것이 순탄했다.

도사님은 오전에 진행된 마지막 개시에서 장공이 축기법의 핵심이자 기를 보하고 병을 치료하는 유일한 방법이며, 몸을 다스리는 방식임을 다시 한 번 강조했다. 계속 수련을 하다 보면 정공이 더 중요해지며, 성을 다스리는 중요한 도구가 된다고 한다. 이러한 이론 체계는 성격색채학의 '지행합일知行合一' 중 주요 뼈대를 떠올리게 한다. '지知'는 통견洞見과 통찰洞察이며, '행行'은 영향과 수련을 가리킨다.

특별히 중요한 문제는 없었다. 기능의 용도가 다르니 언제라도 교차하여 사용하면 된다. 오후 들어 마지막 경문 베끼기를 끝낸 후 수료식이 거행되었다. 말을 할 수 있게 된 사람들은 신나서 어쩔 줄 몰랐다. 이 과정은 앞에서 이미 소개했다. 그 후 물품을 돌려주었다. 각자 시주를 한 후 자기가 베낀 경문을 품고 관내의 가장 높은 전당으로 가서 법사法事를 행했다. 이날 오후에 비가 내렸지만 사람들은 개의치 않고 재잘거렸다. 그러나 얼후二胡와 운판雲板이 울리자 천존법상天尊法象 앞에서 모두 조용히 했다. 이러한 종교 본연의 엄숙한 분위기는 경이롭다.

저녁 식사를 하면서 수련생들과 폐관에 관한 소감을 나눴다. 일주일간 함께 지내면서 대화는 없었지만 저마다 느낀 바가 있었을 것이다. 서로 부딪치는 과정은 모든 사람에게 유익한 교훈과 상상의 풍부함을 더해주었다. 수련생 30명중 4명이 퇴소하더니 나중에 5명이 더 빠지고 21명만이 끝까지 남았다. 우리는 3시간 반 동안 대화를 나눴다. 그중 암 말기 환자는 자신의 투병기를 소개했으며, 단식 체험을 했던 수련생은 단식과 폐관의 차이를 설명해주었다. 그중 많은 부분은 앞에서 이미 소개한 바 있다.

중국 불교에서 폐관은 선종에서 성행한다. 그러나 선종 폐관은 현대 불교도의 폐관과 약간 다르다. 바쁜 중에도 시간을 내서 일주일 또는 더 긴 기간의 폐관을 수행한다. 이러한 폐관 기간은 형식적인 것이다. 수행의 공덕에는 오랜 시간이 필요하기 때문이다. 평소 기를 보해놓지 않으면 폐관의 효과는 제한적이다. 따라서 불교에서는 이렇게 말한다.

"본참(本參, 입문 과정인 초관初關을 지칭한다-역주)을 돌파하지 못하면 산으로 들어가지 말고 중관重關에 도달 못하면 폐관하지 말라."

본참을 돌파하고 육식(六識, 눈·귀·코·혀·몸·마음의 의식-역주)을 전환한 후, 다시는 범부와 같은 망상은 하지 않아야 입산 수행에 적합하다는 이야기다. 다른 종교와는 달리 도교에 양생 기능이 더 많기 때문에 이번 폐관에 참가하는 수련생들은 기초가 각자 달랐다. 한 수련생은 일주일 내내 허리를 구부정하게 굽히고 좌선을 했다고 한다. 틀림없이 무엇을 하는지도 모르고 온 사람이었다. 한술 더 뜨는 사람도 있다. 그는 일주일간의 폐관이 끝나자 18년 동안 쌓은 공력이 물거품으로 돌아갔다고 대성통곡을 했다. 이 젊은이는 열 살 때 길거리 좌판에서 무림 비적秘籍 한 권을 사서 날마다 수련을 했다. 그런데 18년 동안 수련이 끝날 때 하는 수공收功을 하지 않았다고 했다. 다시 말해 18년 동안 씨를 뿌리고 수확은 하지 않았다. 결국 18년 동안 헛수고를 했다고 운 것이다. 그 이야기를 듣던 사람들은 입안의 밥을 뱉어낼 뻔했다. 폐관 과정에 관한 이야기는 여기서 마치겠다.

폐관을 고려하는 사람들에게 들려주고 싶은 말

일주일간의 폐관에 관해 3만 자의 분량을 할애하는 나를 보고 내 친구가 자극을 받은 모양이라고 했다. 나는 성격상 자극과는 무관하며,

그저 감지 신경이 예민하고 꿈을 좋아하기 때문이라고 대답해주었다.

건강을 증진할 수 있다는 것이 폐관의 강점이다. 도교는 양생에 강하기 때문에 이를 잘 운용하고 끈기 있게 계속하면 반드시 효과를 볼 수 있다. 사람들이 이를 계속하지 못하기 때문에 환경이 필요하다. 폐관은 수련생들 간에 독려하는 분위기이기 때문에 일주일간 강압적으로 기본적인 습관을 기를 수 있다. 그러나 나는 다음에 간다면 1개월 이상 하고 싶다. 하산한 후에 생활 습관이 전보다 나아졌으며 느끼는 것도 많다. 이는 일주일간 전에 없던 체험을 했기 때문이다.

물론 나는 큰 병이 없기 때문에 절실함은 덜했던 것 같다. 성격색채 수업에서 강조했듯이 사람들의 행동을 변화시키는 동기는 '이익을 추구하고 손해를 피하는 것' 두 가지가 있다. 심한 고통이 있거나 이익을 얻을 수 있을 때 사람들의 행동은 변한다.

심리 문제와 관련해서는 도교 외에 불가의 각 종파에 더 많은 사람이 몰린다. 사람들은 자기 성찰과 마음의 평정을 얻기 위해 폐관 체험에 참가한다. 솔직히 말해 자기 성찰 문제에 있어 성격색채의 '통견'보다 빠르고 간편하며 연속적이고 직관적인 효과를 내는 것이 없는 것 같다. '통견'을 통해 내면 깊은 곳을 꿰뚫어볼 수 있다. 마음의 평정을 얻는 문제와 관련, 수련을 목적으로 참가하는 사람이 많지만 자기 문제가 무엇인지도 모르고 수련만 해서는 효과를 보지 못한다.

사람들은 자신에게 문제가 있음은 안다. 가령 대인관계가 좋지 않거나 심리적으로 우울하다는 식으로 말이다. 그러나 그 문제가 왜 발생하며, 자신에게 필요한 것이 무엇이며, 왜 우울한지는 거의 모른다. 이런 사람들의 특징은 자기 문제를 이미 파악했다고 주장한다는 점이다. 그리고 스스로 이렇게 진단한다.

'나는 너그럽지 않고, 욕망이 너무 많고, 마음이 어지럽고, 내려놓을 줄 모르고…'

그들은 그래서 수련이 필요하다고 말한다. 그리고 수련이 끝나면 문제가 다 해결되었다고 생각한다. 그들은 마음을 수련했다고 착각하지만 알고 보면 자신의 마음 깊은 곳에 있는 의혹을 누르고 있을 뿐이다. 이 모습은 마치 실연의 상처를 입고 '사랑을 하고 큰 상처를 입었으니 치료해야 해. 다시는 상처입지 않겠어.'라며 속세와 인연을 끊으려는 사람 같다. 반면 어떤 사람들은 이런 반응을 보인다.

'왜 내가 상처를 받아야 하지? 모든 잘못이 상대에만 있을까? 내게도 문제가 있지 않을까? 당시 그런 선택을 하지 않을 수는 없었을까? 아니면 함께 있을 때 내 방법이 틀렸을지도 몰라.'

이 말은 시련을 당해 속세와 인연을 끊고 출가를 고려하는 사람들에게 하는 말이다. 다시는 그런 꿈을 꾸지 말기 바란다. 자신을 기만해서는 안 된다. 이는 도피일 뿐이다. 당신은 고급 외투로 귀와 입을 막고 있으며 현실과 맞설 용기가 없다. 충분한 '통견'을 했다면 자신에게 적합한 수련 방식을 선택할 수 있다.

시중에는 수련 서적이 많이 나와 있으며 수련법도 많다. 무엇보다 '나는 누구인가'를 알아야 한다. 폐관 체험을 싶다면 이 글을 여행기 삼아 읽어봐도 무방하다. 그리고 마음의 준비가 되었을 때는 언제든지 떠나도 좋다.

16장

신선은 되지 않았지만,
디톡스로 다이어트를 하다

단식

2009년 폐관을 수료한 날, 나는 자신 있게 다짐했다. 해마다 폐관에 참가할 것이며, 해마다 기간을 늘릴 것이라고. 그래서 한번 들어가면 6개월은 수련을 지속할 거라고. 어느 날 '불사인법不死印法'과 '검심통명劍心通明' 같은 신공을 연마한 후에는 더 긴 수련을 시작할 것이라고 말이다. 나의 잠재의식 속에는 '폐관'이 절세 고수들이나 하는 멋진 행위라는 생각이 있다. 그래서 그들이 하는 일을 나라고 못할 바 없으며, 나의 무공이 그들보다 높다고 생각한다. 하하하! 애석하게도 그것은 말일 뿐이며, 그날 폐관에서 돌아온 이후 나는 다시 갈 기회를 갖지 못했다.

솔직히 말해서 폐관의 단맛을 한 번 본 사람은 자신이 대견스럽다. 이는 폐관 기간의 길고 짧음과는 관계가 없으며, 자기반성 여부와도 관계가 없다. 스스로 세상과 떨어져 있을 환경을 마련하여 외부의

310

힘에 기대지 않고 스스로 해냈다는 점이 중요하다. 이를 계기로 하늘이 부여한 자신의 보물을 찾아가고픈 욕구가 생긴다. 이런 환경이 없었다면 늘 핑계를 댔을 것이다. 물론 자신을 통제할 수 있어서 언제라도 외부와 단절을 할 수 있는 사람은 예외로 한다.

산에서 '기문둔갑奇門遁甲'을 논하는 사람들과 이야기하다 보니 많은 사람에게 벽곡 경험이 있다는 걸 알고 몹시 부러웠다. 내가 관심을 보이자 누가 강제로 옆에서 감시하지 않으면 끝까지 버티기 어려울 거라고 미리 겁을 주었다. 정말 마음이 있으면 먼저 단식부터 시작해보라고 했다. 하지만 어차피 할 거라면 단식보다는 정통 수련법인 벽곡을 하고 싶었다. 그러나 출장이 잦으며 각종 회식자리도 많은 나로서는 같이 있는 사람들의 흥을 깰 수가 없었다. 그래서 생각만 하다가 흐지부지 되어버렸다.

2012년 연말부터 과도한 업무 부담으로 말미암아 나는 1999년 톈진 시절 이후 두 번째로 힘든 시기를 보내고 있었다. 그러자 이번에는 몸이 주인인 내게 반격을 가하기 시작했다. 은행에 근무하던 1991년, 날마다 창구에서 출장비를 인출해가던 한 회사원을 보고 그 생활을 동경했다. 1994년 야팡으로 옮기면서 잦은 출장을 원하던 나의 꿈은 이루어졌다. 그리고 21년이 지난 요즘 나는 날마다 출장을 다니고 있다.

2012년 12월 상하이에서 진행된 성격쇄채 강사반 교육에서 마지막 이틀은 내가 메인 강의를 맡았다. 아침부터 저녁까지 9시간씩 강의를 마치고 나니 견디기 힘들 정도로 피곤했다. 그러나 곧바로 베이징으로 날아가 3일간 6회분 방송을 녹화했다. 그때는 이미 혈담이 나오고 목이 쉬어 있었다. 그러나 이는 악몽의 시작에 불과했다. 곧이어

12일간 11개 도시를 돌면서 12회의 강연을 하고, 시드니까지 날아가 강연을 계속했다. 절반쯤 지났을 때 목구멍에서 피가 나왔다. 시드니에서 돌아와 후난湖南 대학에서 마지막 회차 강연을 할 때는 통증 때문에 정신이 없을 정도였다.

날마다 비행기를 타고 다니며 강의하는 게 내 꿈이었지만 지금은 비행기 소리만 들어도 진땀이 난다.

담당자에게 수업을 조정해달라고 하였더니 강연 일정을 빠듯하게 잡은 사람은 나였다고 따졌다. 나는 너무 지쳐서 계속하다가는 다음 달부터는 나를 다시 볼 수 없을 거라고 말했다. 고객에게 배상금을 두 배 지급하고라도 강의를 취소할 수 있느냐고 묻자, 매니저 에이미가 부드러운 목소리로 조근조근 이야기를 했다.

어떤 강연은 6,000명의 표가 이미 매진되었다. 다른 행사는 1년 전부터 선금을 지급하였으며, 유럽의 대리점과 유통 업체들이 모두 출석하기로 되어 있다. 몇몇 대표들은 외국에서 휴가를 내서 참석할 것이다. 글로벌 부총재는 피지섬에서 와서 개막 연설을 하기로 되어 있다. 자선 강연도 있는데 약속해놓고 가지 않으면 주최 측에 미안하고 언론 미디어는 보도하러 왔다가 헛걸음을 할 것이다. 그러니 알아서 하라. 이런 식이었다. 아무리 궁리를 해봐도 내가 쓰러져 죽었다면 모를까, 한 건도 취소할 수 없는 상황이었다. 결국 모든 비난을 무릅쓸 각오를 하고 독하게 선언했다. "6개월간 휴강!" 우 형이 몇 년 전 해주었던 경고가 적중하는 순간이었다.

"그렇게 몸을 혹사하면 최종적으로는 얻는 것보다 잃는 게 많을 거야. 당신은 시간을 절약한다고 생각하겠지만 결국 몇 배의 시간을 낭비하는 일로 대가를 치러야 해."

2013년 2월 아침에 일어나보니 왼쪽 집게손가락 전체가 저렸다. 며칠 후에는 손가락 2개로 확대되었다. 이때는 몇 권의 책을 완성하느라 급해서 그냥 지나갔다. 6개월쯤 지나 왼쪽 팔뚝 전체가 저렸다. 그제야 피를 뽑고 과사(刮痧, 동전이나 숟가락 등에 기름을 묻혀 환자의 목·가슴·등 따위를 긁어서 몸 안의 염증을 없애는 치료법-역주)와 경락 뚫기를 했으며, 핵자기공명영상과 CT를 촬영했다. 그 결과 장기간 책상 앞에 앉아 있어서 경추에 문제가 생겼으며, 운동하다 대각선 근육이 찢어졌으니 당장 치료해야 한다는 진단이 나왔다. 그래서 접골 의사에게 침을 맞고 마사지를 받았으며 매일 물리치료를 위한 요가를 병행했다. 이렇게 한 달이 지나자 거짓말처럼 증상이 없어졌다. 요가의 위력을 느끼는 순간이었다. 그다음 날부터 매일 6시간씩 컴퓨터 작업을 재개했다. 하루 1시간 이상 컴퓨터를 하지 말라는 의사의 경고는 완전히 망각한 것이다. 아쉬울 때는 의사를 찾고 조금 나아지니 득의양양해졌다. 그러나 그것도 잠시, 세 번째 재앙이 더 강하게 내 몸을 덮쳤다.

2013년 5월, 생일이 지난 지 며칠 후의 일이다. 나는 5월 21일 국가행정학원 대강당에서 2013년 첫 강연을 했다. 강연을 마치고 나서 뒷목 부위가 조금 불편했으나 신경 쓰지 않았다. 이튿날 오후 중국 중앙방송의 녹화가 있었는데 메이크업 하는 분이 소스라치게 놀랐다.

"어기 이게 뭐죠?"

거울을 비춰보니 후두부에서 턱선을 따라 귀밑까지 두드러기와 비슷한 발적이 여덟 개나 나 있었다. 다들 몰려와서 한마디씩 걱정을 했다. 나는 별로 통증이 없는데 다른 사람들이 더 놀라서 호들갑이었다. 그중 누군가 사진을 찍어서 의사 친구에게 보내기도 하며 갖가지 추측을 내놓았다. 이튿날 아침 병원을 찾았다. 발적은 이미 12개로 늘어났으며 면적이 더 넓어지고 색깔이 더욱 진해졌다. 그 위에는 작은 수포가 모여 있었다. 진단 결과는 악명 높은 대상포진이었다.

대상포진에 걸리면 온몸의 면역력이 최저 수준으로 떨어진다. 게다가 발적이 허리를 한 바퀴 돌면 생명이 위험하다는 말을 들은 터였다. 확진을 받은 날부터 신경의 통증이 계속되었다. 밤에 취침할 때는 모로 누울 수도, 똑바로 누울 수도 없어서 숫자를 세고 있어야 했다. 그동안 어떤 통증도 견디며 병원을 멀리하던 나였다. 사실은 검진 결과 심각한 병이라도 발견되면 시간 들여 치료하느니 의지력으로 이겨내겠다는 마음이었다. 그런데 막상 병이 발견되니 그런 생각은 자기기만에 불과했다. 치료 효과를 배가하기 위해 의사는 디톡스 요법을 써보자고 했다.

디톡스 요법의 핵심은 장을 비워서 독소를 배출하는 것이다. 의사는 원래 20년간 서양의학에 종사했는데 나중에 중의로 전공을 바꿔서 명의를 찾아다니며 중의학 의술을 공부했다고 한다. 고룡古龍 작품에 나오는 백효생百曉生처럼 묻지 않아도 모든 것을 알고 있었다. 나는 벽곡을 시도하겠다고 말했다. "고기를 먹는 자는 용감하고 곡식을 먹는 자는 지혜로우며 기공을 하는 자는 장수하며, 아무것도 먹지 않으면 죽지 않고 신이 되는" 경지에 오르고 싶었다. 의사는 지금은 허약하니 주스만 마시는 단식부터 시작하라고 권했다. 일단 2주 정도 해보겠다고 하자 의사는 담담하게 말했다.

"1주일만 할 수 있어도 잘하는 겁니다."

오랫동안 동경해오던 단식은 이렇게 생각지도 못한 상황에서 시작하게 되었다.

단식이 처음인 나는 처음부터 물만 마시는 방법은 무리이기 때문에 주스를 만들어 마시기로 했다. 대상포진의 치료를 위해 의사는 당근, 토마토, 사과만 허용했다. 그 비율이나 혼합 여부, 단독으로 한 가지만 먹는 것도 자유롭게 선택할 수 있었다. 회수도 제한하지 않아서 배고프면 아무 때나 마시면 된다고 했다. 나는 의사의 말에 따르기로 했다. 뒷목의 통증은 여전했으나 신이 나서 성능 좋아 보이는 고급 믹서기를 샀다. 슈퍼마켓에 들러 당근 4개, 토마토 2개, 사과 3개를 정성껏 골랐다. 그리고 이제 좋은 날이 곧 올 거라고 중얼거렸다.

첫날은 신선한 맛을 느낄 수 있었으나 이틀째부터는 하루 세 끼 주스만 먹으니 배고픔이 몰려왔다. 그래서 모든 가능성의 조합을 시도해보았다. 한 가지씩 각각 넣고 주스를 만드는 외에도 당근+토마토, 당근+사과, 토마토+사과의 조합을 돌아가면서 해보았다. 마지막 한 가지는 세 가지를 다 넣는 조합이었다. 재료의 양을 제외하면 주스는 일곱 종류를 넘지 않았고, 이틀이 지나니 모든 배합법이 동이 났다.

아직은 괜찮았다. 과정을 더 즐기기 위해 비율에 변화를 시도했다. 가령 아침에는 '당근 2개+토마토 1개'의 비율로, 점심 때는 '당근 1개+토마토 2개' 하는 식이었다. 이렇게 하니 좀 더 다양해졌다. 당근은 딱딱하여 잘 갈리지 않았고 토마토는 부드러워서 믹서를 사용할 필요가 없었다. 따라서 토마토를 바닥에 깔고 그 위를 다진 당근으로 덮었다. 배가 고파 견디기 힘들 때는 믹서기가 돌아가는 과정을 노려보았다. 그리고 내 자신을 위로했다.

'먹는 욕망에 사로잡힌 다른 사람들과는 달리 나는 마음을 다스려 욕심을 줄이고 있는 거야.'

이런 식의 자기승리 요법은 마음이 어지러울 때 상당히 효과가 있었다.

넷째 날까지 마시고 나니 뱃속은 거의 비었으며, 주스 마시는 게 지겨워졌다. 움직이기도 싫었다. 뭔가 집중할 일을 찾아서 하나씩 해치웠다. 가령 지난 노트를 정리하다 보면 시간이 빨리 흘렀다. 이때쯤에는 대상포진 독성의 표출 증상도 많이 호전되었다. 그러나 남은 독성이 여전히 강력해서 잠복해 있다가 기회만 되면 재발할 것이었다. 중의학 이론에 따르면 내 몸은 오랫동안 강의를 하면서 스트레스와 피로가 누적되었고, 이로 인해 가슴 윗부분에는 양독陽毒이, 배꼽 아랫부분에는 음독陰毒이 쌓여 있고, 윗배 부분에서는 음이 허하고 양이 항진되었다고 한다. 게다가 강의할 때 기 소모가 심해서 정신력으로 몸을 보호하더라도 기가 모이지 않는다. 생명에는 지장이 없지만 그냥두면 언젠가 쓰러질 수도 있다는 것이다.

엿새째가 되자 둘째 날을 제외하고 가장 힘들었다. 두 눈에 음식이 어른거렸다. 단식을 일주일만 해도 충분하다고 한 의사의 말이 고마워서 눈물이 날 지경이었다. 대상포진은 아직 완치되지 않았지만 곧 프로그램 녹화가 있었다. 내가 빠지면 녹화에 지장이 있기 때문에 빠질 수도 없었다. 녹화를 앞두고 상처 위에 메이크업을 하는데 고문을 받는 것처럼 고통스러웠다. 더 고생하기 싫으면 하루라도 빨리 대상포진을 물리쳐야 했다.

단식 기간에 책을 읽었다. 1980년대에 발표되어 이미 절판된 한 도사의 전기《대도행大道行》이었다. 도사의 수련 과정을 읽으며 내 모습이 한심하게 느껴졌다. 단식도 제대로 못하는 주제에 신선이 되겠다니 말도 안 되는 욕심이었다. 다시 정신을 가다듬고 좌선과 명상을 하고 책을 읽었다. "살겠다는 일념을 버리면 자유를 얻고 마음에 물질이 없다면 곧 선불仙佛이다." 이 부분을 소리 내서 읽으니 생각할수록 옳은 말처럼 느껴졌다. 그러다가 잠이 들었고, 이제 마침내 단식이 끝나는 일주일째 날이 왔다.

일주일째 저녁, 목욕을 하고 옷을 갈아입은 후, 향을 피우고 호금을 꺼내 연주하기로 했다. 악기를 펼쳐놓고 허세를 부리며 연주를 시작했으나 곧 그만두었다. 혼자서 무슨 흥이 날까 싶었던 것이다. 이때는 단식도 힘든 시기가 지나서 전날만큼 배에서 꼬르륵 소리가 나지도 않았다. 이제 암시를 하지 않아도 몸가짐이 '태산이 무너져도 여유로운' 군자의 모습이었다. 마음을 가다듬고 팬파이프를 꺼내 불면서 기운 써서 배고픔을 극대화하고자 했다.

모든 과정이 끝나자 스스로 굉장히 깨끗해진 듯한 느낌이 들었다. 천천히 강변의 작은 식당을 향했다. 며칠 동안 단식했으니 갑자기 많이 먹으면 안 되기에 죽을 주문했다. 그런데 죽이 안 된다고 하여 쑥부쟁이 건두부 무침과 두부 채소탕을 주문했다. 종업원이 음식을 들고 오자 눈물이 나오려고 했다. 이 음식들을 무려 78분에 걸쳐 천천히 씹어 먹었다. 오래 씹어 생긴 채소의 즙을 천천히 삼켰다. 잔향이 오래도록 가시지 않고 남아 있었다. 마치 폐관 수련 때 식사 시간으로 돌아간 듯했다.

단식의 가장 큰 단점은 체중 감소였다. 이는 별 문제가 아니었다. 그런데 가슴 근육이 없어져버렸다. 'C컵'에서 'A컵'으로 축소되었으니 호된 대가가 아닐 수 없었다. 그래도 좋은 점이 더 많았다. 가장 큰 의의는 도전에 성공한 것이다. 도전에는 두 가지 요소가 있어야 한다. 첫째, 한 번도 해보지 않았거나 성공해보지 못한 일을 한다. 둘째, 그 자체로 의의가 있어야 한다. 비록 진정한 의미의 벽곡은 실현하지 못했으나 그 서곡序曲은 이렇게 나도 완성했다. 모든 도전은 그 과정이 힘들다. 도전에 성공한 후 지난 일을 돌아보니 감개무량했다. 온 신경을 단식에만 집중하느라 대상포진의 통증을 생각할 겨를이 없었다. 통증도 그렇게 심하지 않았으며, 단식이 끝나는 날은 증상이 거의 사라졌다.

이러한 도전이 가져온 부가적 가치는 감사함이다. 음식에 감사하는 마음은 폐관 당시에 느꼈던 것과 비슷하다. 충족되지 않은 욕구만 생각한다면 늘 속이 상할 수밖에 없다. 그러나 실망하는 순간에도 가진 것에 감사할 수 있다면 더 높은 수준의 행복을 체험할 수 있다. 나는 평소 사소한 일에도 불평을 많이 하고 현재의 생활에 만족하거나 누리지 못했다. 그 결과 불만은 더 쌓여갔다. 음식에 감사하는 법을 알았으니 앞으로는 내가 가진 모든 것에 감사하는 법도 배울 것이다.

단식이 끝난 후에도 효과를 지속하기 위한 노력을 계속했다. 단식이 끝난 6월 1일부터 육식을 하지 않는 채식주의자로 변신하여 9월 10일까지 꼬박 100일간 계속했다. 과거 한 달간 채식을 할 때는 지켜야 한다는 신념으로 끊임없이 자신에게 용기를 불어넣었다. 그런데 이번에는 그렇게 힘들지 않게 습관으로 자리 잡았으며, 이는 그때와 가장 큰 차이점이다.

채식의 가장 와닿는 장점은 쾌변에 있다. 내가 아는 40세의 한 여성은 늘 바쁜 생활을 하는데도 피부는 소녀처럼 해맑다. 그 비결을 물으니 이렇게 대답했다.

"어릴 때부터 매일 두 차례 쾌변을 했어요. 아침 기상 후와 저녁 취침 전이죠."

"그렇게 나올 게 있나요? 형태는? 냄새는 어때요?"

"변기에 앉기만 하면 자연스럽게 해결됩니다. 형태는 바나나 모양이고 황금색이죠. 냄새는 채식을 하는 날은 향긋한 풀냄새가 나지만 육식을 하고 나면 악취가 납니다."

"그 대변을 보고 처리하기 전에 나를 불러 보여주면 안 될까요? 나도 배워서 하고 싶어요."

나의 능청에 그녀가 답했다.

"그런 건 배운다고 되는 게 아니라 타고나는 겁니다."

그녀의 타고난 소질에 질투가 났다. 변비의 고통에 시달리는 나로서는 상상도 못할 일이었다. 그런데 지금 마침내 해냈다. 고기가 빠진 담백하고 간단한 식단을 유지하니 먹는 대로 배출이 되었다. 게다가 정신이 명료하며 신기할 정도로 원기가 왕성했다.

나는 채식을 일종의 자기 수행 방식으로 삼았으며, 이것이 주는 심리적 암시는 컸다. 최근 '영성형성spiritual formation'이라는 말이 유행하고 있다. 그 본질은 사람들이 원래 상태를 회복하여 '천인합일天人合一'을 이루는 거라고 생각한다. 당신에게 종교가 있다면 이를 운용하여 '영성형성'의 목적에 도달할 수 있다. 유감스럽게도 종교가 제도로 변한 후에는 인성의 취약함까지 더해져서 때로는 '영성형성'을 방해하기도 한다.

그러나 영성형성을 너무 심각하게 보지 않고 그저 체험으로 참여하고 싶다면 기도, 경전 읽기, 좌선, 폐관, 단식, 요가 등을 통해 원하는 내면의 경지에 도달할 수 있다. 부담 갖지 않아도 되고 거창하게 생각할 필요가 없다. 자신을 힘들게 하지 않고 즐겁게 수행할 수 있다.

여기까지 읽고 호기심이 생겼다면 한번 시도해보기를 권한다. 특별한 비결을 따르기보다는 자신에게 맞는 방법을 찾는 게 가장 중요하다. 단식을 하고 싶다면 일주일에 하루는 주스를 먹고 하루 한 끼는 채식을 해보자. 한 달을 지속할 수 있다면 그때 가서 다음 단계를 생각해라. 이것도 못하면서 더 큰 것을 바라면 욕심이다.

만약 불가능하다는 생각이 들었다면 단식보다는 자신에게 맞는 수련을 해보기를 권한다. 예를 들면 쉬는 날을 택해 핸드폰을 끄고 24시간 말을 하지 않는 것이다. 무엇을 하든 말을 해서는 안 된다. 식사 주문은 손가락으로 가리키면 되고, 전화를 받지 않는다고 해서 사람은 죽지 않으며, 연애를 할 때는 보디랭귀지를 하면 된다. 이런 미묘한 체험을 한 번도 해보지 않았다면 묵언을 체험해보기 바란다. 당신 내면과 대화하는 방법을 배울 수 있는 간단하면서도 간편한 출발점이 될 것이다.

17장

—— 열다섯 살 딸에게 보내는 편지 ——

딸 교육하기

그날 너는 집에 오는 길에 전화로 "곧 도착해요."라고 했지만 평소보다 세 배는 늦게 왔지. 밥을 먹을 때 행복한 얼굴로 핸드폰을 손에서 내려놓지를 못하더구나. 네가 원하든 원치 않든 '그날'이 마침내 왔다는 걸 알겠더구나.

남자 친구의 사진을 보여 달라는 아빠에게 너는 쑥스러운 듯 머뭇거렸지만 그래도 부인을 하지 않았지. 둘이서 찍은 사진 한 장을 보여주너구니. "그 녀석 괜찮게 생겼는데 조금 말랐구나."라고 하자, 너는 기분이 좋아서 사진을 계속 보여주었지. 그러고는 신이 나서 나에게 그 아이에 대해 이야기했지. 남자애의 부모가 아빠의 팬이며, 내가 쓴 책에 사인을 해서 선물하고 싶다고 말이야. 대답을 피하자 너는 언제 시간이 되면 남자애를 만나보라고 했지. 그러면 그 아이를 집에 초대해서 같이 식사하면 되지 않겠느냐고 하는 나의 말에 남자애가 부끄럼을 탄다고 했지. 사실 네가 모르는 게 있는데 아빠도 부끄럼쟁이란다. 그동안 너에게 하지 못했던 말들이 많았는데 오늘 이야기하마.

아빠가 젊었을 때는 부모님을 우상으로 삼았단다. 그때는 세상을 떠들썩하게 하는 스타나 오디션 프로그램, 드라마가 없었기 때문에 열광할 대상이 없었다. 요즘처럼 좋아하는 가수를 아침부터 저녁까지 따라다니는 일은 좀처럼 없었지. 그때는 남과 비교를 하지도 않았어. 다들 가난했기 때문에 집안이 좀 넉넉한 친구가 아이스크림을 먹고 형편이 안 좋은 친구는 하드를 사 먹었지. 부러워하기는 했지만 질투할 정도는 아니었어. 당시 아빠는 친구들과 씨름을 많이 해서 바지 양쪽 무릎은 늘 기워 입어야 했어. 바지 앞 지퍼 채우는 걸 잊어서 웃음거리가 되는 일은 있어도, 기워 입는 정도는 아무것도 아니었지. 요즘은 그런 상황을 상상하기도 어렵고 이해도 가지 않을 거다. 너의 할아버지는 당시 내가 다니던 학교의 교장 선생님이셨어. 선생님들도 당연히 이 점을 알고 계셔서 나에게 특히 잘 대해주었다. 나는 공부를 잘해서 아버지의 체면을 세워드렸지. 하지만 너무 장난이 심해서 말썽을 부리는 바람에 가족들은 늘 걱정을 했단다. 중학교 2학년 때 아버지가 비장한 표정으로 이런 말씀을 하셨어.

"사람들이 너한테 잘해주는 걸 당연히 생각해서는 안 된다. 네 아버지가 교장이니까 사람들이 나에게 잘 보이기 위해 잘해주는 것에 불과해. 네 녀석이 잘나서 그런 줄 알다가는 공부를 제대로 못할 뿐 아니라 다른 사람에게 진정한 인정을 받기 어려워. 어느 날 아버지가 자리에서 물러나면 갑자기 찬밥 신세가 될 거야."

당시 아버지가 무슨 말씀을 하시는지 알아듣지 못했다. 그러나 아버지가 나를 바라보는 근심스러운 표정은 확실히 기억하고 있단다.

322

딸아, 다시 주제로 돌아와서 내가 너에게 하고 싶은 말을 하마. 나는 네가 밖에서 이 아빠를 들먹이지 않았으면 한다. 첫째, 아빠는 너 같은 성격이 다른 사람에게 주목받고 싶어 한다는 걸 잘 안다. 주목받는 게 네 소질이나 재능으로 인한 것이라면 사람들은 기껏해야 네가 재주를 믿고 자만한다고 생각하겠지. 하지만 아빠의 명성을 이용해 관심을 끌고 인정을 받기를 원한다면 그 관심은 너의 이성을 마비시킬 것이다. 어떤 사람이 진정한 친구인지 판단할 수 없고, 주변 사람들에게 불필요한 비교를 하게 만들어 질투의 대상이 될 것이며, 너와 친구가 될 수 있었던 사람들은 그들의 자존심을 보호하기 위해 너로부터 멀어질 것이다. 나는 자만심에 젖어 네 능력을 키우는 데 소홀하게 되겠지. 네가 가진 것보다 과장하여 자랑하다 보면 통제할 수 없게 되고 아무 의미 없는 비교 경쟁만 하게 될 것이며, 남자의 감언이설에 쉽게 속아 넘어가는 경박한 여자아이로 변해버릴 것이다. 하물며 네가 자랑하는 것은 얼마나 허황되며 네 손에 쥐고 있는 것도 아니지 않니? 네 것을 찾아 주위의 존중을 받을 수 있어야 하며, 노력해서 그것을 구해야 한다.

여기까지 쓰고 보니 한 가지 알려줄 것이 생각났다. 아빠는 강연과 교육, 성격 연구에 재능이 있다. 그러나 재능을 최대로 발휘하는 일은 후천적인 노력에 달려 있다. 지금 얻는 명성 중 최소한 절반은 TV 제작을 통해서 얻었지만 사람들에게 알려진 모습이 진정한 나는 아니지. 요컨대 명성이란 허황된 존재라는 말을 하고 싶은 거란다. 근래 들어 이름이 좀 난 뒤에는 선한 사람이라 자처하는 악인들에게 괴롭힘을 당했어. 다행히 결정적인 순간 성격색채의 힘으로 극복했단다. 마음도 다치지 않았지. 만약 지금보다 10년 젊었다면 사람들의 간계에

벌써 넘어갔을 거다. 아빠가 남 앞에서 꼬리를 내리고 고개를 숙이는 타입이 아니라서 앞으로 어떤 풍파를 피할 수 없을지도 모른다. 그러나 아빠는 늘 깨어 있기에 불안하지 않다. 스스로 자기를 모르고 원하는 게 무엇인지 모른다면 쉽게 미혹에 빠지며, 다른 사람의 말에 상처를 받기 쉽다. 게다가 너를 상처 입힐 상대는 생각지도 못한 주변 사람일 때가 더 많다. 그들은 일부러 너를 헤치려 하지는 않겠지만 그들보다 네가 나은 것을 견디지 못한다. 왜냐하면 현실을 드러내기 때문이다.

지금 내가 너에게 "꽃이 백일을 못 가고 사람의 젊음은 천일을 못 간다."라고 말해도 귀에 들어오지 않겠지. 모든 거짓된 화려함은 퇴색하기 마련이며, 꽃은 언젠가 시든다는 사실을, 시들지 않는 꽃은 가짜 꽃이라는 것만 알면 된다. 따라서 아빠라는 실체가 어디 있는지 아는 게 사진을 찍는 것보다 중요하다. 네가 아빠로부터 무엇을 배우는가가 내가 유명하다는 사실보다 더 중요해. 아빠는 아빠고, 너는 너라는 걸 알아야 해. 누구나 자기 자신에게 의존해야 해.

전형적인 홍색 성격인 너는 새로운 것을 좋아하는 아이다. 피아노를 칠 때도 10분 이상 진득하게 앉아 있지 못하지. 치는 곡도 늘 바뀌고 음정도 제대로 맞지 않아. 리듬과 강약 변화를 제대로 익히지 않더구나. 곡을 변주하는 건 창의적이니 좋은 일이지. 하지만 새로운 곡을 시도하는 흥미가 지나쳐서 한 곡을 충분히 연습하지도 않더구나. 그리고 고전음악보다는 유행가 연습에 더 관심을 보이지. 아무도 없는 거실에서 즐겁게 연주하기보다는 사람들 앞에서 피아노 치는 일에 신경을 쓰더구나. 언젠가 너에게 물었지. 피아노를 치기 싫다면 다른 것을 하도록 해주겠다고. 그런데도 너는 피아노가 재미있다고 단정적

324

으로 대답했지. 너는 이렇게 단정하는 게 습관이 되었다. 네가 아무거나 좋아하는 태도가 나쁘다는 말이 아니다. 새로운 것에 대한 흥미와 열정은 싱싱한 생명력을 의미하니까 말이다. 하지만 문제는 네가 여러 가지를 좋아하는 시간이 지나치게 짧다는 데 있어. 어른이 되면 장기적인 관계에서 자양분이 될 만한 역량을 얻기가 어렵단다. 계속 바뀌는 짧은 관계에서 필요한 양분을 흡수할 수 있을 뿐이지. 사실 이런 점은 나도 걱정이 된다. '무대 위의 1분을 위해 무대 뒤에서 10년의 공을 들여야 하는' 진리를 네가 너무 늦게 깨달을까 걱정된다. 무대 뒤의 힘든 노력을 원치 않는다면 무엇도 성취할 수 없단다.

너는 나 몰래 온라인 미인대회에 참가했지. 나는 외모만 중시하고 내면은 강조하지 않는 대회를 아주 싫어한다. 만약 네가 내 의견을 물었다면 네가 참가해도 좋은 대회나 사회활동을 알아보고 선택하도록 도왔을 것이다. 그래서 특정 이익집단에 부당하게 이용되는 일을 막았을 것이다. 너도 잘 알겠지. 또래 스타를 향한 너의 욕망이 변태적인 정도로 심해졌다는 걸 말이다. 그래, 이 단어가 너를 곤혹스럽고 불만스럽게 했겠지. 너는 스타의 화려한 면을 보고 스타를 꿈꾸는 무수한 사람들의 비애와 슬픔을 볼 수 없으니까 말이다. 너는 원하는 삶을 살 수 있을 만큼 아직 젊다. 그래서 몇 가지 알아야 할 것들을 일러주마.

첫째, 학교 성적에 대해

너의 성적에 대해서는 한 번도 기대하지 않았다. 그저 너무 형편없는 성적을 받아오지만 않으면 된다고 생각했단다. 성적이 너무 낮으면 학교에서 친구들이나 선생님에게 무시를 당할 테니 네가 그런 상황을 감당하지 못할까 봐 걱정이다. 어른들은 아이들이 다니는 학교의 수준을 비교하기 좋아하지. 마치 서로 직업을 비교하듯이, 어른들은 아이가 학교에서 얼마나 점수를 받고 몇 등 하는지를 비교하지. 어른들의 나쁜 습관이 무의식중에 너에게도 영향을 미친단다.

아빠는 명문 학교를 다녀본 적이 없지만 그런 학교 출신들보다 더 많은 일을 하고 있다. 중전을 다닐 때 반에서 2등을 할 정도로 성적이 좋았지만 졸업하고 취업할 때는 별로 학교 덕을 볼 수 없었다. 아빠는 날마다 주산을 4시간씩 연습하여 반에서 2등을 했고 암산 2급, 나눗셈 대회는 전국 6등을 했다. 주산의 전망이 좋다고 했던 선생님 덕분에 좋은 직장에 취업한 것이다. 결과적으로는 졸업 후 2년도 되지 않아 회계 전산화가 되어 주산을 하는 사람이 없어져 버렸지. 당시 시간을 그쪽에 쓰지 않았다면 플루트 연주가가 되어 있을지도 모른다. 따라서 네가 졸업 후 해외의 명문 학교로 유학을 갈 계획이 아니라면 성적이 낙제할 정도만 아니라면 상관이 없다. 너의 미래는 성적과 관계가 없기 때문이지.

하지만 한 가지는 명심해야 해. 아빠는 중전에서 금융을 전공했지만 별로 흥미가 없어서 수업 시간에 열심히 하지 않았단다. 그랬더니 나중에 기업을 경영할 때 재무제표 하나도 읽을 줄 모르겠더구나. 그런 건 학교에서 분명히 배웠는데 말이다. 아빠는 부동산 판매 일도 한 적이 있어. 한 1년 하고 나서 싫증이 나서 그만두었단다. 그런데 그때도 열심히 하지 않았기에 내 집을 살 때 도면을 읽을 줄 몰라서 친구의 도움을 받아야 했어. 내 말은 네가 좋아하지 않더라도 이런 것들을 배워놓아야 하며, 최소한 그 시간을 헛수고로 만들지 말아야 한다는 거다. 네가 싫어하는 건 아주 완벽히 잘하지 않아도 되지만 어차피 시간 들여 배울 거면 나중에 후회하지 않게 해야 한다.

둘째. 독서에 대해

내 친구 중 온종일 경요瓊瑤(드라마 '황제의 딸'로 유명한 작가)의 소설만 읽는 친구치고 결혼생활이 원만한 애가 없어. 그녀들은 경요 말고 다른 작가의 책은 읽지 않았기에 자기가 읽은 사랑이 세상의 전부라고 믿었기 때문이야. 그들은 책에 묘사된 허구를 그대로 믿어버렸고 현실을 받아들일 수 없었지. 지금 너와 네 친구들은 물론 그 정도는 아니겠지. 하지만 판타지나 시간여행 책에만 빠져 있으면 백치가 되어버릴 거다. 결국 향기 없는 꽃이 되고 만단다. 여러 분야의 책을 광범위하게 읽어야 한다. 소설이라도 여러 종류를 섭렵해야 해. 그래야 세상을 인지하는 범위가 넓어지며, 네가 생각하는 작은 세계를 벗어날 수 있단다. 내가 가장 후회하는 일은 젊을 때 자연과학에 관심이 없어서 암탉이 알을 낳을 수 있다는 사실도 잘 몰랐던 거란다. 이런 사실도 모르는 사람들이 많지. 하지만 외국에 나갈 때마다 부족한 과학 소양에 부끄러움을 느낀다.

너의 뜻이 하늘보다 높다는 걸 잘 안다. 하지만 그 뜻을 지켜나가려면 우선 하늘이 얼마나 높은지부터 알아야겠지. 여러 가지 책을 읽으면 하늘이 얼마나 높은지 점점 알 수 있을 거야. 날마다 SNS를 들여다보는 데 시간을 많이 쓰는데, 그건 그야말로 노는 거지 독서와는 관련이 없단다. 그건 단편적인 정보를 받아들이는 행위에 불과하지. 마치 식사는 하지 않고 간식으로 배를 채우듯, 체계적인 사고를 할 수 없게 만들어 너의 성장에 전혀 도움이 되지 않는단다. 온종일 인터넷에 올라온 구절을 줄줄 외우고 친구들에게 써먹으며 지식을 자랑하려고 한다면 잠깐은 갈채를 받을 수는 있겠지만 길게 보면 광대로 비춰질 뿐이야.

셋째. 여가 생활에 대해

독서 외에 음악, 무용, 미술을 공부하는 일도 중요하단다. 성악과 기악 중 좋아하는 걸 배우도록 노력해라. 이것저것 손대다가 포기해서 무엇 하나 제대로 배우지 못하는 일은 없어야겠지. 기악은 나중에 네가 기분이 울적할 때 스스로를 위로 할 수 있는 최고의 방식이며, 너의 소양을 쌓는 가장 중요한 길이란다. 점수를 따고 대회에 나가기 위해 배울 필요는 없단다. 경쟁 심리와 고통만을 안겨주기 때문이지. 좋아서 배우고 열정을 가지고 배운다면 매일매일 즐거움 속에서 지낼 수 있다.

여자들은 아름다움을 가꾸는 데 관심이 많지. 네 얼굴은 날 때부터 갖고 태어난 것이야. 어른이 된 후 네 생김새에 불만이 느껴진다면 조금 손보는 것도 괜찮아. 하지만 전체를 뜯어고치는 건 안 된다. 나이 들어서 안 좋은 결과가 나타나고 상처가 크기 때문이야. 게다가 한 군데 마음에 안 든다고 고치면, 계속 고치고 싶은 성형 중독에 빠질 수도 있다. 하지만 나중에 외모를 가꾸고 싶으면 몸매에 더 신경 쓰기 바란다. 무용 연습은 내 몸매를 전체적으로 아름답게 가꿔줄 것이며, 평소 좋아하지 않는 체육활동 대신으로 삼을 수도 있다. 얼마 전 아르헨티나에 갔을 때 거리에서 탱고를 추는 사람들을 보았다. 젊을 때 용기가 없어서 춤을 배워놓지 않은 게 그렇게 후회가 될 수 없더라. 예쁜 여자들이 파트너가 되어달라고 하는데 외국어를 몰라도 할 수 있는 게 춤이지 않니? 아무것도 못하면 그저 쳐다보기만 할 뿐이야.

그리고 미술을 배우면 아름다움을 감상하는 능력을 기를 수 있다. 이런 예술 분야는 더 넓은 세상에서 더 많은 사람과 공감할 수 있는 길을 제시해준단다. 미술에 열정이 있고 소질이 있다면 전문적으로 배울 수도 있겠지. 그렇지 않더라도 안심해라. 나는 너에게 어떠한 목표도 설정해주지 않을 거야. 취미로 배워야 더 흥미를 느끼고 배울 수 있으니, 네가 좋아하는 걸 찾아서 열심히 연습하기 바란다. 하루에 2시간 정도 연습하면 전공자만큼의 성과를 거둘 수 있단다.

넷째. 이성 교제에 대해

네가 이성을 만난다는 걸 알고 아빠는 언제 이성 교제를 시작했나 생각해보았다. 이성에 관심을 가진 것은 열세 살 때였고 진정한 이성 교제는 열여섯 살때 했던 것으로 기억한다. 너 또한 지금이 이성에 관심 두기 시작한 시기겠지. 아빠가 보기에는 아무래도 좀 이른 것 같구나. 긍정적이고 건강한 이성 교제는 사람을 발전하게 한다. 하지만 걱정은 네가 어떻게 교제하는지 모른다는 거지.

어른들이 자녀들의 이성 교제에 걱정 어린 눈길을 보내는 데는 두 가지 이유가 있다. 이 두 가지만 해결하면 어른들도 그렇게 큰 우려는 하지 않을 거다.

첫째, 온종일 이성과 연락하고 상대를 생각하느라 공부를 소홀히 하게 되겠지. 이성 교제하는 대학생 커플 500쌍 중 제대로 맺어지는 경우는 1쌍도 채 안 돼. 하물며 중학생은 어떻겠니? 공부에 영향을 미치면 졸업하고 나서 취업도 되지 않을 것이고, 더 큰 영향은 부모에게 돌아가지. 아이들은 공부에 영향을 미치지 않을 거라고 장담하지만 결과적으로는 그럴 능력이 되지 않아. 네 아빠가 이성과 사랑에 빠졌을 때는 직업도 없는 실업자가 되어버렸단다. 어린 네가 학교에서 퇴학을 당할 수도 있기에 걱정하는 거란다.

둘째, 금지된 열매를 따 먹으면 건강에도 좋지 않다. 특히 여학생에게 있어서는 말이다. 만일 임신이라도 하면 그 결과는 어떻게 되겠니? 나중에 자라서 여자의 생리 기능에도 영향을 미칠 수 있다. 쉽게 말하면 나중에 아기를 갖고 싶을 때 지장이 있을지도 모른다는 소리다. 온갖 달콤한 말로 여자를 속이는 남자들이 있지. 결론적으로 이성과 교제하다 보면 참지 못하고 금지된 열매를 따 먹게 되지. 결국 남자에게는 별 타격이 없지만 손해 보는 쪽은 여자란다.

이 두 가지를 잘 알고 있으면 어른들의 고민을 이해할 수 있을 거다. 하지만 그래도 참지 못하고 이성 교제를 해야 한다면 이 네 가지를 명심하렴.

첫째, 이 남자애를 좋아하고 그 아이도 너를 좋아하면 교제를 해도 괜찮다. 하지만 지금 성적에 지장을 주지 말아야 한다. 네 학기 말 성적이 떨어지면 그건 네가 그를 좋아하지 않는다는 사실을 증명하기 때문에 그쯤에서 헤어지는 편이 좋겠다. 좋은 감정이란 위로 향하는 것이기에 사랑할수록 좋아지게 만들기 때문이다. 두 사람의 성적이 모두 떨어진다는 건 둘 다 애정이 없다는 증명이고 가짜 사랑이라는 의미다.

둘째, 그날 내가 쑥스럼을 무릅쓰고 너에게 성 경험이 있는지 물어보았지. 너는 나에게 농담하느냐고, 아직 어리며 최소한 스무 살은 되어야 생각해보겠다고 했지. 사실 성 경험을 몇 살에 해야 좋은지는 아무도 모른다. 몇 살이라고 목표를 설정할 수도 없지. 하지만 너의 아빠로서 어떻게 말을 꺼내야 할지 모르겠지만, 그런 날이 최소한 열여덟 살 이후였으면 좋겠다. 너무 이르면 좋을 것이 없단다.

셋째, 만약 정말 그날이 오면 아빠에게 알려주지 않겠지. 특별한 사고가 나지 않는 한 너도 계속 숨길 거야. 혹시 일이 생기면 TV에 나온 애들처럼 몰래 병원에 가서 비참하게 수술을 하겠지. 운이 좋으면 남자애가 집에서 몇백 위안을 훔쳐 너를 병원에 데리고 갈 수 있을 것이다. 운이 나쁘면 상대 남자는 사라져버리겠지. 따라서 성관계를 갖더라도 반드시 콘돔을 사용해야 한다.

넷째, 학교에서 너를 좋아하는 남자애가 많아도 조심해야 한다. 남학생들의 질투심을 유발해서 학교에서 싸움이 나게 하는 걸 자랑으로 삼는 여자애들이 있지. 이런 짓은 다른 사람에게 상처를 줄 뿐 아니라 자신에게도 큰 피해가 올 수 있음을 알아야 한다. 극단적이거나 집착이 강한 남자를 만나면 그로부터 피할 수가 없단다. 스스로 보호하기 위해서 신중해야 한다.

다섯째. 사람 됨됨이에 대해

앞에서 당부한 걸 다 잊더라도 마지막 한 가지만 잘하면 세상 살아가는 데 어려움이 없을 것이다. 네가 평생 어떻게 살지 내가 다 알수는 없지만 삐뚤어지지 않는 영혼과 당당한 태도의 여성으로 자랄것이다. 사람 됨됨이를 바르게 갖추기 위해서는 많은 원칙이 있다. 나이가 많아지면서 겪는 일도 많아지며, 이 세상에는 절대적인 호불호의 기준도 없음을 알게 될 것이다. 호불호는 때에 따라 상대적이다. 네가 영리하고 똑똑하다고 생각하는 사람도 실수를 한다. 좋은 일을 했는데도 칭찬하지 않고, 진심으로 대하는 데도 색안경을 쓰고 보는 사람들이 있다. 이런 것을 더 언급하면 네가 혼란스러워질 것이니 이쯤에서 멈추마.

경험자로서 몇 가지 일러두겠지만 네가 다 기억하지 못할까 봐걱정이구나. 네 홍색 성격의 결점 몇 가지를 지적하니 당장 고치도록해라. 나이 든 사람들과 함께 있을 때 모두들 네 말을 듣고 있는 건 그들이 너를 예뻐해서다. 네가 아직 어리기 때문에 양보하는 거란다. 그러나 식사를 할 때 모두가 네 얘기만 듣고 다른 사람에게는 말할 기회를 주지 않는다면 다른 사람들은 기분이 좋지 않을 것이다. 사람에게는 다른 사람의 관심을 받고 자기 이야기를 하고 싶어 하는 천성이 있단다. 그러니 네 이야기만 하는 습관을 고치고 다른 사람의 말을 듣는법을 배워보렴. 그리고 사람들의 근황을 묻고 건강에 관심을 가지며, 그들의 기분을 배려해보아라. 어려운 일 같지만 해보면 그렇게 어렵지도 않단다. 네 말을 하는 걸 반으로 줄이면 된단다.

나는 늘 너에게 이거 해라 저거 해라 하지만 미처 말하지 못한 것이 많구나. 그러니 이번에는 네가 이미 해낸 것을 말해보겠다. 아직 하지 못한 것은 말할 필요가 없단다. 솔직히 말만 해서는 소용이 없지.

　오늘은 네 아빠의 서른 일곱 번째 생일이다. 지난 36년간 나는 내가 느낀 점을 적어놓고 수시로 반성했단다. 이 기회에 너에게 이 글을 선물하며, 동시에 나 자신에게도 약속해야겠다. 해마다 너의 생활을 정리해놓는 습관을 기를 수 있다면 큰 재산을 얻는 셈이다. 넌 아빠에게 뭘 사달라고 한 적이 없지. 여름방학에 KFC에 가서 아르바이트를 했어. 낭비가 심하다는 야단을 맞은 후로는 용돈을 저축했지. 아빠가 병이 나서 아플 때, 너는 나중에 돈을 벌어 아빠를 부양한다고 말했지. 명절에 아빠에게 선물을 줬으며, 밖에 나가 너무 자랑하지 말라는 아빠의 당부를 명심하여 남자 친구 외에는 다른 사람에게 이야기하지 않았지. 이 모든 것을 아빠는 다 알고 있단다.

　이 편지는 좀 심각한 어투로 되어 있고, 네가 받아들이기 어려운 내용도 있을 거야. 절반쯤 읽다가 팽개치고 싶을 수도 있어. 이 편지의 서두 같은 상황이 생긴다면 기억해라. 나는 너 같은 딸이 있어서 자랑스럽고, 너를 사랑한다는 걸. 무슨 일이 있어도 아빠는 너의 든든한 뒷받침이 될 거다.

18장

—— 열여덟 살 아들에게 보내는 편지 ——

아들 교육하기

중얼仲兒아, 네 동생에게 보낸 편지를 너도 읽어보았으리라 믿는다. 네 동생에게 먼저 편지를 쓴 이유는 너를 덜 사랑해서가 아니야. 네가 짊어질 책임이 동생보다 더 무거울 거라 생각하기에 해줄 말이 너무 많아 어디서부터 이야기를 꺼낼지를 몰랐다. 게다가 너는 이 아빠와 성격이 완전히 판박이라 나의 모든 재능과 결점까지 물려받기도 했고 말이다. 네 동생은 즐겁고 건강하게 살면 그걸로 됐다. 집시 같은 생활 방식으로 그 아이가 좋아하는 제빵사가 되거나 생활이 불안한 가수에게 시집간다고 해도 선택한 결과에 책임을 지고 생활을 즐기면 그만이다.

하지만 너는 네 동생과는 다르다. 너는 나와 성격이 같아서 그로 인한 고통을 많이 겪게 될 것이다. 이 긴 편지가 너의 시행착오를 줄이는 데 도움이 되었으면 한다. 너도 알다시피 아빠가 가족들에게는 다정하게 대하지 못하고 언성을 높이기 일쑤여서 너의 반항심만 키워놓았구나. 모든 게 아빠의 문제다. 그러니 오늘은 네게 아빠의 비밀을 털어놓으마. 비록 너를 대신해서 살아줄 수도, 너의 시련을 대신 당해줄 수도 없지만 지난날의 교훈을 통해 깨달은 것들이 많으니 내 경험을 통해 역량을 얻기를 바란다.

네가 3년 전 여름, 집에 왔을 때 네 침대보를 갈아주다가 '지도'의 흔적을 보았다. 무의식중에 베개 밑에 있는 《노인과 바다》 책 사이에 하도 봐서 이미 너덜너덜해진 야한 사진이 있는 걸 발견했다. 나는 아무 일 없다는 듯 그것들을 치우고 아무에게도 말하지 않았다. 지금 생각해보니 너를 위한다며 아무 말 없이 지나간 내 행동은 어리석었다. 어차피 도움도 되지 않을 뿐 아니라, 아빠가 네 물건에 함부로 손댔다고 오해했을 수도 있으니 말이다. 게다가 네 성격이라면 반항심으로 다른 성인물을 구해서 보고도 남았겠지. 차라리 책 사이에 사진을 몇 장 더 넣어두는 편이 나을 뻔했다. 쓸데없는 시간을 들여 성 관념을 잘못된 방향으로 이끄는 사진들을 찾아보면서 현실과 비교하는 멍청한 짓을 하지 않아도 되니까 말이다.

아무튼 아빠는 젊었을 때 스스로 영화 속 인물들과 비교하며 자괴감에 빠지고 했다. 내가 남만 못할 뿐 아니라 훨씬 뒤떨어진다는 사실을 발견했기 때문이지. 어른이 된 후에야 모두 장삿속이라는 걸 알았단다. 그런 영화들은 나의 호기심을 충족하는 데는 그만이었지. 가끔 보는 건 괜찮지만 길게 보면 백해무익한 것들이야. 무엇보다 자신이 저급한 취미에 빠져 있다는 비애에 빠지게 했지. 당시 나도 그런 고민을 많이 했단다.

난생처음으로 자위행위를 했던 날을 떠올려 본다. 열세 살 때 나는 중학교 3학년이었고, 상하이에서 학교를 다니고 있었어. 여름방학 때 네 삼촌 집에서 며칠을 지내는데 하루는 낮에 욕조에서 거품 목욕을 하고 있다가 무협 소설을 집어 들었어. 소설은 아주 달콤한 내용이었고 그 줄거리에 빠져들었지. 야릇한 상상에 기분이 좋았지. 그러다 나도 모르게 사정을 하고 말았단다. 그때 너무 순진해서 오줌이 왜 우유색인지 너무 놀랐어. 그 후 한 달 동안 나는 자신이 곧 죽을 거라고 생각하고 우울감에서 빠져나올 수 없었단다. 더 속상한 건 이런 일을 아무에게도 말할 수 없고, 누구한테 말할지도 모른다는 거였어. 그때만 해도 인터넷이 없어서 지금처럼 익명으로 질문을 올려 누가 답변을 해주는 것도 아니었고, 포털 사이트가 있는 것도 아니었어.

이런 말을 하는 건 너처럼 젊은 나이에 야동에 탐닉한 친구들을 내가 완전히 이해하기 때문이야. 호기심과 성의 압박 속에서 우리의 성교육은 부끄럽고 어색하게 다뤄지고 있어. 사실 네가 포르노 사진 몇 장을 보는 게 사랑하는 사람과 잠자리를 나누는 걸 더 왜곡할 수도 있어. 주변에 이런 것에 빠진 사람이 있다면 멀리하는 편이 좋다. 그들은 성에 대한 환상을 통해 내면의 공허함을 채우는 이들에 불과해. 내가 관심을 둘 한 가지 일을 찾고 그에 몰두하지 않는다면, 온종일 성적 환상에 빠져 포르노를 탐닉하고 욕정을 해소하는 악순환에서 빠져나오지 못할 거다.

중고등학생 시절 소꿉장난식의 연애와 비교하면 대학생의 연애는 성인에 더 근접한 사랑이지. 그러나 대체로 큰 차이는 없어. 이미 너는 대학 3학년이고 완전히 독립적인 개체가 되었기 때문이다. 나와 네 엄마와의 관계로 인해 너는 어릴 때부터 독립적이었다. 하지만 아직은 부족하다. 여러 방면에서 자신을 책임질 수 있어야 한다. 이성 교제는 사람의 본능이다. 이 아빠는 성격색채학으로 다른 사람을 자연스럽게 분석할 수 있기에, 다른 사람과 어떻게 지내야 하고, 스스로 어떤 결점이 있는지를 알고 있다. 어떤 일을 당했을 때 스스로 반성을 한다. 상대가 나와 맞으면 잘 지내지만 그렇지 않으면 마음을 가라앉히고 그냥 헤어지면 그만이다. 상대에게 너무 지나치게 집착하는 건 미성숙함을 드러낼 뿐이다.

네가 실연을 했을 때 실망하지 말았으면 하는 바람에서 하는 말이 아니다. 너는 슬픔에 빠져도 되고, 나보다 더 요란을 떨어도 된다. 그저 다음에 그런 일이 있을 때 내 편지를 읽어보기를 바랄 뿐이다. 어느 책에서는 많은 사람 속에서 너에게 맞는 여자는 단 한 사람이라고 주장한다. 하지만 이런 주장은 허튼소리일 뿐이며, 그런 책들이 많으니 주의해서 골라야 한다. 사실 너의 삶에서 네게 맞는 여자는 많을 수도 있다. 사랑하는 여자와 헤어지면 금방 죽을 것 같지만 사람은 그런 걸로 죽지 않는다. 너는 더 강해질 것이며, 실연의 상처 속에서도 조금씩 성장할 것이다.

네가 나에게 자문해오기 전에 세 가지 충고를 해주마.

첫째, 애정은 네 삶의 일부분에 불과하며, 전부가 아니다. 너의 삶에 필요한 게 무엇인지 알아야 한다. 비록 지금 이 순간은 이 여인이 아니면 안 된다고 하겠지만, 그 여자를 곁에 두고 나면 또 뭔가를 필요로 하게 된다. 날마다 그 여인과 사랑을 속삭이면서 살 수는 없기 때문이다.

둘째, 사랑 때문에 상처받지 않는 태도가 너처럼 급진적인 타입에게는 필요하다. 반면에 헤어지면서 타인에게 상처를 주지 않는 일은 네 개성의 단련 여부에 달려 있다. 네가 격정에 사로잡혀 내뱉은 말, 결정, 행동을 통제하지 않으면 상대에게 상처를 입히게 된다. 그러면 평생을 후회 속에서 살아가야 한다.

셋째, 성관계를 가질 때는 반드시 안전조치를 해야 한다. 자칫하면 여자의 건강에 해로운 결과를 미칠 수 있다. 거창한 말을 하지 않겠다. 그저 조금만 신경 쓰면 막을 수 있는 작은 일을 도덕적 양심에 어긋나는 일로 키우는 건 방지하자는 말이다.

애정 이야기는 이것으로 마치고 이어서 미래와 꿈, 친구, 진실을 이야기해보자.

첫째. 미래에 대해

미래 이야기의 핵심은 네가 '어떤 인생 진로를 준비하고 있으며, 어떤 방식으로 네 인생의 가치를 실현하는가'이다. 넌 깊은 고민을 많이 해야 한다. 이 말은 이제 고려할 시간이 많지 않다는 이야기다. 네가 상상한 것보다 시간은 빨리 흐른다. 지금 여자 친구와 즐겁게 지낼 때 미래를 미리 대비해놓지 않으면 곧 닥쳐오는 현실에 고개를 숙여야 한다. 그 사이에 네 여자 친구는 사회에서 이미 몇 년간 경험을 쌓은 남자에게 가버릴지도 모른다. 미리 대비해둘 필요성은 내가 말하지 않아도 알 것이다. 좀 껄끄러운 말을 하자면, 네가 학교에 다니면서 쌓은 경험은 사회에 나가면 돈이 안 된다. 장차 맞닥뜨릴 너의 경쟁자들은 네 생각보다 훨씬 강하다.

너에게는 예술적 소양이 있다. 하지만 예술가가 되기에는 역부족이다. 너에게는 아직 예술가 특유의, 미치지 않으면 안 되는 열정이 없다. 미치지 않으면 예술 분야에서 두각을 나타낼 수가 없다. 그러면서도 너는 시시하게는 살고 싶지 않지, 네가 설정해놓은 최고치에 도달하지 못한다면, 평생 자신 탓을 하며 우울하게 살아갈 것이다. 우리 같은 성격에 황색 성분이 섞여 있는 타입은 성과를 내지 않으면 절대로 만족과 기쁨을 못 느낀다.

너는 비즈니스에 소질이 있다. 그러나 탁월한 사업가가 되기는 어려울 수도 있다. 네가 대학교 2학년 때 신입생 숙소의 이불과 요를 떼어다가 팔아서 돈을 번 적이 있었지. 다만 네가 돈을 벌고자 하는 욕망이 강하지 않아서 지속적으로 그 기세를 타지 못한 게 아쉽구나. 성공한 상인이 되기 위해 먼저 갖춰야 할 자질은 돈을 벌겠다는 강한 욕망이다. 너는 나보다 상황이 낫다. 아빠의 어린 시절보다 집안 형편이 훨씬 낫다. 그러므로 청소년 시기에 궁핍에서 벗어나야 한다는 강박감에 시달릴 필요는 없다. 네가 삶의 현장을 체험하기 위해 모든 것을 버리지 않는 한 말이다.

너는 수영에도 천부적 소질이 있다. 네가 체육을 좋아해서 직업 운동선수의 길을 가겠다면 반대하지 않으마. 하지만 그 길을 걷지 않았으면 하는 바람이 있다. 스포츠 선수를 훈련시키는 시스템 속에서 수영 말고 다른 것을 배울 기회가 없을까 봐 걱정이다. 내 자식이 운동만 살고 머리는 텅 비어서 나라를 위해 몸 바친다고 외치는 건 싫다.

우리 집에는 특별한 가훈이 없다. 그래서 어느 날 내가 죽을 때 자손 대대로 이렇게 하라고 당부할 것도 없다. 다만 네가 정치에는 손대지 않기를 바란다. 그쪽에는 소질이 없기 때문이다. 너의 성정은 끈기가 부족하고 둥글게 융합하는 면이 부족하며, 개성을 추구하고 지나치게 감성적이다. 무엇보다도 네가 정치의 잔혹성에 대한 인식이 부족하기 때문에 미처 나라에 보답할 수 있는 위치에 서기도 전에 몸을 바칠 수도 있다. 정치에 종사하는 사람들 중에는 처음에는 순수한 열정으로 출발했다가 시간이 흐르면서 변화를 가져올 능력이 없음을 발견하고 어쩔 수 없이 수구 세력에 동화되어버리는 사람들이 많다. 극소수의 사람만이 이상을 끝까지 지켜나가지만 자신이 영향력을 갖춘 순간에 정작 아무 힘도 발휘하지 못할 때가 많다. 윗선에서 막거나 아래쪽에서 그에게 영향력을 행사하기 때문이다. 이상주의에 젖은 정치가들은 역사적으로 현실주의자들의 적수가 되지 못했다. 그저 역사 속에서 자기 뜻을 끝까지 지켜 국가에 충성한 인물로 사람들에게 회자될 뿐이다. 이렇게 말한다고 해서 나라에 보은하지 말라는 뜻은 아니다. 네 성격에 대한 나의 이해를 기반으로 진로 선택을 할 때 정치 쪽은 너에게 어려운 길이고 효과도 크지 않다는 이야기다.

사회 발전에 미치는 영향을 볼 때, 위대한 정객政客은 그 속도가 매우 빠르다. 그러나 사회에 기여하는 정도와 영향력의 깊이로 볼 때 탁월한 상인과 양심 있는 사상가의 역량은 동등하며, 정객을 훨씬 능가한다. 하지만 주의할 점은 탁상공론으로 끝나서는 안 된다는 거다. 네가 펜의 힘으로 칼을 이길 만한 투사가 되지 못한다면 차라리 돈을 세는 상인이 되어 나라와 민족에 보답하는 편이 더 현실적이다. 물론 이러한 큰 그림을 너에게 바라지는 않는다. 네 아빠가 하지 못한 일을 너에게 하라고 요구할 수는 없다. 네 아빠가 한 일을 토대로 말할 수 있을 뿐이다. 중요한 건 네가 잠재력을 최대한 발휘해, 훗날 이 세상을 떠날 때 자신에게 부끄럽지 않다고 말할 수 있어야 한다는 점이다.

무엇을 하든 너의 행동이 너와 타인에게 모두 이로운 일이었으면 좋겠다. 자기 이익만을 추구하면 인생의 가치가 없다. 네가 더 많은 즐거움을 얻으면 더 많은 사람을 도울 수가 있을 것이다. 민중에게 지혜를 전해주든 좋은 의사가 되든 상관없이, 너의 진정한 즐거움은 물질이 아닌 마음의 풍요로움에 있음을 잊지 말아라. 앞으로 돈을 벌어 생활을 영위한 후에는 불필요한 사치가 너를 공허하게 할 뿐이라는 사실을 알게 될 것이다. 너는 정신의 만족을 추구하기 위해 노력해야 한다. 공허한 것은 오래가지 않는다. 인성과 배치되는 것들은 오래가지 않는다. 사회에는 이런 것들이 상당히 많으니 잘 구별해야 한다.

둘째. 꿈에 대해

엄밀하게 따져서 이는 미래 부분에 속한다. 하지만 미래로 가는 길에서 맞닥뜨리는 모든 문제는 결국 이 문제로 귀결된다.

처음으로 TV 마술 프로그램을 보았을 때 너는 마술사가 되고 싶다고 했지. 내가 단 아래에서 종이 상자 세 개를 열어서 그 안의 광경을 보여준 것 기억나니? 당시 너와 내가 뭘 맹세했는지 아직 기억하는지 묻고 싶다. 네가 배운 카드와 동전 수법으로 여자를 몇 명이나 꼬드겼니? 지금도 그걸 연습하니?

네 성격은 홍색과 황색의 결합이어서 네 여동생의 전형적인 홍색 성격과는 다르지만, 흥미가 자주 변하고 한 가지를 오래 못하는 홍색의 특성은 일치하지. 그 종이 상자 속의 도구들을 어떻게 구했는지 이야기해줄 테니 아버지도 얼마나 관심사가 자주 변하는 사람인지 알았으면 좋겠다. 열정을 가질 때는 미친 듯 열광하여 유명한 선생님을 찾아다니고 인터넷을 뒤지지만 흥미가 떨어지면 쉽게 싫증을 내고 팽개쳐버리지. 이런 특징으로 나는 불필요한 지출을 많이 했다. 한 우물을 파지 못하기 때문에 조금만 더 계속하면 되는 순간에 손을 놓아버리고 다른 우물을 파기 시작했어. 결국 여기저기 구멍만 뚫어놓고 정작 물이 나오는 구멍은 볼 수 없었던 거지.

　이런 말을 하는 건 너를 꾸짖기 위해서가 아니야. 나 역시 같은 사람이기 때문에 너에게 처음부터 자기가 뭘 원하는지 알아야 한다고 요구할 자격이 없다. 이렇게 말하는 건 사실 '책은 여러 가지를 읽는 게 좋고 직업은 한 가지를 파는 게 좋다.'는 말을 하고 싶어서다. 하지만 평생 진정으로 몰입할 꿈을 찾기란 쉬운 일이 아니지. 네가 어떤 꿈을 빨리 포기한다면 그 꿈은 네가 진정으로 원하는 꿈이 아닐 수도 있어. 열정이 부족해서가 아니야. 인생의 단계마다 여러 가지 꿈을 꾸는 건 지극히 정상이다. 나이가 들면서 경력이 많아질 것이고, 이상향도 달라지게 마련이다. 진정으로 사랑하는 게 무엇인지 찾을 때까지 끊임없이 탐색해야 한다. 그러나 탐색하는 데는 노력과 시간이 필요함을 알아야 한다. 그러니 충동적으로 좋아하게 되지 않도록 특별히 조심해야 한다. 그런 순간이 오면 잠시 내려놓고 며칠을 두고 다시 생각해보아라. 몇 번을 생각해도 포기할 수 없다면 그때는 진정으로 좋아한다고 생각해도 무방하다.

　너의 꿈은 많은 사람의 비웃음을 살 수도 있어. 평생 아무것도 이루어 놓은 일이 없는 사람들일수록 남을 비웃고 공격하기를 좋아한단다. 그래야 너를 끌어내려 그들의 진영에 데려다놓을 수 있기 때문이지. 그들이 이렇게 하는 이유는 자신들이 실패자라는 사실을 받아들이고 싶지 않기 때문이다. 네가 해낸 일을 자기들이 해내지 못하여 무능하다는 평가를 받게 될까 봐 두려워한단다.

이런 이유로 그들은 온갖 수단을 써서 네 성취에 대해 떠들어대며 운이 좋았거나 단순히 기회를 잡았을 뿐이라고 증명하려고 하지. 그들은 네가 기울인 많은 노력을 완전히 무시하고 질투심에 가득 찬 독설만을 쏟아낼 거야. 악독한 사람은 너를 근거 없는 말로 비방하고 모략할 거다. 이 세상에는 남의 일을 구경하기 좋아하는 사람들이 많아. 한쪽에서 구경하는 사람들을 부추겨 악의적인 평가를 하게 하여 너를 괴롭게 할 거야. 네가 고통스러워야 그들은 마음의 평화를 찾을 수 있다. 마치 주식 투자를 해서 돈을 날린 개미 투자자가 다른 사람들도 자기처럼 손해 보기를 바라는 것과 같은 심리지. 사람들의 심리를 깊이 이해하면 알게 될 거다. 너의 인생길에 늘 방해꾼이 있는 이유를 말이다.

그러니 다른 사람들이 어떻게 말하든 신경 쓰지 말고 네 일만 열심히하면 된다. 아빠는 약한 자들이 인터넷의 반응을 자주 살펴본다는 사실을 발견했단다. 그들은 칭찬 속에서 성장할 힘을 찾으려고 하지. 물론 비난하는 말에는 쉽게 상처를 입더구나. 그들의 역량이 외부에서 비롯되었기 때문이야. 강한 사람은 그런 반응에 신경 쓰지 않아. 그들의 역량은 외부에서 인정해줌으로써 생기는 게 아니라 스스로 자신을 지탱하기 때문이야. 사람들이 욕해도 그들은 전혀 상처를 입지 않지. 그들의 역량이 내부에서 비롯되기 때문이란다.

꿈을 크게 외쳐야 할지, 아니면 마음에 담아둬야 할지, 아빠는 이 문제를 오랫동안 생각해왔어. 최종적인 결론은 원칙적으로 마음에 담아둬서 너의 꿈을 남이 훔쳐가지 않게 해야 해. 무엇보다 그 꿈이 형상화되지 않은 상황에서는 다른 사람에게 짓밟히지 않도록 조심해야 한다. 이 또한 너 같은 내면이 취약한 아이가 사전에 받을 불필요한 타격을 방지하기 위해서란다. 성공학에서는 자신의 꿈을 크게 말해서 스스로 격려하라고 가르치지. 하지만 이는 단 두 가지 경우에만 적용할 수 있단다. 첫째, 네 주변 사람들이 모두 긍정적인 사람일 때, 그들은 너의 꿈을 격려해줄 것이다. 네가 말만 하고 실천하지 않으면 그들에게 창피하니까 그런 방법으로 자기를 채찍질할 수 있다. 둘째, 어떤 상황에서 너의 조건이 이미 갖춰져 있을 수 있을 때, 너는 꿈을 실현하기 위해 박차를 가해야 한다.

셋째, 친구에 대해

오래전 아빠의 선생님이 한 젊은이가 미래에 성공하느냐의 여부는 주변에 자기보다 나이 많은 친구가 얼마나 많은가를 보면 되고, 중년이 생명력을 갖추려면 그 주변에 젊은 친구가 얼마나 있는지를 보라고 하셨어. 나는 이 말을 오랫동안 생각해왔는데, 지금의 너에게 적용하면 어울리는 것 같다.

지금 단계에서는 너보다 나이가 많고 더 강한 사람을 친구로 삼으려고 노력해라. 네가 더 열심히 공부하고 일하여 하루빨리 사회에 진출할 수 있도록 격려하는 요인이 될 수 있다. 한동안 네가 너보다 어린 친구들과 잘 어울리고 그들의 리더 노릇에 즐거워하는 걸 보고 우려한 적이 있었다. 비록 우리가 같은 홍색과 황색 결합 성격이지만, 비교해보면 너에게는 리더가 되려는 욕망이 더 많고 아빠는 홀로 있기를 좋아하는 것 같다. 아빠의 오늘이 있기까지 많은 사람이 독려한 것도 크단다. 아버지는 혼자서 지내려는 경향이 더 많은 듯 하다.

정말 리더가 되고 싶다면 연장자들 사이에서 부대껴야 한다. 너보다 우수하고 경험도 많은 강자들에게서 에너지를 흡수할 수 있으니 말이다. 네가 늘 동년배나 너보다 약하고 어린 사람들과 어울린다면 그 사이에서 받는 관심으로 만족할 것이며, 마치 네가 잘나서 그런 걸로 오해할 수 있다. 사실은 아무것도 아닌데 말이다. 네가 나이 많은 사람들과 있기를 꺼리는 까닭은 그들이 너를 배척할까 봐 두려워하기 때문이다. 너는 그들을 수긍하게 만들 자신이 없다. 그 사람들 사이에서 충분한 자신감을 가질 수 없다. 네가 나이 든 후 충분한 흥미가 있다면 젊은 사람들이 너와 어울리고 싶어 할 것이다. 지금은 양분을 받아먹고 하루속히 자신을 키워야 하는 시기이다.

학교의 기타 연주, 평소 학생회 활동의 성과, 멋진 수영 실력 덕분에 많은 여학생이 네 주변에 모일 것이다. 그러나 더 큰 집단으로 확대해보면 네가 별것 아니라는 걸 알게 되겠지. 너는 내 말에 발끈할 거다. 네가 언젠가 강한 존재로 성장하는 날이 올 거라는 건 알고 있어. 하지만 지금 너의 능력으로는 아직 부족하다. 네가 내 말을 되새기며 나를 비웃을 날이 하루빨리 왔으면 좋겠구나.

네가 아무리 강해지더라도 꼭 알아야 할 게 있다. 이 세상에는 너보다 강한 사람이 너무 많다는 사실을 말이다. 진정한 고수는 주변에 있다. 이 진리는 전에도 여러 번 말했지만 너는 동의하지 않았지. 언젠가는 이 말에 공감하는 날이 올 것이다. 성공한 사람일수록 자신이 보잘것없는 존재라는 걸 잘 안다. 네가 대담하게 나서서 재능을 이용해 더 많은 사람을 돕고 그들에게 기여하는 건 아빠도 대견하게 생각한단다. 그러나 나서기와 보여주기는 종이 한 장 차이라는 걸 명심해라. 세상에는 재능이 뛰어나지만 기회를 못 잡아서 재능이 뒤떨어지는 사람보다 성과를 내지 못하는 사람이 많단다. 그러니 기회를 얻으면 더 잘하기 위해 노력해야 하며, 초야에 묻혀 있는 무수한 고수들에게 경외심을 가져야 한다. 그런 태도로 임해야 더 오래갈 수 있다.

너보다 약한 사람을 돕는 일도 중요하다. 그들이 절망에 빠졌을 때 손을 내밀 줄 알아야 한다. 왜 연락을 자주 안 하면서도 팡팡 아저씨와 가장 친근하냐고 네가 물었지. 그건 아빠가 가장 힘들 때 팡팡 아저씨가 집으로 데리고 가서 보살펴줬기 때문이다. 그때 팡팡 아저씨가 아빠의 행색을 보더니 며칠을 울더구나.

세상 사람들은 잘되는 사람에게 힘을 실어주기를 더 좋아하지. 초라하고 힘든 사람은 쉽게 잊기 마련이란다. 네 아빠가 TV 프로그램을 한 이후 다른 프로그램을 의뢰하러 오는 사람이 많았지. 하지만 아빠의 영향력과 인기를 소비하는 것에 불과했어. 그들은 아빠의 진정한 가치, 아빠가 무엇을 원하는지에는 관심이 없었다. 결국 아빠의 인기가 시들해지면 무정하게 내쳐지기 마련이란다. 따라서 사물의 진상을 제대로 봐야 필요한 기회를 끈기 있게 기다릴 수 있으며, 이 세상에 휘둘리지 않고 살아갈 수 있단다.

아빠가 살면서 가장 소중한 친구 하나가 있는데, 그녀가 힘들 때 아빠에게 돈을 빌리러 왔어. 나는 당시 수중에 있던 몇천 위안을 모두 주었단다. 또 아빠가 잃은 친구도 있지. 그 친구가 영국 유학을 갔는데, 얼마 후 국제전화를 걸어와 지갑을 도둑맞았다며 급하게 쓸 돈을 빌려달라고 하더구나. 당시 내 통장에는 2만 3,000위안이 있었는데 곧 쓸 데가 있어서 빌려주지 않았다. 나는 친구의 어려움을 외면한 일을 13년이나 후회하고 자책했다. 나중에 그 실수를 되돌리려고 했지만 소용이 없었어. 한 친구를 얻고 한 친구를 잃은 이야기를 네게 하는 건 친구가 어려움에 빠졌을 때 반드시 도움의 손길을 베풀어야 한다고 당부하기 위해서다. 가벼운 안부 인사라도 그렇게 위안이 될 수가 없단다. 언젠가 너도 어려움에 빠질 때가 있을 것이고, 그때 너무 비참한 생각이 들지 않으려면 지금부터 능력껏 도움을 필요로 하고, 도울 가치가 있는 사람을 도와줘야 한다. 잘 되는 사람보다 어려운 사람을 돕는 편이 더 큰 의의가 있음을 명심해라.

다른 사람의 도움을 받았다면 그 고마움을 알고 반드시 보답해야 한다. 그래야 네 기분도 좋아질 것이다. 또한, 네가 남에게 도움을 베풀었다면 절대로 보답을 기대하지 않아야 한다. 남을 도우며 너는 스스로 고상한 품격을 느끼고, 그것으로 가치가 있다고 여겨져서 흡족할 테니 말이다. 남을 돕는 일이 보답을 받기 위해서라면 그 보답을 받지 못했을 때 실망만 안겨줄 뿐이다. 그렇더라도 사람을 제대로 보지 못한 너의 안목을 증명할 뿐이니 다음부터 사람 보는 눈을 높이면 그만이다. 하지만 보답을 바라지 않고 너 스스로 만족하기 위해 도움을 주었을 때 상대방이 보답하면 더 보람이 있을 것이며, 그렇지 않더라도 실망할 필요가 없으니 된 것이다. 늘 남에게 베푼 것을 생각하고 상대가 네게 빚을 졌다고 여기면 괴로운 법이지. 불교에서 말하는 여덟 가지 고통 중 '구하려 하나 얻지 못한 고통'에 빠져 있는 거란다. 사람들은 잘 잊어버려. 네가 계속 보답을 원하면서 상대가 은혜도 모른다고 원망하면 너만 괴로울 뿐이란다.

넷째. 진실에 대해

개성을 추구하는 일에 대해서는 더 말할 게 없다. 너희 세대에서 개성 추구는 이미 일종의 트렌드가 되어버렸기 때문이지. 누구나 투박한 황록색 군용 바지를 입어야 했던 할아버지 할머니 세대는 '개성'이란 단어도 모르고 살았지. 너는 그럴 리 없겠지만, '개성'을 '남과 다른 것'과 동일시하고, 남과 다르기 위해 애쓰는 것도 걱정이 된다. 마치 귀걸이를 달고 문신을 하고, 멜빵을 무릎까지 늘어뜨려 제대로 걷기도 힘든 배기팬츠를 입고 그걸로 개성을 드러냈다고 생각하고 사람들의 이목을 끄는 부류들이다. 이는 개성의 가장 낮은 등급에 불과하다. 무조건 특이한 겉모습을 추구하는 걸 개성이라고 부른다면 너무 수준 낮은 생각이다. 마치 짙은 화장을 하고 지나치게 짧은 치마를 입고 가슴골을 다 드러내고 다니는 여자의 저급한 섹시함과 같다. 고급스러운 섹시함이란 뼛속부터 드러나는 것이다. 물컵을 들고 물을 마시는 자세만으로도 남자를 사로잡을 수 있다. 진정으로 고급스러운 개성은 군중의 공감을 존중하는 것이다. 독특할 수는 있지만 대중을 무시하지 않는다. 머리가 깨어 있되 매체에서 만들어낸 사이버 문화에 속아서는 안 된다. 소비할 때 무엇이 필요한지를 알아야 하며, 다른 사람의 말에 휘둘려서는 안 된다. 네가 이러한 '개성'을 잘 발휘하되 순간적인 새로운 것에 단순히 이끌려서는 안 된다. 이러한 역량은 어떤 장소에서나 네가 입을 여는 순간, 사람들로부터 존경심이 저절로 우러나며 너의 특별함을 알아보게 하는 힘이다.

내면의 독립을 유지해야 한다. 특히 사고하는 데 독립심을 길러서 맹목적으로 다른 사람의 의견을 따르고 쉽게 믿는 일을 피해야 한다.

정보가 넘쳐나고 옳고 그른 것이 섞여 있는 이 시대에 너는 사물에 대한 정확한 판단력을 길러야 한다. 그래야 다른 사람에게 이용당하면서 스스로에게 총을 겨누고 있는지도 모르는 우를 범하지 않을 수 있다. 지금 너의 나이를 고려할 때, 독립적 사고를 훈련함에 있어 가장 중요한 건 독서를 많이 하는 것이다. 특히 역사에 관한 책을 많이 읽어, 정사도 좋고 야사도 상관없이 최대한 많이 섭렵해야 한다. 역사적 통치자들은 자기를 미화하기 위해 진실이 아닌 내용을 기록한 사례도 많다.

"역사를 거울로 삼아 흥망성쇠를 알 수 있다."

역사를 깊이 탐구하면 모든 일이 돌고 돈다는 걸 알 수 있다. 우리의 지혜는 옛사람들과 비교하면 조금도 진보하지 않았다. 네가 겪거나 앞으로 겪을 모든 일은 규칙적으로 순환한다. 네 자신의 신앙을 갖기를 바란다. 비록 죽을 때까지 무신론자로 남더라도 내면에 신명함과 존경심을 유지하면 너에게 많은 의지가 될 거다. 경모景慕하는 대상이 있으면 함부로 살 수 없다.

'진실'은 네가 TV나 신문에서 보는 것과 다르며, 상황에 따라 여과 없이 드러난다. 그렇다. 누구에게나 결점은 있다. 하지만 우리의 결점을 무기로 타인을 해치면 안 된다. 그것을 내세워 결점을 고치려 하지 않는 행동에 불과하다. '진실'의 본질은 자기의 진정한 내면을 존중하라는 것이다. 많은 사람이 진실을 곡해하고 있다. 한 독자가 내게 '진실하지 못한데 어떻게 잘될 수 있는가' 하는 질문을 한 적이 있다. 이런 의혹을 가진 사람은 그들 뼛속에 이런 생각이 있기 때문이다. '네가 나를 좋아한다면 나의 결점까지 사랑해라. 결점을 싫다고 하는 것은 진실하지 않다.'

사회생활을 하다 보면 개성을 지키는 일보다 더 어려운 게 진실한 자아를 실현하는 일이라는 사실을 알게 될 것이다. 너는 오랫동안 '진실을 지키는 일'과 '진실과 타협하는 일' 사이에서 고민하며 많은 고통을 받게 될 것이다.

나는 젊을 때 자존심이 무척 셌단다. 물론 이 문제는 지금까지도 별로 진전이 없지. 당시 너의 할아버지께서 목표에 일찍 도달할 수 있는 지름길이 있다고 말씀했지만 한사코 거부했단다.

"이건 하늘이 저에게 준 시련이니 제가 해결해야 해요. 도와줄 필요 없습니다."

마치 길이 하나 있고 가운데 구덩이가 있는데 네 할아버지가 피해가라고 하는데도 나는 넘어지더라도 기어이 구덩이를 피하지 않겠다는 말과 같았지. 넘어지지 않으면 아픔을 경험할 수 없다면서 말이야. 세월이 흘러 당시 그 구덩이에서 넘어지지 않았다면 목표에 일찍 도착했을 것이며, 더 많은 일을 할 수 있었을 거라는 사실을 비로소 깨달았다. 당시 인생에 대한 이해가 너무 부족했던 거지. 불교에서 정도를 걸으며 고행하는 수행자는 물욕의 갈등을 극복할 수 있을 뿐 아니라 고통스런 시련에 빠질 이유가 없다. 쉽게 말해 진정한 수행자는 향락을 주장하지 않으면서 고행도 주장하지 않는단다. 고행만을 무턱대고 강조하는 건 형식에 치우쳐 본질을 간과하는 행동이다.

이런 말을 하는 건 네가 나보다 고집이 세고 자존심도 강하기 때문이다. 네가 이 사실을 알았으면 한다. 물론 네가 아버지보다 나은 아들이 되기를 바라지만 네가 좋아하는 세상에서 만족할 만한 성과를 낸다면 나는 그것으로 흡족하다.

하고 싶은 말은 많다. 이 네 가지는 별것 아닌 것 같아도 중요하다. 네가 앞으로 겪을 무수한 고통도 이와 관련이 있다. 오늘 오후에 오랜 친구가 결장암에 걸렸다는 소식을 들었다. 이제 서른 셋의 젊은 나이에 말이다. 밤샘을 밥 먹듯이 하고 식사도 불규칙하게 하면서 평생 성공만 추구하며 자기 몸을 돌보지 않았다. 나는 소리 죽여 울음을 삼켰다. 하늘이 한 생명을 데려갈 때는 미리 언질을 주지 않는다. 아빠는 젊을 때 꿈을 위해 오랫동안 무리하여 건강을 해치면서까지 성과에 집착했다. 이제는 건강을 보살필 때다. 그러니 아들아, 열심히 건강을 챙기고 체력을 단련해라.

19장

떠나고 싶을 때는
목적지 없이 바로 떠난다

여 행

교육기업이 궤도에 접어들기 전까지만 해도 나는 전형적인 '은둔형 외톨이'였다. 교실에서 학생들과 접촉하거나 과외 활동을 하는 것 외에, 대부분 사람을 만나지 않고 모임도 갖지 않았다. 나는 사람들과 성격색채 이야기를 하는 게 가장 즐거웠으며, 나머지 시간은 자신과의 대화에만 열중했다.

나는 성격색채를 사랑하면서도 숨 막히게 돌아가는 바쁜 생활에는 전부터 거부감이 있었다. 뼛속부터 스트레스를 싫어하는 성격이지만 나도 모르게 스스로 스트레스를 주고 있었다. 한때는 인생에서 가장 큰 의의가 있는 곳을 컴퓨터 앞과 강의실이라고 여기기도 했다. 사랑을 나누기 전에는 절정에 대한 끝없는 상상을 했고, 사정을 하고 나서는 시간을 낭비했다면서 심한 후회를 했다.

나는 변태 같은 면이 많다고 생각한다. 망상을 했다가 어느새 자기를 부정하는 일을 주기적으로 되풀이한다. 화장실 갈 때와 나올 때가 다르다. 스트레스가 많은 생활은 방송계에 진출하면서 더 심해졌다. 내가 바쁜 생활을 즐긴다고 생각하는 사람들이 있다. 그런 사람들에게는 "일을 하다 보면 어쩔 수 없다."는 말로 나의 무력감을 대신한다.

이 모든 것은 나의 성격이 벌이는 갈등에서 비롯된다. 내 성격에서 가장 많은 부분을 차지하는 홍색은 자유를 갈망하며 스트레스 없이 노는 것을 좋아한다. 둘째로 많은 부분을 차지하는 황색은 목표를 추구하고, 이를 달성하기 위해 규칙을 정하고 명령하며 스스로 통제한다. 이 두 성격이 계속 싸우면서 승부가 나지 않는다.

피곤하니 포기하고 자유롭게 살고자 하면 어디선가 준엄하게 꾸짖는 목소리가 들려온다.

"안 돼! 꿈을 이루지 못했는데 누가 포기하래? 계속 노력해!"

하나를 완수하고 다음 임무를 수행하여 나의 능력을 증명하려고 하면, 이번에는 다른 목소리가 들려온다.

"너 머리에 총 맞았어? 그렇게 열심히 해서 뭐하려고? 죽을 때 가져가지도 못할 거면서 말이야."

이 두 성격이 다툴 때, 나는 멍하니 있다가 둘 중 목소리가 큰 쪽의 말을 듣는다. 그러나 며칠도 안 되어 또 다툼이 일어나며, 이런 패턴이 계속된다.

이런 자아의 갈등 과정에서 내가 마음 놓고 할 수 있는 유일한 행동이 있다. 그것은 여행이다. 여행의 꿈은 무협 소설에 대한 애착과 밀접한 관련이 있다. 나의 무협 사랑은 열한 살 때부터 시작되었다. 그때는 소설을 많이 읽었다.《칠협오의七俠五義》와《봉신연의》를 읽었으며, 열두 살 때는《소호강호》와《사조영웅전射雕英雄傳》을 섭렵했다.

그때부터 한 번도 무협의 세계를 떠난 적이 없었다. 13세 때는 책
가판대에서 사온 진용金庸의 무협 소설을 읽고 무공이 없는 자신을 탓
하기도 했다. 어느 책에서는 단예段譽가 어두운 방에서 옷이 벗기고
이성과 몸이 닿으면서도 강철 같은 의지로 참았다가 결국 화장실에서
자위행위로 끝나는 장면이 등장한다. 나는 얼굴이 벌개져서 우상과
같은 존재인 진용이 이런 책을 쓸 리가 없다고 분노했다. 정신을 차리
고 자세히 보니 진용이 아니라 정용全庸이 쓴 책이었다.

진용 선생을 오해한 것이 미안하여 그의 작품 몇 편을 연달아 읽
었다. 적판의 피해가 심각하니 주의하기 바란다. 그 후 진용부터 고룡,
황이黃易에 이르는 무협 소설을 섭렵하며 무한한 감동을 느꼈다. 그러
다 보니 등에 긴 칼을 꽂고 두건을 쓴 채 정의감 하나로 강호를 누비
며, 하늘을 지붕 삼아 땅을 침대 삼아 세상을 떠도는 유랑 정신이 내
피에 흐르게 되었다. 무협 정신을 펼칠 곳이 없다는 사실만이 유일한
고충이었다.

마침내 강호를 누빌 수 있는 방법을 찾았다. 자동차를 운전하면
서 다니는 여행법이었다. 자동차 여행을 통해 구속받기 싫어하는 나
의 본성을 충족시킬 수 있을 뿐 아니라 무협 소설에서 느꼈던 환상, 정
의감, 열정, 자유를 만끽할 수 있었다. 오랫동안 도시생활에 지친 내게
는 푸른 초목의 냄새를 맡는 것도 행복이었다. 이러한 발견은 나의 생
활을 더욱 풍요롭고 다채롭게 변화시켰다.

기록을 찾아보니 처음으로 혼자서 여행을 떠난 때가 2006년 국
경절이었다. 당시 나는 생애 첫 작품《색안식인》을 발표하고 큰 성취
감과 기쁨을 느꼈다. 이를 자축하기 위해 날마다 육식을 하고 자유롭

게 살아보기로 했다. 2006년 국경절을 앞두고 여자 친구와 다퉜다. 연휴 때 남들은 다 놀러가는 데 집에 틀어박혀 있으려니 무료하기 짝이 없었다. 그래서 국경절 연휴 3일째 되던 날 목적지도 정하지 않고 길을 나섰다.

아침에 양치를 하면서 갑자기 결정한 여행이었다. 목적지를 정하지 말고 일단 떠나기로 한 것이다. 간단히 짐을 꾸려 차 트렁크에 넣었다. 군복 스타일 바지에 조끼의 간편한 차림으로 귀고리를 달았다. 그 후 여행 다닐 때는 늘 이렇게 편한 차림으로 다녔다. 어떻게 보면 불량기가 다분한 차림이다. 점심 때 출발하여 3시간 반 후에는 저장 톈타이산天台山에 도착했다. 운전을 하면서 이런 쾌남이 고속도로에서 죽으면 얼마나 억울할까 하는 생각을 했다. 잠시 자기도취에 빠졌다가 빠른 속도로 추월해가는 다른 차를 보면서 너그럽게 양보하자는 마음이 들었다. 사실 내 차는 성능이나 속도에서 그들을 쫓아갈 수가 없다. 오늘도 이렇게 정신 승리를 했다.

나는 계획 세우기를 싫어하고 일이 닥쳐야 서두르는 성격이다. 여행이라고 예외일 수 없다. 어릴 때도 평소에는 공부와 담쌓고 살다가 시험 때가 되서야 벼락치기 공부를 했다. 이런 식으로 많은 일이 있었지만 그때마다 무사히 넘겼다.

나는 물건을 많이 가지고 다니는 걸 싫어한다. 차 안에 공간이 있지만 물건은 적을수록 좋다. 도중에 물건이 늘어날 수도 있으니 번거로움을 피할 수 있다. 나는 어떤 일을 결정할 때 늘 이렇게 가능성을 가장한 핑계를 부여한다. 인터넷에는 '선택 공포증'을 호소하는 사람들이 많은데 이것도 가능성을 남겨놓는 일이라고 생각한다. 그러나 선택지가 너무 많으면 선택을 할 수 없는 문제가 생긴다. 이렇게 간단한 문제를 멋지게 포장하여 '선택 공포증'이라고 부르며 자신의 연약함을 부각한다. 이는 노처녀가 더 많은 남자가 나타날 수도 있다고 기대하는 것, 집을 살 때 나중에 가성비가 더 좋은 집이 나올 수도 있다고 기대하는 것과 같다.

집을 나설 때 10월이라 북쪽 지방은 날씨가 추워서 두꺼운 옷이 필요할 거라는 생각이 들었다. 옷을 두껍게 입으면 둔하고 불편하다. 북쪽에는 적당한 캠핑장도 없으니 산에서도 몰래 캠핑을 해야 한다. 이런 생각을 하다가 결국 따뜻한 남쪽으로 방향을 정한 것이다.

고속도로의 표지판을 보며 달리다가 경치가 좋은 명소의 이름이 나오면 그쪽으로 방향을 틀었다. 그곳이 고속도로를 나와 180킬로미터를 더 가야 한다면 마음가는대로 결정했다. 꼭 가봐야 하는 좋은 곳이라면 몰라도, 나중에 돌아 나올 생각을 하면 걱정이 되는 것도 사실이었다. 때로는 선택의 기로에 서기도 했다. 시간이 충분하지 않을 때는 특히 그랬다. 이쪽을 선택하자니 저쪽이 좋을 것 같고, 저쪽을 선택하자니 이쪽이 정말 가고 싶었던 곳일 수도 있었다. 이럴 때는 동전을 던져서 나오는 쪽으로 향했다. 모든 결과를 하늘의 결정에 맡겼다.

계획을 세우지 않고 떠나는 여행은 뜻밖의 기쁨을 주었다. 그러나 여기에도 문제가 많았다.

첫째는 낭비가 많았다. 첫날은 텐타이로 갔는데 사전에 숙소를 정하지 않았다. 네비게이션도 켜지 않고 발길 닿는 대로 가다가 괜찮은 곳이 보이면 묵을 요량이었다. 그런데 다섯 군데나 돌았지만 예약을 안 했다는 이유로 거절당했다. 국경절 기간은 어디를 가나 숙박객이 다 찼다는 표지판이 붙어 있었다. 겨우 찾은 여관방도 손님이 갑자기 일이 생겨 급히 돌아가느라 비게 된 것으로, 가격이 평소보다 훨씬 비쌌다. 미리 계획을 세웠다면 낭비를 면할 수 있었을 것이다. 이런 식으로 낭비하는 돈이 모이면 큰돈이 된다.

둘째는 동행자를 찾기 어려웠다. 여러 명이서 여행을 가면 음식이나 기상 시간, 일정 등을 놓고 신경을 써야 한다. 같이 가는 사람들을 배려하지 않으면 너무 이기적이 되며, 그들에게 너무 신경을 쓰자니 나의 욕구를 희생해야 해서 자유롭지 못했다. 친구와 같이 가면 시간을 정하기가 힘들다. 내가 시간이 될 때 그쪽이 바쁘고, 그쪽이 한가해지면 내가 시간이 없다. 이렇게 계속 시간만 정하다 끝날 때도 있다. 그럴 바에는 차라리 혼자 행동하는 것이 편하다. 계획적인 여행자와 숙소에 까다롭지 않은 여행자가 함께 다니면 첫 번째 문제는 피할 수 있다. 고독을 즐기는 사람이라면 혼자 가는 여행에 강렬한 유혹을 느끼지만 고독이 싫다면 홀로 가는 여행은 맞지 않다. 문학 책을 보면 여행길에서 이성을 만나는 경우가 많다. 그러나 누군가 옆에 있는 건 불편하기 때문에 조금 외롭더라도 자유로운 편이 낫다. 물론 여성들에게 혼자 떠나는 여행은 안전상의 문제가 따른다.

처음으로 혼자 떠난 자동차 여행은 29일간 계속되었다. 총 9,800킬로미터의 길은 남쪽 지역의 일곱 개 성을 돌아 출발지로 돌아왔다. 상하이에서 출발하여 국청사國清寺, 텐타이, 옌당雁蕩, 원청文成, 타이무산太姥山, 닝더寧德, 샤푸霞浦, 푸저우福州, 메이저우다오湄洲島, 푸톈蒲田, 취안저우泉州, 황산黃山 등을 거쳐 상하이로 돌아왔다. 이 여행길에서 위험한 일도 세 번이나 당했다.

푸젠福建과 광둥의 경계에서 지름길로 간다며 산길로 가다 차가 모래흙에 빠졌다. 2시간 반 동안 꼼짝을 못하며 낭패감이 몰려왔다. 또 광시廣西 룽성에서 광시 산장까지 질척한 산길이 80킬로미터가 이어졌다. 한밤중에 출발하여 새벽 동틀 때까지 6시간이 걸렸다. 밤중에 양쪽에서 늑대 울부짖는 소리가 계속 들려오고 지나다니는 차 한 대도 보이지 않아 오금이 저릴 정도였다. 마지막으로 황산에서 항저우杭州까지 도로를 건설 중이라 자갈길만 깔려 있었다. 갑자기 브레이크가 듣지 않아 차가 크게 S자로 그리면서 20초를 미끄러지는 바람에 그만 혼비백산했다.

위험한 상황을 만날 때마다 당시에는 무척 놀라고 당황했지만 언제 그랬냐는 듯 적막감이 찾아왔다. 경험이 없는 풋내기 여행자여서 그런 일이 얼마나 위험한지 몰라서였을 것이다. 위험한 상황이 사고로 이어지지는 않아 다행이라는 생각뿐이었으니 말이다. 이런 나의 안이한 마음은 4년 후 큰 사고를 겪으면서 완전히 바뀌었다. 4년 후 윈난雲南 여행 중에 다리大理 윈룽雲龍의 절벽에서 자동차가 뒤집어지는 바람에 겨우 목숨만 건져 돌아온 것이다.

2006년 여행에서는 이런 에피소드가 있었다. 날마다 기암괴석과 굽이치는 물살, 고택이 눈앞에 펼쳐졌다. 자오칭肇慶을 출발하여 광둥 광닝현廣寧縣 바오딩산寶錠山으로 갔다. 이곳의 경치는 인공적으로 꾸민 부분이 많다. 그러나 이곳 산에는 천하의 재물을 관장하는 재물신의 동상이 있어서 참배하는 홍콩 여행객들이 많다. 이곳은 중국 최대의 죽원림竹園林 소재지여서 138종의 대나무가 자라고 있었다. 나는 《보정청심주普淨淸心呪》에서 벙어리 노파가 가르침을 준 대나무 집의 장면을 늘 염두에 두고 있었기에 일부러 이곳을 찾았다.

죽원을 안내하는 가이드는 홍색 성격의 특징이 강한 아가씨였다. 사람 머리 모양의 대나무 조각 공예(풋말에 베토벤이라는 글씨가 분명히 적혀 있다.)가 있는 곳으로 나를 안내하더니 물었다.

"이 사람이 누군지 아세요?"

나는 잠자코 있었다.

'저기 적혀 있잖소?'

속으로는 이렇게 대꾸했다. 아가씨는 입꼬리를 추어올렸다.

"베토벤을 모르세요?"

가만히 있었다. 누굴 백치로 아나 싶었던 것이다. 아가씨는 놀랍다는 듯 득의양양하게 설명을 시작했다.

"모르실 줄 알았어요. 이분은 아주 유명한 대음악가랍니다."

"왜 내가 모른다고 생각했죠?"(이 대목에서 쓴 웃음이 나온다. 난 무식한 사람이 맞는 것 같다.)

"내가 물어볼 때 왜 대답을 안 했어요? 당연히 모르니까 그런 거잖아요?"

"…."

이 에피소드를 통해 나는 두 가지를 깨달았다. 첫째, 나의 '변장'은 성공적이었다. 둘째, 홍색 성격은 남의 침묵이 상징하는 의미를 이해하기 어렵다. 떠나기 전 이 아가씨는 가이드 비용을 받지 않겠다고 했다. 그녀의 진지한 해설에 감사를 표하기 위해, 자기 일을 대하는 열정에 존중을 표하기 위해 나는 차 안에 있던《색안식인》한 권을 선물로 주었다. 그녀가 의외라는 듯 말한다.

"책도 읽으시나요? 어! 책에 있는 사람이 선생님하고 조금 닮았는데요?"

그 사람은 나와 쌍둥이 형제라고 말해주자, 형제에게 열심히 배우라고 충고하더니 천진난만한 얼굴로 몸을 돌려 가버렸다.

2006년 이후에도 나는 자주 자동차 여행을 다녔다. 15일 내외로

국내에서는 신장부터 쓰촨, 시베이西北, 하이난, 윈난까지, 해외에서
는 타이완부터 뉴질랜드, 미국, 프랑스, 스페인, 스위스, 이탈리아까지
방방곡곡을 다녔다.

그밖에도 5일 전후한 짧은 여행은 훨씬 더 자주 있는 일이라 여
기서는 생략한다. 전에는 누구와 어디를 가든 시간만 있으면 언제라
도 갈 수 있었다. 방송을 하면서 이름이 알려진 후에는 어디를 가나 사
람들이 몰려들었다. 동행이라도 있으면 도둑질이라도 하는 것처럼 조
심하느라 번거롭기 짝이 없었다.

구속받기 싫어하는 여행자로서 자유롭게 다니지 못 하는 국내를
떠나 해외로 눈을 돌렸다. 언어가 통하지 않고 변수가 많기 때문에 출
발 전에는 걱정을 하지만, 막상 도착해보면 그런 걱정은 눈 녹듯이 사
라진다. 따라서 "두려움을 해소하는 유일한 방법은 행동이다."라는 말
은 절대 진리다. 이때만 되면 내 마음대로 무엇에도 구애받지 않고 천
지간을 마음대로 유람하고 싶어진다.

혼자 여행을 떠날 때마다 내가 우물 안 개구리였음을 절감한다.
보잘것없는 자신의 모습을 마주하며 넓은 세상에 감탄한다. 성격색채
의 기본 원리에 따르면 어떤 성격은 강한 압박감을 지니고 평생 피곤
한 줄도 모르고 원하는 걸 성취하기 위해 분투한다. 반면 어떤 성격은
반드시 휴식을 취해야 하며, 그렇지 않으면 견디지 못한다. 내가 바로
이런 유형이다. 나는 단거리 달리기에는 강하지만 장거리 달리기에는
약하다.

따라서 고강도로 단거리를 달린 후, 잠시 혼자 여행을 떠나 머리
를 식히는 것이 균형을 유지하는 좋은 방법이다. 나는 책을 한 권 완성
할 때마다 나에게 상을 주는 기분으로 5,000킬로미터 자동차 여행이

나 1,000킬로미터의 자전거 여행을 떠난다. 이를 통해 계속 나아갈 수 있는 동력을 부여한다. 그리고 도중에 있었던 일을 기록하여 여행기도 한 권 낼 작정이다.

만약 항상 인생의 의의를 찾는 편이라면 잠깐 쉬어갈 필요가 있다. 한자리에서 잘 움직이지 않는 스타일이라면 나가 돌아다닐 필요가 있다. 모든 사람이 칸트가 되어 평생 작은 마을의 나무 의자에 앉아 인생의 답을 얻으려고 고뇌할 필요는 없다.

누군가 내게 물어왔다.

"일만 하다 보니 지겨워서 멀리 여행을 가고 싶습니다. 좋은 곳을 추천받을 수 있을까요?"

"아무 잡지나 집어 들고 펼쳐서 마음이 움직이는 곳으로 당장 떠나세요."

"막상 가보니 별로 마음에 들지 않는다면 어떡하죠?"

"여행의 묘미는 떠나는 행위 자체에 있습니다. 완벽한 여행을 못 할까 봐 떠나지 않는 게 더 애통한 일이죠."

한 번도 시도해보지 않았다면, 여기까지 읽고 흥미가 생겼다면, 앉아서 생각만 하지 말고 떠나라. 지금 당장!

자신을 깊이 해부할수록 진실한 삶을 살 수 있다

이 책은 여기에서 일단락을 고한다. 여기까지 읽는 동안 틀림없이 공감한 부분이 있을 것이다. 그렇다면 당신과 나는 마음이 통했다. 마음에 들지 않는 부분이나 궁금한 점에 대한 문의는 언제든지 환영한다. 앞에서 밝혔듯이 나는 모든 사람이 진정성 있게 살아가기를 기원한다. '진실'에 대한 여러분과 나의 정의가 조금은 다를 수도 있다. 그러나 삶을 진실하게 대하는 마음은 누구나 같을 거라고 믿는다.

진실하면 자기가 원하는 심리 상태에 따라 살 수 있으며, 다른 사람의 강요에 의한 삶을 거부한다. 사회의 속박이나 억압이 진실을 가로막을 수도 있다. 그러나 처한 환경에 따라 누군가는 진실하고 누군가는 진실할 수 없기도 한다. 결국 진실 여부는 개인에게 달려 있다.

환경을 바꿀 힘이 없다면 자기를 바꿀 수밖에 없다. '자기 해부'는 가장 효과적으로 진실에 도달하는 길이다. '진실'은 목표이며 '자기 해부'는 '진실'에 도달하기 위한 수단이다. 요컨대 '자기 해부'란 자신의 역량과 취약한 부분을 의식하여 문제를 잘 파악하는 것이다. 그러나 이 작업은 생각만큼 쉽지 않다.

진실에 관해 흔히 저지르는 첫 번째 오해는 진실이 불가능하다는 생각이다. 이 사회와 환경에서는 절대로 진실을 실현할 수 없다고 생각한다. 성장 과정을 통해 우리는 원만하게 행동하고 사회의 규칙과 타협하며, 절대 사회와 동떨어져서는 안 된다고 배웠다. 살얼음판을 걷는 심정으로 말을 조심하며, 내면의 진실한 느낌과 생각을 숨겨야 했고, 겉으로만 순종하는 데 익숙해졌다. 세상에는 수많은 게임 규칙이 복잡하게 얽혀 있으며 이 때문에 진실을 위해 노력하는 사람들이 큰 좌절을 겪을 때가 많다. 이때 사람들은 자신이 진실할 수 없었던 원인을 외부 환경 탓으로 돌린다. 자기는 남들을 진실하게 대하는데 사람들이 칼을 겨눈다고 원망한다. 상처를 입지 않기 위해서는 진실을 외면하는 편이 낫다고 생각할 수 있다. 그러나 바깥세상이 우리의 행동에 영향을 미치고 내면을 흔들어놓아도 진실을 향한 우리의 내면까지 건드릴 수는 없다.

진실에 관한 두 번째 오해는 자기가 진실한 존재가 되겠다며 마음대로 행동하는 것이다. 이런 사람들은 자신의 단점을 고칠 필요가 없다고 생각한다. 단점을 고치면 자기가 아니며, 단점을 지닌 사람이 비로소 진실한 자신이라는 생각이다. 그들은 절대적인 진실을 추구하기 위해 모든 행동에 '진실'이라는 이름만 내걸고 있다. 그들은 원하는 것을 손에 넣은 것처럼 보이지만 저열한 근성을 남김없이 드러내며 잘못된 행위를 고치려고 하지 않는다. 그리고 "이게 바로 진실이야!"라고 외친다. 그러나 이런 행위는 큰 대가로 돌아온다. 마음에 부정적 영향을 미쳐서 원하는 바를 이룰 수 없으며, 결국 진실함까지 잃게 된다. 이른바 '순수한 진실'만을 추구하느라 온몸에 상처를 입고 비통하게 외친다. "이 넓은 세상에 나를 받아줄 곳이 없는가!" 그리고 남은 인생은 기이한 행동과 방랑으로 보내고, 세상에서 뜻을 잃은 비슷한 사람들과 이야기를 나누며 서로 위안을 삼을 것이다.

그들이 아직 모르는 게 있다. '훌륭한 나'와 '진실한 나'는 전혀 모순되지 않는다는 사실이다. 진정한 '훌륭함'에는 '진실함'이 포함되어 있다. 다시 말해 이 세상에는 낮은 단계의 진실과 고급 단계의 진실, 원시적인 진실과 더 완벽한 진실이 있다.

낮은 단계의 진실은 무엇일까? 내가 옷을 벗고 거리에 다니기를 좋아한다면 당신은 나를 진실하다고 생각할 것이다. 우리는 누구나 벌거벗고 왔다가 벌거벗고 간다. 벌거벗은 몸은 인간 본래의 모습이다. 하물며 신체발부수지부모身體髮膚受之父母 아닌가! 몸은 가장 순수한 것이니 가리지 않아야 마땅하다. 당신이 자신의 본색을 세상 사람들에게 보여주는 행위는 원칙적으로는 진실하며 용감하기까지 하다. 이 세상에 이렇게 진실한 사람은 많지 않으니 영웅으로 받들어야 마땅하며 이를 고칠 필요가 없다. 그러나 이러한 진실은 낮은 단계의 진실에 불과하다.

당신은 진실을 표출했지만 타인에게 미칠 영향은 고려하지 않았기 때문이다. 사실상 많은 사람이 당신과 깊은 대화를 할 기회가 없으며, 입체적으로 당신의 진실을 이해할 수도 없다. 대부분 길에서 옷을 벗고 다니면 미풍양속을 해치는 저속한 행위라고 생각한다. 사람들은 당신의 겉모습 뒤에 숨겨진 내면을 통찰할 능력이 부족하기 때문에 당신의 상식과 인품을 의심할 것이다. 당신이 다른 사람의 생각에 개의치 않고 '진실'을 오랫동안 유지할 수는 있다. 누구에게나 자기의 길을 선택할 권리가 있으니까 말이다. 그러나 그 진실의 수준을 더 높일 생각은 해보았는지 모르겠다.

높은 수준의 진실은 무엇일까? 그것은 당신의 진실을 다른 사람이 이해하고 인정하며, 공감해주고, 더 나아가 따라하고 싶게 만드는 것이다. 이때 개인의 진실은 사회 전체의 진실로 업그레이드된다. 이를 위해 당신이 거리에 나갈 때는 옷을 갖춰 입고 태연자약하게 걸어가야 한다. 집에서 혼자 있을 때나 사랑하는 사람과 술잔을 들고 눈빛을 주고받을 때는 편안하게 있어도 된다. 당신이 몸에 아무것도 걸치지 않고 불어오는 바람에 얼굴을 맡기고 싶다고 말할 수는 있다. 그러나 길거리나 공공장소에서 이렇게 할 수는 없다. 다른 사람들이 당신과 같은 생각인지 모르며, 당신은 다른 사람의 생활을 방해할 생각이 없기 때문이다. 당신은 이 세상 사람들이 서로 관계를 맺고 살아가기 때문에 함부로 행동해서는 안 된다는 사실을 안다. 제멋대로 행동하는 사람은 진실만을 내세우며 타인을 배려하지 않는다. 진심으로 이 점을 알고 실천할 때, 높은 수준의 진실을 조금씩 깨닫게 될 것이다.

　　오래전에 나는 늘 귀고리를 착용하고 다녔으며, 민머리와 멋있게 매치된다고 생각했다. 시간이 흐르고 정부와 기업의 고위 간부를 대상으로 강의를 할 때 불필요한 오해를 받는 일이 많았다. 사람들은 나의 겉모습만 보고 거부감을 느꼈다. 그들의 관념과 경험으로는 강사란 단정한 양복 차림이어야 마땅했다. 권위와 지위가 높은 사람들 앞에 내가 귀고리를 달고 민머리로 나타나자 수업이 시작되기도 전에 한심하다는 듯 혀를 차는 소리가 들려왔다.

　　그들의 모습을 볼 때마다 나의 반응은 두 가지로 나타났다. 일단 오기와 분노가 치밀어 올랐다. 내가 무엇을 착용하든 그것은 내 자유다. 수업만 잘하면 될 것이며, 강의의 질에는 영향을 미치지 않는다. 이 수업은 당신들에게 큰 도움이 될 텐데 무슨 근거로 옷차림까지 간섭하는가? 그리고 도전 의식이 샘솟았다. 가장 통쾌한 일은 수업이 끝난 후 그들을 철저히 탄복하게 만드는 것이었다.

사실상 나의 전력으로는 충분히 이런 통쾌함을 누릴 수 있었다. 그러나 다른 사람에게 더 많은 행복을 줄 기회를 잃어버린 것도 부인할 수 없는 사실이다. 나를 완전히 파악하기도 전에 고객들은 나의 겉모습에 이미 낮은 점수를 매겨버리기 때문이다. 그들이 변해서 나에게 적응해야 할까, 아니면 내가 변화하여 상대방에게 적응해야 할까? 귀고리를 한 내 모습에 거부감을 보이지 않고 높은 점수를 주는 고객은 나를 알아주는 분들이니 고맙게 생각한다. 나는 귀고리를 빼는 일이 고지식한 세력과의 타협을 의미한다고 생각했다. 돈의 위력에 무릎을 꿇는 행위이며, 나를 지킬 힘을 잃고 진실한 내가 되리라던 맹세를 저버리는 일이라고 생각했다.

그러던 어느 날, 어느 지방에서 거행되는 초중고 교장 포럼에 연사로 참가하기 위해 지원했다. 그런데 이를 결정하는 교육청 관리가 귀고리를 한 내 모습을 보더니 몹시 불쾌한 얼굴을 했다. 내 수준이 형편없다고 단정하는 나를 제외시켰다. 그 일을 계기로 나는 자신에게 질문을 던졌다. 내가 '귀고리'라는 진실의 즐거움을 원하는 걸까, 아니면 '교육자들과 성격색채를 공유'하는 진실의 즐거움을 원하는 걸까? 내가 원하는 것이 후자라면 조금은 희생을 감수할 수 있지 않을까?

희생이라고 해봤자 수업 같은 진지한 자리에서는 귀고리를 빼면 될 일이었다. 개인적인 용무를 볼 때나 평상시에는 2개, 3개, 4개를 달아도 상관이 없다. 이렇게 하는 것은 성격색채의 자양분을 얻고자 도움을 원하는 사람들이 더 많이 있다는 사실을 알기 때문이다. 나는 낮은 단계의 진실을 희생하여 높은 단계의 진실을 얻었다. 그 후 나의 강의는 점점 유명해져서 귀고리 정도는 문제되지 않을 정도가 되었다. 이제 사람들은 내가 귀고리를 4개식 달고 수업해도 나의 전문성이나 성격색채의 효과에 이의를 제기하지 않는다. 하지만 귀고리에 대한 나의 흥미는 사라진 지 오래다. 문득 깨닫는 바가 있었다. 내가 원하는 것은 귀고리가 아니라 사람들의 인정이었다. 나의 겉모습이 어떻든 상대는 나의 진실한 재능을 보고 나를 인정한 것이다. 이것이 내가 진정으로 바라는 바였으며, 내 생각이 얼마나 단순했는지 알 수 있었다.

나는 독특함을 추구하는 사람이다 보니, 이와 관련한 어려움을 많이 겪었다. 나는 아무 생각 없이 내면의 요구를 깔아뭉개서 그들의 목표를 달성하는 사람들에게 냉소를 보냈다. 한편으로는 그들의 현실적이고 속물적인 근성을 멸시하면서, 다른 한편으로는 왜 그들처럼 할 수 없는지 자책했다. 아무리 생각해도 옳고 그름을 판단할 수 없었다. 나와 나의 내면이 치열하게 다투고 있었다.

마침내 내가 인정하고 싶지 않았던 사실을 발견했다. 남이 변화해서 나를 받아들여주기만 바라면서 정작 상대에게 적응하기를 거부한 것이다. 낮은 단계의 '진실'이 무서운 건 자기가 견지하는 '진실'이 자기 장점이라고 생각하지만 그것이 약점임을 알아챌 능력이 없다는 데 있다. 그러면서도 자신에게 늘 큰 소리로 외친다. '산에 호랑이가 있는 줄 알지만 기어코 산으로 가겠어!' 그러고는 비장하게 자기 운명을 맞으러 간다.

내가 그랬다. 어둠속에서 부딪쳐 머리가 깨지면서도 스스로 이렇게 격려했다

'이것은 진실한 사람들이 마땅히 치러야 하는 대가다. 나는 진실하기에 기꺼이 받아들일 것이다.'

이런 목소리가 높을수록, 치러야 할 대가가 클수록, 내 자신의 '진실'이 대단한 존재라고 생각했다. 세상에는 더 높은 단계의 진실과 홀

에필로그

륭한 진실이 존재한다는 사실을 전혀 몰랐던 것이다. 그러나 이런 사실을 깨닫고 나니 모든 것을 받아들이게 되었으며, 내가 기댈 유일한 길은 '자기 해부'라는 사실을 진정으로 이해할 수 있었다.

해부를 하면 아픔이 따를 텐데, 왜 스스로 해부를 해야 하는지 의아한 생각이 들 수 있다. 해부할 때의 통증이 아무리 커도 그 후에 오는 행복이 더 크기 때문이다. 이 세상에서 자기를 정확하게 해부할 수 있는 유일한 사람은 자기 자신뿐이다. 위대한 부처님, 하느님, 신령님이 당신에게 주는 가르침은 외부의 힘에 불과하다. 자기 해부를 하려면 스스로 모든 과정을 완수해야 한다. 이는 아기를 낳는 산모가 이루 말할 수 없는 고통을 느끼지만 아기를 품에 안는 순간 희열로 바뀌는 것과 같다. 남의 배를 빌려 출산하는 어머니는 겉으로는 고통을 면했을지 몰라도 어머니가 되는 순간 절정의 체험은 할 수 없다. 결국 우리 모두의 체험은 누가 대신 해줄 수 없다.

당신은 한 번도 자기 해부를 해보지 않았을 것이다. 그러나 진실로 즐겁고 아름다운 인생을 갖고자 한다면 언젠가는 시도해야 한다. 다른 사람을 부러워할 필요는 없다. 진실하게 살지만 불행한 사람이 많으며, 어떤 사람들은 겉으로만 즐거워한다. 하지만 이는 거짓된 즐거움이며, 이런 사람의 삶은 진실하지 않다.

이 책에서 예를 들어가며 자기 해부를 한 것은 이 과정을 보여주기 위해서다. 당신이 알면서도 감히 시도하지 않았던 것들, 실천으로 얻는 장점을 모르거나 그럴 필요가 없다고 느끼는 것들, 이런 것들을 내가 시도하여 보여주었다. 자기 해부를 통해 당신이 원하는 걸 어떻게 하면 얻을 수 있는지 알게 될 것이다.

자기 해부를 할 때 두 가지 어려움이 있다.

자기 해부에는 기술이 필요하다. 당신이 문제를 해결할 때 '통견' 이 뚜렷하지 못하면 자기도 모르게 문제의 원인을 남에게 돌리고 자신을 피해자로 만들어버린다. 문제의 근원이 당신 자신이라는 점을 한 번도 생각해보지 않은 것이다. 입으로는 인정한다고 하더라도 속으로는 전혀 인정하지 않는다.

자기 해부에는 용기가 필요하다. 스스로 완벽하지 못함을 인정하기는 쉽다. 그러나 구체적으로 어디가 어떻게 부족한지에서는 말이 막힌다. 당신의 생각을 다른 사람에게 알리기를 꺼리며, 말을 한 후에 상대가 받아들일지도 모른다.

나에게는 기술이 있다. 성격색채의 가장 중요한 내공 '통견'으로, 진정한 자아를 발견하는 것이다. '통견'은 "나는 누구인가?", "나는 지금 무엇을 하고 있는가?", "나는 장차 어디로 갈 것인가?"라는 물음에서 시작된다.

더 직설적으로 말하면 '내가 과연 어떤 사람이고, 어쩌다 지금 이 모습으로 변했으며, 어떤 사람이 되고 싶은지 아는 것'이 통견이다. 수시로 자기반성을 하여 문제 발생과 갈등의 지속 시 녹음테이프를 돌려보듯 즉각적으로 문제를 발견해야 한다. 나는 이런 훈련을 시작한 지 10년이 넘었으며, 사람들로 하여금 진정한 자아를 통견할 수 있도록 끊임없이 격려하고 있다.

나에게는 용기가 있다 이러한 용기는 전도자인 내가 용기 있게 자기 해부를 해야 사람들이 믿어준다는 사실을 발견하면서 비롯되었다. 그 후 다른 사람만을 위해 자기 해부를 하는 게 아님을 깨달았다. 타인의 이익만 내세우는 일은 오래갈 수 없다. 자기 해부를 통해 내가 얻은 이익은 자신을 수용하게 된 것이다. 세상에는 나와 성격이 같은 사람이 많으며, 그들과 나는 장단점이 같으니 나의 부족함을 창피함 없이 인정할 수 있었다. 그리고 이러한 부족함은 잠재 능력으로 이어질 것이다. 이제 무의미한 대가를 치르고 가혹한 운명을 탓하면서 같은 잘못을 되풀이할 필요가 없다. 지난 억압감과 죄의식을 떨쳐버리고 나의 취약하고 무력한 원인을 찾아 내면으로부터 무한한 역량을 발휘할 수 있을 것이다.

자기 해부를 통해 나의 내면을 비출 수 있으며, 그 순간 맑고 투명해 질 것이다. 왜냐하면 성격이 같은 사람에게서 나의 과거, 현재, 미래가 보이기 때문이다. 마치 물 공포증이 있는 사람이 공포증을 극복하고 훌륭한 선수로 성공한 마이클 펠프스에게서 역량을 찾을 수 있듯이 말이다.

서로 성격이 다를 경우, 타인의 자기 해부를 통해 얻는 것은 한계가 있기에 두 가지 요소를 통해 역량을 흡수해야 한다. 첫째, 당신은 자기 성격과 어울리는 사람을 만나야 한다. 이 책에는 당신의 성격 유형에 대한 설명이 있다. 둘째, 이 책에 나오는 인성에 관한 보편적 규칙은 대체적으로 검증된 것이다. 당신이 공감하면 믿고, 공감하지 않으면 버리면 된다.

끝으로 여러분께 전할 말이 있다. 2006년 나의 첫 책 《색안식인》을 낸 이후로 최근 몇 년간 연속하여 글을 썼는데, 이번 책에만 유일하게 내 자신에 관한 이야기가 가장 많다. 이번에 다룬 자기 해부는 직접 겪은 경험과 느낌이다. 글을 쓰다 보니 어떤 글은 힘이 들어서 쓰면서도 계속 수정하다 보니 1년 반이 걸렸다. 이 책에는 최대한 정리하여 실었다. 이것으로 인성의 복잡함을 모두 다룰 수는 없으며, 개인 성장의 모든 요소를 포함할 수 없다는 사실을 잘 안다. 무엇보다 당신과 마찬가지로 나 자신도 끊임없이 성장하고 있는 중이다. 생명의 체험과 추구를 한 번도 포기하지 않았으며, 인성에 대한 탐구와 관심을 포기하지 않았기 때문에 이 책의 모든 사고思考는 성장의 산물일 뿐이다.

개인적인 부분에서 사회 진출 전의 성장은 책에 서술하지 않았으며, 나의 직업 경력에 대해서는 절반만 회고했다. 무엇보다 내 삶에 영향을 가장 많이 미친 여인, 스승, 친구에 관한 부분은 짧게 언급하거나 생략했다. 그중 많은 사람이 나의 은인이며, 나에게 중요한 의미가 있는 사람들이며, 많은 일들이 나에게 영향을 미쳤다. 이 부분은 몇 마디의 말로는 다 표현할 수 없다. 이에 대해서는 시간이 흐른 후 천천히 이야기할 것이다.

《본색》에서 나는 진실한 나를 보았다. 그러나 이것이 중요한 바는 아니다. 유일하게 중요하고, 진정으로 중요하며, 가장 중요한 것은 당신 스스로 자신의 진실, 자신의 본색을 보았는지 여부다. 본색으로 살아가기를 기원한다.

러자

지은이 러자乐嘉

중국 최대 국영방송 CCTV의 중국판 '무한도전'에서 MC로 활약한 러자는 예능·교양 프로그램의 흥행보증수표로 불리는 유명 방송인이다. 또한 색채심리학FPA의 창시자이며, 중국 논픽션 분야 베스트셀러 1위 작가이다. 기업의 CEO부터 대학생에 이르기까지 전 연령층이 환호하는 스타 강연자이기도 하다.
주요 저서로는《본색本色》을 비롯하여 그가 중국에서 출간한《색안식인色眼识人》《색안재식인色眼再识人》《러자와 함께 성격색채 알아보기跟乐嘉学性格色彩》《자주 혼자인 당신에게写给单身的你》《연설가는 어떻게 단련되었는가演说家是怎样炼成的》《담담淡淡》등 13권이 있다.

옮긴이 차혜정

서울외국어대학원대학교 한중통역번역학과를 졸업하였으며, 국제회의 동시통역을 전공하였다. 가톨릭대학교 및 서울외국어대학원대학교에서 중국어 통번역 강의와 동시통역사로 활동하며 현재 번역 에이전시 엔터스코리아에서 출판기획 및 중국어 전문 번역가로 활동하고 있다.
주요 역서로는《화폐전쟁》《시간이 너를 증명한다》《시진핑, 국정운영을 말하다》《새로운 중국을 말하다》등이 있으며, KBS 2부작 '쌀, 더 이상 물러설 수 없다' MBC '공감 특별한 세상' '한글 위대한 문자탄생' 차이나TV '마지막 황비'등 다수의 영상번역을 했다.

본색

2017년 12월 8일 초판 1쇄 발행

지은이 · 러자
옮긴이 · 차혜정

펴낸이 · 김상현, 최세현
책임편집 · 김형필, 조아라 | 디자인 · 고영선

마케팅 · 권금숙, 김명래, 양봉호, 임지윤, 최의범, 조히라
경영지원 · 김현우, 강신우 | 해외기획 · 우정민
펴낸곳 · (주)쌤앤파커스 | 출판신고 · 2006년 9월 25일 제406-2006-000210호
주소 · 경기도 파주시 회동길 174 파주출판도시
전화 · 031-960-4800 | 팩스 · 031-960-4806 | 이메일 · info@smpk.kr

ⓒ 러자(저작권자와 맺은 특약에 따라 검인을 생략합니다)
ISBN 978-89-6570-542-0 (03320)

쌤앤파커스(Sam&Parkers)는 독자 여러분의 책에 관한 아이디어와 원고 투고를 설레는 마음으로 기다리고 있습니다. 책으로 엮기를 원하는 아이디어가 있으신 분은 이메일 book@smpk.kr로 간단한 개요와 취지, 연락처 등을 보내주세요. 머뭇거리지 말고 문을 두드리세요. 길이 열립니다.